东北电力大学教材建设项目

# 管理沟通

## Management Communication

杨英 ◎ 编 著

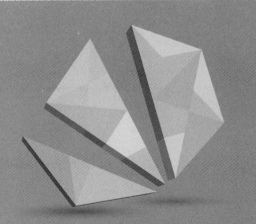

北京大学出版社
PEKING UNIVERSITY PRESS

图书在版编目(CIP)数据

管理沟通/杨英编著. —北京：北京大学出版社，2020.7
21世纪经济与管理精编教材·工商管理系列
ISBN 978-7-301-28968-6

Ⅰ.①管…　Ⅱ.①杨…　Ⅲ.①管理学—高等学校—教材　Ⅳ.①C93

中国版本图书馆 CIP 数据核字(2020)第 080869 号

| | |
|---|---|
| 书　　　名 | 管理沟通<br>GUANLI GOUTONG |
| 著作责任者 | 杨　英　编著 |
| 责 任 编 辑 | 赵学秀 |
| 标 准 书 号 | ISBN 978-7-301-28968-6 |
| 出 版 发 行 | 北京大学出版社 |
| 地　　　址 | 北京市海淀区成府路 205 号　100871 |
| 网　　　址 | http://www.pup.cn |
| 微信公众号 | 北京大学经管书苑（pupembook） |
| 电 子 信 箱 | em@pup.cn |
| 新 浪 微 博 | @北京大学出版社　@北京大学出版社经管图书 |
| 电　　　话 | 邮购部 010-62752015　发行部 010-62750672　编辑部 010-62752926 |
| 印 刷 者 | 北京飞达印刷有限责任公司 |
| 经 销 者 | 新华书店 |
| | 787 毫米×1092 毫米　16 开本　19.75 印张　453 千字<br>2020 年 7 月第 1 版　2020 年 7 月第 1 次印刷 |
| 印　　　数 | 0001—4000 册 |
| 定　　　价 | 49.00 元 |

未经许可，不得以任何方式复制或抄袭本书之部分或全部内容。
版权所有，侵权必究
举报电话：010-62752024　电子信箱：fd@pup.pku.edu.cn
图书如有印装质量问题，请与出版部联系，电话：010-62756370

# 前　言

　　沟通，不仅是人们日常生活的重要内容，而且是组织管理的重要手段。在这个不断融合的时代，人们要与各方交流合作，更需要掌握沟通的技能。因此，许多大学开设了管理沟通课程，并把它纳入工商管理专业主干课程，也有些学校将其作为大学生通识教育课程。

　　管理活动的实践表明，管理中70%左右的问题都是由于沟通不畅引起的。因此，杰克·韦尔奇(Jack Welch)曾说："管理的秘诀就在于沟通，沟通，再沟通。"在管理中，如何有效地选择沟通渠道和沟通方式？如何做到有效倾听？面对突如其来的危机，如何进行有效沟通？这些都是管理者不得不面对的沟通问题。

　　本书比较全面地介绍了管理沟通的理论与技巧，内容上尽量保持理论联系实际，深入浅出地阐述理论观点，增强内容的可读性。每章后面增加了习题与案例，方便学生们学习和讨论。

　　非常感谢北京大学出版社赵学秀老师的信任和支持，使本书得以出版。本书参考了多本教材的最新研究成果，在此向所有的作者表示衷心的感谢！也向我教过的所有给我启发的学生们表示感谢！

　　书中不足之处，恳请同行批评指正。

杨英

2019年7月

# 目　录

**第 1 章　沟通概述** …………………………………………………………………… 1
　1.1　沟通的含义 …………………………………………………………………… 4
　1.2　沟通的作用 …………………………………………………………………… 6
　1.3　沟通的过程 …………………………………………………………………… 7
　1.4　沟通的种类 …………………………………………………………………… 10
　1.5　管理沟通的特征与本质 ……………………………………………………… 14
　　本章习题 ………………………………………………………………………… 17

**第 2 章　人际沟通** …………………………………………………………………… 21
　2.1　人际沟通概述 ………………………………………………………………… 23
　2.2　人际沟通的差异 ……………………………………………………………… 25
　2.3　沟通中人际知觉的偏差 ……………………………………………………… 29
　2.4　沟通差异的整合 ……………………………………………………………… 32
　　本章习题 ………………………………………………………………………… 35

**第 3 章　自我沟通** …………………………………………………………………… 39
　3.1　自我沟通概述 ………………………………………………………………… 41
　3.2　自我沟通艺术 ………………………………………………………………… 46
　3.3　自我沟通媒介——自我暗示 ………………………………………………… 53
　3.4　情绪商数 ……………………………………………………………………… 54
　3.5　情绪管理的 ABC 理论 ……………………………………………………… 57
　　本章习题 ………………………………………………………………………… 59

**第 4 章　沟通策略** …………………………………………………………………… 63
　4.1　沟通客体策略 ………………………………………………………………… 65

4.2 沟通信息策略 …………………………………………………… 72
  4.3 沟通渠道策略 …………………………………………………… 76
  4.4 语言沟通的技巧 ………………………………………………… 77
  本章习题 ……………………………………………………………… 82

第 5 章 非语言沟通 …………………………………………………………… 87
  5.1 非语言沟通概述 ………………………………………………… 90
  5.2 非语言沟通的形式 ……………………………………………… 92
  本章习题 ……………………………………………………………… 101

第 6 章 书面沟通 …………………………………………………………… 105
  6.1 书面沟通概述 …………………………………………………… 107
  6.2 书面沟通的写作 ………………………………………………… 111
  6.3 书面沟通的形式 ………………………………………………… 114
  6.4 简历的撰写 ……………………………………………………… 123
  本章习题 ……………………………………………………………… 127

第 7 章 演讲 ………………………………………………………………… 131
  7.1 演讲概述 ………………………………………………………… 134
  7.2 演讲的准备 ……………………………………………………… 137
  7.3 演讲稿的撰写 …………………………………………………… 142
  7.4 演讲的技巧 ……………………………………………………… 148
  本章习题 ……………………………………………………………… 153

第 8 章 面谈 ………………………………………………………………… 157
  8.1 面谈概述 ………………………………………………………… 159
  8.2 面谈的过程 ……………………………………………………… 165
  8.3 面谈的技巧 ……………………………………………………… 168
  本章习题 ……………………………………………………………… 171

第 9 章 倾听 ………………………………………………………………… 175
  9.1 倾听概述 ………………………………………………………… 177
  9.2 倾听的障碍 ……………………………………………………… 185
  9.3 有效倾听的技巧 ………………………………………………… 188
  本章习题 ……………………………………………………………… 191

第 10 章 跨文化沟通 ………………………………………………………… 195
  10.1 跨文化沟通概述 ………………………………………………… 197
  10.2 跨文化沟通的差异 ……………………………………………… 201
  10.3 霍夫斯泰德的文化差异理论 …………………………………… 208
  本章习题 ……………………………………………………………… 216

### 第 11 章　组织沟通 ································ 221
11.1　组织沟通概述 ································ 223
11.2　正式沟通 ···································· 226
11.3　非正式沟通 ·································· 230
11.4　团队沟通 ···································· 232
本章习题 ········································ 239

### 第 12 章　会议沟通 ································ 243
12.1　会议概述 ···································· 245
12.2　会议的组织 ·································· 249
12.3　影响会议成效的因素与对策 ······················ 262
本章习题 ········································ 267

### 第 13 章　危机沟通 ································ 271
13.1　危机概述 ···································· 273
13.2　危机管理 ···································· 277
13.3　与利益相关者的危机沟通 ························ 286
13.4　危机沟通的原则 ······························· 288
本章习题 ········································ 289

### 第 14 章　网络沟通 ································ 293
14.1　网络沟通概述 ································ 295
14.2　网络沟通的主要方式 ··························· 299
14.3　网络沟通的策略 ······························· 302
本章习题 ········································ 303

### 参考文献 ········································ 305

# 第 1 章

# 沟 通 概 述

【本章学习目标】

1. 掌握沟通的含义；
2. 了解沟通的作用；
3. 掌握沟通的过程，并能够对沟通的有效性进行分析；
4. 掌握不同的沟通类型；
5. 掌握管理沟通的特征与本质。

开篇案例

## 一起由沟通不畅引起的事故

江海公司承担国家粮食中转和储备任务。事故发生在2007年9月15日上午，储运部储运科机械二班司机孙美珍正在驾驶18号吊车作业，当吊至第三关时，吊车吊臂突然倒塌。

事故发生后，公司保卫部门进行了调查。调查发现，14日上午，18号吊车司机朱九妹在作业过程中发现吊车滑轮不好，将该情况报告给当班的机械一班班长孙华兴，孙华兴随即打电话向设备科报修，并将"18号吊车换变幅滑轮"写在机械班"机械交接簿"上。设备科机修工潘卫军接到报修任务后，对该吊车进行修理，当拆下吊车保险片时，又接到科室其他任务，随即中止了修理，并电话通知储运科该吊车修理尚未结束。第二天，机械二班接班作业，班长陈敏红在不了解18号吊车未修理好的情况下，安排司机孙美珍作业，从而造成倒塌事故。

在这起事故中，每个环节都存在沟通不畅问题。设备科机修工在中止修理后，未采取有效的安全措施或加挂警示标志，留下安全隐患。机械一班班长孙华兴在吊车修理中止后，未发现吊车隐患，现场监管不力；在交班时，未将吊车修理未结束这一信息醒目、清晰、准确地传递，交班不清。机械二班班长陈敏红在不了解18号吊车未修理好的情况下，盲目派工，造成事故。吊车司机孙美珍工前检查不仔细，未及时发现吊车隐患。根据公司规定，"在作业过程中，由于对机械情况不明或调配不当所发生的事故，机械班长应负直接责任"，因而按照接班流程，机械二班班长陈敏红对该起事故负主要责任；在修理流程、交班流程、作业流程中，如果安全措施到位，排除隐患，该事故完全可以避免，因而机修工潘卫军、机械一班班长孙华兴、吊车司机孙美珍对该起事故负次要责任。

资料来源：谢玉华、李亚伯，《管理沟通：理念·技能·案例（第3版）》，东北财经大学出版社，2017。

通过以上这个例子，沟通的重要性可见一斑。在日常生活与工作中，由于缺乏沟通和沟通失败而引发不愉快的事件也屡见不鲜。例如，父母们常常无法接受年轻人的新潮观念，儿女们也总是抱怨父母太保守；上级责怪下级不听指挥，下级也责怪上级不通人情

……如此种种,不一而足。何以会产生不理解别人,也不能被别人理解的情况呢?答案就是"沟通不畅"。

## 1.1 沟通的含义

沟通无处不在,对管理者尤其如此。著名管理学大师彼得·德鲁克(Peter Drucker)明确地把沟通作为管理工作的重要工具,认为无论是计划的制订、工作的组织、人事的管理、部门间的协调,还是与外界的交流,都离不开沟通。沟通是组织的中心问题,是一切经营管理活动与组织和谐发展的保证。研究表明,管理者大约90%的时间都花在沟通上,其中60%的时间花在"听与说"上,20%的时间花在"读"上,20%的时间花在"写"上。

### 1.1.1 沟通的定义

沟通是一个被经常使用的字眼,其包含的内容范围十分宽泛:从听到说,从读到写,从无声到有声,从个人到组织……但究竟什么是沟通,却是众说纷纭。

沟通(communication)一词源于拉丁动词 communicare,意为"分享、传递共同的信息"。《大英百科全书》认为,沟通是"人与人之间通过共用的符号系统,彼此交流思想"。《韦氏大词典》认为,沟通就是"个体之间通过一定的符号或行为彼此交换信息的过程"。哈罗德·孔茨(Harold Koontz)认为,沟通是信息从发送者转移到接受者那里,并使后者理解该项信息的含义。史蒂芬·P. 罗宾斯(Stephen P. Robins)认为,沟通必须包括两方面:意义的传递和理解。

据统计,沟通的定义有150种之多,代表性的大致可以归纳为以下4种:

(1)共享说。强调沟通是发送者与接收者对信息的分享。如美国著名传播学家威尔伯·施拉姆(Wilbur Schramm)认为:"我们在沟通的时候,是努力想同谁确立'共同'的东西,即我们努力想'共享'信息、思想或态度。"

(2)交流说。强调沟通是有来有往的、双向的活动。如美国学者约翰·霍本(John Hoban)认为:"沟通即用言语交流思想。"

(3)影响(劝服)说。强调沟通是发送者欲对接收者(通过劝服)施加影响的行为。如美国学者露西和彼得森认为:"沟通这一概念,包含人与人之间相互影响的全部过程。"

(4)符号(信息)说。强调沟通是符号(或信息)的流动。如美国学者贝雷尔森认为:"所谓沟通,即通过大众传播和人际沟通的主要媒介所进行的符号的传送。"

在汉语中,"沟通"本指挖开沟以使两水相通。《左传·哀公·哀公九年》曰:"秋,吴城邗,沟通江淮。"后人看到水渠交叉、互相贯通,联想到人与人的交流也如水渠一样交汇往来,达到彼此一致,所以就用这个词泛指使两方相连通,也指把信息、思想和情感在个人或群体间传递,以达成共同协议的过程。

综合沟通的各种定义,本书将沟通定义为:沟通是人们在互动过程中通过某种途径或方式将一定的信息从发送者传递给接收者,并获取理解的过程。

### 1.1.2 沟通的内涵

人们对于沟通的理解多种多样，但大多缺乏对沟通含义的完整认识。例如"沟通不是什么太难的事，我们不是每天都在进行沟通吗？""我告诉他了，所以我已经和他沟通了。""只要我默不作声，就没在沟通。"这些观点从不同角度反映了对沟通的片面理解。

首先，沟通是意义上的传递。如果信息和思想没有被传递，那么意味着沟通没有发生，即说话者没有听众或写作者没有读者，都不能构成沟通。

其次，要使沟通成功，意义不仅需要被传递，还需要被理解。如果有人给我写信，语言是我一窍不通的西班牙语，不经翻译，就无法称为沟通。完美的沟通应是传递后被接收者感知的信息与发送者发出的信息完全一致。发送者首先要把传递的信息翻译成符号，接收者则进行相反的翻译过程。由于每个人的"信息—符号储存系统"都不相同，因此对同一符号常存在不同的理解。例如，用拇指和食指捏成一个圈向别人伸出时，在美国表示"OK"；在中国也表示"同意、没问题"；在日本表示钱；在法国表示"零"或"毫无价值"；在阿拉伯往往伴以咬紧牙关，表示深恶痛绝；而在巴西、德国、拉丁美洲等地则是一种粗俗的手势。如果忽视了"信息—符号储存系统"的差异，自认为自己的词汇、动作等符号能被对方还原成自己欲表达的意思，那么往往是不正确的，还会导致不少沟通的问题。例如，你在意大利点一份意大利面，得说 pasta 而不是 noodle；在印度，当一个出租车司机左右摇头时，他的意思却是会带你去你要去的地方；等等。

最后，良好的沟通并不意味着别人接受自己的观点，它涉及双方利益是否一致，价值观念是否类同。例如在谈判过程中，如果双方存在根本利益的冲突，即使沟通过程中不存在任何噪声干扰，沟通技巧十分娴熟，往往也不能达成一致协议。困难重重的巴以和谈即典型的例子。

另外，在沟通中，我们不仅传递信息，还表达赞赏、不快等意思，如"小李常常在课堂上积极发言"和"小李爱出风头"是两人对同一现象做出的描述。良好的沟通者必须谨慎区别基于推论的信息和基于事实的信息。

理解沟通内涵时，需要强调，真正的沟通首先是一种态度，其次才是方法和技能。态度占决定沟通成败因素的60%，技术和口才只占40%。同一件事，与不同的人沟通会得到不同的结果；同样的沟通，语言方式不同，结果也不同。为什么？因为态度不同。沟通态度包括眼神、表情、语气、手势、坐姿、站姿、呼吸方法等，这些都会在沟通中不经意地向对方传达你的认同或反对的信息。"不食嗟来之食"，一个人明明是在乞食，但碰到语气不好的施舍者，他宁愿顾全自尊也不接受施舍者的食物。沟通也是一样．你若用高姿态或强势的语气，对方一样不能接受，态度不当是沟通的最大杀手，态度很重要，即使能力再好，口才再棒，态度不好，沟通一样会失败。真正有效的沟通必定是建立在双方友好的态度之上，沟通的态度决定了沟通的结果。用"心"沟通，是沟通的最高境界。

## 1.2 沟通的作用

### 1.2.1 沟通是个体生存和发展的需要

首先,沟通是个体生存的需要。人是社会性动物,与他人交往越积极主动,人际关系越融洽,越符合社会期望;相反,如果剥夺一个与他人沟通的机会,其身心会受到极大的伤害。

> **"人际剥夺"实验**
>
> 美国心理学家斯坦利·沙赫特(Stanley Schachter)曾做过一个"人际剥夺"的心理实验。实验者让被试待在一个房间里。这个房间没有窗户,只有一盏油灯、一张床、一把椅子、一张桌子和洗漱设备,没有钟表、电话、电视、收音机、书报、笔、纸。传送带按时给被试者送饭,但看不见一个人。结果,在短时间内被试还可以睡觉、思考问题,但是几天以后便出现恐怖、害怕、焦虑等症状。

其次,沟通是个体发展的需要。心理学家马斯洛认为,人的需要从低到高分为五种,分别是生理的需要、安全的需要、社交的需要、尊重的需要和自我实现的需要。所有需要的满足都离不开与外界的沟通和交流。

同时,有效的沟通能力是一个人能得到提升的一个关键性格特征。美国第38任总统杰拉尔德·福特(Gerald ford)曾经说过:"如果我重新回到大学,我会把精力放在两个方面:学习写作和在公众面前演说,生活中没有任何能力比有效沟通的能力更重要。"普林斯顿大学也曾对1万份人事档案进行分析后发现,智慧、专业技术、经验等只占个人成功因素的25%,其余75%取决于良好的人际沟通。哈佛大学的调查结果也显示,在500名被解职的员工中,因人际沟通不良而导致工作不称职者占82%。因此,沟通能力在一定程度上决定了一个人职业生涯的发展。

### 1.2.2 有效沟通提升组织绩效

组织是由许多不同部门的不同成员构成的一个整体。一个组织无论有多么正确的战略方向、多么合理的管理制度、多么优秀的员工,都只能说这是组织成功的必要条件。真正的成功,还需要通过人与人的相互作用(包括上司与下属之间、部门之间、合作伙伴之间的竞争与合作)才可能实现。

管理学家金·卡梅隆(Kim Cameron)曾经在对一个大型制造企业调研时问过两个问题:① 组织调整实施过程中遇到的最大问题是什么? ② 在过去组织调整的成功经验中,最关键的因素是什么? 得到的答案均是——沟通。

组织的所有任务、活动都是通过沟通实现的,没有沟通,任何组织目标都无法达成。

如果把组织看作一台复杂的机器,战略、管理制度和人才是这台机器的关键部件,那么沟通就是保持这台机器正常运行的润滑剂。可见,有效沟通是提升组织绩效的有效途径。

### 52型飞机的悲剧

1990年1月25日,晚上7:40,阿维安卡航空公司一架52型飞机正在高空巡航。这架飞机准备降落在飞行距离不到半小时的纽约肯尼迪机场,飞机上的燃油足够维持近两小时的飞行。就是在这种情况下,由于沟通的问题,飞机经历了一系列降落延误,最终导致飞机坠毁,机上73人全部遇难。

事情的经过是这样的:8:00,肯尼迪机场地面交通控制人员告诉52型飞机的飞行员,因机场拥挤,它必须在上空盘旋等待降落。8:45,飞机副驾驶告诉地面控制人员,他们正在"燃油缺乏的情况下飞行"。机场地面控制人员回答,能否在9:24之前降落还不清楚。机组人员焦急地讨论燃油减少的问题,但没有给机场燃油紧急、危险的信息。9:24,飞机试图着陆失败。9:32,飞机的两个引擎不转了。1分钟后,另外两个引擎也停止了转动。

经过检查黑匣子及与地面当事人对话后,发现是沟通不畅导致了这场悲剧。飞行员说他们正在"燃油缺乏的情况下飞行",而地面控制人员说这是"飞行员常讲的一句话"。如果飞行员急促地用"燃油紧急""十分危急"这样的字眼,地面控制人员就有责任让它先于其他飞机降落。

为什么机组人员与机场工作人员沟通时的语调十分冷静和正常?这是由于机场管理的制度和文化。因为提供一次正常的危急请求需要飞行员完成大量的书面报告,而且,如果飞行员被发现错误地计算了一次飞行所需要的燃油,联邦航空管理机构会吊销他的飞机驾驶执照。这些不利的后果强烈地阻止了飞行员进行呼救。

资料来源:魏江、严进,《管理沟通:成功管理的基石(第3版)》,机械工业出版工业社,2014。

## 1.3 沟通的过程

经过众多学者的发展和完善,形成了现在普遍认同的沟通过程模型(见图1-1)。沟通过程就是发送者将信息通过特定的渠道传递给接收者的过程。该过程主要包括七个要素:沟通目标、编码、通道、译码、背景、反馈和噪声。

1. 沟通目标

沟通目标是整个沟通过程中所要解决的首要问题。沟通的目标可以是提供信息,也可以是影响他人,使别人改变态度,还可以是与人建立某种联系。在沟通之前,必须首先明确沟通的目标。

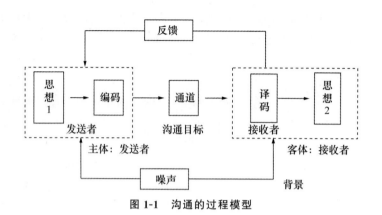

图 1-1　沟通的过程模型

2．编码与译码

编码是发送者将思想编成一定的文字等语言符号及其他形式的符号。译码则与之相反，是接收者接收信息后，将符号化的信息还原为思想，并理解其意义。

完美的沟通应是思想 1 与思想 2 完全吻合，即编码与译码完全"对称"。对称的前提是双方有类似的经验。如果双方对信息符号及信息内容缺乏共同经验，那么容易缺乏共同语言，从而使编码、译码过程不可避免地出现偏差。

3．通道

通道是由发送者选择的用来传递信息的媒介物，主要有口头、书面和非语言三种类型。

不同的信息内容需要使用不同的通道。如政府工作报告就不宜只通过口头方式而应采用正式文件作为通道，邀请朋友吃饭如果采用备忘录形式就显得不伦不类。

有时人们可以采用两种或两种以上的通道。例如，双方可先口头达成一个协议，然后再予以书面认可。由于各种通道各有利弊，因此，正确选用恰当的通道对有效的沟通十分重要。

各种沟通方式中，影响力最大的仍然是面对面的沟通。面对面沟通时，除了词语本身的信息，还有沟通者整体精神状态和心理状态的信息，这些信息可以使发送者和接收者产生情绪上的相互感染。因此，即使是在通信技术高度发达的美国，总统大选时，候选人也是不辞劳苦地四处奔波去演讲。

4．背景

背景是指沟通发生的情境。任何形式的沟通都是在一定的背景中发生的，会受到各种环境因素的影响。从某种意义上讲，沟通既是由沟通双方把握的，也是由背景环境共同控制的。对沟通过程产生影响的背景因素主要包括以下四个方面：

（1）心理背景。心理背景指沟通双方的情绪和态度。它包括两方面的内涵。一是沟通者的心情和情绪。处于兴奋状态和悲伤状态下的沟通意愿与行为是不同的。后者往往沟通意愿不强烈，思维也处于抑制或混乱状态，编码和译码过程受到干扰。二是沟通者对对方的态度。如果双方彼此敌视或关系淡漠，沟通过程就常由于偏见而出现偏差，双方都较难准确地理解对方的思想。

（2）物理背景。物理背景指沟通发生的场所。特定的物理背景往往造成特定的沟通气氛。在一个大礼堂演讲与在自己宿舍里慷慨陈词,气氛和沟通过程是大相径庭的。

(3) 社会背景。社会背景包括两方面的含义。一方面是指沟通双方的社会角色关系。不同的社会角色关系有着不同的沟通模式。比如上级可以拍拍你的肩头,告诉你要以厂为家,但你决不能拍拍上级的肩头,告诫他要公而忘私。对于每一种社会角色关系,无论是上下级关系,还是朋友关系,只有沟通方式符合人们的预期,才能得到人们的接纳。另一方面,社会背景还包括沟通情境中对沟通发生影响但不直接参加沟通的其他人。比如,自己的配偶在场与否影响人们与其他异性沟通的方式是不一样的。

(4) 文化背景。文化背景指沟通者的价值取向、思维模式、心理结构的总和。在同一文化中,人们往往体会不到文化对沟通的影响。只有当不同文化发生碰撞、交融时,人们才能发现这种影响。如东西方在沟通方式上存在较大的差异:东方重礼仪、多委婉,西方重个性、多坦率;东方多自我交流、重心领神会,西方少自我交流、重言语沟通。这些文化差异会使得不同文化背景的人在沟通时遇到不少困难。

5. 反馈

反馈是指接收者把信息返回给发送者,并对信息是否被理解进行核实。反馈是沟通过程中的一个重要方面。没有反馈,我们无法确认信息已经得到有效的编码、传递和译码。提供反馈有助于增强沟通的有效性。禅宗有言:"林中树倒,无人知晓,谓有声乎? 无声也。"意思是说,林子里的树倒了,必须有人听到才是真正的"有声音"。如果无人感知并理解、做出反馈,就无法实现有效的沟通。

6. 噪声

噪声是沟通过程中的干扰因素,是理解信息和解释信息的障碍。任何妨碍信息沟通的因素都是噪声,它存在于沟通过程的各个环节,并有可能造成信息损耗或失真。比如,模棱两可的语言、难以辨认的字迹、不同的文化背景等都是噪声。

影响信息接收和理解的噪声主要有以下因素:

(1) 选择性知觉。由于每个人的心理结构和需求各不相同,因此人们往往对一部分信息敏感,而对另一部分信息麻木不仁。事实上,我们常对能印证自己推断的信息表现出高度的兴趣,正如有的学者指出,我们不是看到事实,而是对我们所看到的东西进行解释并称之为事实。因此,李商隐感叹"夕阳无限好,只是近黄昏";而朱自清则吟唱"但得夕阳无限好,何须惆怅近黄昏"。

---

### 赫伯特·A. 西蒙的实验

赫伯特·A. 西蒙(Herbert A. Simon)曾做过一项实验:让23位来自销售、生产、会计和总务部门的主管,共同阅读一篇有关某钢铁公司的资料,并要求他们写下这家企业最需要解决的问题是什么。结果,各人所写的大多是跟他们主管业务有关的问题。这就是一种选择性知觉。

(2) 信息过滤。接收者在接收信息时，往往根据自己的理解和需要对信息加以过滤。因此很多人会对父母报喜不报忧。尤其当传递的层次较多时，每经过一个层次，都要产生新的差异，最后会产生严重的失真。

(3) 接收者的译码和理解偏差。每个人所处的社会环境不同，地位、阅历各有差异，对同一信息的理解也会有差异。即使同一个人，由于接收信息时的心情、氛围不同，也会对同一信息有不同理解。

#### 不同习俗的理解偏差

一位保加利亚的主妇招待丈夫的朋友吃晚饭。在保加利亚，如果女主人没让客人吃饱，是件很丢脸的事。因此，当客人吃完盘子里的食品之后，这位主妇照例要为客人再添一盘。客人里正巧有一位亚洲留学生。在他的国家，剩饭是对主人的不尊重。于是，他接受了第二盘，紧接着是艰难的第三盘。女主人忧心忡忡地准备了第四盘。结果，在吃这一盘的时候，那位学生被撑得实在无法下咽了。

(4) 信息过量。在进行决策之前，人们需要有足够的信息。但如果信息量过大，人们将无法分清主次，眉毛胡子一把抓；或浪费大量时间，沉没于信息的汪洋大海中。

(5) 目标差异。企业中各部门的分目标差异往往会造成冲突，影响它们之间的有效沟通。如技术人员常抱怨营销人员提出一些不切合实际的要求，而营销人员常抱怨技术人员不能顺应消费潮流的变化。

根据对管理沟通要素的分析，我们可以得出有效管理沟通的检核单：

你是否明确了沟通的目标？
你是否清楚了受众的需要？
你是否掌握了沟通的背景状况？
你是否组织好了沟通过程中的所有信息？
你是否清楚、有力地表达了你的观点？
你是否选择了有效的沟通渠道？
你是否为受众提供了必需的反馈渠道？

## 1.4 沟通的种类

### 1.4.1 单向沟通和双向沟通

根据沟通时是否出现信息反馈，可以把沟通分为单向沟通和双向沟通。一般来说，单向沟通指没有反馈的信息传递，如电话通知、书面指示等，强调工作速度或例行公事时宜用。双向沟通指有反馈的信息传递，是发送者和接收者相互之间进行信息交流的沟通，如讨论、面谈等。在双向沟通中,发送者可以检查接收者是如何理解信息的,也可以使接收者明白其所理解的信息是否正确,并可要求发送者进一步传递信息,处理重大问题或做重大决策时宜用。

---

**小 资 料**

在管理实践中,有经验的管理者向下属布置工作任务时,最后往往会要求下属复述一遍工作任务的内容和要求,其目的就是检查下属是否真正理解了自己的要求和意图,假如下属的理解与自己的要求不一致的话,会及时加以说明。

**小游戏:撕纸游戏**

操作程序:

(1) 每位学生准备一张 A4 纸,闭上眼睛,全过程不许提问。

(2) 老师发出单项指令:把纸对折,再对折,再对折,把右下角撕下来,转 180 度,把左上角也撕下来,睁开眼睛,把纸打开。

这个游戏表明,单向的沟通方式,听者总是见仁见智,每个人按照自己的理解来行事,结果通常会出现很大的差异。

---

### 1.4.2 语言沟通和非语言沟通

1. 语言沟通

建立在语言文字基础上的沟通称为语言沟通。包括口头沟通和书面沟通两种。

口头沟通是指信息通过口头传递的沟通,它是所有沟通形式中最直接的方式。口头沟通方式灵活多样,既可以是两人间的娓娓道来,也可以是群体中的雄辩舌战;既可以是正式的磋商,也可以是非正式的聊天;既可以是有备而来的侃侃而谈,也可以是即兴发挥的灵光闪现。

组织中的口头沟通方式包括面对面交谈、电话通知、开会、讲座、讨论会等。口头沟通的优点是传递速度快和及时反馈。如果接收者对信息有疑问,迅速的反馈可以使发送者及时检查信息中不够明确的地方并进行改正。此外,上级同下属的直接会见可使下属感到被尊重、被重视。如《三国演义》中刘备三顾茅庐,充分表现了自己求贤若渴、礼贤下士的诚恳态度,才终于请出诸葛亮辅佐,三分天下。试想如果刘备仅仅是托人带了三封信给诸葛亮,那么效果又会怎样?

口头信息沟通的缺点就是信息无法保存,并且存在信息的过滤和巨大失真的可能。沟通中著名的"沟通漏斗"原理就揭示了这一现象——"我们想说的是100%,可当我们用语言表达出来时,就只剩80%,别人听懂的只有60%,而别人听懂后再去做的就只剩40%了"。如果组织中的重要决策通过口头方式,沿着权力等级链向下传递,那么信息失真的可能性相当大。

### 哈雷彗星的笑话

据说,美军在1910年一次部队的命令传递过程是这样的:

营长对值班军官说:明晚8点左右,这个地区将可能看到哈雷彗星,这种彗星每隔76年才能出现一次。命令所有士兵身穿野战服在操场上集合,我将向他们解释这一罕见的现象。如果下雨的话,就在礼堂集合,我将为他们放一部有关彗星的影片。

值班军官对连长说:根据营长的命令,明晚8点哈雷彗星将在操场上空出现。如果下雨的话,就让士兵穿上野战服列队前往礼堂。这一罕见的现象将在那里出现。

连长对排长说:根据营长的命令,明晚8点,哈雷彗星将身穿野战服在礼堂中出现。如果操场上下雨,营长将下达另一个命令,这种命令每隔76年才会出现一次。

排长对班长说:明晚8点,营长将带着哈雷彗星在礼堂中出现,这是每隔76年才有的事。如果下雨的话,营长将命令彗星穿上野战服到操场上去。

班长对士兵说:在明晚8点下雨的时候,著名的76岁哈雷将军将在营长的陪同下身着野战服,开着他那彗星牌汽车,经过操场前往礼堂。

书面沟通具有有形展示、长期保持、可作为法律依据等优点,主要包括文件、报告、合同等。一般情况下,发送者与接收者双方都拥有沟通记录,沟通的信息可以长期保存下去。如果对信息的内容有疑问,过后的查询是完全可能的。对于复杂或长期的沟通来说,这尤为重要。把东西写出来,可以促使人们对自己要表达的观点更加认真地思考。因此,书面沟通显得更加周密、逻辑性强、条理清楚。书面语言在正式发表之前能够反复修改,直至作者满意,作者欲表达的信息能被充分、完整地表达出来,减少了情绪、他人观点等因素对信息传达的影响。书面沟通的内容易于复制、传播,这对于大规模传播来说是一个十分重要的条件。如新产品的市场推广计划可能需要几个月的时间,以书面方式记录下来。书面沟通的缺点是耗费时间较长,不能及时提供信息反馈。

2. 非语言沟通

非语言沟通是指通过某些媒介而不是文字来传递信息。如红绿灯、警察的手势等。美国心理学家艾伯特·梅拉比安(Albert Mehrabian)经过研究认为:在人们沟通中所发送的全部信息仅有7%是由语言来表达的,而93%的信息是由非语言来表达的。"此时无声胜有声"绝不是简单的主观感受,而是科学事实。非语言沟通的内涵非常丰富,为人熟知的是身体语言沟通、副语言沟通和物体的操纵。

(1) 身体语言沟通,是通过动态无声的眼神、表情、手势等身体动作或静态无声的空间距离及衣着打扮等形式来实现的沟通。早在2000多年前,伟大的古希腊哲学家苏格拉底就观察到了身体语言沟通现象,他发现"高贵和尊严,自卑和好强,精明和机敏,傲慢和粗俗,都能从静止或者运动的面部表情和身体姿势上反映出来"。哈佛大学曾经对人的第一印象做了行为研究报告,报告指出:在人的第一印象中,55%来自身体语言,37%来自声音,8%来自说话的内容。人们首先可以借由面部表情、手部动作等身体姿态来传达诸如恐惧、腼腆、傲慢、愉快、愤怒等情绪或攻击等意图。

空间位置关系,也会直接影响人与人之间的沟通过程。这一点不仅为大量生活中的事实所说明,严格的社会心理学实验也证明了这一点。心理学研究表明,双方座位成直角比面对面的交谈要自然六倍,比肩并肩的交谈要自然两倍。

(2) 副语言沟通,是通过非语言的声音,如重音、声调的变化、哭、笑、停顿等来实现的。心理学家称非语言的声音信号为副语言。最新的心理学研究成果显示,副语言在沟通过程中起着十分重要的作用。一句话的含义往往不仅取决于其字面的意义,而且取决于它的弦外之音。语言表达方式尤其是语调的变化,可以使字面相同的一句话具有完全不同的含义。实验证明,即使没有实在内容的声音形式也可以沟通情感。在演讲中,"气徐声柔"可以表达爱,"气促声硬"可以表达憎,"气沉声缓"可以表达悲,"气满声高"可以表达喜,"气提声凝"可以表达惧,"气短声促"可以表达急,"气粗声重"可以表达怒,"气细声黏"可以表达疑。

(3) 物体的操纵,是人们通过对物体的运用和环境布置等手段进行的非语言沟通。例如,历代中国皇帝通过威严神圣的皇宫建筑和以"龙文化"为特征的日常器具,来显示自己是"真龙天子";世界各大宗教派别则纷纷凭借自己独具匠心的建筑风格和宗教仪式,来向世人昭示自己的教义;在中国古代,如果主人在会客时端起茶杯却并不喝茶,便是在暗示送客的时间到了。

### 1.4.3 正式沟通和非正式沟通

1. 正式沟通

正式沟通是指由组织内部明确的规章制度所规定的沟通方式。它和组织的结构息息相关,主要包括按正式组织系统发布的命令、指示、文件,组织召开的正式会议,组织正式颁布的法令、规章、手册、简报、通知、公告,组织内部上下级之间和同事之间因工作需要而进行的正式接触。正式沟通按照信息的流向可以分为上行沟通、下行沟通、横向沟通和斜向沟通四种形式。

正式沟通的优点是严肃、约束力强、易于保密、沟通效果好;缺点是层层传递速度慢、缺乏灵活性。正式沟通渠道是否畅通,直接影响到组织的工作效率和经济效益。

2. 非正式沟通

非正式沟通是以社会关系为基础,在正式组织途径以外的,与明确的规章制度无关的信息沟通方式。这种社会关系是以感情和动机的需要而形成的,超越了组织、部门和层级,主要通过个人之间的接触,以小道消息方式进行。研究显示,每六个信息中有五个都是通过小道消息传播的。

一位总经理曾经说过:"如果我散布一条传闻,我知道在一天内我就能听到反应;如果我传递一份正式备忘录,我要等待三个星期才能听到反应。"

非正式沟通的优点是不拘泥于形式,灵活、迅速,范围广,可跨组织边界传播,让人们了解正式沟通难以提供的"内幕新闻"。但是,由于非正式沟通涉及的沟通主体较多,通常会造成难以控制、以讹传讹、信息失真等问题,而且容易形成小团体、小圈子,影响组织的凝聚力和人心稳定。所以管理者应该充分重视,警惕小道消息的负面作用,并利用非正式沟通为组织目标服务。

### 1.4.4 浅层沟通和深层沟通

根据沟通时涉及人的情感、态度、价值观的程度深浅,可以把沟通分为浅层沟通和深层沟通。

1. 浅层沟通

浅层沟通是指在管理工作中必要的行为信息的传递和交换。如管理者将工作安排传达给下属,下属将建议告诉主管等。企业的上情下达和下情上达都属于浅层沟通。

浅层沟通具有以下特点:首先,浅层沟通是企业内部信息传递工作的重要内容。如果缺乏浅层沟通,会影响管理工作的正常开展。其次,浅层沟通的内容一般仅限于管理工作表面上的必要部分和基本部分。如果仅靠浅层沟通,管理者无法知道下属的情感、态度等。最后,浅层沟通一般较容易进行,因为它本身已成为员工工作的一部分内容。

2. 深层沟通

深层沟通是指管理者和下属在个人情感、态度、价值观等方面较深入的相互交流。有价值的聊天和谈心都属于深层沟通,其作用主要是使管理者对下属有更多的认知和了解,满足员工的需要,激发他们的积极性。

深层沟通的特点有:首先,深层沟通不属于企业管理工作的必要内容,但良好的深层沟通有助于管理者更加有效地管理下属。其次,深层沟通一般不在工作时间内进行,而且通常在两人之间进行。最后,深层沟通比浅层沟通更难进行,因为深层沟通需要双方投入情感,也要占用对方时间。

## 1.5 管理沟通的特征与本质

在管理工作中,对下属布置工作任务、了解其工作进展情况、对下属进行绩效反馈面谈和激励、与其他部门进行工作协调、向上级领导请示汇报工作等,都是沟通,因此,沟通已成为管理者的一项基本技能。那么,什么是管理沟通呢?

管理沟通就是指在管理活动中,沟通者为了某一目的,运用一定的策略和手段,将某一信息传递给客体,以期取得客体相应的反应和反馈的过程。

### 1.5.1 管理沟通的特征

管理沟通与一般的沟通相比,具有以下四个方面的特征:

(1) 管理沟通是为了达成预定的管理目标。管理沟通不同于人们平常的"聊天"和"打招呼"。管理沟通是以管理目标为导向的,如召开新闻发布会,是为了建立公司的良好形象;安排一个面谈,是为了激励下属。而我们在走路时碰到一个熟人问声好,交流一下近况,只能算作人际沟通,不能算作管理沟通,因为沟通的出发点不是解决管理问题。

(2) 管理沟通是沟通双方的相互行为。也就是沟通者不但要把信息传递给对方,还要了解对方的反应,确认信息传递出去之后的效果,与我们听演唱会、看电视这样的单向沟通是不同的。

(3) 管理沟通需要有效的中介渠道。沟通要有"沟",无"沟"不"通",这个"沟"就是中介渠道。为了达成信息的互通,管理者要设计恰当的通道和信息传递的载体,是口头沟通还是笔头沟通,是正式沟通还是非正式沟通,等等。

(4) 管理沟通需要设计有效的策略。管理沟通是一个复杂的过程,原因在于沟通不仅包括语言文字的传递,还表达了思想、情感和态度。此外还要考虑对方的动机和目的、语言文字可能产生的歧义等。因此,需要沟通者制定有效的沟通策略,才能达到满意的沟通效果。

下面我们以一个具体的案例来分析有效管理沟通的策略——建设性沟通。

### 老太太买水果

一天,一位老太太拎着篮子去楼下的菜市场买水果。她来到第一个小贩的水果摊前问道:"这李子怎么样?"

"我的李子又大又甜,特别好吃。"小贩回答。

老太太摇了摇头没有买。

她向另外一个小贩走去问道:"你的李子好吃吗?"

"我这里是李子专卖,各种各样的李子都有。您要什么样的李子?"

"我要买酸一点儿的。"

"我这篮李子酸得咬一口就流口水,您要多少?"

"来一斤吧。"老太太买完李子继续在市场中逛,又看到一个小贩的摊上也有李子,又大又圆非常抢眼,便问水果摊后的小贩:"你的李子多少钱一斤?"

"您好,您问哪种李子?"

"我要酸一点儿的。"

"别人买李子都要又大又甜的,您为什么要酸的李子呢?"

"我儿媳妇要生孩子了,想吃酸的。"

"老太太,您对儿媳妇真体贴,她想吃酸的,说明她一定能给您生个大胖孙子。您要多少?"

"我再来一斤吧。"老太太被小贩说得很高兴,便又买了一斤。

小贩一边称李子一边继续问:"您知道孕妇最需要什么营养吗?"

"不知道。"

"孕妇特别需要补充维生素。您知道哪种水果含维生素最多吗?"

"不清楚。"

"猕猴桃含有多种维生素,特别适合孕妇。您要给您儿媳妇天天吃猕猴桃,她一高兴,说不定能一下给您生出一对双胞胎来。"

"是吗?好啊,那我就再来一斤猕猴桃。"

"您人真好,谁摊上您这样的婆婆,一定有福气。"小贩开始给老太太称猕猴桃,嘴上也不闲着,"我每天都在这儿摆摊,水果都是当天从批发市场选新鲜的批发来的,您儿媳妇要是吃好了,您再来。"

"行。"老太太被小贩说得高兴,提了水果边付账边应承着。

资料来源:魏江、严进,《管理沟通:成功管理的基石(第3版)》,机械工业出版工业社,2014。

在这个例子中,为什么三个小贩对着同样一个老太太,销售的结果完全不一样呢?通过对三个小贩的沟通方式对比,我们发现第三个小贩的沟通最具艺术性,也最具建设性,他在卖出李子的同时,还为老太太提出了很好的建议,建立了良好的人际关系。我们把这样的沟通叫作建设性沟通。

建设性沟通就是在改善和巩固人际关系的前提下,帮助管理者进行确切、诚实的管理沟通方式。建设性沟通具有以下三方面特征:① 沟通目标是解决现实问题,而不仅在于讨他人喜爱;② 实现了信息的准确传递,需要时能提供合理的建议;③ 改善或巩固了双方的人际关系。

### 1.5.2 管理沟通的本质:换位思考

下面,我们通过案例来分析管理沟通的本质是什么。

---

**电视机爆炸后的对策**

某市《都市快报》报道:某用户购置的名牌电视机发生爆炸,给用户的心理造成了极大的伤害。该事件引起了媒体和市民的极大关注。如果你是厂家驻该市办事处的负责人,会采取什么对策?

对策A:表示对事件密切关注。

对策B:表示将以最快的速度组织专家调查,如果是厂家的责任,厂家将赔偿全部损失。

对策C:马上派专人免费送上一台25寸电视机,并表示慰问。

---

哪一个对策最好呢?这就涉及与该事件有关的用户、媒体等的沟通问题。如何最大限度地降低负面影响?如何安抚消费者使事情妥善解决?如何使媒体正面报道,不损害企业的形象?显然,对策C棋高一着,因为这是"想用户之所想,急用户之所急",是一种换位思考的沟通方式。

换位思考就是将自己放在对方位置上考虑其价值观、动机、需求等,是个体认识、接受他人的看法,努力理解他人的喜好、价值观和需求的认知过程。

要做到换位思考,必须问自己三个问题:① 受众需要什么?② 我能给受众提供什么?③ 如何把"受众需要的"和"我能提供的"有机结合起来?

### 陶行知的教育

陶行知先生当校长时,有一天,看到一个男生王友用砖头砸同学,当即制止,并让他去校长室。当陶行知先生回到校长室时,王友已经等在门口准备挨训了。没想到陶行知先生却给了他一颗糖,并说:"这是奖励你的,因为你很准时,我却迟到了。"王友诧异地瞪大了眼睛。陶行知先生又掏出第二颗糖对王友说:"这第二颗糖也是奖给你的,因为我不让你打人时,你立即就停止了,说明你很尊重我。"王友将信将疑地接过第二颗糖后,陶行知先生又掏出第三颗糖:"我调查过了,你砸那些男生,是因为他们不遵守游戏规则,欺负女生。你砸他们,说明你很有正义感,正直善良,并且有跟坏人做斗争的勇气,应该奖励你啊!"王友感动极了,哭着说:"陶校长,你打我两下吧!我错了,我砸的不是坏人,是自己的同学啊……"陶行知先生这时笑了,马上掏出第四颗糖:"因为你正确地认识了自己的错误,我再奖励你一颗糖……我的糖没了,我看我们的谈话也该结束了。"

在沟通中,运用换位思考的方式,可以使沟通更有说服力,同时也会树立良好的信誉。例如,善待顾客会带来销售和利润的增长;优待自己的员工,会提升员工的满意感和忠诚度。这是企业成功的有力保障。

## 本章习题

### 一、判断题

1. 沟通就是传递出信息,所以不需要有人接收我表达出的思想。
2. 管理沟通也就是沟通,和人们日常生活中的沟通是一样的。
3. 信息发送者和接收者在沟通结束后,并没有得出一致的结论,这样并不代表沟通失败了。
4. 如果信息发送者和接收者的知识文化背景不同,可能影响沟通的效果。
5. 只要我不说话,别人就不会知道我对他们的看法。
6. 谈心在沟通中属于浅层沟通,而产品或项目说明会是深层沟通。
7. 只要沟通得好,什么问题都能解决。
8. 解码是发送者把自己的思想、观点、情感等信息根据一定的语言、语义规则翻译成可以传送的信号。

### 二、选择题

1. 下列选项中,哪些不是沟通过程中的噪声?(　　)
   A. 模棱两可的语言　　　　　　　B. 不同的文化背景
   C. 交流环境　　　　　　　　　　D. 接收者不同意发送者的观点

2. 组织中常有的小道消息和组织成员私下的交谈属于以下沟通种类的哪一个？（　　）

A. 下行沟通　　　B. 平行沟通　　　C. 非正式沟通　　　D. 正式沟通

3. 沟通模型告诉我们，沟通中的噪声可能来自（　　）。

A. 信息传递过程　　　　　　　　　B. 沟通的全过程

C. 信息解码过程　　　　　　　　　D. 信息编码过程

4. 以下哪一项不是书面沟通的优点？（　　）

A. 长期保存　　　　　　　　　　　B. 有形展示、受法律保护

C. 语言严密、清晰　　　　　　　　D. 速度较快，可以及时反馈

5. 以下是人们对沟通的认识，哪一条是错误的？（　　）

A. 沟通并不容易，它是一门技巧性颇强的艺术

B. 当我想沟通时，才会有沟通

C. 沟通是人们传递知识、信息和情感的双向过程

D. 沟通中要特别注意人们传递的非语言信息

6. 信息沟通的有效性会受到噪声的干扰，下列哪种情况属于噪声？（　　）

A. 社会——文化系统　　　　　　　B. 演讲者突然声音嘶哑

C. 沟通双方的态度　　　　　　　　D. A、B、C 都对

7. 处于青春期的青少年经常会认为与其父母之间没有共同语言，从社会心理学的角度来看，以下最有可能的原因是（　　）。

A. 有些家长不够关心孩子　　　　　B. 由于地位障碍导致的沟通障碍

C. 孩子与家长所处的文化背景不同　D. 这些孩子个性有缺陷

### 三、思考题

1. 什么是沟通？沟通的内涵是什么？

2. 沟通有哪些种类？

3. 管理沟通的含义是什么？有哪些特征？

4. 你认为沟通要素中哪几个方面特别重要？为什么？

5. 为什么说良好的沟通是复杂的、困难的？结合实际谈谈你的认识。

6. 请回忆在过去的生活、学习或工作中你的一次沟通失败的经历。运用沟通过程模型，分析其中的沟通障碍有哪些。你是如何处理这些障碍的，你现在是如何看待自己当时的处理方式的，以及你对有效沟通的认识，与班上其他同学进行交流。

### 四、案例分析

#### 研发部的梁经理

研发部梁经理进公司不到一年，工作表现颇得主管赞赏，不管是专业能力还是管理绩效，也都获得了大家的一致肯定。在他的缜密规划之下，研发部一些延迟已久的项目，都在积极推行当中。

部门主管李副总发现，梁经理到任研发部以来，几乎每天加班，非常辛苦。他经常看到梁经理电子邮件的发送时间是前一天晚上 10 点多，甚至还有早上 7 点多发送的。研发部下班时总是梁经理最晚离开，上班时第一个到。但是，即使在工作量吃紧的时候，其他

同事似乎都准时下班,很少随梁经理留下来工作。平常也难得见到梁经理和他的下属或是同级主管进行沟通。

李副总对梁经理产生了好奇,开始观察他和其他同事、下属的沟通方式。原来,梁经理总是以电子邮件方式交代下属工作。他的属下除非必要,也都是以电子邮件回复工作进度及提出问题,很少找他当面报告或讨论。染经理对其他部门的同事也是如此,电子邮件似乎被他当作和同事们合作的最佳沟通工具。

但是,最近大家似乎开始对梁经理的沟通方式反应不佳了。李副总发现,梁经理的下属对部门逐渐缺乏向心力,除了不配合加班,还只执行交办的工作,不太主动提出企划或问题。而其他各部门主管,也不会像梁经理刚到研发部时那样,主动到他房间聊聊。大家见了面,只是客气地点个头。开会时的讨论,也都是公事公办的居多。

这天,李副总刚好经过梁经理办公室门口,听到他打电话,讨论内容似乎和陈经理业务范围有关。他到陈经理那里,刚好陈经理也在打电话。李副总听谈话内容,确定是两位经理在谈话。之后,李副总问陈经理到底是怎么一回事,明明两个主管的办公室相邻,为什么不直接走过去说说就好了,而竟然是用电话交谈。

陈经理笑答,他曾试着要在梁经理房间谈,而不是电话沟通。可是,陈经理在与梁经理谈话时,梁经理眼睛一直盯着计算机屏幕,让他不得不赶紧离开。陈经理说,几次以后,他也宁愿用电话的方式沟通,免得让别人觉得自己过于热情。

了解这些情形后,李副总找梁经理聊了一次,可梁经理觉得效率应该优先,他希望用最节省时间的方式,达到工作要求。

资料来源:赵振宇,《管理沟通:理论与实践》,浙江大学出版社,2014。

**问题:**
1. 梁经理的工作出现了哪些问题?问题的症结在哪里?
2. 如果你是李副总,你应当怎么帮助梁经理呢?

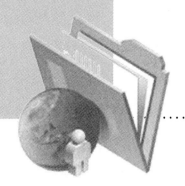

# 第 2 章

# 人际沟通

【本章学习目标】

1. 了解人际沟通的过程与特点；
2. 了解个体沟通风格与性别的差异；
3. 掌握沟通中人际知觉的几种偏差；
4. 能够运用约哈里之窗整合差异。

开篇案例

### 钟 为 谁 鸣

17世纪的英国诗人约翰·堂恩(John Donne)在《钟为谁鸣》这首诗中这样写道：

谁也不能像一座孤岛，

在大海里独踞。

每个人都是一块小小的泥土，

连接成整个陆地。

若有一块泥土被大海冲走，

欧洲就会失去一隅，

这宛若一座山峡，

亦如同你的朋友和你自己。

这首诗告诉我们：每个人都是社会中的一分子，是通过各种方式联结在一起的。因此，人们只有不断进行沟通，才可能成为社会意义上的人。

## 2.1 人际沟通概述

### 2.1.1 人际沟通的过程

人际沟通就是指人与人之间进行信息传递和情感交流的过程。通过人际沟通，人们可以收集到有关他人的心理信息，同时也对他人发出关于自己心理特征的某些信息。从某种程度上来说，作为现代社会中人们生活的一部分，人际沟通的广度和深度不仅是人们生活质量的重要体现，而且是一切成功的团队沟通、组织沟通的基础。有效的管理沟通都是以人际沟通为保障的。

人际沟通的目的是建立、维持和发展人际关系，人际沟通的过程就是人际关系的动态过程。有学者认为，人际沟通的过程可以分为三个层次和四个阶段。其中，三个层次是指

信息层次、情感层次和行为层次,四个阶段包括定向阶段、探索情感交换阶段、情感交换阶段和稳定情感阶段,具体内容如表 2-1 所示。

表 2-1　人际沟通的过程

| 层次 | 阶段 | 沟通内容 |
| --- | --- | --- |
| 信息层次 | 定向阶段 | 人们根据自己的价值观念、审美观念、需求和动机选择沟通对象,双方有接触的愿望,积极搜寻有关对方的信息。沟通双方交流内容仅限于一些基本信息,而没有情感上的交流,甚至出现投其所好和自我掩饰现象,目的是让彼此产生一定的认识,形成一定的印象 |
| 情感层次 | 探索情感交换阶段/情感交换阶段 | 在定向阶段的基础上,沟通双方对所交流信息的译码和对沟通对象的动机、需求、兴趣、性格、世界观、价值观的感知,都伴随着情感体验。双方主动地、由浅入深地暴露自己个性中的东西,并都能够较自由地相互赞许或批评对方的行为 |
| 行为层次 | 稳定情感阶段 | 在前两个阶段的基础上,沟通双方信息互动高度频繁,信息量剧增,沟通方式丰富多彩,"自我暴露"彻底,近距离交往。为了保持好的关系,人们甚至要根据沟通对象对自己的评价调整自己的行为 |

### 2.1.2　人际沟通的特点

人际沟通是人与人之间的沟通,它有自身的一些特点:

(1) 沟通双方要有共同的沟通动机。动机是指推动人去从事某种活动,指引活动去满足一定需要的意图、愿望和信念等。它是人们进行沟通行为的直接原因。

(2) 沟通双方都是积极的参与者。就是说,人际沟通过程的每一个参加者,都要求自己的伙伴具有积极性。在向对方传送信息时,必须分析对方的可能动机、目的、需求等,并且要预料到对方可能做出的回答,以此获取对方的新信息。比如两个朋友谈话,双方都要顾及对方的情绪、情感、态度、兴趣,并根据对方的反应,对谈话的内容和方式做出相应的改变。可见人际沟通不是简单的"传递信息",而是一种信息的积极交流。

(3) 沟通过程会使沟通双方产生相互影响。这是说人际沟通是以改变对方的思想、行为为目的的一种沟通。其结果是使沟通者之间原来的关系发生变化。比如,在与别人见面和谈话时,自己的行为和心理状态就会有所变化,对方也是如此。这是"纯粹"的信息交流过程所没有的。

(4) 沟通双方要有相通的沟通能力。沟通能力主要指人们进行沟通所需要的知识和经验。人们只有在相通的知识和经验范围内才能沟通。成语中的"心领神会",就是指接收信息的一方能理解传送信息者在简单信息中所包含的全部信息含义,这说明他们之间的知识、经验较接近,因而能进行有效的沟通。相反,如果双方没有共同的能力区,就无法进行有效沟通。如一方不懂外语,就无法接收对方用外语传送过来的信息。如果一个社会学家不懂原子科学知识,他就无法同自然科学家进行"裂变反应和聚合反应"的信息沟通。可见,只有具有共同的或相通的沟通能力,才会有"共同的语言",才能成为沟通主体。

(5) 在人际沟通过程中,有可能产生完全特殊的沟通障碍。完全特殊是指这种障碍与沟通渠道无关,也与使用的符号无关,而是由社会、心理或文化因素所造成的。由社会因素引起的沟通障碍,主要来自交流双方对交往情境缺乏统一的理解。由心理因素所造成的沟通障碍,主要是由个体心理特征差异决定的。而由文化因素所引起的交流障碍,往往是因为交流双方的文化特征(风俗习惯、宗教信仰、民族观念等)不统一引起的。

## 2.2 人际沟通的差异

### 2.2.1 个体沟通风格的差异

拉尔夫·刘易斯(Ralph Lewis)和查尔斯·马杰利森(Charles Margerison)把卡尔·荣格(Carl Jung)的心理类型理论应用于工业和商业组织,以对849名经理的调查资料为基础,阐述了人们沟通风格的差异。他们发现有四项主要活动几乎每天都出现在人们的工作中:① 与他人建立关系;② 从外界收集信息;③ 做出决策;④ 选择优先性——是收集信息更重要还是做出决策更重要。他们发现,有不同个性特征的人做事风格差异明显。

1. 外倾与内倾

按照荣格的理论,在建立关系方面主要有外倾(extraverted)与内倾(introverted)两种方式。当然,没有一个人是完全外倾的,也没有一个人是完全内倾的,但我们在建立相互关系时总是有所偏好。

外倾的人更倾向于外部世界的人和事,乐意与人交往,善于与人交流,喜欢多样性和刺激。他们在建立关系和结交新朋友时往往采取主动的方式,愿意发起谈话的主题,能自如地与别人交流自己的思想和观点,而不会觉得受到太多的约束。在商业活动中,他们更愿意主动进行自我介绍,而不是被介绍。外倾的人更容易冲动地做他们想做的事情,而不是按计划行事。

内倾的人则倾向于自省,喜欢以书写的形式与人交流;善于独自学习,喜欢深刻钻研某个问题;能长期从事一项工作;喜欢在沟通之前把事情想清楚,能够收集非常微妙的信息或感情,并且能从非常少的信息中很好地把握思想。在一般人面前,内倾的人看起来并不善于与别人交流他们的想法,但在信任的人面前或情境需要时,他们可以交流得很好。

与外倾的人沟通时,应该要多地给其说话的机会,辅以适当的迎合,使其更加主动地表露自己,这样能取得更好的效果。在沟通方式上要直接、挑重点,不能太关注细节。相反,与内倾的人沟通时,要注意营造亲密的气氛,并通过提问或针对性的反问来了解其看法。如果你想真正了解他们的想法,不应过于急切,否则会给他们压力。倾听并愿意支持他们,才是取得他们信任最好的方法。

## 性格倾向性测试

下面有50道题,请根据自己的实际情况做出回答。符合的,在该问题后面画"＋";难以回答的,画"?";不符合的,画"一"。

1. 与观点不同的人也能友好往来。
2. 你读书较慢,力求完全看懂。
3. 你做事较快,但较粗糙。
4. 你经常分析自己、研究自己。
5. 生气时,你总不加抑制地把怒气发泄出来。
6. 在人多的场合你总是尽力不引人注意。
7. 你不喜欢写日记。
8. 你待人总是很小心。
9. 你是个不拘小节的人。
10. 你不敢在众人面前发表演说。
11. 你能够做好领导团体的工作。
12. 你常会猜疑别人。
13. 受到表扬后你会工作得更努力。
14. 你希望过平静、轻松的生活。
15. 你从不考虑自己几年后的事情。
16. 你常会一个人想入非非。
17. 你喜欢经常变换工作。
18. 你常常回忆自己过去的生活。
19. 你很喜欢参加集体娱乐活动。
20. 你总是三思而后行。
21. 使用金钱时你从不精打细算。
22. 你讨厌工作时有人在旁边观看。
23. 你始终以乐观的态度对待人生。
24. 你总是独立思考回答问题。
25. 你不怕应付麻烦的事情。
26. 对陌生人你从不轻易相信。
27. 你几乎从不主动制订学习或工作计划。
28. 你不善于结交朋友。
29. 你的意见和观点常会发生变化。
30. 你很注意交通安全。
31. 你肚里有话藏不住,总想对人说出来。

32. 你常有自卑感。
33. 你不大注意自己的服装是否整洁。
34. 你很关心别人会对你有什么看法。
35. 和别人在一起时,你的话总比别人多。
36. 你喜欢独自一个人在房间里休息。
37. 你的情绪很容易波动。
38. 看到房间里杂乱无章,你就静不下心来。
39. 遇到不懂的问题你就去问别人。
40. 旁边若有说话声或广播声,你总无法静下心来学习。
41. 你的口头表达能力还不错。
42. 你是个沉默寡言的人。
43. 在一个新环境里你很快就能熟悉了。
44. 要你同陌生人打交道,常感到为难。
45. 常会过高地估计自己的能力。
46. 遭到失败后你总是忘却不了。
47. 你感到脚踏实地地干比探索理论原理更重要。
48. 你很注意同伴们的工作或学习成绩。
49. 比起读小说和看电影来,你更喜欢郊游和跳舞。
50. 买东西时,你常常犹豫不决。

计分与说明:题号为奇数的题目(1、3、5、7、9…),每画一个"＋"计2分,每画一个"?"计1分,画"－"的计0分;题号为偶数的题目(2、4、6、8、10…),每画一个"－"计2分,每画一个"?"计1分,画"＋"的计0分。最后将各道题的分数相加,其和即为你的性向指数。性向指数为0—100。由性向指数的数值就可以了解一个人内倾或外倾的程度。

**评分表**

| 总分 | 性格倾向性 |
| --- | --- |
| 0—19 | 内向 |
| 20—39 | 偏内向 |
| 40—59 | 中间型(混合型) |
| 60—79 | 偏外向 |
| 80—100 | 外向 |

2. 感觉与直觉

收集信息在人们的工作中非常重要,人们通常通过两种方式获取信息:感觉(sensing)与直觉(intuition)。感觉偏好的人倾向于当前发生的事,更加重视事实,关注细节;喜欢具体而清晰的任务,工作按部就班,偏爱制度和方法,被认为是实际、稳定和有序的人;喜欢运用他们的能力去解决实际的问题。

直觉偏好的人倾向于未来可能的和潜在的事,更像小说家,有丰富的想象力;往往把注意力集中在整体而不是具体问题上；不喜欢例行公事，具有创造性的眼光和洞察力；喜欢复杂事物，讨厌常规的和连续的工作；善于发展新技能，具有爆发力而没有毅力。

与感觉偏好的人沟通时要给予他们一定的"缓冲"时间，不能过于急切地想得到反馈，因为他们需要充分的理由，说服他们的最好方法是，告诉他们这样做有助于他们获得更好的结果。如果下属是感觉偏好的人，那么交给他们的工作最好具有某些常规性和确定性。同直觉偏好的人沟通要强调趣味性和新意，倾听他们伟大的梦想和计划，不必马上指出其中不切实际的地方，可以把它当成一种分享想法、喜悦的方式。同时，沟通时要站在一定高度，尽量从宏观上进行把握，思维跨度可以适当增大，因为他们喜欢天马行空地遨游。上级的工作就是识别周围人的特点，并把他们安排在最能发挥其特长的工作中。

3. 理性与情感

进行决策的方式有理性（thinking）与情感（feeling）两种。理性的人喜欢在决策前收集信息并进行细致的分析，他们观察、追踪并客观地评价事实，而不是服从于自己的情感。比如在商业中，他们喜欢使用决策分析、线性方程、成本收益分析及其他减少风险的方法。他们关心的是所要求的事，有可能忽视其他人的利益和感情。

情感型的人通常以自己的主观价值观做判断，喜欢欣赏、支持他人，与他人合作。但是，如果人们不按他们的观点看待世界，他们便可能成为一个可怕的对手。他们会使争论两极化，不是支持就是反对。情感型的人，通常用个人的主观标准进行决策，过分坚持一个观点、坚持老方法。在商界，亨利·福特（Henry Ford）曾是个典型情感型决策的企业家，当其他竞争对手已开发出了他们的新型汽车时，福特仍然坚持生产标准的T型车，差点毁了他的公司。

与理性的人沟通时要注意强调实际问题的解决，最好能辅以数据或图表等工具。另外，当与他们拥有不同的见解、方案时，不能太急于达成一致看法，因为他们善于思考，给他们重新思考的时间，他们自然会判断是否接纳你的想法，或是找时间跟你进一步讨论。与情感型的人沟通时要注意了解他们决策的原则和个人的情感取向。

4. 判断与知觉

人们行为的重点也是不同的，一些人即使没有足够的信息也能快速地做出决策，另一些人偏好在做出决策之前更多地收集信息。把重点放在解决问题上称为判断（judge-mental）偏爱，把重点放在获取尽可能多的资料上则是知觉（perceiving）偏爱。

判断偏爱的人不喜欢模糊和松散，他们非常有条理，喜欢把问题清晰化，并解决它；尊重解决问题的逻辑，喜欢清晰的判断结果，但是并不喜欢在采取行动前花费太多的时间。知觉偏爱的人强调应尽可能地收集信息，因此更注意获取信息的方式；充满好奇，往往喜欢调查，喜欢研究和发现，喜欢收集传闻和证据。

与判断偏爱的人沟通时，目的性要强，说服他们之前最好能够提供清晰的解决方法或备选方案。与知觉偏爱的人沟通则要给予他们充足的信息，以便及时有效地影响他们。

总之，每个人的个性不同，沟通风格也不同，把握人们个性的差异是保证沟通顺畅的重要条件。

### 2.2.2 沟通中的性别差异

研究发现,男性与女性的沟通模式是存在差异的。社会语言学家黛博拉·坦纳(Deborah Tannen)在1990年总结了男性与女性谈话风格的差异(见表2-2)。

表 2-2 谈话风格的性别差异

| 女性 | 男性 |
| --- | --- |
| 私下场合谈话数量较多 | 公开场合谈话数量较多 |
| 喜欢咨询与讨论 | 不喜欢咨询及寻求帮助 |
| 给予说话者赞美及意见 | 多命令语句及主动提供资讯 |
| 好谈论人际关系的细节 | 好谈论自己的英雄故事及政治人物 |
| 谈话中重叠现象较多 | 谈话中重叠现象较少 |

总的来说,男性与女性在沟通上的差异主要表现在沟通目的、沟通内容与沟通方式几个方面。

1. 沟通目的不同

女性更注重亲密性与关系的维护,男性更注重独立性和地位的维护。女性希望通过交谈表达感受,她们将交谈看作"分享行为",尽可能多地说出细节,希望借此释放负面情绪,加强亲密感。男性说话更重视逻辑性与效率,沟通是为了解决某个问题,或展现个人的能力。

2. 沟通内容不同

男性在沟通中,喜欢展现自己的博学多才,谈话的内容大多是对世界局势的看法,或者是对体育赛事的点评,而女性更愿意分享生活中的点点滴滴,让彼此真正地互相了解。

3. 沟通方式不同

女性对事物进行描述时比较详尽,男性会认为女性太琐碎,抓不住重点,而女性认为男性太粗枝大叶,不够全面。女性在表达看法时会尽可能多地说出细节,并使用很多形容词进行描述。男性则希望用简短的语言说明白问题。男性总是不明白"为啥女性要滔滔不绝",当男性感觉"听够了"时,就会打断女性。他不明白为何女性会长篇大论,而不区分必要信息与多余信息。

## 2.3 沟通中人际知觉的偏差

人际知觉是人们对他人做出判断并对其行动赋予含义的过程,包括对他人表情、性格的认知,对人与人之间关系的认知,以及对行为原因的认知。

1. 首因效应

人与人第一次交往中给对方留下的印象,在对方的头脑中形成并占据主导地位,这种效应即为首因效应。我们常说第一印象,就是因为存在首因效应的作用。我们认识、了解一个人,不是通过一两次交往就能完成的,而第一印象又容易限制我们对人的进一步了解。因为第一印象带有片面性,它往往又会导致我们人际认知的片面性。因此,第一印象一旦形成,就会起到一个过滤器的作用,以至于在后来的人际沟通过程中,凡是跟第一印象一致的信息,就印象深刻,而凡是跟第一印象不一致的信息,就视而不见、听而不闻,这便产生了认知偏差。

我们在初次交流时,很短的几秒钟创造的是第一印象。第一印象告诉别人,你是否有信心、愉快和真诚。有人说,在商场上,最初的决定性的七秒钟决定你能否赢得新客户。

### 第一印象的重要性

1946年,美国心理学家所罗门·阿希(Solomon Asch)以大学生为研究对象做了一个实验。他让两组大学生评定对一个人总的印象。他告诉第一组大学生,这个人的特点是"聪慧、勤奋、冲动、爱批评人、固执、妒忌"。很显然,这六个特征的排列顺序是从肯定到否定。对第二组大学生,阿希所用的仍然是这六个特征,但排列顺序正好相反,是从否定到肯定。研究结果发现,大学生对被评价者所形成的印象高度受到特征呈现顺序的影响。先接受了肯定信息的第一组大学生,对被评价者的印象远远优于先接受了否定信息的第二组。这意味着,最初印象有着高度的稳定性,后继信息甚至不能使其发生根本性的改变。

#### 2. 近因效应

近因效应与首因效应相反,是指交往中最后一次见面给人留下的印象,这个印象在对方的脑海中也会存留很长时间。由于人们更倾向于以最近的信息为依据对他人进行判断,因此,近因效应也容易迷惑人。我们分辨人仅仅凭借近因效应,难免就会为之左右,从而导致认知偏差。

一般来说,首因效应大于近因效应。

### 首因效应与近因效应

一位心理学家曾做过这样一个实验,他让两个学生都做对30道题中的一半,但是让学生A做对的题目尽量出现在前15题,而让学生B做对的题目尽量出现在后15道题,然后让一些被试对两个学生进行评价:两相比较,谁更聪明一些?结果发现,多数被试都认为学生A更聪明。

#### 3. 刻板效应

刻板效应是指在人际交往中,对某一类人进行简单的概括归类所形成的不正确的效应。刻板效应主要表现为有意无意根据一个人的年龄、性别、相貌、职业、地域、民族、背景、身份和社会地位等特征来判断他的品质、行为和性情。比如,英国人保守、美国人不拘小节、犹太人会做生意等就是一种刻板效应。刻板效应使人们在无形之中戴上了涂有偏见色彩的有色眼镜。很多人总是不自觉地将人概括分类,比如说到南方人,心目中总有一个概括化的效应;说到北方人,又会出现另一个概括化的效应。虽然总体来讲,南方人与北方人在某些方面(风俗习惯、风土人情及性格特点等)是存在一些差别,但是如果以这种概括化的效应对待具体的人则是完全错误的。而我们的人际交往正好是具体的人与人之间的交往,因此容易导致刻板效应的产生。

4. 晕轮效应

晕轮效应是指当你对某个人有好感后,就会很难感觉到他的缺点存在,就像有一种光环在围绕着他。这种心理就是晕轮效应。晕轮效应形成的心理机制是中心性质扩张化,是一种以偏概全的心理偏差。在人际沟通过程中,只要是权威人物说的话,很多人就深信不疑,而一般人的话人微言轻,这就是晕轮效应在起作用。人们常说的"一白遮百丑""情人眼里出西施"等就是这种认知偏见的典型表现。在这种效应下,管理者常对自己喜爱的下属给予较高的绩效评价,对不喜欢的下属则给予较低的绩效评价。

5. 主观投射

主观投射是指人的内在心理的外在化,即"以己之心度他人之腹",把自己的情感、愿望、意志、特征投射到他人身上,也即人们常说的"己所欲施于人",认为他人也是如此。主观投射效应是人从自我出发去认知他人,自我与非我不分,主观与客观不分,认知主体与认知客体不分。事实上,世上并没有完全相同的人,自己与他人之间的差异是客观存在的。因此,在人际沟通过程中一味地从自身出发,而不从他人的实际特点和具体情况出发去认知他人、理解他人,就会导致沟通障碍产生。

### 小鸟的寓言

美国有一则寓言故事:在一间漂亮的、四面都是落地玻璃窗的大房子外面,有一只小鸟它很想进到房子里。每天它都锲而不舍地往玻璃窗上撞,可一直没有成功,而且每次撞完之后,这只可怜的小鸟都会重重地跌落到窗台上。其实,那一大片落地玻璃窗的旁边明明就有一扇开着的窗户,可小鸟总是闭着眼往玻璃上撞,完全没有发现那扇敞开的窗口。

路人看见小鸟笨拙的行为,都嘲笑说:"你看那只笨鸟,难道它不知道旁边就开着扇窗吗?它怎么能这么笨呢!"

有一天,有位老先生拿着望远镜出门,无意间把望远镜的镜头对准了小鸟。当他从望远镜里仔细地观察了那只笨鸟的行为之后,才愕然发现,原来那只每天闭着眼撞玻璃窗的愚笨小鸟,其实并不是想进房子里去。它其实是在快乐地啄食黏附在玻璃窗上的小昆虫,并且满足地躺在窗台上享受美食呢!

## 2.4 沟通差异的整合

"约哈里之窗"(Johari window)是由约瑟夫·卢夫特(Joseph Luft)和哈里·英格姆(Harry Ingham)提出的一种用于研究改进人际沟通与信息处理的方法,如图 2-1 所示。四方形的区域代表我们的人际关系,区域中心的四扇"窗子"代表个体人际关系中与沟通有关的部分,"窗子"的大小可以用于衡量管理沟通的有效性。

图 2-1　约哈里之窗

"约哈里之窗"试图阐明关于"我个人"的情况,哪些是我所清楚知道的,哪些是我不知道的,哪些是别人清楚知道的,哪些是别人不知道的。我们认识自己多少和别人了解我们多少,这样的因素会影响到人们之间有效的互动行为。我们在沟通中遇到差异时,可以通过自我认知和他人反馈,对其中的盲点进行更深入的认识,减少沟通中的知觉偏差。

开放区代表所有自己已知、他人也知道的信息。如个人的身高、肤色、举止等。这部分信息沟通顺畅、无障碍。个体可以良好地与他人分享这些信息。你清楚自己的工作能力和工作表现,而且也被上司、同事所了解。隐藏区是自己知道,而他人未知的信息。如自己的愿望、打算等。人们没有让他人知道这些信息,可能是由于不够熟悉或出于自我防卫的心理。这种情况下,沟通者一般很难获得对方的信任,因为你是戴着"面具"在与他人交往。未知区是指他人知道而自己不知道的信息。如他人对自己的评价。这是由于别人没有告诉自己或自己拒绝接受这些信息而造成的。这种情况下,需要不断地鼓励对方反馈,了解他人对自己的评价,从而更好地认识自己。盲区是自己不知道、他人也不知道的信息,如人的潜在需要。以上四扇"窗子"的大小会随着个体的沟通行为发生变化。

根据"约哈里之窗",要想提高沟通的有效性,就要从两个方面进行努力。一方面,增加自我暴露的程度,缩小隐藏区,扩大开放区,让对方了解自己更多的信息。研究表明,充分地自我揭示可使对方变得更为友善。另一方面,提高他人对自己的反馈程度,缩小未知区,扩大开放区。

当然,人的自我暴露程度要遵循循序渐进的原则,不能过快也不能过慢。暴露过快,会欲速不达,引起人的自卫性反感。相反,如果暴露速度过慢,也会引起别人的误解,会认为你待人处事没有诚意,因此会拉大人际心理距离。

需要注意的是,随着双方自我开放区的增大,"关系危险度"也相应有所提高,一旦出现裂痕,信息容易出现"外泄"。因此,将自我开放区开放到最佳程度,才能深化人与人之间的关系。

### 小练习:运用"约哈里之窗"认识和评价自我

第一步,请五个非常了解你的朋友,要他们列出你的优点和缺点。可以先从好朋友开始,他们到底怎么样看你。如果想进一步客观地评价自己,再请那些你最不喜欢的人列出你的优点和缺点,也就是让别人做你的镜子,利用别人给你的回馈,帮助你认识自己、评价自己。第二步,你自己也拿出一张纸来,列出自己的优点和缺点。然后将自己列出的与别人列出的一一比较,便可能产生"约哈里之窗"的四种情况。由"约哈里之窗"你也许会发现自己有许多优点,而别人并不知道,也可能出现别人认为你的优点,你自己反而不觉得,这样就可以进一步了解自己。同样,你的缺点也可能有类似的情形。通过"约哈里之窗"了解和评价自己,要比从自我观察的材料中分析和评价自己更客观、准确、可靠。

### 沟通技能测试

(1) 在说明自己的重要观点时,别人却不想听你说,你会(　　)。

A. 马上气愤地走开

B. 不说了,但可能会很生气

C. 等等看还有没有说的机会

D. 仔细分析对方不想听的原因,找机会换一种方式去说

(2) 去参加老同学的婚礼回来,你很高兴,而你的朋友对婚礼的情况很感兴趣,这时你会(　　)。

A. 详细述说从你进门到离开时所看到和感觉到的以及相关细节

B. 说些自己认为重要的

C. 朋友问什么就答什么

D. 感觉很累了,没什么好说的

(3) 你正在主持一个重要的会议,而你的一个下属却在玩手机并有声音干扰会议现场,这时你会(　　)。

A. 幽默地劝告下属不要玩手机

B. 严厉地叫下属不要玩手机

C. 装着没看见

D. 给那位下属难堪,让其下不了台

(4) 你正在跟老板汇报工作时,你的助理急匆匆跑过来说有你一个重要客户的长途电话,这时你会(　　)。

A. 说你在开会,稍后再回电话过去

B. 向老板请示后,去接电话
C. 说你不在,叫助理问对方有什么事
D. 不向老板请示,直接跑去接电话

(5) 去与一个重要的客人见面,你会(    )。
A. 像平时一样随便穿着
B. 只要穿得不太糟就可以了
C. 换一件自己认为很合适的衣服
D. 精心打扮一下

(6) 你的一位下属已经连续两天下午请了事假,第三天上午快下班的时候,他又拿着请假条过来说下午要请事假,这时你会(    )。
A. 详细询问对方因何要请假,视原因而定
B. 告诉他今天下午有一个重要的会议,不能请假
C. 你很生气,但仍然什么都没说就批准了他的请假
D. 你很生气,不理会他,不批假

(7) 你刚应聘到一家公司就任部门经理,不久,你了解到本来公司中有几个同事想就任你的职位,老板不同意,才招了你。对这几位同事,你会(    )。
A. 主动认识他们,了解他们的长处,争取成为朋友
B. 不理会这个问题,努力做好自己的工作
C. 暗中打听他们,了解他们是否具有与你竞争的实力
D. 暗中打听他们,并找机会为难他们

(8) 与不同身份的人对话,你会(    )。
A. 对身份低的人,你总是漫不经心地说
B. 对身份高的人,你总是有点紧张
C. 在不同的场合,你会用不同的态度与之对话
D. 不管是什么场合,你都用一样的态度与之对话

(9) 在听别人说话时,你总是会(    )。
A. 对别人的话表示兴趣,记住所说的要点
B. 请对方说出问题的重点
C. 对方老是说些没必要的话时,你会立即打断他
D. 对方不知所云时,你就很烦躁,会去想或做别的事

(10) 在与人沟通前,你认为比较重要的是应该了解对方的(    )。
A. 经济状况、社会地位
B. 个人修养、能力水平
C. 个人习惯、家庭背景
D. 价值观念、心理特征

题号为(1)、(5)、(8)、(10)者,选A得1分、选B得2分、选C得3分、选D得4分;其余题号选A得4分、选B得3分、选C得2分、选D得1分;最后,将10道测验题的得分加起来,就是你的总分。你的总分为(    )。

结果分析：

1. 总分为 10—20 分

因为你经常不能很好地表达自己的思想和情感，所以你也经常不被别人所了解；许多事情本来是可以很好解决的，正是由于你采取了不适合的方式，所以有时把事情弄得越来越糟；但是，只要你学会控制好自己的情绪、改掉一些不良的习惯，你随时可能获得他人的理解和支持。

2. 总分为 21—30 分

你懂得一定的社交礼仪，尊重他人；你能通过控制自己的情绪来表达自己，并能实现一定的沟通效果；但是，你缺乏高超的沟通技巧和积极的主动性，许多事情只要你继续努力一点，就可取得良好的沟通效果。

3. 总分为 31—40 分

你很稳重，是控制自己情绪的高手，所以他人一般不会轻易知道你的底细；你能不动声色地表达自己，有很高的沟通技巧和人际交往能力；只要你能明确意识到自己性格的不足，并努力优化之，定能取得更好的沟通效果。

## 本章习题

### 一、判断题

1. 在沟通时，应该首先讨论不一致的问题，然后慢慢过渡到一致的地方。
2. 首因效应，就是说人们根据最初获得的信息所形成的印象不易改变，甚至会左右对后来获得的新信息的解释。
3. 从自我出发去认知他人是受到刻板效应的影响。
4. 固定的僵化印象对人们知觉的影响，在知觉偏见的产生原因中被称为晕轮效应。
5. 判断偏爱的人喜欢收集信息。
6. "约哈里之窗"是一种重要的进行自我认知、纠正认知偏差的工具。

### 二、选择题

1. 人际沟通的三个层次有（　　）。
A. 信息层次、情感层次、行为层次
B. 信息层次、认知层次、情感层次
C. 信息层次、认知层次、行为层次
D. 认知层次、接触层次、情感层次

2. 社会心理学认为，人际沟通是（　　）。
A. 人与人之间的联系过程　　B. 人们面对面的交流
C. 人际关系的表现形式　　　D. 双向沟通

3. 下列关于人际沟通的论述中，不正确的是（　　）。
A. 人际沟通可以调节沟通者本人的行为
B. 人际沟通一定能够协调组织内部关系

C. 人际沟通有利于增强团结
D. 人际沟通是保证个人心理健康成长所必需的

4. 人际沟通的四个阶段分别是定向阶段、探索情感阶段、情感交换阶段和（    ）阶段。

A. 稳定心情  B. 稳定情感
C. 稳定关系  D. 稳定角色

5. 在"约哈里之窗"中，"他知，而不自知"所在的区域是（    ）。

A. 开放区  B. 盲区
C. 隐藏区  D. 未知区

6. 在社会知觉的整个过程中，一个人最先给人留下的印象，往往"先入为主"，对后来对此人的印象起着强烈的影响，这是（    ）。

A. 刻板效应  B. 首因效应
C. 晕轮效应  D. 近因效应

7. 根据约"哈里之窗"，个体可以通过以下哪些方法来有效地减少人际沟通中的知觉偏差？（    ）

A. 反馈和他人告知  B. 理解和他人告知
C. 反馈和自我暴露  D. 理解和自我暴露

三、思考题

1. 如何有效地运用首因效应进行人际沟通？
2. 如何在人际交往中防止认知偏差？
3. 讨论男性和女性在沟通风格上的差异。
4. 如何与不同个性风格的个体进行沟通？

四、案例分析

## 杨瑞与上级的沟通

杨瑞是一个典型的北方姑娘，在她身上可以明显地感受到北方人的热情和直率，她喜欢坦诚，有什么说什么，总是愿意把自己的想法说出来和大家一起讨论。正是因为这个特点，她在上学期间很受老师和同学的欢迎。今年，杨瑞从西安某大学的人力资源管理专业毕业，她认为，经过四年的学习，自己不但掌握了扎实的人力资源管理专业知识，而且具备了较强的人际沟通技能，因此她对自己的未来期望很高。为了实现自己的梦想，她毅然只身去广州求职。

经过将近一个月的投简历和面试，在权衡了多种因素的情况下，杨瑞最终选定了东莞的一家研究生产食品添加剂的公司。她之所以选择这家公司是因为该公司规模适中、发展速度很快，最重要的是该公司的人力资源管理工作还处于尝试阶段，如果杨瑞加入，她将是人力资源部的第一个人，因此她认为自己施展能力的空间很大。但是到公司实习一个星期后，杨瑞就陷入了困境。

原来，该公司是一个典型的小型家族企业，企业中的关键职位基本上都由老板的亲属担任，其中充满了各种裙带关系。尤其是老板给杨瑞安排了他的大儿子做杨瑞的临时上级,而这个人主要负责公司研发工作,根本没有管理理念;更不用说人力资源管理理念。在他的眼里,只有技术最重要,公司只要能赚钱,其他一切都无所谓。但是杨瑞认为越是这样就越有自己发挥能力的空间,因此在到公司的第五天,杨瑞拿着自己的建议书走向了直接上级的办公室。

"王经理,我到公司已经快一个星期了,我有一些想法想和您谈谈,您有时间吗?"杨瑞走到经理办公桌前说。

"来来来,小杨,本来早就应该和你谈谈了,只是最近一直扎在实验室里,就把这件事忘了。"

"王经理,对于一个企业尤其是处于上升阶段的企业来说,持续发展,必须在管理上狠下功夫。我来公司已经快一个星期了,据我目前对公司的了解,我认为公司主要的问题在于职责界定不清;雇员的自主权力太小,致使员工觉得公司对他们缺乏信任;员工薪酬结构和水平的制定随意性较强,缺乏科学合理的基础,因此薪酬的公平性和激励性都较低。"杨瑞按照自己事先所列的提纲开始逐条向王经理叙述。

王经理微微皱了一下眉头说:"你说的这些问题我们公司确实存在,但是你必须承认一个事实——公司在赢利,这就说明公司目前实行的体制有它的合理性。"

"可是,眼前的发展并不等于将来也可以发展,许多家族企业都是败在管理上。"

"好了,那你有具体方案吗?"

"目前还没有,这些还只是我的一点想法而已,但是如果得到了您的支持,我想方案只是时间问题。"

"那你先回去做方案,把你的材料放这儿,我先看看然后给你答复。"说完,王经理的注意力又回到了研究报告上。

杨瑞此时真切地感受到了不被认可的失落,她似乎已经预测到了自己第一次提建议的结局。

果然,杨瑞的建议书石沉大海,王经理好像完全不记得建议书的事。杨瑞陷入了困惑之中,她不知道自己是应该继续和上级沟通,还是干脆放弃这份工作,寻找另一个发展空间。

**问题:**

具体分析一下沟通失败的原因是什么,并对杨瑞和王经理两人分别提出沟通的建议。

# 第 3 章

# 自 我 沟 通

# 第 3 章 自我沟通

**【本章学习目标】**

1. 了解自我沟通的意义；
2. 了解自我概念的含义与形成；
3. 了解自我沟通的艺术；
4. 掌握情绪商数及情绪管理。

开篇案例

### 英国圣公会主教的墓碑文

在英国威斯敏斯特教堂的地下室，圣公会主教的墓碑上写着这样的一段话：

当我年轻的时候，我的想象力没有受到任何限制，我梦想改变整个世界。当我渐渐成熟明智的时候，我发现这个世界是不可能改变的。于是我将眼光放得短浅了一些，那就只改变我的国家吧！但是似乎我的国家也是我无法改变的。当我到了迟暮之年，抱着最后一丝希望，我决定只改变我的家庭、我亲近的人。但是，唉！他们根本不接受改变。现在我临终之际，我才突然意识到：如果起初我只改变自己，接着我就可以改变我的家人。然后，在他们的激发和鼓励下，我也许就能改变我的国家。再接下来，谁知道呢，或许我连整个世界都可以改变。

资料来源：斐玲，《人生随时都可以开始》，中国长安出版社，2007。

从这段墓碑文中我们可以体会到自我沟通、改变自我的重要性。

## 3.1 自我沟通概述

沟通不仅可以在个人与他人之间发生，也可以在个人自身内部发生。这种发生在个人内部的沟通过程，就是自我沟通。自我沟通也称内向沟通，是指个人接受外部信息并在人体内部信息处理的活动，是在主我和客我之间进行的信息交流。

### 3.1.1 自我沟通的意义

自我沟通是其他一切沟通活动的基础。在人际沟通和组织沟通中，人们首先通过自我沟通而获得一个对自己的看法，然后这种看法会影响人们与别人的接触，与别人接触的经验又会反过来影响人们对自己的看法，这种交互作用会对其他类型的沟通产生重要的影响。

无论是顺境还是逆境，快乐还是悲伤，人们都会通过自我调节，消除负面影响或强

化正面影响,使自己从不安、困惑中解脱出来,适应环境。这种自我调节的过程就是自我沟通的过程。自我沟通是人的本能,不同的人自我沟通的技能又存在差异。

良好的自我沟通能力有助于人们掌控自己的情绪和心态,积极的心态能够影响行动,有效的行动可以改变命运。因此,掌控自己的命运,获得成功的人生,必须从自我沟通开始。

---

**自我沟通,良好心境**

早年间,英国有位哲人,单身时和几个朋友一起住在一间只有七八平方米的小房子里,每天却总是乐呵呵的。别人问:"那么多人挤在一起,还有什么值得开心呢?"他说:"朋友们住在一起,随时可以交流思想、交流感情,难道这不是值得高兴的事吗?"

过了一段时间,朋友们都成了家,先后搬了出去,屋内只剩下他一个人,但他每天仍然非常快乐。又有人问:"一个人孤孤单单,有什么好高兴的?"他说:"我有这么大的空间,还有那么多的书可以看,悠然闲适,怎不令人高兴?"

数年后,这位哲人的经济条件好了起来,他搬进了楼房,住在一楼,仍是每天乐呵呵的。有人说:"住一楼烦都不够烦的呢!"哲人却说:"一楼,进门就是家,还可以在空地上养花、种草。这些多有乐趣呀!"又过了一年,这位哲人把一楼让给一位家里有偏瘫老人的邻居,而自己搬到顶楼。朋友又问:"先生,住顶楼有哪些好处?"他说:"好处多了!每天上下楼几次,有利于身体健康;看书、写文章光线好;没有人在头顶上干扰,白天和黑夜都安静。"

资料来源:王欣欣、杨静,《管理学原理》,北京交通大学出版社,2012。

---

正如柏拉图所说:"决定一个人心情的,不在于环境而在于心境。"这位哲人能够在任何环境中都保持乐观、积极,保持良好的心境,就是良好自我沟通的结果。心里想的是什么样子,看到的就是什么样子,这就是自我信息的传送。同时,正确、积极的认识的摄入又会通过自我反馈促进良好心境的形成,最终形成自我沟通的良性循环。

在组织沟通中,每一个个体积极性的发挥都来自自身对工作的认同。自我沟通的目的是在取得自我认同的基础上,更有效率地解决现实问题。要说服别人,首先要说服自己。如果管理者要指导、激励下属完成工作任务,首先自己要从心里认同其工作的价值。

### 3.1.2 自我概念的形成

自我是一个人对自己所有身心状况的认识,即对自身存在的体验。它是指一个人从人际交往中获得的经验、反省和他人的反馈中,逐步加深对自己的了解,即我们怎样看待和评价自己。有关自我的理论,较完整的是由威廉·詹姆斯(William James)提出的"自我维度"理论,他将自我分成物质自我、社会自我和精神自我三种,如表3-1所示。

表 3-1　三种自我

| 三种自我 | 定义 |
| --- | --- |
| 物质自我 | 对自己的身体、仪表、家庭等方面的认知 |
| 社会自我 | 对自己在社会活动中的地位、名誉、财产及与他人相互关系的认知 |
| 精神自我 | 对自己的智慧能力、道德水准等内在素质的认知 |

自我概念的形成主要由外部评价、社会比较和自我感觉三个要素构成。

(1) 外部评价是指我们从他人那里得到的有关自己的信息,这些信息将会影响到对自身的评价。我们的父母、老师、朋友告诉我们是谁,你的父母说你是个懂事的孩子,老师说你是个好学生,朋友说你是个有趣的伙伴,等等。如果从他人那里得到了肯定的评价,就会有一个良好的自我概念;如果这种评价是否定的,那么自我概念就可能会很糟糕。按年龄来说,年龄小的人比年龄大的人更注重外部评价。如果在年轻时获得了肯定的外部评价,你或许会有一个良好的自我概念。

(2) 社会比较是指通过与他人的比较来了解自己在团体中的能力,进而建立自己的自我概念。例如,在学校时,考试卷发下来,人们通常会问一下自己的同桌是多少分,自己的朋友是多少分;走到社会上,又和同事比较职务与薪资;有了孩子,就比较自己的孩子好还是别人的孩子好;当担任领导管理一个单位时,就会和其他单位比较;等等。无论什么人,从出生到长大、从家庭到社会、从学习到工作,都是在社会比较中发展和充实自我概念的。社会比较是激励个体不断进步和可能引起自卑心理的一种社会心理现象,这是社会发展中人与人相互作用的结果,社会比较对于正确的自我认识、丰富自我概念,有着重要的意义。

(3) 自我感觉是指人们主观对身体特质的体会或从自己的情绪反应、行为举止而得来的自我概念,即用自己的方式看待自己。如果从成功的经历中获得自信,人的自我感觉会变得更好,自我概念将会增强。如你在没有别人帮助的情况下,第一次独立完成了一项设计工作并获得好评,这种成功的行为会增进良好的自我感觉和体验。

一个人随着年龄的增长,可能不会再对自己与他人比较如何、别人怎样看待自己等更感兴趣,他的自我概念更多地取决于他对自己生活质量的自我感觉。

在组织中,成功的基础是自信、果断的自我概念。同时,管理者也要帮助下属形成良好的自我概念。恰当的赞美可以产生正面的皮格马利翁效应,塑造员工良好的自我概念。成功经理人的三个秘诀是一分钟目标的设定、一分钟赞美和一分钟斥责。

### 3.1.3　自我沟通的过程

自我沟通是一个内在和外在得到统一过程的联结点,没有自我沟通过程,自我认知和外界需求就成为各自孤立的分离体。因此,自我沟通作为特殊的人际沟通方式,也是主体为了某种目标输出信息,由客体接收并做出反馈的过程。具体的自我沟通过程如图 3-1 所示。

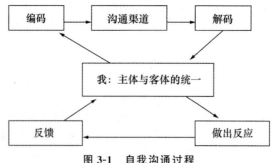

图 3-1　自我沟通过程

自我沟通在过程上与一般人际沟通具有相似性，但在具体要素和活动上又有其自身的特点，主要包括：

（1）主体和客体同一性。自我沟通中的"我"同时承担信息编码和解码功能。

（2）自我沟通的目的是说服自己。自我沟通经常在面临自我原来认知和现实外部需求出现冲突时发生。

（3）沟通过程反馈来自"我"本身。信息输出、接受、反应和反馈几乎同时进行，也同时结束，这些基本活动之间没有明显的时间分隔。

（4）沟通媒介也是"我"自身。沟通渠道可以是语言、文字，也可以是自我心理暗示。

自我沟通过程中的反馈，表现为思想上的自我本来定位与现实要求之间的冲突发生和解决的过程。基于自身长期的学习，人们不断建立其具有个体特征的对问题进行鉴别、分析和处置的特有方式与价值观。因此，当人们面对某一事件时，会根据其对客体（人、事物）的先验性判断去制定相应的对策和措施，一旦当自身这种先验性判断与外部的要求（如上级的要求）发生矛盾时，冲突就出现了。这种冲突出现后会人表现出烦躁、不安、反感、恐慌，甚至出现抵触的态度和行为，这些反应会冲击自己原来的判断。为了使自己的心态得到恢复，就必须不断说服自己，调整自己的判断标准、价值观或处理问题的方式。这种由于自我本来定位与现实要求之间冲突的产生、发展、缓解和最终解决过程，称为自我沟通的反馈；把面对冲突时表现出来的外在形态，称为反应。从沟通过程看，成功的自我沟通就是要求自我在面临问题时，有良性的反馈，并表现为积极的反应。

### 自我沟通技能测试

请你对下列陈述根据实际情况进行评分，你的回答应该反映你现在的态度和行为，而不是有意根据你所希望的结果去评价。采用这种方式是为了帮助你发现自己在自我沟通理念和技能方面处于何种水平。通过自我评价，你就可以识别自身的不足，进一步根据自身特点调整你的学习方向。

**评价标准**

1. 非常不同意/非常不符合
2. 不同意/不符合
3. 比较不同意/比较不符合
4. 比较同意/比较符合
5. 同意/符合
6. 非常同意/非常符合

**测试题**

1. 我经常与他人交流以获取关于自己优缺点的信息，以促使自我提高。
2. 当别人给我提反面意见时，我不会感到生气或沮丧。
3. 我非常乐意向他人开放自我，与他人共享我的感受。
4. 我很清楚自己在收集信息和做决定时的个人风格。
5. 在与他人建立人际关系时，我很清楚自己的人际需要。
6. 在处理不明确或不确定的问题时，我有较好的直觉。
7. 我有一套指导和约束自己行为的个人准则和原则。
8. 无论遇到好事还是坏事，我总能很好地对其负责。
9. 在没有弄清楚原因之前，我极少会感到生气、沮丧或是焦虑。
10. 我清楚自己与他人交往时最可能出现的冲突和摩擦原因。
11. 我至少有一个以上能够与我共享信息、分享情感的亲密朋友。
12. 只有当我自己认为做某件事是有价值的，我才会要求别人这样去做。
13. 我在较全面地分析做某件事可能给自己和他人带来的结果后再做决定。
14. 我坚持一周有只属于自己的时间和空间去思考问题。
15. 我定期或不定期地与知心朋友随意就一些问题交流看法。
16. 每次沟通时，我总是听主要的看法和事实。
17. 我总是把注意力集中在主题上并领悟讲话者所表达的思想。
18. 在听的同时，我努力深入地思考讲话者所说内容的逻辑和理性。
19. 即使我认为所听到的内容有错误，仍能说明自己继续听下去。
20. 我在评论、回答或不同意他人的观点之前，总是尽量做到用心思考。

**自我评价**

将你的得分与三个标准进行比较：一是比较你的得分与最大可能得分（120分）；二是比较你的得分与班里其他同学的得分；三是比较你的得分与由500名管理学院或商学院学生组成的标准群体的得分。在与标准群体比较时，如果你的得分是：

100分或更高，你位于最高的1/4群体中，你具有优秀的沟通技能；92—99分，你位于第二个1/4群体中，有些地方尚需提高；85—91分，你位于第三个1/4群体中，有较多地方需加强训练；84分或更少，你位于最低的1/4群体中，你需要严格地训练你的沟通技能。

选择得分最低的6项，作为本部分技能学习提高的重点。

## 3.2 自我沟通艺术

自我发展是一个认识自我、提升自我、超越自我的过程,自我沟通技能的提高也是一个不断认识自我、提升自我和超越自我的"三阶段"过程,在这个过程的每个阶段,都要从不同角度去提升自我沟通的技能和意识。

每个人从成长过程看,自我沟通技能会发生动态的变化。人往往年轻时自我沟通技能较差,通过阅历的增加和不断的学习,自我沟通技能会不断提升。自我沟通是天生的,也是后天修炼的;三阶段的进化是螺旋形的,没有绝对的阶段。我们将自我的不断学习和交流、不断思考和总结,使自身的沟通技能得到不断提高的过程,称为管理沟通技能的自我修炼。

### 3.2.1 认识自我的艺术

正确地认识自我是自我沟通中的关键,也是演好自身角色、实现自我目标的重要前提。也许有人会问:人自出生就一直在感知自我,难道有谁还不了解自我吗?其实,认识自我并非易事。因为人们看待自己与别人看待自己是有差异的,而且人们往往不完全了解内在的、真实的自我。正因为每个人都存在自己不了解的一面,所以要通过人际沟通,从别人那里获得反馈,由此获悉别人对自己的个性及行为的看法,从而更全面地了解、认识自我。从心理学观点看,自我认知包括以下三个要素:物质自我认知、社会自我认知和精神自我认知。物质自我认知是主体对自己的身体、仪表、家庭等方面的认知;社会自我认知是主体对自己在社会活动中的地位、名誉、财产,以及与他人相互关系的认知;精神自我认知是主体对自己的智慧能力、道德水准等内在素质的认知。认识自我就是对自己主观和客观世界,以及自己和周围事物关系的认识。它包含自我观察、自我体验、自我感知、自我评价等。

---

**认识自我的方法**

(1) 比较法。这是从与其他人的关系中认识自我。他人是反映自我的镜子,与他人交往,是个人获得自我认识的重要来源。有自知之明的人能从这些关系中用心向其他人学习,从而获得足够的经验,然后按照自己的需要去规划自己的前途。但是,在通过与其他人比较认识自我的时候,应该注意比较的参照体系。确立合理的参照体系和立足点对自我的认识尤为重要。

(2) 经验法。经验法是从做事的经验中了解自己。一般来说,自己所取得的成果、成就,或者遇到的失败、挫折都是一种学习,而这些经验的价值却因人而异。对聪明又善于用智慧的人来说,成功或是失败的经验都可以促使其再度成功。因为他们了解自己,有坚强的人格特征,善于学习,可以避免重蹈失败的覆辙。而对于某些比较脆弱的人来说,失败的经验将会是一个挥之不去的阴影,失败的经验使其再次走向失败。因为他们没有及时从失败中吸取教训,没有及时改变策略追求成功,而是挫败后不敢面对现实去应付困境或是挑战,甚至失去良机。对于一些自傲的人来说,成功反而会成为失败之源。他们可能因为幸得成功而骄傲自大,以后行事自不量力,进而遭受更多的失败。

(3)二十问法。二十问法也称"你是谁测验"。用这种方法可以测试员工的自我意识,特别是自我观念。二十问法的指导语是:"现在,我问你20次'你是谁',请你把想到的答案写到纸上,每个问题只有20秒左右的时间供思考并写下答案。比如说,当我问'你是谁'时,你可以这样答:'我是某学校的学生。'当我问'你是谁'时,你有可能一下子想不出答案,这种情况下可以不写。当我再问下一个'你是谁'时,再继续往下写。请你只写下自己想到的答案,不要参考周围其他人的答案。当我问完20次又过20秒之后,要停笔不再作答。"

(4)反省法。可以从以下几个"我"中去认识自己:自己眼中的我——也就是个人实际观察到的客观的自我,包括身体、容貌、性别、年龄、职业、性格、气质、能力等。别人眼中的我——是指在与其他人交往的时候,通过别人对你的态度、情感反应而知觉到的我。不同关系的人对自己的反应和评价不同,这是个人从多数人的反应中归纳出来的统一的感觉。自己心中的我是指自己对自己的期望,也就是理想的我。

(5)自我价值观澄清法。价值观是自我意识的重要内容,了解自我价值观有助于更好地分析自我的行为,必要时修正自我价值观,以满足自我完善的需要。自我价值观在一些选择活动中能够明显地表现出来,因而通过模拟的情境和活动可以逐步探讨自我的价值观。

**艺术之一:客观审视自己的动机**

要认识自我,首先要理性地审视自己的动机。动机,在心理学上一般被认为涉及行为的发端、方向、强度和持续性,是指由特定需要引起的,欲满足各种需要的特殊心理状态和意愿。人们因为有了动机才产生行为。动机可以分为内部动机和外部动机。所谓内部动机,就是从个体自身的需要出发而产生的行为;外部动机是根据社会环境的需要而产生的行为。内部动机和外部动机是一个相互作用的过程,如果内部动机与外部动机发生冲突,但仍按照内部动机去发生外部所不需要的行为,往往会演变成不纯的动机;相反,如果外部动机所需要发生的行为与内部动机不吻合,就会缺乏内在的激励力量而导致行为发生强度的减弱。所以,重新审视自己的动机,是为了唤起自己残缺的内在动机,激发对工作的兴趣,认识自我在工作中的价值,从而以饱满的精神投入到工作中去。

> ## 如何沟通
>
> 　　假如你是一个建筑安装公司的经理,你公司的任务是承包工程项目中的安装施工任务。公司主要由两部分组成,一部分是项目部,负责具体的业务生产;另一部分是职能部门,负责公司总部的管理工作。由于项目部的工作性质,项目部员工是没有休息日的,工地上的生产人员与管理人员从来没有休息日;而公司总部的职能部门,以前一直有法定的休息日(一周休息两天)。
>
> 　　由于休息时间的区别对待,项目部管理人员一直对此有意见,认为工地上的员工没有休息日,而总部员工有休息日,是不合理的。因为项目部在施工过程中经常需要总部管理人员的配合,如果总部管理人员不上班,项目部生产过程中碰到的问题就不能及时得到总部管理人员的帮助解决。根据项目部的意见,公司经理决定,总部办公室人员也要在周末加班,一周工作六天。
>
> 　　这个规定一出台,马上又招致了总部职能部门人员的反对,认为公司不能强迫他们加班,如果加班必须支付加班工资。现在实际情况是,尽管总部职能人员在新的规定下加班了,但因为他们不愿意加班,在加班过程中,工作效率特别低下,抵触情绪很大。
>
> 　　为解决这个问题,你将如何与职能人员或项目部管理人员进行沟通?

　　在与他人沟通之前,建筑安装公司的经理首先要进行自我沟通。如果他单纯从自己的需要出发去衡量下属的要求,就会认为他们的要求是不合理的,沟通中就会采取强制的方式要求下属去执行自己的决定。但从外部动机看,无论是社会自我还是精神自我,从尊重他人的角度思考,就会发现他们的要求是合理的、符合道德的。因此,不论采取何种沟通方式,都应该是在尊重他人劳动的基础上去合理寻求解决问题的办法。

**艺术之二:静心思考自我**

　　人只有在极度的安静中,才可能产生大智慧。有时,什么都不要想,尽可能把心置入一无所有的境地,在极度的沉静中,可产生意想不到的大智慧。睡觉是身体的休息,静心是心的休息,只有在身体和心理都获得舒适的情况下,才能有创作的源泉。当你独处时,才能和自己的心灵对话,把身外的烦嚣嘈杂皆抛诸脑后。所谓"宁静以致远",心灵平静的人一般都具有大智慧。人们应学会放松心情,在最少的压力下,获得最大的成就。在忙碌中偶尔静坐一下,可以缓和紧张的情绪,让工作效率更高,因为静能使人洞彻世事,忙碌只会使人更加混乱。每天给自己几分钟独处的时间和静心的环境进行心灵对话,获得心灵的释放,收获真正的安静。

> **自我检查题**
>
> 即使在很忙的时候,我有没有专门寻找一个空间去思考问题?
> 在一年中我有没有安排专门的时间到清净的地方去放松自己?
> 我有没有与那些有智慧、有较深洞察力的朋友定期或不定期交流一些看法?
> 我是不是常因感到没有自我而苦恼?

上面几个问题,往往是大部分管理者所面临的,同时又很少能够做到的。在大量的企业调研中发现,80%以上的企业高层经理认为自己太忙,每天要工作12—16个小时,没有时间休息,根本就没有时间出去旅游,没有时间去享受大自然,没有时间去进行一些自己喜欢的、随意或非随意的交流。这其实是他们没有充分意识到给自己一个清净的空间、一段清静的时间去静心思考问题的重要性。浙江衢州某集团的总裁这样说道:"每当我出差时,我会把车上看作我自己的空间,回家后我把书房作为独享的空间,当参加会议的时候,别人到风景区游玩,这时我就把宾馆作为我自己的空间……"由此可见,并不是没有时间和空间,而是人们没有主动去发现。只有主动创造独处的时间,才能延伸人们的自我价值,给自己时间去反省自我。

印度哲学家奥修在《静心:狂喜的艺术》中,倡导我们要与自然接触,内心平静,敞开胸怀,接纳一切。为了能够静心思考自我,首先,要创造适宜的、属于自己的空间。这样的空间,可大可小,可以是自己家里,可以是自然界,也可以是其他地方,关键在于你是否有意识去发现和利用这样的空间。其次,要加强时间管理,做时间的主人。这里有四个原则可供参考:一是学会把时间花在重要的事情而不是紧急的事情上;二是学会分清相对重要的事和相对紧急的事;三是应注重结果而不是过程;四是在必须说"不"的时候,不要感到内疚。

### 3.2.2 提升自我的艺术

**艺术之三:修炼自我意识**

自我意识是通过自我感觉来认识自己的情感,它是一种从情绪中脱离出来的能力。当处理他人的情绪时,不被自己的情绪左右乃至产生过激的行为。

积极的自我意识包含着对自身素质的清醒认识,对自身素质有意识的运用能促进自我发展,也就是说"人贵有自知之明"。有自我意识的人,就能把平凡的才能发挥到异乎寻常的高度。罗斯福说过:"杰出的人不是那些天赋很高的人,而是那些把自己的才能尽可能地发挥到最大限度的人。"中国的韩信、法国的拿破仑就是清醒地认识到自己身上"最出色的军事家的素质",从而能成为优秀的军事家。如果一个人缺乏自知之明,那么其行为就是低效的。

自我意识的核心包括自我价值的定位、面临变革的态度、人际需要的判断和认知风格的确立四个方面。自我价值的定位是确定自身的个体价值标准和道德评判的差异性与一致性;面临变革的态度是分析自身的适应能力和反应能力;人际需要的判断是分析不同沟通对象的价值偏好和相互影响方式;认知风格的确立是明确信息的获取方式和对信息的评价态度。修炼自我意识就是从这四个核心要素出发,不断提升自我的价值观、面临变革的态度、认知风格和对人际需要的洞察力。这四个方面的相互关系如图 3-2 所示。

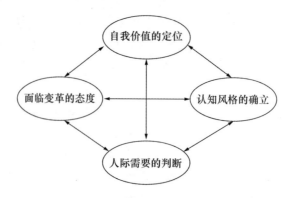

图 3-2 自我意识的四个方面

自我价值的定位指导面临变革的态度、强化认知风格的确立,并且与人际需要判别互为条件;面临变革的态度完善自我价值的定位、识别人际需要,并与认知风格的确立互相促进;人际需要的判断影响面临变革的态度、优化认知风格的确立;认知风格的确立作为自我价值定位的条件是人际需要判断的基础。自我意识修炼就是通过自我意识的修正和提升,达成与外部对象的良好沟通绩效。

**艺术之四:转换视角,开放心灵**

每个人的脑海中都有一些定式,它们束缚了人们的思想和行为,从而产生很多错误或苦恼、迷惑。而当人们一旦认识了这些可笑的思维定式,换一种思维,将发现一个崭新的世界。

如果你撞上了墙,不要转身放弃,要想办法怎么爬上去、翻过它,或者绕过去。生气的时候,先数到 10 再开口说话;如果很生气,就先数到 100。快乐来自深刻的感触、简单的享受、自由的思考、勇于挑战生活和被他人需要。转换视角、开放心灵,就是要求人们从封闭的自我约束中跳出来,通过转换自己传统的思维方式、开放自己的心灵,容纳新知识和新思想。

苏格拉底认为,真理存在于每个人的心灵之中,但并不是每个人都能独立地在自己身上发现真理,要发现自己身上的真理就必须依靠外界的帮助。因此,苏格拉底在讲学和辩论时总喜欢采用对话或提问的方式去揭露对方在认识中的矛盾。在他看来,只有通过这种方法才能把每个人心灵中的真理引导出来。

### 苏格拉底与学生的对话

学生:请问什么是善行?

苏:盗窃、欺骗、把人当奴隶贩卖,这几种行为是善行还是恶行?

学生:是恶行。

苏:欺骗敌人是恶行吗?把俘虏来的敌人卖作奴隶是恶行吗?

学生:这是善行。不过,我说的是朋友而不是敌人。

苏:照你说,盗窃对朋友是恶行。但是,如果朋友要自杀,你盗窃了他准备用来自杀的工具,这是恶行吗?

学生:是善行。

苏:你说对朋友行骗是恶行,可是,在战争中,军队的统帅为了鼓舞士气,对士兵说,援军就要到了。但实际上并无援军,这种欺骗是恶行吗?

学生:这是善行。

资料来源:杨密,《中西文化对比研究》,新华出版社,2016。

---

问题其实并不复杂,但关键是我们有没有问自己这样的问题。转换视角、开放心灵,就是要求我们转换思维方式,站在不同的角度看问题,才能消除自己的成见。"海纳百川,有容乃大",只有开放了心灵,才会接纳他人,接纳他人的意见,接纳新的知识和新的思想。

转换视角、开放心灵,就要求我们尊重他人。把自己封闭在自我的世界里,紧闭心灵的窗户,就看不到外面的阳光;拒绝他人的接近,就是把自己置于自我的"山巅"上。于是,将他人万物都置之于外,不自觉中,与他人的距离越来越远。只有当人们开放自己的心灵,才能让外面新鲜的空气、温暖的阳光、和煦的春风吹进心灵,才能更好地进行自我沟通。

三洋创始人井植薰在《我和三洋》中有一段精彩的描述,说明了开放心灵的重要性。

### 关上你的心扉,世界将会一片空白

我这个人只念过几年小学,虽然当学徒的时候也曾读过几年夜校,但对于英语却是一窍不通。曾经有人笑话我,说我连个"A"字也不认识。要想认识这么个"A"字倒并不很难,难就难在对我这个至今一口大阪口音的人来说,语言确实好像是一块绝缘体。所以,像我这样的人出国去,难免会遭受"三重痛苦":不会说,不能读,外加听不懂。五官之中唯能不出偏差的,只有鼻子嗅得的味道不会错。初次去美国,我只得带上几位精通英语的同仁去充当我的眼睛、耳朵和嘴巴。记得那年与我同行的是两位理学博士和现任美国三洋公司社长的竹本吉美。他们三人陪着我,就像带着一件活动行李,一切事务都得由他们去应对。临出发前,这三位"行李搬运工"对我说,恐怕有一个地方非得我自己去听、自己去说不可,那就是神户的美国领事馆。"你要去签证,领事就会问你一些话。但你不必害怕,等他的话中有个停顿,你就回答'Yes',反正不要说'No'就行了。"听了他们的话,临去领事馆前,我足足念了好几遍"Yes",自己感到这"Yes"讲得还十分地道。

到了领事馆,我自认为将要听我讲几声"Yes"的人一定是个男人。谁知,接待我的偏偏是个金发碧眼的美女。这可让我感到心里有些发慌。大家都是男人,我厚着脸皮还敢去糊弄一番。面对这位漂亮的异国女性,我怎么开口才好呢?

这位女士一见到我,就叽里咕噜地说了起来。我只得傻愣愣地望着她,盼着她快点停下来,然后礼貌地插上一个"Yes"。但是,她好像根本不想停,一口气说个没完。好不容易,我等来了一个大喘气,便连忙勇敢地说了声"Yes"。谁知,她一听我说"Yes",却扑哧一声优雅地笑了起来。

"井植先生,到了这里,你好像连日本话也听不懂啦。"

啊,原来这位女士压根就没有同我讲英语。她说的是日本话,听上去语音还很亲切。但我当时真是紧张过了头,只知寻找她讲话的停顿,却忘了去听她到底在讲什么。这种令人捧腹的笑话,后来倒让我总结出一条宝贵的经验:"关上你的心扉,世界就会变成一片空白。"

资料来源:魏江,严进,《管理沟通:成功管理的基石(第 3 版)》,机械工业出版工业社,2014。

### 3.2.3 超越自我的艺术

**艺术之五:超越目标和愿景**

超越自我是在认识到自身现状与标杆之间的差距后,通过学习和实践,不断缩小差异、逐步实现个人愿景的一种持续增长的过程,是对自我行为惯性的突破。在社会生活中,由于受世界观、价值观、行为逻辑等因素的影响,个人会形成某种积习,这种积习有时会严重地限制自我上升的空间。因此,必须把自己从这种束缚中解放出来,才能够不断获得发展和进步。

超越自我是个人成长过程中自我提升的最高境界。通过建立个人愿景、保持创造力、坦然面对真相和运用潜意识,便能实现超越自我。一个具有超越自我理念的人,在追求卓越人生的过程中,一定会树立自己的目标与愿景。在自我沟通的过程中,心中的目标和愿景便是认识自我、激励自我的内在动力与精神支柱。为了实现目标和愿景,人们会积极主动地调适自我、反省自我,并在重新认识自我的过程中不断激励自我,从而超越自我。

超越自我的过程,是不断超越原先设定的目标和愿景的过程。它是一种终身的修炼,因为超越自我没有终极境界。为了实现新的目标和愿景,具有超越自我理念的人会不断学习,向他人学习,向生活和工作学习,向社会学习,向自然界学习。在学习过程中,他们不断"扬弃"自我,自身人格得到了升华,与他人的关系得到了正强化,扩展了创造价值的能力。

**艺术之六：以自我为目标**

以自我为目标强调的是自我精神追求的不断提高，是一种不断设定内心目标、持续自我激励的过程。与超越他人不同，超越自我可以通过不断地自我激励来实现。

自我激励是指使自己具有一股内在的动力，向所期盼的目标前进的心理活动过程。自我激励可以表现在自我约束以克制冲动和延迟满足，或者通过自我鞭策保持对学习和工作的高度热忱。心理学家对人类行为的研究表明，没有受到激励的人，其能力仅发挥出20%—30%，而受到激励后，其能力的发挥相当于激励前的3—4倍。多数成功者的经历表明，强烈的自我激励是成功的先决条件。人们在前进中需要勇气与力量，人的内心常常存在需要激励的欲望。如果没有激励，人们就会缺乏热情、丧失信心。因此，要想实现自我超越，就要经常自我激励。2008年在上海举办的特奥会的口号"你行，我也行"就是自我激励的一个例子。人生就像一个大舞台，虽然有时会有人为我们鼓掌喝彩，但人们真正需要的还是来自内心深处持续不断的自我激励和潜在力量。

## 3.3 自我沟通媒介——自我暗示

暗示是采用含蓄的方式，如通过语言、行动等刺激手段对他人或自己的心理、行为产生影响，使他人或自己接受某一观念，或者按照某一方式进行活动。自我暗示是通过自己的认知、言语、想象等心理活动向自己发出刺激，以影响自己的情绪和意志的一种心理方法。自我暗示的作用机制可以很好地通过心理学上的重复定律和替换定律来解释。

重复定律指的是任何一种行为或思维，不断重复就会不断加强，进而变得坚信不疑。生活中的许多广告都利用了重复的心理规律。一句真理反复重复，一个好的表情反复重复，就在你的心理潜意识中输入了一个程序。因此，要养成一个良好的习惯，就要掌握这一规律，那就是不断地自我暗示，不断地重复暗示。

另外，科学家研究发现，我们的潜意识只能在同一时间内主导一种感觉，用一个积极正面的思想反复地灌输给大脑中的潜意识，原来的思想就会慢慢地衰弱、萎缩，新的思想就会占上风，这就是替换定律。不断地用积极语言替换消极语言，用积极情感替换消极情感，在潜意识中就会改变自己的想法，使自己处于最佳精神状态。

运用自我暗示进行自我沟通，目的就是通过调动自身潜在的力量激励自我、调节自我、重塑自我。例如，乒乓球运动员在挥拍大战对手的过程中，时常握拳呐喊，以鼓斗志。又如，一些驾驶员出车前，在车窗前悬挂平安吊坠以求平安。凡此种种，都是通过自我暗示对自己的心理和行为产生激励作用。应该指出，自我暗示具有双重性，既有积极的自我暗示，也有消极的自我暗示。前者有助于激励自我，振奋精神；后者则使人意志消沉，丧失斗志。

在运用自我暗示进行自我沟通时，应多用积极的自我暗示鼓舞自己的斗志，多以积极向上的思想、语言提示自己，尽量避免消极的自我暗示。例如，当你遇到不愉快的事情时，应告诉自己"不要去想它""忘记过去的不快"。如果人们期待成功，就要对自己说：我一定会成功。如果你要做一个自信的人，可以对自己做出一些积极的自我暗示：走路昂首挺胸，说话铿锵有力，做事果断利索。事实表明，积极的自我暗示有利于激发自己的潜能，潜

# 管理沟通

移默化地引导自己走向成功。表 3-2 列举了在面临问题时的一些积极的自我暗示和消极的自我暗示的区别。

表 3-2　积极的自我暗示与消极的自我暗示

| | 消极的自我暗示 | 积极的自我暗示 |
| --- | --- | --- |
| 当你刚刚在同事面前做了一件错事时,你对自己说: | "现在他们知道我没用!" | "下次,我会……" |
| 当你第一次做某件事并且发现做起来很困难,你对自己说: | "我太笨了,什么也学不会!" | "我以前学过类似的东西,如果我坚持,我会做好它!" |
| 当你忘记做某件你曾许诺过的事时,你对自己说: | "我是这样的愚蠢和健忘!" | "这不像我,只是我该如何安排……" |
| 当你与此前从不认识的人一同走进会场时,你对自己说: | "我讨厌与这个陌生人在一起。" | "这将是一个挑战,我保持镇静,一切都会变好的。" |
| 当你的老板叫你过去而你不知道是为什么时,你对自己说: | "我一定又做了什么错事!" | "我想知道发生了什么。" |
| 当你摔倒在去商店的路上时,你对自己说: | "我真蠢,我甚至不能做到在路上不出丑!" | "哎呀! 我应该好好注意走路!" |
| 当你跑着去赴一个要迟到的重要约会时,你对自己说: | "我又要迟到了,我把事情弄得一团糟。" | "迟到不是我的一贯风格,我最好打个电话通知他们。" |
| 当你入不敷出时,你对自己说: | "我做这种事是没有希望了,我总是做不好。" | "这是必须做的,而我知道我一定能做好。" |
| 当你把某事做得非常出色时,你对自己说: | "奇迹发生了,真幸运。" | "我做得真不错。" |

自我暗示能有意识地向人的潜意识里提供某些思想、观念等作为种子,并经过精心、反复地培养,让其在潜意识里生根、发芽、长大。

## 3.4　情绪商数

情绪商数(emotional quotient,简称 EQ),代表的是一个人的情绪智力(emotional intelligence),主要指人在情绪、情感、性格、意志、交际等个人素质方面的品质,反映了一个人控制自己情绪、承受外界压力、把握心理平衡的能力。简单而言,EQ 是一个人自我情绪管理以及管理他人情绪的能力指数。以往认为,一个人能否在一生中取得成就,智力水平是第一重要的,即智商越高,取得成就的可能性就越大。但现在心理学家们普遍认为,情商水平的高低对一个人能否取得成功也有着重大的影响作用,有时其作用甚至要超过智力水平。情商的水平不像智力水平那样可用测验分数较准确地表示出来,它只能根据个人的综合表现进行判断。

### 3.4.1　EQ的历史

早在1902年,美国哥伦比亚大学教授爱德华·桑代克(Edward Thorndike)就首先提出了"社会智力"(social intelligence)的概念,认为拥有高社会智力的人"具有了解及管理他人的能力,而能在人际关系上采取明智的行动"。1926年推出了第一份社会智力测验(George Washington Social Intelligence Test),问卷的题目包括指认图片中人物的情绪状态,以及判断人际关系中的问题等。然而接下来的几十年,心理学界在这方面的努力停滞了,主要因为大家都忙着发展及研究IQ(intelligence quotient)测验,当时认为IQ(也即一个人的数学、逻辑、语文及空间能力)会决定每个人的学习及受教育的能力,因而会影响将来的工作发展及表现。

直到1983年,美国心理学家霍华德·加德纳(Howard Gardner)教授提出了"多元智力"理论。他认为原先只重数理、语文能力等的传统定义"智力"的方式(IQ)需要大幅修改,因为一个人的IQ除了对学校学习的成绩有很高的正相关(IQ越高,功课越好),与其他方面,例如工作表现、感情及生活满意度等并无太大的关系。他在多元智力理论中多加了几项智力,包括音乐、体育以及了解自我和了解他人的能力。而这后两项,让桑代克教授"社会智力"的概念再一次地受到教育界及心理学界的重视。

第一个使用"EQ"这个名词的人是心理学家鲁文·巴昂(Reuven Bar-On),他在1988年编制了一份专门测试EQ的问卷。根据他的定义,EQ包括那些能影响我们去适应环境的情绪及社交能力。其中有五大项,即自我EQ、人际EQ、适应力、压力管理能力、一般情绪状态(乐观度、快乐感)。随后心理学家彼得·萨洛维(Peter Salovey)和约翰·梅尔(John Mayer)在1990年提出情绪智力的定义,他们认为情绪智力应和乐观等人格特质区分开来,EQ的内涵大致可分为五个元素:清楚知道自己的情绪、合理表达自己的感受、自我控制欲望冲动的能力、知道别人的感受、和谐的人际关系。所以他们对EQ的定义强调在了解并运用情绪方面。目前,在各国受到广泛使用的EQ测验(MSCEIT),即为他们的最新研究成果。

真正让"EQ"一词走出心理学的学术圈,而成为日常生活用语的心理学家是哈佛大学的丹尼尔·戈尔曼(Daniel Goleman)教授。他在1995年出版的《情绪智力》(*Emotional Intelligence*)一书,登上了世界各国的畅销书排行榜,在全世界掀起了一股EQ热潮。戈尔曼发现一个人的EQ对他在职场的表现有着非常重要的影响。举例而言,一个针对全美国前500大企业员工所做的调查发现,对于大多数行业来说,一个人的IQ和EQ对他在工作上成功的贡献比例为IQ∶EQ=1∶2,也就是说,对于工作成就而言,EQ的影响是IQ的两倍,而且职位越高,EQ对工作表现的影响就越大。此外对于某些工作类别,如营销、业务以及客户服务等,EQ的影响就更为明显。

### 3.4.2　EQ的内容

从EQ的研究发现,与生活各层面息息相关的"情绪智力",是指我们个人在情绪方面的整体管理能力。戈尔曼认为,情商是个体重要的生存能力,大致可以概括为五个方面的内容。

1. 认识自己的情绪

认识自己的情绪是对自己的心情、思想、态度的一种较为深刻的自我认识。自识者智,自知者明,即个人不论在什么情况下,都应该能够冷静地对自己的性情、脾气、心理状态有较为实际、客观、恰当的评价和反思。当人们出现了某种情绪时,应该认识并承认这些情绪而不是躲避或否认。只有正确地了解自己的情绪,才能良好地引导和控制它们;反之,不了解自身真实情绪的人,就无法很好地管理情绪。

2. 妥善管理情绪

情绪管理是指能够疏导负面情绪,迅速调整心态,使人摆脱焦虑、沮丧和破坏性冲动。这种能力具体表现在通过心理暗示和运动放松等途径,有效摆脱消极情绪的侵袭,不使自己陷于情绪低潮中。如果不能很好地控制自己的情绪,就会使人心绪不宁、头脑发热,结果把本来十分简单易办的事情人为地变得复杂和难以处理。

---

**糖果实验**

1960年,著名的美国心理学家瓦特·米歇尔(Walter Mischel)做了一个软糖实验。他在斯坦福大学的幼儿园召集了一群四岁的小孩,每个人面前放了一块软糖,对他们说:"小朋友们,老师要出去一会儿,你们不要吃面前的软糖,如果谁吃了,我们就不能多给你软糖;如果你控制住自己不吃这块软糖,老师回来会再奖励你一块软糖。"老师走了以后,大家看着软糖,诱惑,甜啊。有的小孩过一段时间伸出手,缩回来,又伸出去,又缩回来,过了一会儿,有的小孩开始吃了。但是,有相当多的小孩坚持了下来,他们有的闭上双眼,把头枕在双手里;有的在喃喃自语,或者哼哼叽叽地唱歌;还有几个小孩做起了游戏;剩下几个干脆睡着了。20分钟以后,老师回来了,给坚持住没有吃软糖的小孩又奖励了一块软糖。实验之后,研究者进行了长达14年的追踪。他们发现,到中学时,这些孩子表现出了明显的差异:那些坚持到最后的孩子在学校里表现出很强的适应能力和进取精神,而没有坚持到最后的孩子比较固执、孤僻,很难承受挫折与压力。这个实验表明这样一个事实:那些更善于调控自己情绪和行为的孩子,拥有更好的心理健康水平和更大的未来成功的希望。

资料来源:黄嘉涛、高虹园,《沟通管理》,中山大学出版社,2014。

---

3. 自我激励

自我激励是指个体具有不需要外界奖励和惩罚作为激励手段,就能为设定的目标自我努力工作的一种心理特征。这是情商的一个重要组成部分。中国女排之所以长盛不衰,正是因为多年来能够自我激励,严格要求,苦练勤练。对工作持续的热情源于一种内在的、超越物质、金钱、地位的动机,以及坚定不移地追求理想和目标的价值取向。在中国竞争环境极为激烈的当下,自我激励的品质尤为重要,它可以把压力转化成动力,为事业的成功奠定良好的基础。

4. 认知他人的情绪

认知他人的情绪即移情的能力,是在自我认知的基础上,比较客观地感知对方内在情感的一种能力。具有这种能力的人,能通过细微的社会信号,敏锐地感受到他人的需要与欲望,能分享他人的情感,对他人处境感同身受,又能进行客观地理解、分析。有这种能力的人,对别人的感受极为敏感,具有敏锐的观察能力和判断能力,不先入为主,善于观察、倾听和思考,然后再谨慎判断。

5. 人际关系的管理

这是一种能够迅速建立人与人之间友谊和信任关系的能力。这种能力包括展示情感、富于表现力与情绪感染力,以及社交能力(组织能力、谈判能力、冲突能力等)。人际关系管理可以强化一个人的受欢迎程度、领导权威、人际互动的效能等。能充分掌握这项能力的人,常是社交上的佼佼者;反之则易于攻击别人、不易与人协调合作。因此,一个人的人缘、领导能力及人际和谐程度,都与这项能力有关。

戈尔曼提及的这五个方面,扩大了情绪智力的内涵与外延,说明了情绪智力在人生成长道路上的重要性。上述五个方面是一种由内而外的自我要求和省察,先洞悉自己的情绪,知其产生的原因,以掌控自我生活,然后摆脱焦虑、悲观、愤怒、嫉妒等负面情绪,安抚自己,做情绪的主人。进一步激励自己,发挥潜能,心存光明、正面的思想,并了解他人的感受和需要,开发利他精神的同理心,由此,圆融的人际关系自然水到渠成。拥有以上的情绪特质,不但有助于解决我们生活中面临的各种情况,对个人的心境、健康和感情生活更有莫大助益。

## 3.5 情绪管理的 ABC 理论

ABC 理论是由美国心理学家阿尔伯特·埃利斯(Albert Ellis)创建的。该理论认为激发 A(activating)事件只是引发情绪和行为后果 C(consequence)的间接原因,而引起 C 的直接原因是个体对激发事件 A 的认知和评价而产生的信念 B(belief)。也就是说,一个人的消极情绪和行为障碍结果,不是由于某一激发事件直接引发的,而是由于经受这一事件的个体对它不正确的认知和评价所产生的错误信念直接引起的。

图 3-3 中,A(antecedent)指事情的前因,C(consequence)指事情的后果,有前因必有后果,但是有同样的前因 A,却可能产生不一样的后果 $C_1$ 和 $C_2$。这是因为从前因到结果之间,一定会通过一座桥梁 B(belief),这座桥梁就是信念和我们对情境的评价与解释。又因为,同一情境之下(A),不同人的理念以及评价与解释不同($B_1$ 和 $B_2$),所以会得到不同结果($C_1$ 和 $C_2$)。因此,事情发生的一切根源缘于我们的信念、评价与解释。

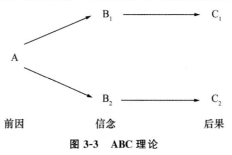

前因　　　　　信念　　　　　后果

图 3-3　ABC 理论

情绪ABC理论是建立在埃利斯对人的本性的基本看法之上，主要可以归纳为以下几点：

（1）人既可以是有理性的、合理的，也可以是无理性的、不合理的。当人们按照理性去思维、行动时，他们就会很愉快、富有竞争精神及行动有成效。

（2）情绪是伴随着人们的思维而产生的，情绪上或心理上的困扰是由于不合理的、不合逻辑的思维造成的。

（3）人具有一种生物学和社会学的倾向性，既存在有理性的合理思维，又存在无理性的不合理思维。任何人都不可避免地具有或多或少的不合理思维与信念。

（4）人是有语言的动物，思维借助于语言而进行，不断地用内化语言重复某种不合理的信念，这将导致无法排解的情绪困扰。

为此，埃利斯宣称：人的情绪不是由某一诱发性事件的本身所引起，而是由经历了这一事件的人对这一事件的解释和评价所引起的，这就成了ABC理论的基本观点。通常人们会认为，人情绪的行为反应是直接由诱发性事件（A）引起的，即A引起了C。ABC理论则指出，诱发性事件（A）只是引起情绪及行为反应的间接原因，而人们对诱发性事件所持的信念、看法、解释（B）才是引起人的情绪及行为反应的更直接的原因。

例如，两个人一起在街上闲逛，迎面碰到他们的领导，但领导没有与他们打招呼，径直走过去了。这两个人中的一人对此是这样想的："他可能正在想别的事情，没有注意到我们。即使是看到我们而没理睬，也可能有什么特殊的原因。"而另一个人却可能有不同的想法："是不是上次顶撞了他一句，他就故意不理我了，下一步可能就要故意找我的岔子了。"两种不同的想法就会导致两种不同的情绪和行为反应。前者可能觉得无所谓，该干什么仍继续干自己的；后者可能忧心忡忡，以至于无法冷静下来干好自己的工作。从这个简单的例子中可以看出，人的情绪及行为反应与他对事物的想法、看法有直接关系。在这些想法和看法背后，有着人们对一类事物的共同看法，这就是信念。这两个人的信念，前者被称为合理的信念，后者则被称为不合理的信念。合理的信念会引起人们对事物适当、适度的情绪和行为反应；不合理的信念则相反，往往会导致不适当的情绪和行为反应。当人们坚持某些不合理的信念，长期处于不良的情绪状态之中时，最终将导致情绪障碍的产生。下面的故事充分地说明了不同的信念会带来不同的结果。

### 快乐的城堡

成功学的始祖拿破仑·希尔（Napoleon Hill）曾讲过一个故事：塞尔玛陪伴丈夫驻扎在一个沙漠的陆军基地里。丈夫奉命到沙漠里去演习，她一个人留在陆军的小铁皮房子里。天气热得让人受不了——在仙人掌的阴影下也有华氏125度，她没有人可聊天——身边只有一些墨西哥人和印第安人，而他们不会说英语。她非常难过，于是就写信给父母，说要丢开一切回家去。她父亲的回信只有两行，这两行字却永远留在她心中，完全改变了她的生活：

两个人从牢中的铁窗望出去。

一个看到泥地,另一个却看到了星星。

塞尔玛一再读这封信,觉得非常惭愧。她决定要在沙漠中找到星星。塞尔玛开始和当地人交朋友,他们的反应使她非常惊奇:她对他们的纺织品、陶器表示兴趣,他们就把最喜欢、舍不得卖给观光客人的纺织品和陶器送给了她。塞尔玛研究那些引人入迷的仙人掌和各种沙漠植物,又学习了有关土拨鼠的知识。她观看沙漠日落,还寻找海螺壳,这些海螺壳是几万年前这片沙漠还是海洋时留下来的……原来难以忍受的环境变成令人兴奋、流连忘返的奇景。

是什么使塞尔玛的内心发生了这么大的转变呢?沙漠没有改变,印第安人也没有改变,但是她的心态改变了,与外界沟通的方式改变了。一念之差,使她把原先认为恶劣的情况变为一生中最有意义的冒险。她为发现新世界而兴奋不已,并为此写了一本书,以《快乐的城堡》为书名出版了。她从自己造的"牢房"里看出去,终于看到了星星。

资料来源:魏江、严进,《管理沟通:成功管理的基石(第3版)》,机械工业出版工业社,2014。

##  本章习题

**一、判断题**

1. 自我沟通是其他一切沟通活动的基础,它存在于诸如人际沟通、群体沟通、组织沟通等各个沟通环节。
2. 在自我沟通过程中,信息输出、接收、反应和反馈依次进行,循环活动,这些基本活动之间有明显的时间分隔。
3. 自我发展是一个认识自我、提升自我、超越自我的过程,自我沟通的沟通技能提高也是一个不断认识自我、提升自我和超越自我的过程。
4. "以自我为目标"是指个人应适当降低对自己的要求,如果自己已经是最成功者时,就可以适当地松懈,而不要刻意地去追求更高的目标。
5. 自我沟通是手段和过程的内在统一,而最终目标是解决外在的问题。
6. 自我沟通是指个人接受外部信息并在人体内部进行信息处理的活动。
7. 影响一个人成功的决定因素不是EQ,而是IQ。
8. 记日记属于自我沟通的方式。

**二、选择题**

1. 以下属于自我沟通特点的是(　　)。
   A. 主体和客体同一性　　B. 自我沟通的目的是说服他人
   C. 沟通过程反馈来自"我"本身　　D. 沟通媒体也是"我"自身

2. 自我意识的形成和发展是个体人格形成和健全发展的核心。它的完善和提升是促进个体心理健康发展的重要途径。培养良好的自我意识、不断地提升自我、完善自我和实现自我的途径和方法主要有(　　)。
   A. 深入认识自我　　B. 积极自我暗示
   C. 有效调控自我　　D. 不断自我超越

3. 自我沟通中所谓的受众策略分析,即是( )的过程。
   A. 自我认识　　B. 自我暗示　　C. 自我激励　　D. 自我调节
4. 自我意识的核心包括( )。
   A. 自我价值的定位　　　　　　B. 面临变革的态度
   C. 人际需要的判断　　　　　　D. 认知风格的确立
5. 从心理学观点看,自我认知包括以下三要素:物质自我认知、社会自我认知和( )。
   A. 意识自我自知　　　　　　　B. 精神自我认知
   C. 理想自我自知　　　　　　　D. 身体自我自知
6. 情绪商数(EQ)的情绪管理能力不包括( )。
   A. 了解自身的情绪　　　　　　B. 控制自身的情绪
   C. 控制他人的情绪　　　　　　D. 引导他人的情绪
7. 高 EQ 者职场特征不包括( )。
   A. 快乐工作　　　　　　　　　B. 做事有效率
   C. 环境适应能力强　　　　　　D. 不喜欢分享高科技知识

### 三、思考题

1. 结合实际谈谈你对自我沟通的认识。
2. 自我沟通的特点及作用是什么?
3. 谈谈自我暗示在自我沟通中的作用,并结合实际生活、学习或工作谈谈你是如何运用自我暗示进行自我沟通的。
4. 自我沟通的艺术有哪些?结合实际谈谈你是如何运用这些自我沟通艺术的。
5. 简要描述一下自我沟通的基本过程。
6. 情商的主要内容是什么?如何进行情绪管理?

### 四、案例分析

不久前我又遇上了大多数人都会不时碰到的问题,干什么事都没劲,没有精神、没有兴趣,这对我的工作产生可怕的影响。每天早上我必须咬着牙对自己说:"今天生活又开始了,你必须去面对它。"但随着这些无聊日子的延续,我越来越麻木了,后来我决定去拜访我的一位朋友。他不是心理医生,但比我大,很有智慧和同情心。我说:"我不知道哪不对,但好像我要完了,你能帮我吗?"他仔细看了我一会儿,慢慢地说:"我不知道。"接着他又突然问我小时候在哪里最快乐。我说:"我想是在沙滩上,我们在那里过了一个夏令营。"他看着窗外说:"你能遵照我的建议去过一天吗?"我说:"行。"

他要我第二天早上到沙滩去,一个人,9 点钟以前到。我能带一些午餐,但不能阅读和写东西,不能听收音机或和任何人交谈。他说:"另外,我要给你一些处方,每 3 个钟头用一次。"然后他撕下 4 张白纸,每张写了几个字,折叠好,编了号,再递给我说:"上午 9 点、12 点,下午 3 点、6 点各看一张。""你没开玩笑吧?""当你打开我的纸条后,你不会认为我在开玩笑。"

第二天早上我没什么信心,驾车到了沙滩。我坐在车里,只有我一个人,我打开了第一张纸条,写着:"仔细听。"我心想:"这家伙一定疯了。"他剥夺了我听音乐和新闻,以及与人说话的权利。我听什么呢？我抬起头仔细听，只有海浪声、风的呼啸、头顶上飞机飞过时的轰鸣，这些都很熟悉。我走出汽车，问自己："我是不是该仔细听这些声音？"

我爬上沙丘俯视沙滩。这里只有海的怒吼，它的声音太大了，别的什么我都听不到。这时，我突然想，一定还有其他声音——风吹过沙滩，沙丘上草被风吹过的声音——如果我到跟前听的话。我突然一个冲动，把头埋进沙丘中。我发现，如果你用心听，就有一个似乎一切都停止的时刻出现。在那一刻，你真正地倾听自身之外的什么时，你就没有任何杂念，思维停止了。我又回到车上继续仔细听。我想起了儿时上过的课，我想了很多。中午风吹散了云，海更亮了，我打开了第二张纸条："努力回到过去。"为什么要回到过去？我的麻烦都在现在和以后。我下了车沿着沙丘走着，我的朋友让我来这里，是因为这里有快乐的记忆。也许这里有我应该去回忆的，但已经快忘却的快乐。我试着去唤醒记忆，尽可能详细地回忆，包括他们穿的衣服和举止，我要听到他们的声音和笑声。我走到我和弟弟20年前最后一次钓鱼的地方。我发现如果我闭上眼努力去想，我能栩栩如生地见到他，甚至那天他眼里的幽默和热情。事实上，我看到了一切。我钓鱼的海滩，太阳升起的天空，清楚且缓慢，我能看见他摔鱼时的样子，听见他的叫声。一件又一件，在时间的流逝中清楚地想了起来，然后这一切又都回去了。我慢慢地坐下去，努力回到过去。这天开始过得快起来，我又想起了儿时的一些事，想起了与父亲和兄弟相处的往事。3点钟前，没有涨潮，波浪声就像巨人在呼吸。我站在那感到放松和满足，心想这处方还很容易做到的。

时间到了，我又打开下一张纸条："重新审视你的动机。"我最初的感觉是抗拒，我自言自语："我的动机没有问题，每个人都想成功，得到承认，更加安全。"这时，我心中一个声音在说："也许，那些动机还不够好，这可能就是事情不顺利的原因。"我想，我希望在工作中得到自己努力付出后应得到的回报，工作已经成为赚钱的手段，贡献点什么或帮助他人的感觉已经消失了。突然，我领悟了，如果动机错了，就不会有什么是对的，不管你从事什么工作，它都一样。只要你感到你在为他人、帮助别人，你就会做好工作；但当你只想着帮自己，你就做不太好，这千真万确。我在那里坐了很久，听着波浪声。我在沙滩上待的时间快到了。我对这位医生，对他随意开出来的又精心设计的药方感到敬佩。现在我觉得这种方法对任何面对困难的人都应该很有价值。仔细听：使大脑平静下来，停下来，把注意力转向外面的事；努力回到过去：既然人脑一次只能把握一个主意，所以当你回忆过去的好时光时，忘掉现在的烦恼；重新审视你的动机：这是治病最困难的核心所在，但头脑必须清楚且乐意做这个。

最后，我打开了最后一张处方，上面写着："在沙滩上写下你的烦恼。"我扔掉了纸，拿起了一块海螺，跪下来，在沙滩上写了很多，然后我走了，不回头看一眼。我已经把烦恼写在沙滩上了。这时潮汐来了。

资料来源：魏江、严进，《管理沟通：成功管理的基石（第3版）》，机械工业出版工业社，2014。

**问题：**

1. 试分析"我"在海边一天的心理转变过程，你认为可以分为几个阶段？
2. "我"来到沙滩后，采取了哪些策略来认识自我？哪些是有效的，起什么作用？
3. 审视自己的动机，在"我"的转变过程中起什么作用？
4. 请就这个案例谈谈自己的感受和启示。

# 第 4 章

# 沟通策略

# 第4章 沟通策略

【本章学习目标】

1. 了解客体导向沟通的含义；
2. 掌握如何激发受众的兴趣；
3. 掌握语言沟通的技巧；
4. 了解受众的需求，采取合适的沟通策略。

开篇案例

## "拉郎配"的故事

在美国农村，住着一个老头，他有三个儿子。大儿子和二儿子都在城里工作，小儿子和他住在一起，相依为命。突然有一天，有个人找到他，对他说："尊敬的老人家，我想把您的小儿子带到城里去工作。"老头气愤地说："不行，绝对不行，快滚出去吧！"这个人接着说："我要给你的儿子在城里找个对象，可以吗？"老头摇摇头说："不行，快滚出去吧！"这个人又说："如果我给你儿子找的对象，是洛克菲勒的女儿呢？"老头想了又想，终于被打动。

过了几天，这个人又找到石油大王洛克菲勒，对他说："尊敬的洛克菲勒先生，我要给你的女儿找个对象。"洛克菲勒说："快滚出去吧！"这人又说："如果我给你女儿找的对象，是世界银行的副总裁，可以吗？"洛克菲勒同意了。

又过了几天，这个人找到了世界银行总裁，对他说："尊敬的总裁先生，你应该马上任命一个副总裁！"总裁摇摇头说："不可能，我这里这么多副总裁，为什么还要再任命一个呢？而且马上？"这个人说："如果你任命的副总裁是洛克菲勒的女婿，可以吗？"总裁先生同意了。

资料来源：《一个有趣的故事》，《招商周刊》，2004年第15期。

由此可见，成功的沟通关键在于能否根据沟通对象的需要组织信息、传递信息，进而实现有效沟通。因此，沟通时必须了解沟通对象的背景信息，根据其利益和兴趣传递信息，根据其不同特点采取相应的沟通策略。

## 4.1 沟通客体策略

沟通客体策略是指根据沟通对象的需求和喜好调整沟通方式的相关技巧。由于这一策略的运用可以使沟通对象更好地理解沟通内容以达到预期目标，因此可以说是整个沟通过程中最为重要的环节。

### 4.1.1 客体导向沟通的含义

在实际沟通中,沟通主体往往只关注自己的价值取向,而忽略了对方的关注点、背景、经历、地位、知识结构等。结果,出现了沟通过程中把自己的观点强加给他人,或者沟通者希望传递的信息与接收者理解的信息出现偏差等问题,最后影响了沟通的效果。

---

**秀 才 买 柴**

从前,有个秀才去买柴,他对卖柴的人说:"荷薪者过来。"卖柴人听不懂"荷薪者"(担柴的人)三个字,但他听懂了"过来"两个字,于是把柴担到秀才面前。秀才问他:"其价几何?"卖柴的人听不太懂这句话,但他听懂了"价"这个字,于是就告诉秀才价钱。秀才接着说:"外实而内虚,烟多而焰少,请损之(木柴的外表是干的,里面是湿的,燃烧时会浓烟多,火焰少,请降些价钱吧)!卖柴的人听不懂秀才说什么,于是担着柴就走了。

**思考与分析:**
(1) 卖柴的人与秀才沟通不畅的原因何在?
(2) 如果你是秀才,你会怎样和卖柴的人进行沟通?

---

从以上例子可以看出,管理沟通的本质是换位思考,成功的管理沟通是客体导向的沟通。客体导向的沟通就是沟通者能站在对方的立场思考问题,了解沟通对象是谁,分析他们的特点,了解他们的动机,学会和他们接触,根据客体的需要组织信息、传递信息,实现建设性沟通。它要求我们将自己的内心世界与对方联系起来,将心比心、设身处地为对方考虑,从而与对方在情感上实现沟通。

### 4.1.2 沟通对象分析

沟通客体策略需要我们首先分析和了解沟通对象。对沟通对象进行分析,可以从以下三方面入手:

1. 他们是谁

确定沟通对象的范围并对其进行分析需要回答下面四个问题:

(1) 谁是具有关键影响力的人?分析谁对沟通目标的实现具有最直接的权力或影响力?谁具有间接影响力(意见领袖、潜在同盟者,还是你必须经过的信息守门人)?

(2) 哪些人属于沟通对象范围?在对重要影响人物分析的基础上,决定谁应当属于你的沟通对象范围。主要对象将直接从你这里得到信息。次要对象将间接地获得你的信息,如获得信息副本,得到尚待证实的信息等。有时次要对象可能比主要对象更重要。

(3) 应当对沟通对象做哪些了解?确定好沟通对象以后,就应该对他们进行仔细的了解。需要了解的内容包括:①人口特征方面。例如年龄、性别、受教育程度、专业、职业等。②知识与信仰方面。例如他们的背景情况、观点倾向和价值观等。③喜好与偏爱方面。例如沟通形式偏好、渠道偏好和沟通风格等。

（4）怎样了解你的沟通对象？在给定的时间限制条件下，并根据你与沟通对象之间的关系，尽可能多地了解你的沟通对象。包括查阅所有的市场分析、其他可以利用的公开信息；提前与沟通对象中的成员谈话或者通过认识沟通对象的人进行了解；仔细思考以前你对他们的认识和了解或者把自己想象成他们；在沟通过程中，根据沟通对象的反应和问题不断收集他们的信息。

---

**某公司销售部的员工手册（节选）**

1. 客户的拒绝有三种：一是拒绝销售人员，二是客户本身有问题，三是对公司或者公司产品没有信心。拒绝是客户的习惯性工作反射，但正是客户的拒绝，才使我们开始了解客户真正的想法。

2. 有人记性奇好，所以，对客户的承诺一定要兑现，否则，成交机会永远不会青睐你。

3. 人都爱美，所以，销售人员给人的第一印象很重要。

4. 有人喜欢攀交情，所以，你也要和你的客户攀交情。

5. 有人爱面子，所以，你要给足你客户的面子。

6. 有人不轻易相信别人，但是，对于已经相信别人的却深信不疑，所以，销售最重要的是获得客户的信任。

7. 人都喜欢被赞美，所以，你要学会永远赞美别人。

---

以上信息并不适合所有的客户，但至少传递了这样一个信息：了解客户的心理是销售成功的前提，这或许可以算是与客户沟通的技巧。

2．他们了解什么

当我们明确了受众的类型，就应该进一步分析，受众已经了解但仍需了解的是什么。其中，特别需要解决的是以下三个问题：

（1）受众对背景资料的了解情况。分析有多少背景资料是受众需要了解的，沟通的主题他们已经了解多少，专门术语他们能否理解。如果受众对背景资料了解的需求低，就不需花时间介绍；如果需求高，就应该准确定义对受众来说陌生的术语和行话，进行清晰的介绍。对于需求不一致的沟通对象，可以通过附录或者分发材料来补充背景信息，或者针对关键决策人来组织信息。

（2）受众对新信息的需求。对于沟通的主题，分析受众需要了解哪些新的信息，以及需要多少细节和例证。如果受众对新信息需求高，那么需要向其提供足够的例证、统计资料、数据及其他材料。如果对新信息需求低，那么就直接向受众提供决策的建议。

（3）受众的期望和偏好。在沟通风格、渠道上，分析受众的偏好是什么。例如，在沟通风格方面，是喜欢正式沟通还是非正式沟通，直接还是委婉的沟通形式；在沟通渠道方面,是喜欢书面还是口头、纸面报告还是电子邮件、小组讨论还是个人交谈等。对文件或报告的标准长度与格式是否有偏好,如长度为一页备忘录的标准格式或时间为半小时的每周一次非正式圆桌例会。

---

### 某董事长的沟通偏好

某董事长的习惯是不轻易接受下属的口头汇报,而是要书面报告;而且,提交的报告要遵守"丘吉尔法则",每个报告不超过一页纸。董事长审阅报告后,认为有必要找人面谈的,再约定一个具体的时间;不需要面谈的,转交给相关部门经办人即可。他认为,这样时间才是自己的。

注:丘吉尔法则——第二次世界大战后,丘吉尔应邀在剑桥大学毕业典礼上发表演讲。经过邀请方一番隆重而烦琐的介绍之后,丘吉尔走上讲台。只见他两手扶住讲台,注视着观众,沉默了两分钟后,他开口说:"永远,永远,不要放弃!"接着又是长长的沉默,随后他又一次强调:"永远,永远,不要放弃!"最后,他再度注视观众片刻后走下讲台回到了座位。观众这才反应过来,接着报以雷鸣般的掌声。这是历史上经典的演讲案例。丘吉尔法则表示言简意赅,简洁明确。

---

**3. 他们感觉如何**

分析受众的感觉,需要考虑以下问题:

(1) 沟通对象的情感态度如何?很多沟通者都错误地认为,一切商务沟通对象都只对事实和道理感兴趣。但是事实上他们也会受到情感态度的影响,他们会对你所沟通的信息产生正面的情感(如引以为豪、兴奋激动或充满希望),也可能产生负面的情感(如焦虑不安、恐惧担忧或嫉妒厌恶)。

(2) 沟通对象对你的信息感兴趣程度如何?这是一个关键的问题。对沟通对象而言,你的信息属于较高的优先级还是较低的优先级?他们认真阅读或聆听信息的可能性大吗?他们对沟通主题及结果是否关注?这一信息将对他们的财务状况、组织地位、价值体系、人生目标产生何种程度的影响?若沟通对象兴趣较高,则可直奔主题,不用花费过多时间唤起他们的兴趣。若沟通对象兴趣较低,则可考虑运用征询或共同参与的方式沟通。

(3) 他们可能的意见倾向如何?正面的还是负面的?他们对你的想法或建议可能采取何种态度?他们将赞成、漠不关心还是反对?你认为他们可能会得到哪些利益和损失?为什么他们可能会说"不"?若他们持正面或中立态度,只需强调信息中的利益部分以加强他们的信念;若他们持反对意见,则可以使用以下技巧:令他们首先同意问题确实存在,然后解决该问题;先列出沟通对象可能同意的几个观点;将要求限制到可能范围内的最低程度,如一个试点项目;对预期的反对意见做出回应。

(4) 你所要求的行动对他们来说是否容易做到?他们是否会感到过于耗时、复杂或艰难？若过于艰难，则可以采取将行动细化为更小的要求，尽可能简化步骤，提供可供遵循的程序清单等对策。

### 4.1.3 如何说服沟通对象

明确了沟通对象，了解到他们的喜好之后，如何才能打动他们呢？以下是说服沟通对象的三个技巧。

**1. 通过明确沟通对象的利益进行说服**

物理学中有一种共振现象，当两个等频的音叉放在一起时，拨动其中的一个，那么未拨动的音叉也会发出声音。人类也有相似的心理共振频率，即在沟通中，当发信息的一方与听众一方对事物的思考有着共同的方式和利益时，讲话人似乎就说出了听众想说的话，带给了他们想要的东西，这就是心理共振——价值认同。

以开篇小故事为例。首先，沟通在于寻找对方的价值需求。因此，沟通之前找到对方想要什么，是成功沟通的前提。其次，沟通者要掌握尽可能充分的信息。故事中沟通者掌握了洛克菲勒、世界银行总裁和农村老头的信息，并利用多个沟通对象信息不对称的机会，找到了满足各个参与者需求的理由，促进了沟通的成功。

怎样找到对方的价值需求呢？这就需要站在对方的角度，调整沟通者的表达方式，强调沟通对象会获得的具体好处（如奖金）、事业发展中的利益（如声誉）等。

---

**一项新计划的通过**

有一位飞机制造厂的工程经理，为了提高生产效率，重新设计了一个工作流程，并准备递交给总裁。在向总裁提出这个构想之前，他咨询了他的好友——主管工程的副总裁，一位非常了解总裁的人。这次谈话使他认识到，总裁的主要关注点不是速度或效率，而是收益率。这次谈话使他重新修改了工作流程，详细论证了新计划带来的成本节省和收益率的增长，最终获得了总裁的批准。

---

**2. 利用可信度进行说服**

亚里士多德曾谈到讲话人的特征问题，他说，一个人的行为表现如果被听众认为是良好的、聪明的和善意的，那么其说服效果会大大增加。比如有一项著名的心理学实验是"南加州大学心理学博士福克斯的演讲"。当福克斯在一个以心理学家、管理者和教育家为主要听众的会议上，讲述了自己的观点后，好评如潮，人们评价他"博学多才，讲话精彩"，但实际上，福克斯只是个演员，实验人员训练他去做了这次讲话，然而博士的头衔使他赢得了赞誉。

还有一个测试视力的实验。一位医术高超的眼科大夫在远处拿出白纸给学生看，并告诉学生，白纸上面大约中间处有个黑点，学生只要一看到黑点就立即把手举起来。几乎所有的学生都"看到了"黑点，实际上，白纸上根本没有什么黑点。

> **心理学实验:估计身高**
>
> 心理学家将一位来自英国剑桥大学的访问者,依次介绍给澳大利亚某所大学五个班级的学生。但在每一个班上介绍他时,他的身份都不同。
>
> 在第一个班上,他被介绍为学生;在第二个班上,他被介绍为实验员;在第三个班上,他被介绍为讲师;在第四个班上,他被介绍为高级讲师;而在第五个班上,他被介绍为教授。
>
> 当他离开之后,心理学家要学生们估计那位访问者的身高。结果发现,随着地位的每一次升高,学生们估计的身高平均会增加1.5厘米。所以,当访问者是"教授"时比他是"学生"时,身高要高出6厘米。

这说明头衔对人们有很大的影响力,一个人的头衔越显赫,人们对这个人的身高就估计得越高。这反映了人们仰视权威的心理。

这些实验均说明了威信所产生的效应。如果受信者认为发信者很有威信,他们接受信息和受到的影响就大。而"威信""说服力"等特性,发信者可能有,也可能没有,重要的是沟通的那一刻有没有。

根据弗伦奇(French)、雷文(Raven)和科特(Kotter)的社会影响力理论,有五大因素会影响你的可信度:身份地位、良好意愿、专业知识、外表形象和共同基础。明确了影响可信度的因素,我们就可以通过强调自己的初始可信度、增加后天可信度来增加个人的可信度。

初始可信度是指在沟通开始之前,沟通对象对你的看法。它与你是谁、你代表什么及你过去与他们的关系有关。作为沟通策略的一部分,你可能需要向沟通对象强调你的初始可信度。不过,初始可信度就像银行账户上的存款一样,你必须通过良好意愿或专有知识来提高可信度账户上的储蓄水平。

后天可信度是指你与沟通对象沟通之后,他们对你的看法。即使听众事先对你毫无了解,但你的好主意或具有说服力的演说技巧会有助于你赢得可信度。因此获得可信度最有效的办法就是在整个沟通过程中表现出色。

你还可以通过把自己与某个具有很高声誉的人相联系或表明你与沟通对象具有相同的价值观来建立可信度。

> **如何建立可信度**
>
> 史密斯是某银行的经营主管,虽然他新担任此职务,但是他却很想让银行高层管理团队明白该银行有严重的问题——该银行的一般管理费用过高,这会影响其在本行业的

地位。但是，多数同事并没有看到这种情况的潜在严重性。除了是新上任，史密斯还有另一个问题：他过去一直从事金融服务业，因此在这个零售业银行中被视为外行。

史密斯想要建立起自己的可信度，他该怎么做呢？

首先，史密斯聘请了一位受到该银行信任的外部顾问，请他对高层管理人员进行讲座。讲座中他说明了该银行不是处于低成本经营，并介绍了该银行的主要竞争对手怎样压缩成本。同时阐明了如果不大力压缩成本，该银行很快就会大大落后于竞争对手。

其次，史密斯花了3个月时间走访了135个分行，同每个分行经理谈话，听取他们对银行优势和劣势的看法，并征求他们关于成本最小化的建议。在这个过程中，他还与很多人建立了良好的关系。

最后，史密斯提出了一些小而明显的创新活动，以证明他的专业知识和能力。例如，他注意到该银行的抵押业务发展缓慢，于是设计了一个新的抵押业务，即新的抵押顾客前90天不付款的计划，并取得了显著的成功。

资料来源：赵慧军，《管理沟通——理论·技能·实务》，首都经济贸易大学出版社，2003。

3. 利用信息结构进行说服

在某些情况下，可以利用信息内容的结构来说服沟通对象。例如，在开场白与结束语中强调沟通对象可能得到的利益；对于争议不大的主题或在可信度较高的场合，可以先列举正面理由，对于微妙棘手的问题或在可信度水平不高的场合，先列举反对的理由。先提出一个过分的会遭到拒绝的要求，然后再提出较适度的要求，这个要求就很有可能被接受。

### 陪同参观

心理学家来到大学校园，询问大学生们是否愿意陪一群少年犯去参观动物园，只有17%的学生表示愿意。

心理学家换了一种说法，先问："你是否愿意每周为少年犯提供两小时的咨询服务，至少坚持两年？"所有学生都表示不愿意。心理学家又问："那么你是否愿意陪他们去参观一次动物园呢？"这一次，50%的学生表示愿意。

从以上例子可以看到，让对方先拒绝一个更大的请求，会使得另一个较小的请求被接受的可能性上升。这种情况在实际生活中的应用是，如果你要向别人推销，就要先展示质次价高的商品，这样会增加第二个请求被接受的可能性。

### 4.1.4 受众需求分析及沟通策略

企业中，团队合作非常普遍。团队是由不同知识背景、不同性格、不同心理需求的人组成的,要想进行良好的沟通,就需要对人们的差异进行分析。按照个体心理需求的不同可以将受众分为成就需要型、交往需要型和权力需要型三类。承认个体的不同需要,采取不同的沟通方式,才能既有助于问题的解决,又有助于建立良好的人际关系。

1. 成就需要型

成就需要强烈的人通常会为自己建立具体的、可以衡量的目标或标准,并且在工作中朝着目标努力,直到实现自己的目标。他们总想做得更好,或比自己过去做得更好,或比其他人做得更好,或要突破现行的标准。他们不断追求卓越,并在这一过程中得到乐趣。与这类人沟通时,可以采取的策略是:

要充分认同这类人的工作责任感,沟通中不要输出"你要认真负责,要把事情做好"之类的信息,而是要给予他们大量的反馈信息,要对他们表示肯定、赞扬的态度,如告诉他们"你的工作做得很出色",这样可以激发他们更大的工作动力。

2. 交往需要型

交往需要强烈的人更看重友情和真诚的工作关系,令他们愉快的是和谐的工作氛围。交往的需要驱使他们写很多邮件,打很多电话,花很多的时间与同事沟通,与这类对象沟通时,可以采取的策略是:

以交朋友的语气和姿态与他们交流,要设法与他们建立良好的人际关系,始终坚持平等相待的原则。在沟通过程中可以跟他们先谈工作以外双方感兴趣的话题,如家庭情况、体育赛事、兴趣爱好等,尽可能在轻松愉快的气氛中与他们交流看法,以友好、融洽的关系来激发他们的工作积极性。

3. 权力需要型

具有权力需要的人对工作负责,有很强的权力欲。他们需要别人尊重并服从自己的权威,掌控自己和他人的命运。交流中他们行事果断,在大多数场合能够影响他人。与这类人沟通时,可以采取的策略是:

运用咨询和建议的方式,而不是命令和指导的方式,要认同他们在工作中的职权,对他们的职权给予肯定。在倾听过程中,对于对方的影响力要表现出兴趣,并尊重他们的影响力。

## 4.2 沟通信息策略

沟通者在沟通之前,可能会收集很多素材和信息,那些不太成功的沟通者只是随心所欲地列举种种想法,而成功的沟通者常常思考如何完善沟通信息的结构与表达。只有当沟通者组织好清晰的概念传达给受众时,才能实现有效的沟通。

### 4.2.1 信息组织策略

1. 受众导向原则

第一,要考虑受众能否接受信息。"沟通不是我说了什么,而是受众理解了什么。"为了使受众更好地理解信息,沟通者必须策略性地考虑如何设计出最可能达到期望结果的信息。

### 禅理小故事

有两个烟瘾很重的人，一起去向一位素以严苛出名的禅师学习打坐。当他们打坐的时候，由于专心，烟瘾就被抑制住了，可是每坐完一炷香的时间，到休息时间，问题就来了。

那一段休息的时间被称为"静心"，可以在花园散散步，并可以讨论打坐的心得。每到静心时间，甲乙两人便忍不住想抽烟，于是在花园互相交流抽烟的心得，越谈越想抽。

甲提议说："抽烟也不是什么大不了的事，我们干脆直接去请示师父，看能不能抽！"

乙非常同意，问道："由谁去问呢？"

"师父很强调个别教导，我们轮流去问好了。"甲说。

甲进去请教师父，不久之后，微笑着走出禅堂对乙说："轮到你了。"

乙走进师父禅房里，接着传来师父怒斥的声音。乙灰头土脸地出来了，却看见甲在悠闲地抽烟。他无比惊讶地说："你怎么敢在这里抽烟？我刚刚去问师父的时候，他非常生气，没让我抽烟。"

甲说："你是怎么问的？"

乙说："我问师父'静心的时候可不可以抽烟？'师傅立刻就生气了。那师父怎么让你抽烟了呢？"

甲得意地说："我问师父'抽烟的时候可不可以静心？'师父听了很高兴，说：'当然可以了！'"

资料来源：《林清玄散文集》，www.365.essay.com/linqingxuan/135.htm。

这个故事说明，信息的不同组织方式对沟通有着不同的影响。

第二，要考虑受众的地位、所需信息的内容、风格偏好等。比如，当某个员工想要休假时，他与上司沟通的内容应主要强调不会因为休假而影响工作，并且可以合理地安排工作以确保工作效率和效果。当沟通对象是同事时，沟通内容可以调整为具体休假方案，以及感谢同事的帮忙等。

2．信息强调原则

根据沟通对象的记忆曲线（见图4-1），听众的最佳记忆效果分别出现在沟通的开头和结尾，因此，在组织信息的时候，应该把最重要的内容放在开头或结尾，切忌将主要观点和重要内容淹没在漫无边际的中间地带。

根据这个原则，可以采取直接切入主题法，即在记忆曲线开始阐述重点，将结论放在开头，再层层推进，也被称为"底线战术"。例如，"公司决定下月开始采取以下措施：①……②……③……其原因在于：①……②……③……"一般来说，它开门见山、直奔主题、节省时间，适用于90%左右的场合；尤其在商务场合中更容易被接受。但是，若含有敏感信息，或对受众有负面影响时，常采用间接靠入主题法。这种策略是指先列举各类论证，在记忆曲线末端才列出结论，又被称为"神秘故事"手法。比如"由于以下原因：①……②……③……公司决定下月开始采取以下措施：①……②……③……"

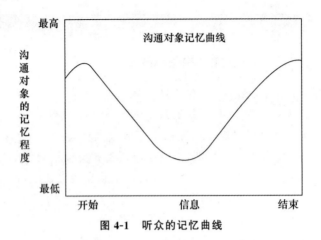

图 4-1　听众的记忆曲线

3. 金字塔结构原则

对受众来说,最容易理解的顺序是:先了解主要的、抽象的思想,然后了解次要的、具体的思想。因为主要思想总是从次要思想概括总结得出,文章中所有思想的理想组织结构也必定是一个金字塔结构——由一个总的思想统领多组思想。在这种金字塔结构中,思想之间的联系方式可以是纵向的,即任何一个层次上的思想都是对其下面一个层次上思想的总结;也可以是横向的,即多个思想因共同组成同一个逻辑推理过程,而被并列排在一起,如图4-2所示。

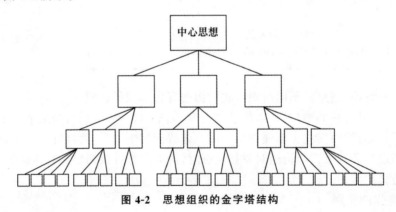

图 4-2　思想组织的金字塔结构

## 4.2.2　信息表达策略

1. 全面对称原则

在信息表达中坚持全面对称原则包含两层含义:一是所传递的信息是完全的,二是所传递的信息是精确的。

(1) 信息的完全性。沟通过程中,由于信息发送者和接收者之间存在背景、经历、地位、文化、性别等差异,信息发送者如果没有向接收者发出完全的信息,那么接收者就不能完全理解发送者所发出信息的含义,产生信息失真,或信息不对称。为了信息表达的完全性,建议沟通者在沟通过程中应注意提供全部的必要信息,回答咨询的全部问题,在需要时提供额外信息。这是指要向沟通对象提供5W1H,即谁(Who)、什么时候(When)、什么(What)、为什么(Why)、哪里(Where)和如何做(How)等六个方面的信息,以诚实、真诚取信于人。例如,一位客户向某销售人员询问七个有关所销售产品的信息,销售人员只回答了其中四个,并认为另外三个信息已经在所提供的产品说明书中反映出来了,而没有给予回答。那么,客户就会认为自己被轻视,或认为销售人员对客户不友善,结果可能会导致公司失去一笔订单。

(2) 信息的精确性。在提供完全信息的同时,沟通者还要分析所提供信息的精确性,如图表、数据是否正确,术语表达是否严谨,书面沟通中是否出现了非规范语言,信息编码是否恰当等问题。比如,在美国,你如果在会议上"table"(搁置)一项议题,就是将推迟对它的讨论;而在英国,"table"(放到桌面上)一项议题,即现在就开始讨论它。再从数字表达看,在英国,billion表示$10^{12}$,而在美国和加拿大billion表示$10^9$。

2. 简明清晰原则

(1) 简明性。所谓简明性,就是在沟通时要用尽可能少的语言,提高沟通的效率。这样,一方面节约了双方的时间,另一方面也是尊重对方的表现。在实际工作中经常会出现这样的问题,举行会议时,演讲者往往长篇大论、废话连篇,结果真正提供给受众的有用信息很少。由于沟通时不注重简明性原则,受众在参加会议时显得很无聊,会后留在脑海里的信息也极为有限,这也是大多数人不愿意参加会议的原因。

坚持简明性原则,可以从三个方面考虑:一是避免冗长乏味的语言表达,二是避免不必要的重复,三是组织的信息中只包括相关的有用信息。例如,宝洁公司有一个规定:提供给高层管理者的报告或备忘录不得超过两页纸,这就是对信息表达简明性的要求。

(2) 清晰性。清晰性原则,就是要求沟通者清楚自己想要表达的想法和想要传递的信息,并选择那些能够清晰表达你想法的词汇。贯彻清晰性原则要求:首先,选择精确、具体、熟悉的词语,避免深奥、晦涩的语言。其次,构筑有效的语句和段落,包括长度、统一度、内在逻辑关系、重点四个要素。长度方面要求一个句子不能太长,超过40个字的句子应该分解为几个句子;统一度方面就是一个句子只表达一个意思;强调逻辑关系,就是要运用演绎推理和归纳等技巧,增强语言的说服力;强调重点,就是在信息组织与表达时要突出重点。

3. 具体生动原则

具体生动强调语言的具体、生动、活泼,而不要用模糊的、一般性的说法。在沟通过程中,可以运用风趣幽默的语言风格。在具体的沟通信息组织上,可以运用以下三个方式:

(1) 用具体的事实和数据图表,并运用对比的方法加强语言的感染力。例如,今年同期销售额比去年有大幅的增长,去年同期为300万元,今年为358万元,增长近20%。

(2) 选择活泼的、有想象力的词语。如海尔集团董事局主席兼首席执行官张瑞敏提出"有了思路才有出路,没有思路只有死路""人才,人才,人人是才"。

(3) 选择幽默的语言表达。林肯是美国历史上最杰出的总统之一,他才能出众,但相貌不佳。在竞选总统的过程中,他的对手竟无中生有,攻击他是两面派。林肯微笑着反驳说:"如果我还有另外一张面孔,我会带着这副模样来见大家吗?"赢得听众的开怀大笑。他就这样以一个自嘲式的幽默获得了选民的信任和好感,取得了竞选的胜利。

**4. 谈话连贯原则**

连贯的沟通就是前后话题的延续性。如果沟通过程中出现偏离先前的话题，就出现沟通的中断。三种最常见的出现沟通中断的问题如下：

第一，缺少平等的说话机会。当一个人打断另一个人，或当某人控制了气氛，又或当两人或更多的人想同时说话时，沟通就被打断了，互相交流会变得不顺畅。

第二，过长的停顿也会使沟通中断。一个人在讲话时有过长的停顿或在答复前有过长的间歇，都是中断。停顿不应是完全沉默，期间可填入"嗯""啊"之类的语气词或重复先前说过的话，做简单的连接。

第三，主题的失控可能导致沟通中断。比如当某人单方面决定下一个谈话的主题，或突然将主题转到与先前所说毫不相干的方面时，谈话就可能中断。

因此，"轮流讲话、时间控制、主题控制"三个因素是有效的建设性沟通的关键。沟通者在保持沟通连贯性方面可借鉴的经验有：① 在相互交流时，为形成连贯沟通的气氛，要学会多提问，而不要急于就对方的观点下结论，推销自己的观点；在回答对方的问题之前，先听完对方的话，不要轻易打断别人的话，即使需要提出问题，一次只说两三句，给别人以插话的机会。② 要避免长时间的停顿。③ 话语应与先前讲过的相关。④ 轮流讲话，肯定他人话语的价值，目的在于共同帮助解决问题。

## 4.3 沟通渠道策略

沟通的渠道策略是指对传播信息的媒体选择。过去，这一选择只局限于两种不同的渠道：书面和口头。现在，有了更多的渠道，包括传真、电子邮件、QQ、微信、电话、电视会议、电子公告板等多种形式。这些新的渠道改变了我们对于沟通渠道的传统认识。例如，传统书面文件通常语气严谨、刻板、条理分明、语法无误，而且一般不包括非文字的符号图标；然而电子邮件、微信等方式却不那么严谨刻板，它更富有创造力，随处可见语法和拼写错误，并能表现"感情"，如可以用表情包之类的符号进行非文字提示。

由此可见，除了考虑书面与口头表达的区别，沟通渠道的选择还应该注重对其他问题的分析上。

**1. 书面或口头**

首先，考虑传统的书面与口头表达的不同之处。

（1）当需要保存记录，处理大量细节问题，采用精确的用词或让听众（读者）更迅速地接收信息时（读一般比听要快），我们选择书面沟通。

（2）当需要更为"丰富"的表达效果（带非文字内容），在严格与持久方面的要求较少，并无须永久记录时，我们选择口头表达。

**2. 正式或非正式**

书面或口头均可以是正式或非正式的沟通渠道。

（1）正式渠道一般适用于法律问题的谈判或关键要点和事实的表达。正式渠道往往精确、内敛、技术性与逻辑性强、内容集中、有条理、信息量大、概括性强、果断、着重于行动、重点突出，具有力度。正式书面渠道包括大部分备忘录、建议书、报告、信件；正式口头渠道包括演讲、概况说明及讲座。

（2）非正式渠道与正式渠道相反，适用于获取新的观念和新的知识的场合。非正式渠道往往迅速、交互性强、无拘无束、新颖、有创造力、开放、直接、流动性强，且较灵活。它包括书面的（电子邮件、通知、草稿）、对团体的口头表达（互动性研讨、小组会）及对个人的口头交流（面对面或通过语音信箱）。

3. 个体或群体

考虑特定沟通之中包含的相互关系。

（1）个体渠道适用于个人关系的构造，获知他人的反应，获取属于隐私和机密的信息。如需将信息传达至某一个人，可选择当面讨论、电脑可视会议、语音信箱、传统书面方式、传真或电子邮件。

（2）群体渠道适用于团体关系或形象的构建，取得团体反应（包括可能的一致意见），防止排除某人或确保团体中的每个成员都同时接收了你的信息。如需将信息传达至某一团体，那么可选择报告会、问题解答会、电子公告板、聊天团体、电视电话会议、集会、传统书面表达、传真及电子邮件来完成。

4. 即时反应或控制信息的接收

在某些时候，沟通者需即时恢复并且控制信息是否已被接收以及何时得到接收。当然在另一些场合两者都不需要。

（1）需即时回复，可考虑个人渠道（面对面、视频、电话）或团体渠道（报告、集会、问题解答、电视电话会议）；

（2）不需即时回复，可考虑书面渠道（传统方式、传真、电子邮件）或语音信箱。

5. 应否私下交流

另一个非常重要的因素就是隐私权。

（1）注重隐私，选择书面方式（传统的、电子邮件或传真——以私人方式传送，取决于接收的场所）、语音信箱或某些形式的电子会议。

（2）当隐私权不很重要的场合，除了电子会议，任何一种渠道都合适。

6. 听众（读者）是否处于同一地理位置

最后考虑听众（读者）成员的所在地。

（1）地理位置分散时，选择书面（传统、传真、电子的）、声像、影像传播。

（2）地理位置相同时，听众（读者）不分散，可选择面对面交流（报告、会议、一对一讨论）。

## 4.4 语言沟通的技巧

1. 换位思考

换位思考是一种语言风格，也是一种技能。它要求沟通主体既要表达出自己的思想，又要顾及沟通客体的需求——从对方角度出发，重视对方的需要，保护对方的自我意识。

基蒂·洛克（Kitty Locker）概括了应用换位思考语言风格的六个技巧：

（1）不要强调你为对方做了什么，而要强调对方能获得什么。

非换位方式:今天下午我们会把你们9月21日的订货装船发运。

换位方式:你们订购的货物将于今天下午装船,预计在9月30日抵达贵处。

由于受众对货物到达日期比何时装船更感兴趣,因此,换位的方式可以使沟通站在对方的立场上实现。

(2) 参考对方的具体要求或指令。例如,当涉及对方的订单或保单时,要具体指明而不要泛泛地称为"你的订单或保单"。

非换位方式:你的订单……

换位方式:你的99035678号订单……

(3) 除非你有把握读者会感兴趣,否则尽量少谈自己的感受。在大多数商务场合,个人感受都是与业务无关的,应略去,除非是在贺信或慰问信中表露个人的情感。

非换位方式:我们很高兴授予你5 000元信用额度。

换位方式:你的牡丹卡有5 000元的信用额度。

由于受众并不关心审批这些信用申请时,你是高兴还是担心,他们关注的焦点是从他们个人的角度和观点出发的。

(4) 不要告诉对方他们将会如何感受或反应。当要告诉对方一个好消息时,直截了当会更好。

非换位方式:你会很高兴听到你被公司录用的消息。

换位方式:你通过了公司的全部考核,你被录用了。

(5) 涉及褒奖的内容时,多用"你"而少用"我",尽量把叙述重点放在对方。

非换位方式:我为你提供机会使你获得成功。

换位方式:你通过努力获得了成功。

(6) 涉及贬抑的内容时,避免使用"你"为主语,以保护对方的自我意识。

非换位方式:你在预算中没有考虑……因素。

换位方式:……因素未被考虑在预算中。

2. 表达积极期望

研究发现,商人对积极的语言反应更积极,更有可能对措辞积极的要求加以承诺。心理学中的皮格马利翁效应验证了积极的心理期望和暗示所产生的强大影响。

### 皮格马利翁效应

在希腊神话里,皮格马利翁是塞浦路斯的国王,他雕了一尊少女的象牙像,并爱上了这座少女雕像,后来女神被他的真情打动,赋予雕像生命,使皮格马利翁美梦成真,有情人终成眷属。英国剧作家萧伯纳以这个故事为蓝本,创作了喜剧《皮格马利翁》。在剧中,一个教授以期望和耐心改变了另一个人的行为——艾丽莎从一个邋遢、粗鲁、大嗓门的卖花女变成一个优雅的、轻声细语和吸引人的淑女。"淑女与卖花女之间的区别,不在于其行为举止如何,而在于人们如何对待她",这句话成为流传很广的至理名言。心理学里,把这种在有目的的情境中,个人或别人对自己的期望在自己以后的行为结果中应验的现象,称为"皮格马利翁效应"(Pygmalion effect)或自验预言(self fulfilling prophecy)。

那么,怎样才能做到积极的语言表达呢?

第一,尽量避免使用否定字眼或带有否定口吻的语气。双重否定句不如用肯定句。必须使用负面词汇时,尽量使用否定意味最轻的词语。

消极表达:我们这次的任务失败了。

积极表达:我们没有完成这次任务。

第二,强调对方可以做的,而不是你不愿让他们做的事情。

消极表达:我们不允许刚刚参加工作就上班迟到。

积极表达:对刚刚参加工作的人保证按时上班很重要。

第三,把负面信息与对方某个受益方面结合起来叙述。

消极表达:外派工作本身就是不确定的,困难会比较多。

积极表达:外派工作非常有利于你职业生涯的发展,但也的确需要克服一些意想不到的困难。

3. 使用礼貌、友善的语言

(1) 礼貌表达。礼貌规范和语气的选择对于语言表达十分重要,它既表明发信者的修养,也暗示着发信者对受信者的态度。礼貌规范是受文化差异和时代变化影响的。某个群体能接受的语言,另一个群体可能就无法忍受;上级对下级显得友善的语言,用于下级对上级时就会显得盛气凌人,没有礼貌。比如"谢谢你的合作",通常是上级对下级说的话,反过来就不适用。

以下是一些注意事项:

① 使用礼貌头衔称呼上级和你不熟悉的人士。在中国,对于上级的称呼是姓氏加头衔,如"王经理""张校长",其他可使用的头衔还有"教授""博士""医生""会计""秘书"等。不明对方的身份和职位时,可以称呼"先生"或"女士"。

② 不使用歧视性语言。歧视性语言是指以性别、年龄、族裔、身体特征等为依据表示歧视的语言。

歧视性语言:去问坐在那边的那个女的。

礼貌用语:请去问一下坐在那边的王女士。

歧视性语言:那个腿有毛病的人说……

礼貌用语:王先生说……

（2）委婉表达。诚实是人最可贵的品质之一，但是无论表达什么信息都要实话实说吗？让我们来看下面的例子。

### 巫师解梦

有个古代国王做了个噩梦，他梦见自己衰老患病，牙齿脱落。于是，他叫来巫师为他解梦。只听第一个巫师对国王说："殿下，这个梦很不吉利。它意味着您会在一年内死去。"国王听罢大怒，将这位巫师逐出宫廷。国王转向另一位巫师，这位巫师说："尊敬的陛下，这是个好消息，而且非常好。它意味着您有生之年建立的丰功伟绩身后将万古流芳。另外，您的儿女们将青出于蓝而胜于蓝。"年迈的国王深知自己时日不多了，听了这番话很满意，重奖了这位巫师。

在人际沟通中，恰当的委婉表达能够密切人与人之间的关系，增进双方的感情，实现有效的沟通。

4. 妥善处理推论与事实的关系

人们在观察外界的时候，经常会混淆事实和推论。因为推论的形成相当快，以至于人们很少仔细地考虑它们是否真的代表事实。

### 银器不见了

一位先生和他的太太将自己的房子重新装修。下午5点装修师傅离开了，这位先生和太太清理房子，将橱柜上锁，因为橱柜中锁着银器，然后也离开了。次日早晨，他们发现一扇窗户开着，橱柜也开着，里面的银器不翼而飞。警察来了以后，在窗台上发现了一组指纹。这些指纹被送往警察局对比指认，警察局的答复是：窗台上的指纹正与声名狼藉的大盗的指纹相符。

问题：

1. 银器被偷。
2. 大盗拿了银器。
3. 大盗将其指纹留在窗台上。

上述问题中哪些是事实？哪些是推论？

诸如此类的推论在日常工作中经常会遇到。如"他未完成工作，因为他偷懒"。因此，管理者应当注意区分哪些是事实，哪些是推论。听取别人汇报时，让其陈述事实而不是听取他个人的评价；在说服别人时，要使用具体的事实而非个人的价值判断。

### 5. 用好闲聊语言

绝大多数人开始交谈时,都会闲聊几句,即就不重要的话题进行社会性的交谈。闲聊虽然轻松,但要注意不要说一些不该说的话,因为这些话可能会冒犯对方,使沟通无法有效进行下去。冒犯的话是一些使人遭受心理痛苦、自尊心受到打击的语言,如"傻帽儿""你可真够蠢的""你总是把事情搞砸""你永远也做不成任何事情""有你这样的孩子真倒霉",这种冒犯的话会使接收者感到不舒服、尴尬或者愤怒。由于有这样的不良影响,冒犯的话在任何情况下都是不恰当的。冒犯会招致进一步的冒犯。如当饱受冒犯的新兵晋升为军官后,也可能那样对待新兵;经理对员工的冒犯,则可能导致上下级关系的紧张,使公司的计划执行起来变得困难。

虽然语言冒犯不好,但并不是说人们不可以批评或者抱怨他人,应努力在不伤害他人的情况下做到这一点。

### 6. 让批评和抱怨更易被人接受

批评是对他人的行为方式或持有的观点、态度等的消极评价。在一般情况下,批评通常来自身份较高的一方,指向身份较低的一方,比如父母批评孩子、老师批评学生、上级批评下级。如果双方是平等的,如同学之间、夫妻之间,批评可能来自任何一方。

批评方式很重要,好的批评会导致积极的反应,当接受批评的人不感到威胁时,就能够认真地听取意见,并做出相应改变;相反,差的批评可能会引起消极情绪,接受者如果认为批评是不准确的,甚至会引起逆反心理。

怎样才能让批评更积极地被接受呢?批评时的语言沟通应注意以下几个方面:① 批评应选择恰当的情境。不要在别人面前而要在私下里批评,避免伤害其自尊心。② 批评应是及时的,当时不说,过后指责,不容易让人接受。③ 批评应对事不对人,避免侮辱和评判性词汇,如"笨家伙""没能力"。好的批评应集中在人们做错的事情上,而不是指责人们的品质和缺陷。④ 批评应明确指出应如何改进,如果批评者能帮助被批评者做出改进,那么效果更好。⑤ 消极的评论放在积极的语境中更好。例如:"如果你按时交了报告,就会大大提高我们下一阶段工作的效率。"

在工作中,如果看到对方不容易接受某些正面意见时,采取声东击西的方法,在保留对方面子的前提下达到劝说的目的,是中国文化背景下常见的批评方式。

---

#### 聪明的晏子

据《晏子春秋》记载,齐景公喜欢打猎,并喜欢养老鹰来帮他捉兔子。有一次,烛邹不小心让一只老鹰逃走了,齐景公大怒,当即下令将烛邹推出去斩首。晏子见状,立即上前拜见齐景公,说:"大王,烛邹有三大罪状,哪能这么轻易杀了他呢?请让我一条条数出来后再杀他,可以吗?"

齐景公说:"可以。"

> 晏子指着烛邹的鼻子说:"烛邹!你为大王养鸟,却让鸟逃走,这是第一条罪状;你使得大王为了鸟的缘故而要杀人,这是第二条罪状;把你杀了,天下诸侯都会责怪大王重鸟轻士,这是第三条罪状。"
>
> 齐景公听后对晏子说:"不杀了,我明白你的意思。"

在这段对话里,晏子的本意当然是要救烛邹,但他深知齐景公身为一国之君,如果自己直言劝谏,触怒龙颜,不但救不了烛邹,反而会惹来杀身之祸。采用这种声东击西的批评方法,没有伤到齐景公的面子,既救了烛邹,也纠正了齐景公的错误。

## 本章习题

**一、判断题**

1. 了解产品,掌握其优点,就可以确定吸引消费者购买的理由。
2. 沟通客体策略突出了沟通者站在对方的立场思考问题和传递信息这个本质。
3. 管理沟通策略中的客体策略分析的是沟通者自身的地位和特点。
4. 在沟通过程中表现出色有利于获得可信度。
5. 对于权力需要型的受众应采取指导式的沟通策略。

**二、选择题**

1. (　　)是在沟通时要用尽可能少的语言,既节约自己的时间,更重要的是节约受众的时间,提高沟通的效率。
   A. 简明性原则　　　　　　B. 清晰性原则
   C. 对称性原则　　　　　　D. 注重礼节性原则

2. 沟通者可信度的因素包括沟通者的(　　)。
   A. 身份地位　　　　　　　B. 良好意愿
   C. 专业知识　　　　　　　D. 以上都是

3. 以下哪项不是沟通信息策略所要解决的问题?(　　)
   A. 激发受众　　　　　　　B. 筛选和过滤信息
   C. 强调信息　　　　　　　D. 组织信息

4. 由于信息的发送者和接收者之间存在差异,因此沟通时应注意提供全部的必要信息,这符合信息表达的哪个原则?(　　)
   A. 简明清晰原则　　　　　B. 全面对称原则
   C. 具体生动原则　　　　　D. 谈话连贯原则

5. 在组织信息的时候,应该把最重要的内容放在(　　)。
   A. 开头　　　B. 中间　　　C. 结尾　　　D. A或C

**三、思考题**

1. 简述管理沟通有哪些策略。
2. 假设你被邀请要向全校新生做个报告,主题是关于"如何更快更好地适应大学生活"。为使这次报告成功,你需要做哪些方面的准备?你觉得他们最关心的是什么?你如何根据新生的特点来设计这次报告？

3. 在信息的组织原则中,强调既要做到信息的全面对称,又要做到简明清晰,有人认为这两者之间是矛盾的:要向对方提供全面信息,就可能出现信息的冗余,因为你不可能完全把握什么是对方需要的信息,什么是对方不需要的信息。同样,如果要简明清晰,就要求尽可能精炼地表达自己的信息,结果可能遗漏了对方需要的信息,导致信息的不完全。你同意上述看法吗？为什么？

四、案例分析

### 案例1:电信公司的账单事件

2000年3月23日,X市电信公司账户中心来了七个人,他们是某电视台新闻评论部记者李某、当地某快报的记者范某及几名电话用户。他们到账户中心后,向工作人员递上一份由该中心打印的、主叫号码不详的长话清单,在该清单上,不足一分钟的电话有九个,其中通话时长为两秒和四秒的各一个。他们认为用户不可能在如此短时间内进行通话,认为电信公司多收了电话费,要求账户中心给出解释。

账户中心业务科长接待并做了解释,答复的内容主要有:电信公司交换机只有接到对方局的应答信号才开始计费,这些话单肯定是电话接通后才收费;造成超短时话单的原因有多种,如对方线路上有未知的终端设备(如传真机、录音电话、服务器等),或是对方电话办理了转移呼叫等业务,或是对方手滑,话筒刚拿起来就掉了等。

记者李某等对上述解释不能接受,表示当天要弄个明白,并要求账户中心提供相应资费文件。账务中心与该电信公司市场经营部联系后,请他们到市场部做进一步咨询。于是,以上人员来到了市场部。在市场部,李某等再次提了有关超短时话费问题,向公司出示了清单,同时说,现在A大学107位教授就此事联名投诉(未出示联名投诉书),要求对"不明不白"多付的钱给个说法。市场部当时的答复与账户中心基本一样,这些到访人员对市场部的答复仍不满意。

于是,3月27日,该市的快报和市电视台等一些地方新闻媒体相继发表了题为"长话未接却收费,百名教授不理解"等新闻。从新闻中,电信公司得知记者们已经采访过教授们:"百位教授的代表人之一M教授举着电信公司账户中心打印的长话明细单说,我们有许多打通了没人接听的电话,被电信公司收了费……""这页单子上将近一半是超短时电话,谁会在三分钟之内连打四个只讲几秒钟的长话呢？""投诉的一百多位教授都有类似情况,偶尔出现一次还说得过去,如此频繁就不好解释了。"一旁的N教授补充说。但是,至此A大学的107位教授还没有向X市电信公司提出投诉。

新闻出来后,引起了《南方周末》、中央电视台等多家媒体关注。4月2日,中央电视台记者到A大学进行采访;次日,央视记者会同X市电视台记者李某、快报记者范某等到X市电信公司对超短时话单事宜做跟踪采访。X市电信公司S副局长接受了采访。

随后,中央电视台《新闻调查》、《人民日报》华东版、《南方周末》、X市地方报纸等媒体对此做了大量报道。《南方周末》还刊出了有107位教授联合签名的投诉书;另有一些报刊文章出现怀疑或暗示"在超短时话费上的收费是不是故意操作行为"。X市电信公司面临的压力越来越大。

资料来源:魏江、严进,《管理沟通:成功管理的基石(第3版)》,机械工业出版工业社,2014。

问题讨论:导致客户与电信公司出现矛盾冲突并且越来越激烈的原因是什么?电信公司应如何调整策略以便做好以后类似的沟通?

### 案例2:张丹峰的烦恼

张丹峰刚刚从名校管理学专业硕士毕业,出任某大型企业的制造部门经理。张丹峰一上任,就对制造部门进行整改。他发现,生产现场的数据很难及时反馈上来,于是决定从生产报表上开始改进。借鉴跨国公司的生产报表,张丹峰设计了一份非常完美的生产报表,从报表中可以看出生产中的任何一个细节。

每天早上,所有的生产数据都会及时地放在张丹峰的桌子上。张丹峰很高兴,认为他拿到了生产的第一手数据。可是没过几天,就出现了一次大的品质事故,但报表上根本没有反映出来。张丹峰这才知道,报表的数据都是随意填写上去的。

为了这件事情,张丹峰多次开会强调认真填写报表的重要性,但每次开会后,开始几天还可以起到一定的效果,但过不了几天又返回到原来的状态。张丹峰怎么也想不通这是为什么。而现场的操作工人也很难理解张丹峰的目的,因为数据分析距离他们太遥远了。大多数工人只知道好好干活,拿工资养家糊口。虽然张丹峰不断强调认真填写生产报表可以有利于改善产品品质,大多数工人还是认为这和他们没有多少关系。后来,张丹峰将生产报表与业绩奖金挂钩,并要求干部经常检查,工人们才开始认真填写报表。

资料来源:金环、李专,《管理沟通》,上海交通大学出版社,2017。

**问题:**
1. 张丹峰的报表制度在最初没有成功,为什么?后来又成功了,又是为什么?
2. 请选用相应的沟通策略给张丹峰提出改进沟通的建议。

### 案例3:小王的烦恼

**离职再就业**

2007年7月,小王从国内一所知名大学毕业进入某名企工作。2009年,由于不能接受在金融危机中被降薪,小王冒着金融危机尚未解除、工作难找的风险,在下一家公司没有找好的情况下,愤然离职。此时的他,满怀着对第一家公司的不满,抱着对美好未来的憧憬,迷茫地寻找属于自己的未来,甚至写了一篇洋洋洒洒的决心书来激励自己,表示对未来充满信心,决不后悔。小王离职一个月之后,接到一个offer。尽管该offer的工作内容与他之前的工作"八竿子打不着",但由于正值金融危机之时工作难找,而且小王觉得自己适应能力很强,换个行业也完全可以适应,且考虑到那个行业看上去属于比较朝阳的行业,也是一个名企。如此再三考虑后,小王还是去了。

**加班的烦恼**

工作的第一天,小王对公司情况有了一个大致了解,接受了一些内部培训。一周以后便开始上岗。小王所在的部门是市场部,该部门市场总监是个工作狂,据说经常工作到凌晨。小王发现,整个公司的"加班文化"特别严重,下午5点下班以后,几乎没有人会走,不管有事没事都要留到8点以后。刚开始几天,小王心想反正家里也没什么事情,就尽量加班,跟同事们同一时间下班。一个周五,小王要回到第一份工作时的住处搬家,由于路程较远,5点一到,他就下班走人了,没和任何人打招呼。后来同事打电话说:"市场总监找你有事,你不在,他很不高兴。"此事在小王心中造成了小小的阴影,他觉得这个领导很可怕,以后不管什么情况都尽量等领导走了之后自己再回家。

### 首次任务

两周过去了,小王逐渐熟悉了公司的情况。领导开始给小王派任务了,交给小王的第一个任务小王不是特别熟悉,被告知一周后完成。由于不熟悉,他感到无从下手。但领导此时出差在外,小王心想不便打扰,所以并没有向领导请教。他自己就浪费了几天时间搜集资料来做一些大致的了解。一周之后,领导回来了,跟小王要资料,小王说这个任务他不是特别懂,希望领导给他点意见。谁知领导非常生气地训斥他:"不懂可以打电话问,或者发邮件也可以,但是绝对不可以一周什么事情也不做!要主动和领导沟通!"当时小王就傻了,但是也没多说什么,只请领导多给一周时间,他会尽力做好。

### 与外部门沟通

由于此次任务有很多事项需要和其他部门沟通,小王心想自己跟他们不熟,采用发邮件的方式会好一些,只要把事情说明白就应该没有太大问题。因此,小王给别的部门同事发了邮件,其中有些还是外省公司代表处的。部分同事反应很快,将小王要的资料迅速回复给他。但是外省公司的,可能由于经常在外面有销售活动未能及时回复,小王又发送邮件催了一次,对方依旧没有回复。这样,三天过去了,小王开始急了,赶紧给他们打电话。电话那头,同事还算客气,但是说:"不好意思,你要的这些资料我这里暂时没有,而且我在外地出差,如果需要的话三天以后才有可能发给你,如果早点告诉我,情况会好点。"小王这次傻眼了,因为两天后领导就要资料,时间根本来不及。又过了一周,领导问小王要报告。小王说,由于部分分公司资料没给齐,暂时做不出来,需要延后几天。领导质问:"两周时间,他们资料还没给齐?"小王没有多做辩解,只是跟领导保证过几天将任务完成。

### 与领导沟通

又过了三天,小王好不容易将报告做出来了,他用邮件发给了领导。他以为有什么问题领导肯定会来找他要求他修改,因此就闲在那里等领导回复。但是两天过去了,一点动静都没有。小王心想:"难道领导没收到邮件?"因此又检查了一下邮箱,确定领导的确收到了邮件。一周过去了,领导又问他那份报告的事情,小王说:"一周前就给您发过去了。"领导埋怨说做:"完了怎么也不告诉我,我邮件很多,有时不一定会看到你发的邮件。"小王觉得很委屈,明明自己辛苦完成的工作,发给领导了,是领导自己没看,还怪我。

### 坐冷板凳

做完这份报告之后,领导也没提什么修改意见,也没安排什么任务,过了几天就又出差去了。小王就有了属于自己的空闲时间,上上网、看看新闻,觉得日子很舒服,不知道上班要干点什么。两天之后,领导回来了,小王本以为领导会安排点任务给他,谁知道领导也没来找他,他还是照样偷偷摸摸地上网、聊天,等着领导给他安排任务。一周过去了,小王依然没有接到任何任务,领导似乎也不管他了。他开始有点担心了,但又顾忌到领导太忙,自己不敢去找领导、主动要求安排任务,因此他就继续等待。晚上同事们加班,他也不得不留下来,尽管无事可做,但还是在那里耗时间。

**沟通不畅,离职**

又过了一周,小王进公司大概有一个月的时间了,领导总算来找小王了,小王十分忐忑,不知道领导会给他安排什么任务。可这次领导并没有提到工作的事情,只是跟小王谈工作态度问题。领导说:"小王啊,你来公司也已经有一个月了,有什么工作业绩没有啊?"小王说:"没什么,就完成了一个报告,还在等着您给我下任务呢。"领导说:"小王,你是我一手招进来的人才,名校毕业,又在那么大的公司做了两年,本来我很看好你的,想让你当我的左右手,然而我经过观察发现,你做事情最大的一个缺点就是不够积极主动,什么时候都要人家给你布置任务,你为什么不能主动来找我沟通工作问题呢?"小王此刻深受启发。但由于自己以前在民营企业,都是领导安排任务,自己按部就班地完成即可,因此在与领导的沟通上依旧没有什么大的改观。又过了一个月,试用期要结束了,小王也觉得在这里工作不受重用,没有什么激情,因此试用期没过,小王就主动提出了离职,再次投身金融危机之后的求职人群中。

资料来源:杜慕群,《管理沟通案例》,清华大学出版社,2013。

**问题:**

1. 据此案例,你认为沟通的意义体现在哪里?
2. 在案例中,与小王沟通的有哪几类人?
3. 你认为小王的沟通方式存在哪些问题?应如何改进?
4. 你如何看待双向沟通的重要性?

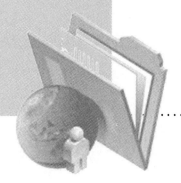

第 5 章

# 非语言沟通

【本章学习目标】

1. 了解非语言沟通的特点与功能;
2. 掌握非语言沟通的不同形式及其含义。

开篇案例

## 观察语言之外的动作

在美剧《千谎百计》(Lie to Me)中有一个有趣的情节,主人公莱特曼等了半天终于等到一个停车位,可是在他刚要倒车时,突然一辆车飞驰而来抢占了莱特曼的车位。莱特曼问抢车位者:"难道你没看见我正在等车位吗?"对方摇摇头,无辜地说:"没有,我也在等车位。"莱特曼说:"你刚才说谎的动作非常典型,在摇头说'不'之前先轻轻点了点头。"就这样一个不经意的点头动作,泄露了抢车位者在说谎。由此可见,只要我们仔细观察,对方不经意的多余动作依然可以告诉我们他是否真诚。

(1) 摇头前的快速点头。正如前面的小故事所示,研究人员发现,很多人在面对别人"是不是"做了什么的质问时会摇头否定,但是在摇头之前,他们会下意识地表示对对方问题的肯定,也就是会做出迅速的、别人很少察觉的、自己也无意识的点头动作。

这个快速的点头动作说明质问一方的推测是正确的,对方摇头之后所做的解释都是谎言。假如你是一名记者,去采访刚刚出现食品安全问题的一家食品公司,你问前台服务员:"请问你们负责人××在吗?"前台服务员的两种反应都表示她在说谎:一种反应是你刚说完话,她就不假思索地告诉你不在,这是提前编好谎话的条件反射下的反应;另一种反应是她稍微迟疑了一下,不经意地微微点了一下头,然后非常肯定地摇头说"不在"。这时负责人肯定在公司。因为前台服务员下意识的快速点头动作已经泄露了真相。

(2) 眼睛一睁一眯可以看出什么?我们把眼睛称为"心灵的窗户"。在和别人交谈过程中,如果仔细观察他的眼睛,会很容易看出对方的情感和思想。如果一个人撒了谎,他的眼睛一般会不经意地流露一些泄露秘密的多余动作。

有一名间谍被抓后始终拒绝说出同党的名字,于是调查机构采用了一个办法:他们向这个间谍展示了很多张卡片,每张卡片上都写着与他一起工作过的人的名字,然后调查人员仔细观察了这个间谍在看这些照片时眼部的非语言信息。

结果发现,当间谍在看到两个人的名字时,他的眼睛突然睁大,然后瞳孔迅速收缩,眼睛轻轻地眯了一下。经过审问,这两个人确实是被抓间谍的同党。显然,在看到同伙的名字时,间谍出现了紧张情绪,所以眼睛下意识地睁大了,但是他不想让别人发现他的反应,于是他的瞳孔迅速收缩,眼睛变成了眯缝状。其实当人们在眯着眼睛时,他的潜意识是想通过眯眼遮挡光线或自己不喜欢的东西。仔细观察会发现,我们在生气或听到自己不喜

欢的声音时,都会有眯眼睛的动作。

(3) 下意识吞咽唾沫。我们经常在电影中见到这样的镜头,警察在询问罪犯时,总会仔细观察其肢体动作。电影上常会出现这样一个特写镜头,罪犯在听到某一个人名、地点或者回答某一个问题时,他的脖子处的喉结会很明显地动一下。单凭这个下意识的动作,警察就可以判断出他们询问到的信息是破案的关键。因为在受到刺激或者撒谎时,罪犯的喉咙会有干痒和异样的感觉,下意识吞咽唾沫会减轻这种感觉。

人在撒谎时总会出现很多不经意的多余动作,例如,在表示否定前快速地点头、下意识地吞咽唾沫等,这些多余的动作转瞬即逝,但是却泄露了说谎痕迹。

## 5.1 非语言沟通概述

所谓非语言沟通,就是指不通过口头语言和书面语言,而是通过其他的方式进行的沟通,如运用声调、肢体语言、空间距离等来进行信息的传递。

研究发现,在面对面的交流中,人们会把他们55%的注意力投向讲话者的说话方式,38%的注意力投向讲话者的形象,只有7%的注意力投向讲话的内容。也就是说非语言传递的信息量占到93%,可见非语言沟通的重要性。

### 5.1.1 非语言沟通的特点

作为人际沟通的媒介和渠道,非语言沟通具有不同于语言沟通的特点,在人际沟通中发挥着重要的作用。

1. 无意识性

很多非语言沟通是一种无意识的行为。你感到身体不舒服,你的同学马上就注意到了,并问你:"哪里不舒服?"他是从你脸上的痛苦表情中知道的。愤怒的时候,你会不自觉地握紧拳头;开心的时候,你会在嘴角挂满笑容。但是通常情况下,我们意识不到自己的非语言行为。比如,和喜欢的人站在一起,你会靠得很近;听到不赞同的观点,你会表现出嗤之以鼻的神情;在说到某个数字或者方向的时候,你会不自觉地做出相应的手势。

一个人的非言语行为更多的是一种对外界刺激的直接反应,基本都是无意识的反应,因而更能表明情感和态度。正如弗洛伊德所说,要了解说话人的深层心理,即无意识领域,单凭语言是不可靠的,因为人类语言传达的意思大多属于理性层面,经过理性加工后表达出来的语言并不等于存在于心中的声音。

2. 情境性

与语言沟通一样,非语言沟通也与特定的语境有关,情境左右着非语言符号的含义。相同的非语言符号,在不同的情境中,会有不同的意义。同样是拍桌子,可能是"拍案而起",表示怒不可遏;也可能是"拍案叫绝",表示赞赏至极。只有联系具体的沟通情境,才能了解其确切的含义。

3. 可信性

有时候你会发现，一个人所表达出来的语言信息和非语言信息是相互矛盾的。根据英国心理学家米歇尔·阿盖依尔等人的研究，当语言信息与非语言信息所代表的意义矛盾时，非语言信息通常比语言信息更可信。

一个人很容易学会操纵语言信息，但要想操纵非语言信息却是很困难的。当某人在争吵中处于劣势的时候，却颤抖地说道："我怕她，笑话！"事实上，从说话者颤抖的嘴唇不难看出，她的确感到恐惧和害怕。由于语言信息受理性意识的控制，容易作假。身体语言则不同，身体语言大都发自内心深处，极难压抑和掩盖。没有人可以隐藏秘密，假如他的嘴唇不说话，则他会用指尖说话。正因为身体语言具有这个特点，因而身体语言所传递出来的信息常常可以印证有声语言所传递出来的信息真实与否。

在现实交际中，人们常会出现"言行不一"的现现象。正确判断一个人的真实思想和心理活动，要通过观察他的身体语言，而不是有声语言。比如，一位顾客在首饰店柜台前，指着金灿灿的手链说："请把这款项链拿给我看看。"营业员一定会认为是顾客发生了口误，这时营业员通常会认为顾客要的是手链，而不是项链。

4. 个性化

一个人的肢体语言，同说话人的性格、气质紧密相关。爽朗敏捷的人同内向稳重的人的手势和表情是有明显差异的。每个人都有自己独特的肢体语言，它体现了个性特征。人们时常从一个人的形体表现解读他的个性。

5. 文化性

非语言沟通是由文化决定的，是在人类漫长的历史中逐步形成的。一般来说，大多数非语言行为是在孩童时期学到的，由父母和其他相关群体传授的。特定的社会和文化群体，往往会形成特定的风格和习俗。下面是不同国家的一些非语言信号。在佛教国家里，头是神圣不可侵犯的，你绝对不可去摸别人的头；在穆斯林文化中，不能用左手拿东西吃，这会被认为不干净；在德国和瑞士，用手指指自己是侮辱他人的行为；在西方公司，那些有许多窗户和最好风景的办公室都是特意留给地位比较高的人的，而日本却恰好相反，坐在窗户旁暗示你已经从主要工作组中被排除出来；越南人低下眼睛看着地面表示尊敬；希腊人听到夸奖时会用嘴喷气；在保加利亚，人们点头表示否定，摇头表示肯定。

## 5.1.2 非语言沟通的功能

1. 替代语言

我们现在使用的大多数非语言沟通经过人类社会历史文化的积淀而不断地传递、演化，已经形成一定的体系，具有一定的替代有声语言的功能。有时某一方即使没有说话，也可以从其非语言符号（比如面部表情）上看出他的意思，这时，非语言符号起代替语言符号表达意思的作用。

《三国演义》中脍炙人口的故事"空城计"，诸葛亮正是妙用了无声语言的技巧，才克敌制胜，真可谓"眉来眼去传情意，举手投足皆语言"。在日常工作、生活中，我们也多在自觉不自觉地使用各种非语言符号来代替有声语言，进行信息的交流和传递。在传递和交流信息的过程中，既省去过多"颇费言辞"的解释和介绍，也可达到"只可意会，不可言传"

的效果。

2. 强化语言效果

非语言符号作为言语沟通的辅助工具,又称为"伴随语言",使语言表达得更准确、有力、生动、具体。例如,当领导在会上提出一个远大的计划或目标时,他必须用准确的非语言符号来体现这个目标的重要性。他应该会用沉着、冷静的目光环视全体人员,用郑重有力的语调宣布,同时脸上表现坚定的表情。

在表达"我们一定要实现这个目标"时,要用力地挥动拳头。在表达"我们的明天会更好"时,要提高语调,同时,右手向前有力地伸展等。这些非语言符号大大增强了说话的分量,体现出决策者的郑重和决心。

3. 调控语言

在沟通过程中,非语言符号不仅起着配合、辅助和加强语言沟通的作用,而且能够影响并调控语言沟通的方向和内容。例如,在交谈过程中,讲话者应把目光集中在听话者身上,尤其是面部,意思是"我在跟你说话";而听话者也应不时地注视一下讲话者,表示"我在听着呢"。讲话者快讲完时,总是抬起眼睛望着对方,示意"该你讲了"。这时对方会接受这一信号,表示"我已经准备接话了"。然后听话者转为讲话者,重复刚才的一幕,谈话继续进行。如果讲话者喋喋不休时,听话者就会东张西望,这就表示"够了,别讲了",这时讲话者应及时做出调整。这种目光信号的交换伴随整个谈话过程,调节谈话的结构和内容。

4. 表达超语言意义

在许多场合非语言要比语言更具有雄辩力。高兴的时候开怀大笑,悲伤的时候失声痛哭,当认同对方时深深地点头,都要比语言沟通更能表达当事人的心情。

5. 表明情感与态度

面部表情、手势、形体动作及目光的使用方式,都向他人传递了我们的情感和情绪,包括愉快、悲哀、惊讶、恐慌、愤怒感兴趣。研究也表明,绝大多数人能通过声音来准确地识别所表现出来的情绪,比如高兴的时候,声音就会自然地高亢;而失望的时候,声音就会很低沉,显得没有力气。

非语言沟通也能表现出一个人的工作态度。在工作中,态度比能力更加重要。如果你总是表现出烦躁的情绪,尤其是在刚开始工作的阶段,老板就会把你归入"群体外的人"。"群体内的人"获准去做称心的工作并被给予最灵活的工作时间安排,而"群体外的人"却只能得到辛苦的工作及最不称心的工作时间安排。

## 5.2 非语言沟通的形式

要想与他人建立良好的沟通,就需要对非语言符号及其使用意图有所了解。但是,非语言符号多种多样、丰富多彩。心理学家通过研究发现,仅是人的脸部,就能做出大约25万种不同表情,再加上由于文化、性别、职业、时代等造成的差异,要想对此驾轻就熟不是简单的事。但如果我们掌握了一些最主要的非语言符号,便会对人际沟通交往大为有利。

与语言沟通采用的口头、书面形式不同,非语言沟通的形式丰富、种类复杂,一切辅助人际沟通的形式均属于非语言沟通的范畴,如人在表达时的肢体动作、人与人之间的空间距离、辅助语言等。具体可以分为身体语言沟通、副语言沟通和物体的操纵三大类。

### 5.2.1 身体语言沟通

身体语言沟通是非语言沟通中最为人们所熟悉的。主要类型有眼神、面部表情、手势、身体姿势、空间距离和服饰等。

1. 眼神

眼睛是心灵的窗户。在人的五官当中,眼睛最能传达或者泄露心灵的秘密。心理学家的研究证实,人的情绪变化首先会反映在不自觉的瞳孔改变上。当人变得兴奋、愉快时,瞳孔会不自觉地变大。有人研究了人们打扑克时的瞳孔反应,发现如果抓到了自己期望的好牌,情绪兴奋性会陡然上升,并出现瞳孔放大的现象。科学家对动物的研究也证实,在猫看到感兴趣的食物时,它也同样有瞳孔放大的反应。

当人们的情绪从愉快转向不愉快,或突然出现令人不快的人或事情时,瞳孔会不自觉地缩小,并伴随程度不同的眯眼和皱眉。可见,人的眼睛是其内心情感状态的良好指示器。心理学家的大量研究发现,人的一切情绪、态度和感情的变化,都可以从眼睛里显示出来。而且,人对自己的语言可以做到随意控制、口是心非,但对于眼神却很难随意控制。

眼睛不仅是心灵的窗户,更重要的是,眼睛会"说话"。眼神交流是社会交往成功的先决条件。沟通中如果缺乏眼神的接触,将会使沟通变得困难。如果你避而不看对方,他会认为你很焦虑,或者不诚实。此外,没有眼神交流,你将无法了解对方说话时处于怎样的状态,也看不到自己说的话所产生的效果,无法做出相应的调整。

美国电影《胜利大逃亡》(*Victory*)中当轮到德军足球队罚点球时,那位盟军的守门员一语不发,用一种愤怒、仇恨、无坚不摧的目光直盯着对方,看得德军主罚队员失魂落魄、胆战心惊,因此踢出的球疲软无力,被守门员轻易接到。可见,眼神有时会有一种摄人魂魄的震慑力量,使心虚的人望之丧胆。

炯炯有神的眼神是对生活和事业充满热情的表现,麻木呆滞的目光是对生活心灰意冷的反映。心怀博大、正直的人,眼神是明澈坦荡的;心胸狭窄、虚伪的人,眼神则显得狡黠、阴险。故弄玄虚的眼神,乃是骄傲自大的体现;神秘莫测的眼神,则是狡猾奸刁的标志。坚定执着的眼神,是志怀高远的表示;飘忽不定的眼神,是为人畏畏缩缩的流露。坚毅的眼神,预示着自强自信;晦暗的眼神,则预示着自毁自堕。眼神是多样的,表达的情感也是复杂的。

一个人的眼神游移不定,说明这个人也许心怀鬼胎,也许神志恍惚,也许性格怯懦,缺乏足够的自信心,怀有自卑感;而眼神坚定有神,则显示了这个人的自信心或良好的精神状态;突然睁大眼睛,则可能是有什么东西或所谈论的话题激起了他的兴趣、好奇心或对他至关重要;眯起眼睛成一条线,说明有什么东西引起了他的思考或警惕;斜斜地、快速地一扫,说明他对此并不在意甚至瞧不起。一般认为,躲闪别人眼神的人性情怯懦,等等。

目光也可以用来表示彼此的距离。有人用眼神"拒人于千里之外",表示自己与他人的距离。眼神也可以表现对别人不屑一顾,显示自己的优越感。

当然,在不同文化中,眼神接触的习惯也有所不同。日本人教育小孩要注视老师喉结或领带的地方,而避免直接的眼神接触。美国人则视那些回避眼神接触的人为不可靠、不友善、不值得信赖。

2. 面部表情

与眼神一样,面部表情可以有效地表现肯定与否定、接纳与拒绝、积极与消极、强烈与轻微等各种维度的情感。因为,常人的喜怒哀乐往往会形于色,通过面部表情最为直观地展示人们的心理状态及其变化过程。人们可以通过表情来表达对别人的兴趣,也可以通过表情来显示对一件事情的理解状态。在日常的人际沟通过程中,表情是人们运用最多的身体语言沟通之一。

俗话说:"人逢喜事精神爽。"如果春风得意,必定是双眉舒展并面带笑容;如果内心悲哀,必定是双眉紧锁、脸带愁云;如果怒火中烧,一般来说会脸红脖子粗,面部肌肉抽搐不止,双眉竖立,做咬牙切齿状;如果有愧于心,也许会脸热心跳,呼吸急促,两耳发热,脸上多半会出汗,这就是古人为什么用"汗颜"形容羞愧的道理;如果恐惧,通常会脸色苍白、嘴唇颤抖,等等,不一而足。

林肯曾说:"一个人到了四十岁以后,就要为他的长相负责。"相貌虽是父母所赐,但一个人的生活经历、学识修养、品格习性,也会在脸上留下痕迹。这也正如俗话说的:"善人有善相,恶人有恶相。"一个人心地善良宽厚还是邪恶狡诈,热情随和还是冷漠高傲,是乐于交际还是孤僻不合群,甚至是从事何种职业,很多时候,是可以从面部表情分辨出来的。

人类的笑是面部表情最主要的一种形式。通常一个人在高兴时,嘴角后伸,上唇提升,双眉展开,两眼放光,即所谓笑容满面。从早到晚,从生到死,一个人在一生中笑过多少次,很难计算。人类笑的种类也达几十种之多,如微笑、开怀大笑、甜蜜的笑、愉快的笑、顽皮的笑、嘲讽的笑、含羞的笑、偷偷的笑、神秘的笑、歉意的笑、幽默的笑、自嘲的笑、阴险的笑、伪善的笑、温和的笑、惬意的笑、自满的笑、鄙夷的笑、逗趣的笑、无奈的笑等。在不同的笑容后面,隐藏不同的思想信息,具有不同的含义。

心理学家指出,对于那种嘴唇完全向后拉、唇部形成长椭圆形的笑容要留神。这种笑容其实就是所谓的"皮笑肉不笑",这完全不是一种发自内心的笑容。当一位下属不得不向上司献媚、讨好时,当一个人假装欣赏别人的言论或举动时,常常露出的就是这种笑容。

然而,微笑却是一种典型的会心的笑。当我们静坐独处,回想起儿时一件有趣的往事时;当我们对自己所取得的阶段性的进步感到满意时,我们都会情不自禁地微微含笑。微笑也是一种社交的礼貌表示。在初次相识时,在舞会、聚会等社交场所,人们往往用微笑来表示自己的端庄和严肃,以及对别人的接纳和尊重。

在拥挤的餐厅,当你挨着一个陌生人坐下时,你很可能会首先冲他微微点头一笑,意思是说:"对不起,我只能坐在这里了,因为别处没空位。"在公共汽车上,你踩了别人一脚,你会立刻致以歉意的一笑,意思是:"实在对不起,我不是故意的,请您原谅!"当朋友把令他愉悦的事讲述给你时,纵然你当时本来心境不佳,但是,你也会出于礼貌和友情而为他露出表示高兴的笑容;同样,你正处于苦恼之中,但是,当你的上级领导出现在你面前时,你也很可能会赔上笑脸。

在非语言沟通中,微笑是一种很常见但却很有效的沟通方式,微笑对他人有着心理学上所谓的"移情"的效果。微笑是人际交往中的"润滑剂",是人们相互沟通、相互理解、建立感情的重要手段。英国诗人雪莱曾经说:"微笑是仁爱的象征、快乐的源泉、亲近别人的媒介。有了微笑,人类的感情就沟通了。"正因如此,所有行业的服务规范中都列出了微笑服务的要求。

一个友好、真诚的微笑会传递给别人很多信息。微笑能够使沟通在一个轻松的氛围中展开,可以消除由于陌生、紧张带来的障碍。同时,微笑也显示出你的信心,希望能够通过良好的沟通达到预定的目标。笑,能传递愉快;笑,能打破僵局。相比较而言,会笑的人,在社会交往中,比严肃的人有更大的优势,更有利于促进人际关系的和谐和增进朋友情谊的发展。

3. 手势

人们在讲话时常配以手势表达情感。比如高兴时,手舞足蹈;愤怒时,握紧双拳或拍案而起;表示敢做敢当时,用手拍胸脯;表示懊悔时,拍大腿;手指轻敲桌面是由于内心烦躁不安;手指发颤是内心紧张的表现;手臂交叉可能是一定程度的警觉、对抗的表示。

在社会生活中,人们还常常用一些约定俗成的手势代替语言行为,比如招手表示让对方过来;摆手表示不要或禁止;挥手表示再见或致意;搓手和拽衣领表示紧张;竖大拇指表示第一或称赞;伸小指表示最小或厌恶;摊开双手表示无能为力;鼓掌表示赞扬或欢迎等。第二次世界大战时期,英国首相丘吉尔发明了"V"手势,成了世界上广为运用的代表胜利的手势语。

握手是人们经常用到的一种手势,由于交际背景不同,彼此关系的性质不同,同样是握手却传递着不同的信息。美国著名盲人女作家海伦·凯勒曾写道:"我所接触过的手,虽然无音,却极有表现性。有的人握手能拒人千里,我握着他们冷冰冰的指尖,就像和凛冽的北风握手一样。也有些人的手充满阳光,他们握住你的手,使你感到温暖。"海伦·凯勒对握手带给人的感觉表述得很精彩。事实的确如此,握手的力量、姿势、时间长短能够表达出握手人的不同态度和思想感情。

正确的握手顺序一般是"尊者决定",即待女士、长辈、已婚者、职位高者伸出手之后,男士、晚辈、未婚者、职位低者方可伸手去呼应。平辈之间,应主动握手。如果女士不主动伸手,男士也不要冒昧地伸手。同时在长辈和领导面前也一样,只要长辈和领导不伸手就不要提前伸手。但是如果女士、长辈或者领导伸出手要立刻伸出右手与之握手。握手应热情有力,不要戴手套与人握手,握手时应保持适当的目光接触。

4. 身体姿势

古希腊哲学家苏格拉底说:"高贵和尊严,自卑和好强,傲慢和粗俗,都能从静止或者运动的面部表情和身体姿势上反映出来。"在日常生活中,我们经常使用身体姿势来进行沟通。如端端正正还是跷着二郎腿,表达着不同的信息。在需要表示对别人尊敬的情境中,如与上级谈话,我们的坐姿自然就比较规范,腰板挺直、身体稍稍前倾。如果我们对别人的谈话表示不耐烦,坐的姿势就会后仰。

## 曾国藩的识人术

某日,李鸿章带了三个人去拜见曾国藩,请曾国藩给他们分配职务。恰巧曾国藩散步去了,李鸿章示意那三个人在外厅等着,自己走到里面。不久,曾国藩散步回来了,李鸿章禀明来意,请曾国藩来考察那三个人。曾国藩摇手笑言:"不必了,面向厅门、站在左边的那位是个忠厚人,办事小心谨慎,让人放心,可派他做后勤供应一类的工作;中间那位是个阳奉阴违、两面三刀的人,不值得信任,只宜分派一些无足轻重的工作,担不得大任;右边那位是个将才,可独当一面,将大有作为,应予重用。"

李鸿章很是惊奇,问:"还没有用他们,大人您如何看出来的呢?"

曾国藩笑着说:"刚才散步回来,在厅外见到这三个人,走过他们身边的时候,左边的那个态度温顺,目光低垂,拘谨有余,小心翼翼,可见是一小心谨慎之人,因此适合做后勤供应一类只需踏实肯干,无须多少开创精神的事情。中间那位,表面上恭恭敬敬,可等我走后,就左顾右盼、神色不端,可见是个阳奉阴违、机巧狡猾之辈,断不可重用。右边那位,始终挺拔而立,气宇轩昂,目光凛冽,不卑不亢,是一位大将之才,将来成就不在你我之下。"

曾国藩所指的那位"大将之才",便是日后立下赫赫战功并官至台湾巡抚的淮军勇将刘铭传。

资料来源:张昊民、李倩倩,《管理沟通》,上海人民出版社,2015。

心理学家萨宾(Sarbin)通过对生活的细致观察,将一些经常使用的姿势做出总结。我们选择了相关的示意图,如图 5-1 所示,读者可以看看自己的理解与研究得出的结论是否一致。

我们发现,虽然这些示意图及其定义来自西方,但我们对于大多数示意图的解释,与西方研究人员的解释是一致的。这就说明,通过姿势实现的沟通,有着广泛的适用范围。一些姿势是世界性的沟通语言。事实上,也正因为不同文化中存在如此众多的共同沟通方式,跨文化的沟通才成为可能。动画片《三个和尚》使用的全部是动作、表情等身体语言,照样被世界各国艺术家所欣赏,并赢得世界大奖。

## 老布什的失败

1992 年美国大选期间,老布什与他的顾问们出席了全国零售业展览会的开幕式。开幕式上展示了某高科技的商业结账系统,布什看到非常好奇,竟像小孩相中了最喜欢的玩具一般。他的顾问们感到尴尬,急忙簇拥着他离开,并对他耳语说"那种装置已经问世大约 10 年了……"但许多人通过这种非语言信息,感觉总统与现实生活脱节了,这种印象成了布什竞选失败的原因之一。

图 5-1 身体姿势及意义

---

**小 测 试**

1. 你与老板谈到加薪的事,当你解释加薪的理由时,你的老板歪着头,两眼注视着你,两手托腮。他在告诉你什么信息?

    A. 他赞成加薪        B. 他不会给你加薪    C. 他正在左右为难,难下决定

2. 你与一家公司的董事长安排会面,你希望能在该公司工作。当你进入他的办公室时,他抓住你的手,用双手与你握手,请你坐下,然后拍你的肩膀。这位董事长在告诉你什么?

    A. 他嘉许你的机敏    B. 他想雇用你      C. 他正在强调他的身份和地位

**沟通游戏:发掘表演才能**

1. 分为 A 和 B 两个组。

2. 给每组 2—3 分钟时间,想出有 5 个连贯性动作的事件,让对方猜测。例如,一个人在擦窗,扫地,突然看见一只蟑螂而跳开,拿杀虫水喷射蟑螂,再扫走。共五个动作。

3. B 组先派一人(B1)出来看 A 组表演。B 组其余人远离现场。

4. B1 看完表演后便向单独出场的 B2 表演;B2 再模仿,B3 单独观看……如此类推。

> 5. 到最后一位组员时,他不但要做出全套动作,并要同时连贯地讲出动作的意思。
> 6. 轮到B组表演,A组模仿。

## 5. 空间距离

不同的空间距离能够表达不同的含义和情感,甚至能够反映不同的信仰、价值观及文化内涵。日常生活或工作中,人们时时刻刻都与空间距离相联系,并利用空间距离表达或传递信息。

首先,人们通过对空间、场所及距离的利用,表达着自己的愿望。例如,当你一走进教室,就面临怎样使用空间的决策,你必须选择坐在哪里。看起来坐在哪里似乎是一件很随便的事情,但事实上你所坐的位置已经反映了你将会与老师发生多大程度的相互影响。如果你在前排或比较明显的位置,表明你可能希望与老师有更多的讨论和交流;如果你坐在后排或角落里,表明你可能在向老师传递不想交流的信息。

其次,空间距离是亲密程度的标志。从生物学的角度看,每一个生命都有自己的领空,人们叫它"生物圈"。一旦异物侵入这个范围,就会使其感到不安并处于防备状态,美国心理学家罗伯特·索默(Robert Somol)经过观察与实验认为,人人都具有一个把自己圈住的心理上的个体空间,它像生物的"安全圈"一样,是属于个人的空间。一般情况下每个人都不想侵犯他人空间,但也不愿意他人侵犯自己的空间。双方关系越亲密,空间距离就越短。

人类学家爱德华·霍尔(Edword Hall)在《无声的语言》(*The Silent Language*)一书中,将北美人的空间距离分为四类:亲密距离、人际距离、社会距离和公共距离。亲密距离是0—0.45米,这种距离通常用于极亲密的亲人和朋友之间;人际距离是0.45—1.20米,是朋友在进行非正式的个人交谈时最经常保持的距离。如两个熟人在街上遇到停下来聊聊天,常采用这种距离。社会距离是1.20—3.60米,这种距离通常是人们处理非个人事务时采用的。例如,接见外来的并不很熟的客人,家庭主妇礼貌地见送货员;这种距离也用于较正式的社交和业务往来,一个公司经理常用一张大办公桌子与职员保持这种距离,表示高人一等。在办公室中接待来宾也常保持这种距离。公共距离是3.60米以上的距离,是正式场合公开讲话的距离,比如老师对学生讲话,或者领导人对下属讲话,常采用这种距离。

### 自我空间实验

一位心理学家做过这样一个实验。在一个刚刚开门的大阅览室里,当里面只有一位读者时,心理学家就进去拿椅子坐在他的旁边。实验进行了整整80个人次。结果证明,在一个只有两位读者的空旷的阅览室里,没有一个被试能够忍受一个陌生人紧挨自己坐下。在心理学家坐在他们身边后,被试不知道这是在做实验,更多的人很快就默默地远离,到别处坐下,有人则干脆明确地问:"你想干什么?"

这个实验说明了人与人之间需要保持一定的空间距离。任何一个人,都需要在自己的周围有一个自己把握的自我空间,它就像一个无形的"气泡"一样为自己"割据"了一定的"领域"。而当这个自我空间被人触犯就会感到不舒服、不安全,甚至恼怒。

最后,空间距离也能表达身份。大的转角办公室(有落地窗和上好的家具)与小格子区分的大办公室,会表明不同的身份。以下三个有关空间的运用说明了组织中人们的身份地位:① 身份地位越高,就拥有更多更好的空间。高层往往拥有大而漂亮的办公室。② 层级越高,领域就越受到较好的防护。通常有秘书或助理保护老板的时间,过滤老板不想见的人。③ 地位越高,越容易进入较低地位员工的领域。经理可以随意走进任一位下属的办公室,但下属却不能随意走进经理的办公室。

6. 服饰

服饰不仅反映一个人的社会角色,也反映一个人的性格、喜好、职业和地位。崇拜名牌和高档的人,会很乐意把服装的标志显露出来;对自己的大学生身份感到愉快的人,会经常穿印着"大学"字样的运动衣或T恤衫;追逐时髦的人,会很愿意穿着流行服装;喜欢被人们注意的人,总喜欢特别的穿戴等。

一般来讲,服饰既要自然得体,协调大方,又要遵守某种约定俗成的规范或原则。也就是说,服饰不但要与自身的具体条件相适应,还必须注意客观环境、场合对人的着装要求,努力使服饰与时间、地点、目的保持协调一致。

### 小王的着装

小王是国内一家效益很好的大型企业的总经理,经过多方努力和上级有关部门的牵线搭桥,德国一家著名的家电企业董事长终于同意与小王所在的企业合作。谈判时为了给对方留下精明强干、时尚新潮的好印象,小王上穿了一件T恤衫,下穿一条牛仔裤,脚穿一双运动鞋。当他精神抖擞、兴高采烈地带着秘书出现在对方面前时,对方瞪着不解的眼睛看着他上下打量了半天,非常不满意。这次合作最终没能成功。

### 5.2.2 副语言沟通

副语言沟通是通过非语词的声音,如重音、声调的变化、哭、笑、停顿来实现的沟通。在人际沟通中,副语言对于提高语言表述的意义和艺术性具有十分明显的作用,它可以表达语言本身所不能表达的说话者的情绪状态和态度。

### 罗西的表演

有一次，意大利著名悲剧影星罗西应邀参加一个欢迎外宾的宴会。席间，许多客人要求他表演一段悲剧，于是他用意大利语念了一段"台词"，尽管客人听不懂他的"台词"内容，然而他那动情的声调和表情，凄凉悲怆，不由使大家流下同情的泪水。可一位意大利人却忍俊不禁，跑出会场大笑不止。原来，这位悲剧影星念的根本不是什么台词，而是宴席上的菜单。

1. 语速

人们说话的速度能对接收信息的方式产生影响。研究表明，普通人说话的速率为每分钟120—261个字。研究人员发现，当说话者使用较快的速率时，他被视为更有能力。当然，说得太快，别人反应跟不上，说话者说话的清晰度也可能受到影响。一个不能很好地控制其说话速度的人，只会给别人留下缺乏耐心或是缺乏适当风度的印象。人们趋于信任那些说话速度适中、音量中等的人士。

把握好说话的速度能够为说话人增添魅力和分量。例如，当说话人感到听众能很好地理解他时，他可以说得更快一些，以使他的话听上去更为活泼、富有感召力。但如果发现听众听得很吃力的时候，他就应该把速度慢下来，以取得理想的效果。毫无疑问，听众会很欣赏他的这种做法。有时当说话人谈到一个严肃问题时，他甚至可以暂停片刻，给听众一个机会来思考这一问题。

2. 语调

在什么场合，同什么人谈话，应采用什么语调，是快是慢，是高是低，是缓和是犀利，产生的效果会很不相同。柔和的语调在任何时候都能起到稳定人心的作用。当一名顾客拿着新买的衣服，愤怒地抱怨衣服做工有问题的时候，营业员自始至终用着柔和的声音在给顾客解释，那么从营业员柔和的声音中我们可以听出她的职业素质很高。

3. 重音

同样的一句话，我们在不同的词语上面加重音，就会产生截然不同的含义。我们可以通过下面这个例子，来看看不同位置的重音对语言表述的作用，其中画线处表示重音。

<u>我</u>知道你会跳舞。意为别人不知道你会跳舞。
我<u>知道</u>你会跳舞。意为你不要瞒着我了。
我知道<u>你</u>会跳舞。意为别人会不会跳舞我不知道。
我知道你<u>会</u>跳舞。意为你怎么说不会呢。
我知道你会<u>跳舞</u>。意为会不会唱歌我不知道。

由上文可见，不同的重音表达不同的含义。我们在与人交流时，要根据不同的场合、不同的社交需要，采取不同的重音，这样才能够取得较好的效果。

### 5.2.3 物体的操纵

物体的操纵是指通过对物体的运用和环境布置进行的非语言沟通。如中国皇帝通过威严的皇宫和"龙文化"为特征的日常器具,来显示自己是"真龙天子"。在今天的企业中,也会看到下面的场景:一位车间主任在和工长谈话的时候,心不在焉地拾起一小块碎砖。他刚一离开,工长就命令全体员工加班半小时,打扫车间卫生。实际上车间主任并未提到关于打扫卫生的任何一个字。

#### 不同颜色的文件

美国某汽车公司总裁要求秘书将文件放在不同颜色的文件夹中。红色代表特急,绿色代表要立即批阅,橘色代表这是今天必须注意的文件,黄色代表必须在一周内批阅,白色表示周末时必须批阅,黑色表示必须由他签名的文件。

#### 汪辜会谈

1993年4月27—29日,在海协会的倡议和积极推动下,备受瞩目的第一次"汪辜会谈"在新加坡举行。会谈期间海协会汪道涵会长与海基会辜振甫董事长二者互送了什么礼物呢?汪道涵送辜振甫一个放筷子的竹筒,辜振甫送汪道涵一个笔筒。放筷子的竹筒,意思是希望两岸"快快"统一;笔筒的含义则是,大陆和台湾"必"统。二者把沟通中物体的操纵发挥得淋漓尽致。

## 本章习题

### 一、判断题

1. "此时无声胜有声"这句话是对非语言沟通的形象描述。
2. 副语言沟通是通过非语词的声音,如重音、声调的变化、哭、笑、停顿来实现的。
3. 我没有张口说话就说明我没有进行沟通。
4. 非语言沟通是指除语言沟通的各种人际沟通方式,分为身体语言沟通、副语言沟通和物体的操纵。
5. 身体语言沟通是通过动态的眼神、面部表情、手势或静态的身体姿势、衣着打扮和空间距离等形式来实现的沟通。
6. 空间距离也能传递信息。亲密空间的距离是0—50厘米,表示一般朋友、同事之间的融洽关系。
7. 口头语言或书面语言容易掩饰人的内心,身体语言却往往会流露真实的信息。
8. 非语言沟通没有语言沟通那么外露和明显,所以相对不太重要。
9. 在商务和政务见面时,握手时间越长,握得越紧,越能表达出热情和真诚。

## 二、选择题

1. 据资料表明，语言表达作为管理沟通的有效手段，可分为三种类型：体态语言、口头语言、书面语言。它们所占的比例分别是50%、43%、7%。根据这一资料，你认为下述哪种观点正确？（　　）

　　A. 这份资料有谬误，因为文件存档时，最常用的是书面语言

　　B. 体态语言太原始，大可不必重视它

　　C. 人与人之间的沟通，还是口头语言好，体态语言太费解

　　D. 在管理沟通中，体态语言起着十分重要的作用

2. 用拇指和食指捏成圆圈状来表示"OK"，这个标志在哪个国家表示一种粗鲁或亵渎的意思？（　　）

　　A. 美国　　　　B. 中国　　　　C. 巴西　　　　D. 法国

3. 在会议上，如果一位经理通过敲打桌子来体现任务的艰巨性和紧迫性，这体现了语言沟通和非语言沟通的关系是（　　）。

　　A. 强调　　　　B. 重复　　　　C. 矛盾　　　　D. 代替

4. 以下不属于非语言沟通的一项是（　　）。

　　A. 身体语言沟通　　　　　　　　B. 副语言沟通和物体的操纵

　　C. 发短信和电子邮件　　　　　　D. 穿着漂亮的衣服

5. 按照人类学家爱德华·霍尔对空间距离的分类，当人与人之间的距离为0.45—1.2米时，是属于什么类型的距离？（　　）

　　A. 亲密距离　　B. 社会距离　　C. 人际距离　　D. 公共距离

6. 下列属于非语言沟通方式的有（　　）。

　　A. 形体语言　　B. 副语言　　　C. 空间利用　　D. 沟通环境

7. 如果双方是在处理公务，比如商务谈判，双方之间的距离是（　　）。

　　A. 亲密距离　　B. 社会距离　　C. 人际距离　　D. 公共距离

8. 以下哪一项传递的不是自信的信息？（　　）

　　A. 保持目光接触但不盯着看　　　B. 游离的眼神

　　C. 放松的身体语言　　　　　　　D. 目光坚定有神

9. 轻重缓急、抑扬顿挫的语气语调属于（　　）。

　　A. 口头语言　　　　　　　　　　B. 副语言

　　C. 身体语言　　　　　　　　　　D. 通俗语言

10. 握手时，应由（　　）先伸手。

　　A. 主人　　　　　　　　　　　　B. 客人

　　C. 身份职位高者　　　　　　　　D. 身份职位低者

## 三、思考题

1. 何为非语言沟通？非语言沟通包括哪些方面？

2. 通过所学的知识，如何理解"不仅听你说什么，更重要的是看你怎么说"？

3. 为什么说"眼睛是心灵的窗口"？

4. 作为管理者，如何提升自身的非语言沟通能力？

### 四、案例分析

#### 案 例 1

星期五下午 3:30,宏达公司经理办公室。

经理助理李明正在起草公司上半年的营销业绩报告,这时公司销售部主任王德全带着公司的销售统计材料走进来。

"经理不在?"王德全问。

"经理开会去了。"李明起身让座,"请坐。"

"这是经理要的材料,公司上半年的销售统计资料全在这里。"王德全边说边把手里的材料递给李明。

"谢谢,我正等着这份材料哩。"李明拿到材料后仔细地翻阅着。

"老李,最近忙不?"王德全点燃一支烟,问道。

"忙,忙得团团转!现在正忙着起草这份报告,今晚大概又要加班了。"李明指着桌上的文稿纸回答道。

"老李,我说你啊,应该学学太极拳,"王德全吐出一个烟圈说道,"人过 40 岁,应该多注意身体。"

李明闻到一股烟味,鼻翼微微翕动着,心里想:老王大概要等着这支烟抽完了才会离开,可我还得赶紧写这份报告呢。

"最近,我从报上看到一篇短文,说无绳跳动能够治颈椎病。像我们这些长期坐办公室的人,多数都患有颈椎病。你知道什么是'无绳跳动'吗?"王德全自顾自地往下说,"其实很简单……"

李明心里有些烦,可是碍于面子不便说,他瞥了一眼墙壁上的挂钟,已经 4 点钟了,李明把座椅往身后挪了一下,站立起来伸了个懒腰说:"累死我了。"又过了一会儿,李明开始动手整理桌上的文稿纸。"'无绳跳动'与'有绳跳动'相似……"王德全抽着烟,继续着自己的话题……

资料来源:丁宁,《管理沟通》,北京交通大学出版社,2011。

**问题:**

1. 在这篇案例中,你看到了非语言沟通的哪些方面?这些方面真实地反映主人公哪些心理状态?
2. 如果你是王德全,面对李明所传达出的这些非语言信息,你会如何做?
3. 从管理沟通的角度出发,此案例如何反映非语言沟通的重要性?

#### 案 例 2

小王是新上任的经理助理,平时工作主动积极,且效率高,很受上司的器重。一天早晨,小王刚上班,电话铃就响了。为了抓紧时间,她边听电话,边整理有关文件。这时,有一位姓李的雇员来找小王。他看见小王正忙着,就站在桌前等着。只见小王一个电话接着一个电话。最后,小李终于等到可以与小王说话了。小王头也不抬地问小李有什么事,并且一脸严肃。当小李正要回答时,小王又突然想到什么事,与同室的小张交代了几句……这时的小李已是忍无可忍了,他发怒道:"难道你们这些当领导的就这样对待下属的吗?"说完,他愤然离去……

**问题:**
(1) 这一案例的问题主要出在谁的身上?为什么?
(2) 如何改进其非语言沟通技巧?

# 第 6 章

# 书 面 沟 通

【本章学习目标】

1. 了解书面沟通的特点与作用;
2. 掌握商务文书的写作原则;
3. 了解商务信函的基本形式;
4. 学会正确地撰写商务信函。

开篇案例

### 一起可以避免的纠纷

在上海曾经发生过这样一起纠纷:有一个中外合作办学的项目,涉及收费标准的问题。以前一直是一学年收费10 000元,由于部分学生一次性缴款有困难,因而校方考虑,在新的学年将一次性收费改为分两次收费,并在招生广告上将一学年收费10 000元改写为一学期收费5 000元。但当广告登出时,却将一学期收费5 000元误写为一学年收费5 000元。随即报名者纷纷涌来。这一书写差错带来的负面影响是非常严重的。尽管校方在开学时对学生及家长做了解释,但是仍然有许多人投诉,说学校乱收费,有欺骗之嫌,等等,这一纠纷持续了三年之久。

资料来源:康青,《管理沟通(第4版)》,中国人民大学出版社,2015。

上述案例告诉我们,尽管只是一字之差,但造成的后果十分严重。由此可见,管理过程中的书面沟通与一般性写作(如文学、娱乐等)是迥然不同的,它最突出的特征是其严谨性与法律效应。

## 6.1 书面沟通概述

每一个管理者在工作中都不可避免地要运用文字来沟通信息,正如现在的商业活动中,商务函件、协议、单据、申请报告等,都要以笔头记录的方式加以认同,并成为约束大家行为的手段。而且以文字作为表达方式,是最有效的整理思路、建构严密信息逻辑的手段。

### 6.1.1 书面沟通的特点

书面沟通是以书面或电子作为载体,运用文字、图示、符号等进行信息传递的一种沟通形式。无论是内部沟通还是外部沟通,企业时刻都离不开书面沟通。

首先,书面沟通具有有形展示、长期保存和可作为法律依据的优点。一般情况下,信

息的发送者和接收者双方都拥有沟通记录,沟通的信息可以长期保存下去。如果对信息的内容有疑问,对信息进行查询也是完全可能的。这对于复杂或长期的沟通来说尤其重要。

其次,书面沟通更加周密,更具有逻辑性和条理性。把需要表达的内容说出来和写出来是不一样的。写出来可以使人们对所要表达的内容更加认真地进行思考。书面沟通在正式发表之前能够反复修改,直到作者满意为止。作者所要表达的信息能够被充分、完整地表达出来,减少了情绪和他人观点等因素对信息传达的影响。

最后,书面沟通的内容易于复制,有利于大规模传播。书面沟通可以将内容同时发送给许多人,给他们传递相同的信息。书面沟通的载体形式多种多样。根据沟通渠道的不同,书面沟通可以分为纸张沟通(包括正式和非正式报告、信件、商务函件、备忘录等)、传真沟通、电子邮件沟通和电子会议系统沟通等。其中,前两种以纸为媒介,后两种以机器和网络为媒介。广泛的载体形式使得书面语言可以不受时空的限制,从一地转到另一地。只要载体上所印制、储存的文字或其他信息符号能够保存,内容就可以长期保存下来。

但是,毋庸置疑的是,书面沟通也有缺陷:一是相对于口头沟通来说,书面沟通耗费的时间较长。在同等的时间内进行交流,口头沟通比书面沟通所传达的信息要多得多。花费一个小时写出的内容,用15分钟就能说完。二是发送者无法确保接收者对信息的理解是否符合其本意,发送者往往要花费很长的时间来了解发出的信息是否被接收者准确而完整地理解。三是缺乏内在的反馈机制,不能及时地提供信息反馈,有时会造成时间拖延,贻误时机。四是无法运用情境和非语言要素。在口头表达中极容易理解的话语,在书面沟通中要想达到同样的效果,则需要花费大量的笔墨去做背景交代,对于有些"只可意会,不可言传"的内容,即使传递者绞尽脑汁,恐怕也很难把它解释清楚。

### 6.1.2 书面沟通的作用

在许多管理实践工作中,一些人往往习惯于口头交谈,不注意书面记录。过分相信口头沟通的功能,结果往往耽误事情,造成损失。现就管理中书面沟通的作用进行总结,以供参考。

1. 指挥管理作用

自古以来,书面沟通就是对社会进行管理的工具。今天,日趋现代化、高效率的商务管理工作,对现代商务书面沟通提出了更高的要求。上下级机关之间布置、指导工作,传达领导意图、决策,反映基层情况,都要使用商务应用文。商务应用文是做好管理工作的重要工具。离开了商务应用文写作,商务活动中的管理、沟通与传播、协调工作就无法进行,乃至陷于混乱状态。

---

#### 助理的传达

某天,总经理给新来的助理布置了一个任务,要求她给各部门下发空白岗位职责表,并于下午两点之前上交总经理办公室。

结果到了下午,技术部没有按时上交。总经理就把助理和技术部负责人都召集到会议室,问这个事情。技术部负责人说,没有听到助理传达上交时间的要求。而助理说,自己已经传达了,为什么公司12个部门就技术部没听清?

到底是助理没传达,还是技术部没听到。没有书面的东西,谁也说不清楚。因此,一定要有传达的书面函件,该签字的要求签字,该署名的要求署名。否则,既耽误了工作,又难以厘清责任。

2. 联系交流作用

在当前的社会活动中,任何人、任何单位都免不了与外界接触、打交道。书面沟通是加强上下级联系的纽带,也是与各有关方面联系的有效工具。比如上下级之间的上情下达、下情上报;各单位之间的信息交流、业务联系,都离不开商务文书。

### 丰田公司的跨部门沟通报告

一般公司在决定新车型变动方案时,都采用开会的方式。而丰田公司的做法是采用报告沟通的方式。新车型的变动需要跨部门的合作,主张谁发现问题,谁负责撰写报告、分析问题并建议可行的解决办法。收到报告的人认真阅读后,用另外一个报告回复。报告需简明扼要(1—2页的篇幅)。有时,也会附加一个电话。假如问题仍然解决不了,需要各方开会,由于事先大家已经认真思考过这个问题了,即使开会,也会时间短、成效显著。

3. 凭证资料作用

在社会生活中,书面沟通也是开展工作,解决、处理问题的依据和凭证。如上级下达的文件、党和政府颁布的法规、有关方面的规章制度,都可作为开展工作和检查工作的依据;而一些条据、合同文本等,也是业务中的凭证,一旦出现问题、纠纷,依靠这些凭证,可通过法律追究对方责任,维护自身利益。另外,一些重要的应用文也是历史档案资料,要了解某一时期的政治、经济情况,或某一方面的生产经营情况,只要查阅当时存档的文本,就可以知道。

### 配件的型号

某日,某公司售后服务工程师陈某电话要求工厂售后服务部门为其在安徽芜湖的维修现场发送一个配件。按规定,陈某应该书面传真具体的规格型号,然后要求发货,以保证准确性。结果,陈某说,自己干了三年多,都很熟,客户很急,也为了节省传真费用。售后服务部人员就相信了陈某,发去了配件。结果发到现场后,型号错误,又要重发,不但增加了费用,还影响了客户生产。结果陈某说自己要的没错,售后服务人员则说自己发的没错,由于没有书面函件,该相信谁?最后因为他们违反了公司书面沟通程序的规定,都有责任,分别被进行了处理。

### 6.1.3　商务文书的写作要求

企业内外部的大部分书面沟通是以商务文书的形式进行的。商务文书,是企业在市场经济环境中经营运作、贸易交往、协调公关、开拓发展等一切活动所需要涉及的各种文书的总称。规范严谨的商务文书,已经成为现代企业管理的重要内容,也是贯彻企业执行力的重要保障因素。

叶圣陶曾经说:"公文不一定是好文章,但必须写得一清二楚、十分明确、字稳词妥、通体通顺,让人家不折不扣地了解说的内容是什么。"商务文书与其他的文学作品相比,具有以下一些写作要求。

1. 价值的实用性

"实用性"是所有应用文与其他文学作品的主要区别之一。一般文学作品的创作是"有感而发",主要是表达人们的喜怒哀乐、抒发理想、反映现实;而商务写作主要是为了解决实际问题,是"缘事而发",无事不发。如要和其他单位联系,就要写信函;要借款,就得立字据;向上级汇报工作、反映情况,要写报告等,都是为了解决实际问题,是"为实用而作之文"。

2. 内容的真实性与专业性

商务文书是为了解决商务活动中的实际问题而写的,因此,必须真实、客观、实事求是地反映问题、反映情况,不允许像文学创作那样可以虚构、进行艺术再加工,也不能发挥主观想象、夸大其词,否则就会歪曲事实真相,给社会带来不良影响。

商务文书的内容是以商务现象、商务工作为写作对象,具有特定的商务活动范畴和商务科学的专业特点,其专业性和技术性是非常明显的。

3. 强烈的时效性与针对性

商务文书写作一般要针对商务工作的具体需求,在一定的时间、范围内解决一定的问题,具有明确的目的性和强烈的时效性。工作中一旦出现问题,就必须及时反映,否则,拖延时间就会给生活、工作、生产带来影响。尤其是当今社会,市场竞争激烈,如果信息滞后,企业随时有被淘汰的危险。而信息传递及时,就会给企业带来效益。

4. 表述的平实性

由于商务写作注重实用,所以它的语言也讲究务实,讲求语言的科学性与平实性,具有特定的专业术语,特别注意数字的使用和表达。它的基本特点是语言简洁、朴实、明白、准确、规范,不能像文学创作那样讲究生动、形象、含蓄、朦胧。平实是应用文写作的基本风格。

5. 格式的规范性

应用文的写作有其特定、惯用的格式。这些格式,有的是长期以来约定俗成、相沿成习的,成为惯用格式;有的是由国家或有关部门统一制定的,成为规范格式。比如书信格式、公文格式、经济合同格式等,每一文种包括哪些内容,哪些在前,哪些在后,分几部分,都应严格遵守,不得随意标新立异,也不能像文学创作那样,随意编排,自由联想,打破时空观,讲究情节的曲折变化等。

## 6.2 书面沟通的写作

### 6.2.1 书面沟通的写作过程

根据玛丽·蒙特(Mary Munter)的观点,书面沟通的写作过程可以划分为收集资料、组织观点、提炼材料、起草文章、修改文稿等五个阶段。不管你花多少时间或写作的难易程度如何,你都会经历这些阶段。只不过不同的沟通者在每个阶段上花费的时间和精力不同而已,有时也可能在次序上颠倒,但总体过程就是如此。

1. 收集资料

写作过程中的第一步就是收集资料。收集资料可以有多种渠道来源:一类是文献资料,包括阅读信件、文章、文档、书籍、财务报告、网上获取的资料等;另一类是调查材料,包括与各类人员面谈、电话访谈、问卷调查等得到的信息。在资料收集的过程中,要训练自己的两个基本功:一是勤做笔记,尤其是有新的想法和灵感出来时,要尽快记录下来;二是以带问题的方式与人沟通。

2. 组织观点

组织观点是最困难也是最重要的任务。如果在起草文章之前能把观点组织好,那么写作效率将会大大提高。虽然在写作过程中还会修改文章结构,但是如果在开始动笔之前已有了某种蓝图,那么从长远来看会节省很多时间。

组织观点可以分为以下四个步骤:

(1) 分组。将相似的观点和事实组合在一起。典型的分组方法包括借助问题和原因、借助时间和步骤顺序、借助重要性等。

(2) 遴选。根据分组的结果,提出初步的结论或建议。

(3) 归纳标题。将结论或建议归纳成一个简短明了的标题。若想介绍某个信息,你的标题就是你的结论,如"A 产品的潜力低";若是想推销某个信息,你的标题就是建议,如"削减 A 产品的产量"。

(4) 合理编排。采用什么样的标题,取决于你的可信度和你的读者。比如,若对方很忙而你具有很高的可信度,你不妨向对方直接陈述削减 A 产品产量的建议,并附上这样做的原因。如果对方对 A 产品很了解而你的可信度又很低,你不妨先说明 A 产品存在的问题,由此引申到建议。

结构蓝图可以采用以下几种编排形式:① 带有传统的罗马字母、大写字母等标识符的线性提纲;② 环状的构想图,主要点放在中央,次要点呈环状分列在周围;③ 单向展开的提纲树,次要点分布在主要点一侧;④ 金字塔形提纲树,次要点罗列在主要点之下;⑤ 任何对你有用的其他形式。

3. 提炼材料

这里有几种提炼观点的技巧。

(1) 设想读者只是浏览。扪心自问"读者最需要了解什么?如果他们只是进行浏览,那么至少应该让他们知道什么?"

(2) 概括你的观点。用写作专家林达·福洛尔(Linda Flower)的话来说,就是尽量概括你的观点。用很少的几句话或一句话来阐述你的主要观点。区分主要和次要观点,并考虑如何将它们串接在一起。

(3) 传输你的观点。在能以一句话概括观点之后,就应该考虑怎样向他人传输你的观点。和前一个技巧相同,这一技巧可以帮助你在读者脑中形成概念,使他能抓住要点,而不是仅仅只了解一些事实而已。

(4) 使用"电梯间谈话"技巧。另一个提炼观点的方法是设想你在顶楼的电梯里遇见了你的读者,你只有电梯下降至底层这段时间来解释你的主要观点,你应该怎样说呢?

(5) 使用"惜字如金"技巧。最后一个提炼观点的技巧是假设你得为每一个字支付一笔高昂的费用。你怎样压缩主要观点来省钱呢?

在这个阶段,你得列出一个条理清楚的提纲。如一个列明三个到五个步骤的提纲,包括支持你某个论点的事例、某个过程的组成部分、按年代排列的事件、他们购买此产品的原因以及为获批准所需的推荐方案。通过分析这一经过提炼的提纲,可能发现你需要回到以前的步骤再收集一些额外的资料。

虽然写作过程是周而复始的,你一定得完成这前三个步骤,就是一般所指的动笔之前的预先写作工作(收集、组织和提炼)。专家调查认为,与起草和修改工作相比,有效率的作者要把大约50%的时间花在写作前的预备工作上(见图6-1)。

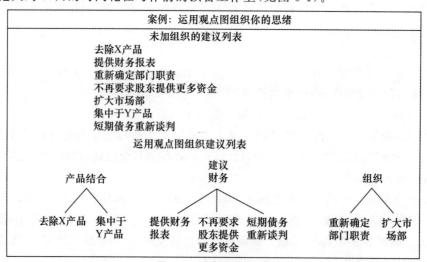

图 6-1 观点图的运用

资料来源:〔美〕玛丽·蒙特,《管理沟通指南:有效商务写作与交谈(第4版)》,钱小军、张洁译,清华大学出版社,1999。

4. 起草文章

做到有效率起草文章的关键在于释放你的创造力。不要试图一边写一边修改,不要做一个完美主义者,不要想一次就写出一篇完美无缺的文章来。这里有一些能在你起草文章时给予你帮助的技巧。

(1) 不要在乎写作顺序。不要强迫自己从文章的开头一直写到结尾,而应先写你最有把握的部分。不必先写序言,写序言可能是一项非常艰巨的工作。如果在写到正文部分时对你的论点和文章的结构进行了修改,那么在结束时你必须对序言也进行相应的调整。因此,很多作家都是在最后写序言的。

(2) 不要边写边改。写文章时并不完全靠逻辑,还需要创造力。在起草初稿时,不要担心具体的细节问题,不要边写边改。如果一个字也想不起来,不妨留个空白在那里;如果不能在两个字之间做取舍,不妨将两个字都写下来。在令你尴尬或糊涂的章节旁边的空白处圈一下或做一个需要复审的记号,以后再仔细考虑。

(3) 使用打印件。如果可能的话,将你的初稿转变成打印件——单面、两倍行距、较宽的页边距。很多人不用手写会更快:每分钟可以手写15个字,但每分钟却能输入20—60个字;你能用辅助器械或声音鉴别软件,通过口述达到每分钟65—95个字。此外,很多人用打印件进行修改时速度会更快。因此,即使你自己不能打字或口述,也应该准备一份打印出来的初稿,最好是文字处理器的打印件。

5. 修改文稿

文章写完后,最好放一两天,这样你有时间思考新的观点,或更好地厘清你的观点。另外,注意修改的层次性,先从整体上修改文章的观点、逻辑性;再修改文章中的词句,要避免冗长的、啰嗦的语句,要注意文体。最后修改文章的具体措辞、语法和标点符号。在措辞的使用上,尽量避免"我认为""笔者提出"这样的语气,而尽可能采用中性的表达方式。

### 6.2.2 书面沟通的逻辑结构

书面沟通的语言逻辑、信息结构比口头沟通考究得多,主要表现在以下几个方面:

1. 整体结构

整个文章或报告的前后逻辑性要强,要融为一体、一气呵成。通过提出问题、分析问题、解决问题的逻辑思路,统筹把握整个文章的结构。

2. 论证展开

在整个论证的展开过程中,每一个论点都要有其系统逻辑结构,按照"论点—论据—论证"的结构组织信息。

3. 段落表达

每个完整的段落,也要有逻辑性。一个段落内部不要出现前一个句子和后一个句子完全不同或不相关的意思;在一个句子没有表达完整之前,不要轻易断开。

下面以一个例子说明书面沟通的整体逻辑性。

### 市场份额为什么减少

A商场通过市场调查发现，最近自己的市场份额正在向B商场转移。分析后发现：B商场运用彩色的广告方式，进行了重新布置以吸引新的顾客，B商场的媒体曝光度提高了20％；A商场在库存、采购和促销方面能力较差，降低了广告预算，在维持商场整洁和有序方面有不良的记录。

假设现在你是A商场的市场部主任，针对上述现实问题和所导致的结果，应该如何提出解决问题的对策？

显然，当你准备你的沟通时，需要构建一个提出问题—分析问题—解决问题的总体框架。

首先是提出问题。如果我们不改变现实，B商场将继续侵蚀我们的市场份额。

其次是分析问题。B商场正在侵蚀A商场的市场份额的原因在于：① A商场的内部问题。在采购、库存、促销、整洁和组织方面缺乏控制，顾客在逐渐疏远，因为不能发现他们想要的东西。② B商场先进的市场营销策略。当我们在减少广告预算的同时，B商场加大了在媒体上的投入，设计更好的广告，重新布置商场以吸引新的顾客。

最后是解决问题。我们应该采取以下一些措施：①、②、③等。

## 6.3 书面沟通的形式

书面沟通形式多种多样，我们主要介绍在组织中广为运用的备忘录、商务信函、商务报告和求职简历等。

### 6.3.1 备忘录

备忘录是一种用以备忘的公文。在公文函件中，它的等级是比较低的，主要用来提醒、督促对方，或就某个问题提出自己的意见或看法。在业务上，它一般用来补充正式文件的不足。备忘录为组织内部信息传递的方式，它可以写在空白纸上，而不一定要写在印有组织抬头的信笺上。备忘录均比较简明扼要，较长的信息应采用附件的形式。

备忘录包括四个基本要素：日期、主题、送交和发送。有时也可包括另外两个要素：附件和复印件。这些要素的排列顺序可按照各组织的习惯，有多种方法（见图6-2）。备忘录不包括附加的问候、地址或签名等。

在备忘录的撰写中，除了要注意格式的正确，还要注意表达的语气和措辞。下面讲到的商务信函也是如此。

| 日期： | | 送交： | 日期： |
| 主题： | | 主题： | 发送： |
| 送交： | | | |
| 发送： | | | |

| | | 送交： |
| 送交： | | 主题： |
| 发送： | | 日期： |
| 日期： | | 发送： |
| 主题： | | 复印： |
| | | 附件： |

图 6-2　备忘录的格式

### 语气的正确运用

收件人：张总　　日期：2015 年 6 月 15 日

发件人：小王　　主题：包装香蕉新方法

张总，您知道，对香蕉业来说，如果能显著地减少运输损耗、降低成本，意味着什么？利润！

很幸运的是，我们又一次找到一种方法达到这两点。据我们认真计算，如果采用，公司可以降低运输损耗10％，减少总成本5％，由此利润增加7％，同时客户因为更加方便而会满意！我们的方法是：改变香蕉包装的方式！——采用更小包装更便于集装箱装运，也无须销售商拆装，顾客可以整包购买小包装香蕉。

新包装方式已被证明从技术上、经济上是可行的。敬请张总考虑采纳，予以批准。同时因涉及多个部门的合作，需您协调。

敬请考虑。

资料来源：康青，《管理沟通（第4版）》，中国人民大学出版社，2015。

在这份小王写给张总的备忘录中，小王的出发点是好的，建议也不错。但由于他运用了不恰当的标点符号和表述（如感叹号的使用，以及"意味着什么""考虑采纳""需您协调"等），传达了一种盛气凌人的语气，导致该信息无法为对方所接受，更不用说让其采纳了。因此，撰写者应始终坚持换位思考，采用读者能够接受的语气来进行有效的书面沟通。以下是对上例的修改。

收件人：张总　　日期：2015年6月15日
发件人：小王　　主题：包装香蕉新方法

　　香蕉是不宜保存的食品，具有易腐烂的特点。这给我们公司在运输香蕉过程中带来了不利。用我们以往的包装方法，香蕉的腐烂率达8%，这使我们的成本加大；采摘六分熟的香蕉可使腐烂率大幅下降，但是味道又会受到影响。针对这个问题，我查阅了一些资料并询问了有关专家，获得了一种新的包装方法，可使腐烂率降低到2%，又不会因采摘半生香蕉而影响口味。

　　不知您对这一方法的看法如何，假如您认为该方法可取的话，我想将它在本公司推广，这需要您的大力支持，并想请您帮助协调各部门之间的关系，以使新方法得以顺利实施。

正确的语气不仅有助于读者正确理解，而且有利于展示撰写者及其组织的良好形象，保持良好信誉，从而建立与读者的良好关系。表 6-1 列示了两种语气的比较。

表 6-1　两种语气的比较

| 拙劣形象型 | 良好形象型 |
| --- | --- |
| 我不懂你是什么意思 | 请您把要求重复一遍 |
| 我们无法保证货物马上送到 | 我们会尽快送货 |
| 该商品的缺损不是我们的错 | 该商品是在装运过程中损坏的 |

要保证语气正确，应该遵循以下原则：① 专业但不僵硬；② 友善但不虚伪；③ 自信但不傲慢；④ 礼貌但不卑微。

### 6.3.2　商务信函

商务信函即商业业务书信。其行文目的在于传达意见，从事经济交往上的接洽、安排和发展，以便求得对方的理解和合作。商务信函是在现代商务活动中使用频率高、效果明显、方便易行的一种常用交际文书。一旦发生经济纠纷时，又常常作为书证，具有重要的法律意义。

1. 商务信函的种类

就沟通目的和形式而言，商务信函可以分为肯定性信函、说明性信函、负面性信函和劝说性信函四种。

（1）肯定性信函。肯定性信函的主要目的在于向读者提供好消息，如发送货物、提供服务、支付货款、出席会议等，便于读者正确理解，消除负面影响。这类肯定性信函包括确认信、致谢信、祝贺信和含有好消息的投诉回复信等。

### 肯定性信函示例

尊敬的王敏女士：

您好！

据我们上航餐饮部主任李波报告说，在您6月19日乘坐我公司航班从上海飞往昆明途中，您在餐盘中发现了一只蚂蚁。对此请接受我公司对您最诚挚的歉意，我真心希望我们不会因此而失去一个像您这样宝贵的顾客。

毫无疑问，这件事情引起了机场和有关部门的高度重视。尽管我们尽一切努力避免类似事情的发生，但是可能是由于我们质检程序的偶尔疏忽造成了这次事件。

我们非常感谢您在这一事件中所表现出的豁达态度，并且希望这件事不会破坏您对上航公司的良好印象。感谢您乘坐我公司的航班。

此致

康晓东
顾客关系部经理
2018年6月26日

(2) 说明性信函。说明性信函既不肯定也不否定，也被称为中性信函。许多商务信函均可以归入此类，包括组织的内部文件、评估信、个人证明、推荐信、资质证明等。说明性信函的主要目的是向读者说明情况，便于读者了解有关信息。

### 说明性信函示例

尊敬的凌先生：

您好！

现答复贵公司7月4日的来函，我们一直认为金诚公司是一家很可靠的公司。多年来，我们一直为该公司提供货物。事实上，我们所收到的很多订单都远超500万美元。因此，我们觉得为该公司提供500万美元的信用几乎没有什么风险。

如果您需要任何细节资料，请再与我方联系。

此致

张晓宜
信用控制部经理
2018年7月11日

(3) 负面性信函。负面性信函是指在这类信函中，你不得不拒绝某人或某事，或者提出批评。负面性信函的主要目的在于告知读者坏消息,让读者阅读、理解并接受该消息,同时保持组织或撰写者已有的良好形象和信誉。这类信函包括否定信、拒绝信、纪律警告或处分信、不良业绩评估信、解雇信、开除信等。

负面性信函应以缓冲语开头,缓冲语是为了帮助进入正题的自然过渡。有效的缓冲语必须能够达到帮助读者树立良好心态的目的。

负面性信函的缓冲语包括以下几种:① 表示谢意,即对顾客购买产品或关注你公司表示感谢;② 表示赞扬,即对顾客以某种正常渠道或理智的态度反映你公司存在的问题表示赞扬;③ 表示同意,即有可能的话,对顾客提出的有关意见加以肯定;④ 表示理解,即对顾客对产品、服务及公司的抱怨表示理解。

负面性信函在首先适当地运用缓冲语后,才逐渐引向中间段,即提及坏消息并做出解释;其次,为了缓解该坏消息的负面影响,尽量给出坏消息中的积极面;最后,做出减少负面影响的陈述。

---

**负面性信函示例**

尊敬的田波先生:

　　您好!

　　我对于贵公司在今年5月即将举办的公司交流研讨会的计划非常感兴趣,同时我相信这一倡议一定会得到各公司的广泛支持和欢迎。也非常感谢您邀请我做大会演讲。不过十分遗憾的是,今年5月我将出访欧洲考察,因此届时我不能出席研讨会。

　　我可否推荐我的同事张阳,他会是另一个理想的发言者。他在人力资源部任职8年,在此期间,他曾亲自组织了数次颇为成功的活动。我相信,如果时间允许的话,他会很乐意参加此次研讨会,并做大会发言。是否采纳我的建议,请告知。如果可以的话,我将让他与您联系。

　　预祝研讨会圆满成功!

焦晓康<br>2018年3月8日

---

(4)劝说性信函。这类信函中,您需要推销某个观点、某种商品、某项服务或你自己,努力改变读者的态度,使其从不感兴趣或漠不关心到产生兴趣,最终做出你所希望他们做的事情,同意你的要求,采纳你的建议,购买你的产品,接受你的服务或录用你。劝说性信函包括催款信、建议书、推荐信、推销信等,其主要目的在于让读者采取一定的行动,提供读者采取行动所需要的足够的信息,消除所有阻碍行动的反对意见。

### 劝说性信函示例

**友情提醒**

尊敬的住户：

贵单元电表今日已抄，请根据您用电的情况于15天之内到工商银行在缴费存单中备足存款，并于缴费7天后向工商银行索要收费发票。如无发票，可能是由于存款金额不足，不够扣除电费，请抓紧补足存款，以免引起不必要的麻烦。

谢谢合作！

联系电话：58002033

昆山市供电公司电费组<br>2018年5月4日

综上所述，信函的基本内容包括：① 陈述主要观点；② 提供背景资料；③ 列出有关细节；④ 积极地说出可能的消极因素；⑤ 阐明读者益处；⑥ 令人信服的理由；⑦ 结尾表明友善及乐意提供帮助。

2. 商务信函的特点

出色的商务信函应该具备六个基本特点：

（1）清晰。读者可以毫不费力地领会撰写者的意图。

（2）完整。解答读者所有的问题，提供采取行动所需要的相关信息。

（3）准确。信息准确无误，标点符号、语言运用、表述风格及语气不会引起异议。

（4）省时。信函的组织简洁明了，有助于读者在短时间内阅读并实施相关内容。

（5）树立良好的信誉。信函表现了撰写者及其所代表的组织的良好形象，有利于树立其良好信誉。

（6）建立友善关系。信函从读者的角度出发，想读者之所想，急读者之所急，在撰写者与读者之间建立起友善的关系。

### 6.3.3 商务报告

商务报告是针对某种特殊的、有意义的商务目的，向一个人或多个人提供的公正、客观和有计划的事实陈述。报告中所陈述的事实必须与事件、条件、质量、进展、结果、问题或提议的解决方案有关，帮助读者了解复杂的商业情况、计划进程，解决问题，使上级领导就一系列事件做出决策。

不同的报告具有不同的篇幅、功能、风格和形式。然而，所有的报告都是结构完整的正式文书，其写作意图无非是记录信息、告知情况或影响他人。一般的报告基本结构如下：① 标题；② 概要；③ 目录；④ 主体部分（正文）；⑤ 结论和建议。

报告的概要，目的在于向读者提供一个关于该报告所涉及领域的大概了解和认识。

概要在报告中应该是比较简洁的,篇幅不能超过整篇报告的1/10。在报告标题后面的概括总结应能使读者了解该报告的主要问题和结论内容,以此决定是否要继续阅读报告正文。实际上,报告的这一部分常使用不同的词语来表达,如概括、提要、概要等,但它们的意思是相同的。

一般较短的报告不需要目录,因为篇幅较短,读者可以很快了解报告的主要内容及它们在报告中的位置。但是,对于较长的报告(一般超过五页),目录是必需的。这样做的目的,是使读者能快捷便利地寻找到报告的任何部分,便于阅读。报告中的结论和建议部分能够帮助读者理解文中提供的信息资料,了解作者认为未来应采取什么必要行动。而在一些较短或中篇的报告中,这些结论和对未来行动的建议通常包含在报告的正文中。

随着报告复杂性的增强和篇幅的增大,报告的结构也发生了较大的变化。例如,有一份调查咨询报告的结构是这样的:① 标题;② 概要;③ 目录;④ 背景情况;⑤ 研究结果;⑥ 结论;⑦ 建议;⑧ 附录。

报告的背景情况部分包括为阅读者理解后面的调查结果所必须准备的一些材料,包括公司的历史简介、营业水平、产品范围、未来变革、财务报表、人员等情况。报告的调查结果包括调查出来的事实结果等内容。

报告中调研得出的结论与建议应区分开来。报告的结论部分要写得清晰明确,不包含任何调查结果中无记载说明的信息、观点。而报告中提供的所有建议也应该是简洁、合理的。

报告的附录部分一般包括所有详细的信息说明材料。如果把它们放在报告的正文中,会使内容庞杂,破坏行文叙述的流畅性。而报告撰写者所用的典型事例通常还要有详细的数字表格、曲线图、调查结果和其他文书、图片的复印件等,这些都可以放在附录中。

### 长沙市中式快餐业市场调查报告(节选)

一、长沙市中式快餐业发展现状

1. 多而杂的中式快餐市场

目前,长沙市中式快餐市场由品牌企业和许多街边小店组成。长沙市规模较大的四家中式快餐品牌企业分别是长沙又一村有限公司("又一村")、丽华快餐(湖南)有限公司、长沙达人餐饮服务有限公司(达人美食)和长沙好的快餐有限公司(好的快餐)。这些中式快餐品牌企业的主营业务是盒饭。不仅如此,上述企业还要受到诸如松花江饺子馆、华南小吃、大娘水饺、甘长顺、杨裕兴、德园等诸多企业的挑战。

街边店的数量则更是令人瞠目结舌。……目前,市场属于典型的垄断竞争行业,即一方面在市场上有许多买者和卖者,进入和退出市场十分自由,各企业都把其他企业的价格视为既定;另一方面由于产品差别的存在导致了价格上的差异。

2. 品牌企业市场占有率小

目前,在长沙经营中式快餐的大多数企业和店铺的市场份额只占据庞大市场的冰山一角,经营状况很不理想,尤其是一些品牌快餐企业。2006年长沙快餐业的零售总额达140亿元,但品牌快餐企业只占30%。

3. 行业内部竞争激烈

根据波特的产业分析模型可知,目前长沙市中式快餐业内部竞争十分激烈。具体表现在进入壁垒低,竞争对手间争夺激烈,供方议价能力弱,买方竞价能力强和存在替代品威胁。

在竞争者方面,长沙市中式快餐业中主要的竞争方式是价格竞争,并且存在众多竞争对手,现有竞争对手间的争夺比较激烈。

在供应链方面,长沙市大部分经营快餐业的业主都直接到马王堆蔬菜批发市场购买所需原材料。由于供方由许多批发商构成,集中度不高,供方产品缺乏差异化,买方并非供方的主要客户,使得供方的竞价能力不强。

在买方竞价能力方面,由于中式快餐的客户主要集中在业界所谓的"白骨精",即白领、骨干和精英,客户的集中度比较高。同时由于买方的转换成本比较低,快餐类产品的价格弹性比较大,致使买方的竞价能力高。

在替代产品方面,快餐类产品存在许多替代品,如各大酒店的酒席、消费者自己动手做饭等。而对于中式快餐企业和店铺而言,除了上述替代品,各种西式快餐产品也是一种替代品。由于价格弹性大,导致快餐类产品的替代效应比较强。

二、影响长沙中式快餐业发展的三个因素

1. 无序竞争打乱快餐业发展

长沙中式快餐业市场处于无序竞争的阶段,导致"劣币驱逐良币"的现象,所有品牌快餐企业的市场份额占有率只有30%,远远低于一些成熟市场的水平。

品牌快餐企业在固定成本和可变成本上都要高于街边小店。……究其原因在于政府对街边店的卫生检查力度不到位,使得许多街边店能够使用一些低劣的原材料进行生产。而政府部门对品牌快餐企业的检查十分频繁,造成了有牌有证的企业被检查,无牌无证的小店反而不受检查的尴尬局面。同时高达1800元的检查费用,也让获利并不丰厚的品牌快餐企业有些不堪重负。

2. 消费心理制约快餐业发展

湖南人在饮食传统上有着重口味不重营养、重热闹不重卫生、重方便不重品质的习惯。相当一部分消费者对待品牌快餐企业的态度是"谁叫你进这么贵的东西""管你从哪里进货,我就吃五块钱的盒饭""不干不净,吃了没病"……由于一般消费者对价格的敏感和特殊的消费心理,使得街边小店的产品有广大的市场。

街边店的口味迎合了许多长沙人重油、重盐和喜欢吃辣的要求,并且价格大多较低。

长沙消费者特殊的消费心理是快餐市场上存在"劣币驱逐良币"现象的根本原因,从而造成了品牌快餐企业销售不畅。

### 3. 管理窘境迟滞快餐业发展

管理的种种缺陷致使长沙各品牌快餐企业"家家有本难念的经"。由于长沙特殊的市场环境和长沙人特殊的消费心理,本来就缺少资本原始积累的长沙品牌快餐企业前途扑朔迷离。

由于长沙市品牌快餐企业整体的盈利水平不高,导致了许多企业出现资金瓶颈。而融资渠道不畅的另一个重要现实是,许多人认为做一个快餐企业要不了多少钱,也赚不了多少钱。风险投资者对此不感兴趣,对投资回报把握不大,投资信心走低。

## 三、关于长沙中式快餐业发展的思考

### 1. 提高行业进入壁垒

首先,政府可以制定相关的产业发展政策,引导企业引进先进的生产技术。其次,产业结构政策也至关重要,政府可以采取"扶优限劣"的措施,并加强对快餐企业的信息指导。最后,政府需要出台产业组织政策,加大对快餐行业的经济规制,即在鼓励竞争的基础上防止无序竞争,提高行业进入壁垒。

### 2. 建立快餐业行业协会

在调查中发现,长沙市的品牌快餐企业的高层很少会面,大多数都是只闻其名不知其人,大多数企业处在单兵作战的状况。因此,建立统一的行业协会来协调企业之间的发展很有必要。第一,行业协会是联系政府和企业的纽带与桥梁,能够加强企业和政府之间的信息沟通。第二,行业协会是自治性组织,能够避免恶性竞争的发生。第三,行业协会在信息收集上大有作为。由于信息的收集成本很高,并且具有公共性质,故而行业协会的建立能降低每个企业花在信息上的成本,提高企业的运行效率。建立长沙市快餐业的行业协会将改变目前企业单兵作战的局面,能够提高企业的竞争力,在促使企业之间的联合方面起到重要的作用。

### 3. 加强创新能力建设

企业发展的核心动力在于企业自身的创新,创新可以带来市场份额的提升和利润的增加,从而促使整个行业的发展。

企业可以在以下几个方面加强创新力度:一是在产品策略方面,品牌企业可以扩大产品的宽度和深度,采取总成本领先和差异化战略,推出产品线专业型的产品组合,加强品牌建设;二是采取超值的定价和差异定价并举的策略;三是在销售上主要采取直销的方式,同时加大推销力度,如充分利用人员推销,公共关系等方式打开市场。

资料来源:刘力,《长沙市中式快餐业市场调查报告》,《企业家天地(理论版)》,2008年第1期。

简评:这篇市场调查报告针对长沙市的中式快餐业陷入"长不大"局面的状况进行相关调查,选择目前市场上规模较大的四家企业和一些小店铺为调查对象,分析归纳出三点影响长沙市中式快餐业发展的因素,并据此提出建议。正文三个部分之间有着紧密的逻辑联系,使读者一目了然。此文情况反映全面、分析判断准确、建议具体合理。

## 6.4 简历的撰写

一份好的简历是迈向成功的第一步。它将在很大程度上决定求职者能否得到面试机会。简历是对一个人的背景、经验、受教育程度,以及技能水平等高度个人化和个性化的总结,所有这些因素都将会决定一份简历的最终面貌。当然,简历应当随着你申请应聘的工作种类的不同而有所侧重。最应该引起应聘者注意的是,问问自己,为什么公司会要在你身上花费时间和金钱来选择你,你简历里的工作经历、教育经历、综合技能真的反映你是独一无二的人选了吗?

### 6.4.1 简历的结构

无论使用哪一种类型的简历,成功的求职简历设计都至少要包括抬头、求职意向、工作经历、教育背景及其他专长这几个部分。

1. 抬头

抬头一般包括姓名、地址(含邮政代码)以及电话号码。一般都是采用居中式的抬头。名字是你赖以求职的"个人品牌",在招聘者眼中名字就代表了你。所以应在整张纸最显眼的地方写上名字,来加强视觉冲击力。如果在字与字之间空出一格,则会产生更加美观的效果。电话号码通常也要安排在比较醒目的地方。

2. 求职意向

求职意向应该是对所寻找的职位的简单描述。它是简历的"主题",必须能够回答最初的问题,"想做什么"或者"能给公司提供什么价值",因此在这一部分要给予重点考虑,并要尽量表达得简明扼要。要避免使用通用型的求职意向,而要针对不同的职位、不同的公司来撰写。避免吹嘘自己,相反,要尽量强调能为公司做什么。

3. 工作经历

在大多数情况下,工作经历是简历最重要的组成部分。工作经历应当反映求职者所拥有的技能和知识,给对方招聘人员良好的印象。为了达到较好的第一印象,在这一部分里应该着重突出自己的职业生涯,重点强调所取得的成就。在时序型简历中要注意按照相反的顺序列出经历,即一般是始于最近的职位,然后回溯。

4. 教育背景

首先列出你的最高学位,然后再回溯。如果你未能完成某所学校的学习,那么不要说你没有毕业,而是写出修完的学分数即可。一般来说,教育背景和工作经历二者哪个更具优势就应该把它放在前面。如果工作经历有限,那么教育背景的内容就应该写在简历的前面部分;如果工作经历更占据优势,那么所获得的经验、技能以及成就就应该写在前面部分。这里需要注意的是,在写自己的学校、学院、专业、学位等时一定要写全称,不要使用缩写。

5. 其他专长

其他专长是最能反映个人发展潜力的,但"专长"一定要能真实地反映自己的水平。例如外语水平、特殊成绩证书、专业培训等。在写这一部分时问问自己,如果这些信息能增加获得面试的机会,那么就写进去。如果答案是否定的,或者是不清楚会有怎样的效果,那么就不要写进去。尽量使简历简单明了。

### 6.4.2 简历的撰写步骤

完成一份成功的简历,在最初定好职位、根据自身特点锁定一个目标,接下来就要遵循几个步骤来写简历了,而每个步骤都需要求职者认真对待、仔细考虑。

1. 起草简历

这里主要是选定格式、篇幅、语言等任务。

哪种格式更适合你的简历风格?下面是几种常见的格式,可做参考。同时在一些软件里也会有不同的格式可供选择。

图 6-3　简历的格式

简历的篇幅要多长也是要充分考虑的。简历,就是要用清晰简明的语言来展示求职者的能力、成绩。怎样在有限的空间里来安排各项呢?是不是一定要像有些人说的那样限在一页内完成呢?其实不见得。但是最好不要超过两页,如需特殊说明比较重要的部分,不得不占用第三页,也是勉强可以接受的。关键是能最大限度地反映求职优势。招聘经理面对成百上千份求职简历,能在几秒之内注意到你,就达到效果了。

语言要力求简练。对于求职者来讲,目的明确、语言简练是重中之重。如在教育背景中写相关课程,一定要只写相关的课程,而不要把选修课、与职位没有一点联系的课程也写上。

2. 编辑简历

完成上一步后,就可以开始编辑简历了。根据不同的类型,按照简历的布局,将自己的信息一一填写在上面。需要注意的是所选用的纸必须是白色的,千万不要使用彩色纸,那样会给对方公司很不礼貌的感觉。在充分注意到格式、真实性、适用性、吸引力和竞争力后,把需要突出的重点部分再多加思考,最终完成初稿的编辑工作。然后要反复琢磨,仔细考究措辞。需要注意的是,做人要诚实守信,做简历更要实事求是,夸大其词就犯了禁忌,将会让求职者离面试更加遥远。如果可能的话,交给在写简历方面有经验的人,再做修改。

3. 撰写简历的后续工作

撰写简历的后续工作,主要就是简历的外包装问题了。简历的字体是否合适,黑体还是斜体,看起来是否干净、清晰,是要打印出来还是要手写体的简历,等等,这些问题都是要仔细对待的。

## 比较两份简历

**简历一：**

简　　历

姓名：×××

学校：××

学历：××

电话：×××××　×××××

邮件：×××@×× .com

**教育背景**

2007.09—2010.03　××大学××学院××专业

校学生会文艺部核心干事

社区楼管会文体部核心干事

社区中秋、国庆二胡独奏

2003.09—2007.07　×××(北京)××学院××专业

院三等奖学金

××优秀共青团员

院二等奖学金

全国大学生英语竞赛二等奖

校第一届羽毛球混双比赛四强

**学术研究**

××科研项目　核心成员

××科研项目　核心成员

**社会活动经历**

参加过青年志愿者活动，还从事过家教。曾在××公司、××公司、××公司等企业实习，等等。

**个人技能**

英语4级考试优秀；熟练操作 Word、Excel、PowerPoint 等工作分析软件。

**简历二：**

简　　历

姓名：×××

学校：××

学历：××

电话：××××××××××

邮件：×××@×× .com

求职意向：希望能在贵公司市场部门谋求合适的岗位。本人沟通能力、团队合作能力强。

**教育背景**
2007.09—2010.03　××大学　××学院　××专业
2003.09—2007.07　××大学　××学院　××专业
**学术研究**
　　××科研项目　核心成员
　　××科研项目　核心成员
**社会活动经历**
2010.09 至今　法国××公司中国分公司动物营养部市场助理
　　拟订市场调查方案，提供市场预测，完成调查报告/拟订广告计划，编辑广告文字与图片并实施/组织展览、促销会议/与政府部门沟通和联络，疏通关节/其他行政事务
2010.03 — 2010.07 瑞士大昌洋行中国××分行行政助理
　　汇总销售数据，完成销售报表/协调公司与北方各区分销商关系/与政府主管部门疏通关节，解决问题/库房管理
2007.7—2009.9 华威食品公司　行政助理
　　协调进口食品的销售及其服务部门的协同运作/与政府部门沟通联络，疏通关节/负责进口食品的报关和检疫工作/开展新产品的市场调查/其他行政事务
**个人技能**
　　英语 4 级考试优秀；熟练操作 Word、Excel、PowerPoint 等工作分析软件。
　　院三等奖学金，全国大学生英语竞赛二等奖，××院优秀共青团员。

上面两份简历是同一个人的简历。通过前后对比，发现第二份简历主次更分明，并且在实习经历上的笔墨比较多，更注重实践能力。普通简历和优秀简历是有很多不同之处的，表 6-2 列出的是它们之间比较明显的不同。

表 6-2　普通简历和优秀简历对比

| 对比项目 | 普通简历 | 优秀简历 |
| --- | --- | --- |
| 文字 | 不规范、大小不统一、字体不统一 | 规范、大小统一、字体统一 |
| 排版 | 很差，不讲究 | 十分讲究 |
| 直观印象 | 杂乱无章、无主次之分 | 精美舒畅、有重有轻 |
| 个人信息 | 全面，类似人口普查或征婚启事 | 简单但主要信息全面 |
| 求职目标 | 无，万能简历 | 有，针对性强 |
| 教育背景 | 很多课程名和奖励情况 | 少量相关课程，奖励单独进行介绍 |
| 工作经验 | 堆积，没有轻重之分，也不进行详细描述 | 有主次之分，每份工作都有详细描述 |
| 获奖情况 | 罗列较多，没有归纳，没有分析 | 描述之外，还对奖项进行归纳、分析和交代 |
| 个人特长 | 罗列较多，没突出自己独特之处，不太会的也列上 | 选择性很强。要有一定水平才会写上去 |
| 页数 | 页数多，感觉像是小说 | 一页或很少几页 |
| 真实度 | 造假 | 艺术性地放大 |
| 纸张 | 五颜六色、过轻、不统一 | 白色、80 克以上、讲究 |
| 打印 | 不整齐 | 整齐 |
| 文字风格 | 平铺直叙、大段描述 | 言简意赅、分点交代 |

每个人都应该准备一份随时可以投出去的简历。按照表 6-2 所列出的要求，准备一份满意的简历，为今后的职业发展迈出决定性的第一步。

### 6.4.3 撰写简历的常见问题

很多求职者应聘失败其实不是因为不够优秀，而是由于他们忽视了简历制作中的一些问题。

1. 忽略细节

忘记附件、资料不全等细节问题总是会在求职者的简历中出现。在电子邮件文中明明写着"请看附件中的简历"，可是附件里却什么都没有，显然是求职者忘记附上简历了。

在准备投简历时，一定要根据招聘信息上列出的要求把材料准备齐全，如果资料不全，审核人就会认为你的求职态度不端正，更严重者会被质疑简历的真实性。所以注重细节是最基本的要求。

2. 重点不突出

有些求职者为了省事，就只制作一份简历，然后投给多个公司。不同的公司，可能会侧重不同方面，而这样的简历没有重点，求职者也不清楚自己的优势是什么，这势必会给人不确定自己工作方向的感觉。所以，如果对不同的岗位都感兴趣，不妨准备不同的简历。

3. 格式不当

简历的格式在这里已经较为详细地讲述过，但在实际写作过程中，是不是选择了最适合自己的格式了？目标型还是履历型？最易被人接受的是复合型，因为它最能传递求职者的信息。

4. 缺乏洞察力

什么叫简历缺乏洞察力？实际上就是说，在简历中很少是从招聘公司的角度来考虑问题，只是一再地强调自己的毕业院校、专业，而自己的能力、发展潜质以及能给公司带来什么却没有提，而往往后者在招聘人员眼中起着关键的作用。简历虽然是要突出"简"，但是不能把重要的闪光之处给减掉了。写简历的目的是把你带到下一轮面试中去。在写简历时首先要考虑对方公司的需求。从对方公司的角度来考虑问题，就能找到突破口。

## 本章习题

**一、判断题**

1. 在管理沟通中，口头沟通善于表达感情和感觉，可运用非语言要素来加强，而书面沟通适合传达事实和意见，缺乏非语言要素的配合。

2. 有效书面沟通的基本要求包括树立良好信誉和建立友善关系。

3. 初稿写完后，最好间隔一段时间再去进行逻辑性的修改和完善，这样的修改工作才会更有效果。

4. 管理写作行文应尽量采用专门术语，使具有同等背景的人易于掌握想要表达的内容。

5. 简历的"简"并不能理解成简单,它最重要的是要在短短的一两页纸中突出重点和亮点,如将自己最大的优点放在最主要的位置,强化优势。

## 二、选择题

1. 与口头沟通相比,书面沟通具有( )的优点。
   A. 传播速度快　　　　　　　　B. 准确性高
   C. 书面材料可持久保存　　　　D. 反馈速度快

2. 与一般性的写作相比,在书面沟通的商务报告中最突出、最重要的特征是( )。
   A. 较为严谨、正式　　　　　　B. 复杂曲折
   C. 运用变换的人称　　　　　　D. 读者多层面

3. 商务信函的写作原则包括( )。
   A. 正确　　　B. 完整　　　C. 体谅　　　D. 清楚

4. 以下哪一项是管理文体常用的表达方式?( )
   A. 叙述、说明、议论　　　　　B. 叙述、说明、描写
   C. 叙述、说明、抒情　　　　　D. 议论、说明、诗词

5. 在撰写简历时,要掌握的技巧和要点有( )。
   A. 简洁大方　B. 突出重点　C. 有针对性　D. 真实可信

6. ( )信函的主要目的在于向读者提供好消息,便于读者正确理解,消除负面影响。
   A. 肯定性　　B. 说明性　　C. 负面性　　D. 劝说性

## 三、思考题

1. 书面沟通的特点是什么?
2. 有效书面沟通的标准是什么?
3. 如果你是一个公司的销售部门经理,到年末时应该如何有效地书写一份年度工作总结报告?
4. 商务信函包括哪些内容?如何提高商务信函的写作能力?
5. 假设自己是大学毕业生,在应聘前,结合自己的实际情况写一份令人满意的简历。

## 四、写作练习

1. 小马是一家小轿车行的业务员,他做了几笔贷款购车生意,可是车主到期没还钱。请帮助小马拟一封催款信。

2. 营业员小王把一台价值2万元的笔记本电脑,以1万元的价格错卖给李先生。作为小王的经理,需要你写一封信给李先生,把剩下的1万元要回来。

3. 你是一名行政主管,收到了一位骨干员工的来信,他提出脱产进修的要求(内容见后),而你必须写一封拒绝信。请用10分钟写完。

尊敬的主管:

您好!我是质量控制员王海滨,已经在岗位上工作了三年。

我先后多次参加过公司内部组织的一些技能培训,这些培训对我的工作很有帮助,使我深刻地认识到知识对工作的重要性。因此,我希望能参加一次"六西格玛"管理的进修班。为期两个月,脱产进行。原因如下:

"六西格玛"是最近在制造业很受重视的质量管理方法;

作为主管质量方面的员工,我的质量管理知识已经陈旧,需要更新;

现在学习储备一些专业知识,可以有利于将来的工作;

我多次提议公司举办类似培训,可是限于我们的能力,都没有办成;

这个为期两个月的进修班是省计委举办的,质量高,费用低,机会难得。

综上所述,希望您能够批准我的请求。

此致

敬礼

王海滨

2002年10月9日

四人一组,互读信件,讨论并挑选出一封写得最合适的,和一封相对不合适的。

评价标准:(1)是否清楚地表达了目的?(2)结构是否符合前面所讲的要求?(3)换种方式是否效果更好?如语气、措辞。

每个人提出评阅意见(优缺点),对于如何写出合适的信组内讨论。

4. 讨论如何撰写大学生消费情况的调查报告。

5. 阅读下边材料,然后以此为话题,写一篇评论性的议论文,要求700字左右。

市场经济在为我们带来丰厚物质享受的同时,也对现实生活中人与人之间的信任感带来了不小的冲击。假冒伪劣商品的泛滥,使我们不得不对厂家、商家保持几分警惕;假币的出现,使我们对象征着财富的钞票产生了几分疑惑……我们还能相信什么?一个社会若是缺少了人与人之间起码的信任,将是十分可怕的。

### 五、案例分析

最近,某公司人力资源部的张经理非常苦恼。由于年龄关系,去年该部门的老王退休了。为了解决编制的问题,人力资源部从一家比较有名的高校招聘了一位专门学习人力资源管理的毕业生小李接替老王的工作。招聘之时,张经理对小李寄予厚望,认为她年轻、有思想,懂得现代人力资源管理的理念,同时沟通能力也很好。可是,张经理渐渐发现,小李的写作能力非常差,不要说对人力资源报告的书写方法一窍不通,就连一般书信和便签也写得很差。张经理几次提醒小李要好好学习一下与书面沟通相关的知识,但是效果并不明显,小李好像对于这些东西很不感兴趣,张经理对此非常苦恼。客观地说,小李在其他方面的能力还是很好的,口头讲解自己观点的时候思路也很清楚,就是写出的东西让大家看不懂,或者是不像一份商业报告。因为这一项不足就辞退小李确实有些可惜,可张经理认为她确实没有做好自己目前的工作。

资料来源:孙健敏、徐世勇,《管理沟通》,清华大学出版社,2011。

**问题:**

1. 假设你是上述案例中的小李,在张经理的提醒下,你应该掌握书面沟通的哪些知识,并如何提高自己的写作能力?

2. 从上述案例中,只因小李的书面沟通这一项不足而被张经理辞退,你觉得张经理的这一决策对吗?

# 第 7 章

# 演 讲

## 第7章 演讲

【本章学习目标】

1. 了解演讲的概念与特点；
2. 了解演讲前的准备；
3. 掌握演讲稿的撰写；
4. 掌握演讲的技巧。

开篇案例

### 人格是最高的学位

很多年以前，有一位学大提琴的年轻人去向大提琴家卡萨尔斯请教："我怎样才能成为一名优秀的大提琴家？"卡萨尔斯面对雄心勃勃的年轻人，意味深长地回答："先成为优秀而大写的人，然后成为一名优秀和大写的音乐人，再然后就会成为一名优秀的大提琴家。"

听到这个故事的时候，我还年少，对老人回答时所透露出的含义还理解不多。然而随着采访中接触的人越来越多，这个回答就在我脑海中越印越深。

在采访北京大学教授季羡林的时候，我听到一个关于他的真实故事。有一个秋天，北京大学新学期开始了，一个外地来的学子背着大包小包走进了校园，实在太累了，就把包放在路边。这时正好一位老人走过来，年轻学子就拜托老人替自己看一下包，自己则轻装去办理手续。老人爽快地答应。近一个小时过去，学子归来，老人还在尽职尽责地看守着。谢过老人，两人分别，几日后北京大学举行开学典礼，这位年轻的学子惊讶地发现，主席台上就座的北京大学副校长季羡林，正是那一天替自己看行李的老人。

我不知道这位学子当时是一种怎样的心情，但在我听过这个故事之后却强烈地感觉到：人格才是最高的学位。这之后我又在医院采访了世纪老人冰心。我问先生："您现在最关心的是什么？"老人的回答简单而感人："是年老病人的状况。"冰心的身躯并不强壮，即使年轻时也少有飒爽英姿的模样，然而她这一生却用自己当笔，拿岁月当稿纸，写下了一篇篇关于爱是一种力量的文章，然后在离去之后给我们留下了一个伟大的背影。

当你有机会和这些老人接触后，你就知道，历史和传统其实一直离我们很近。世纪老人在陆续地离去，他们留下的爱国心和高深的学问却一直在我们心中不老。

前几天我在北京大学听到一个新故事，清新而感人。一批刚刚走进校园的年轻人，相约去看季羡林先生，走到门口，却开始犹豫，他们怕冒失地打扰了先生。最后决定，每人用竹子在季老家门口的土地上留下问候的话语，然后才满意地离去。这该是怎样美丽的一幅画面！在季老家不远，是北京大学的博雅塔在未名湖中留下的投影，而在季老家门口的问候语中，是不是也有先生的人格魅力在学子心中留下的投影呢？只是在生活中，这样的人格投影在我们的心中还是太少。

听多了这样的故事,我便常常觉得自己是只气球,仿佛飞得很高,仔细一看却是被浮云托着:外表看上去也还饱满,但肚子里却是空空。这样想着就不免有些担心:这样怎么能走更长的路呢?于是,"渴望年老"四个字,对于我就不再是幻想中的白发苍苍或身份证上改成60岁,而是如何在自己还年轻的时候,便能吸取优秀老人身上所具有的种种优秀品质。于是,我也更加知道了卡萨尔斯的回答中所蕴含的深意。怎样才能成为一名优秀的主持人呢?心中有个声音在回答:先成为一个优秀的人,然后成为一个优秀的新闻人,再然后是自然地成为一名优秀的节目主持人。

我知道,这条路很长,但我将执着地前行。

资料来源:潘久政、田君、张杰,《演讲口才训练》,西南师范大学出版社,2016。

这篇文章是中央电视台主持人白岩松在全国新闻界"作文与做人"演讲比赛中的演讲稿。这篇演讲稿的感情基调是深沉的,全篇没有慷慨激昂的词句,只是像讲故事一样娓娓道来;在处理故事与议论的关系时行云流水,自然而然,毫不夸饰,表达了一位演讲者对怎样才能成为一名优秀的主持人的深深思考与探索。全篇演讲内容发人深省,令人深思、回味。

## 7.1 演讲概述

### 7.1.1 演讲的概念

演讲又被称为讲演、演说等,是"演"与"讲"的结合。我国古籍中较早出现演说一词是在《北史·熊安生传》中:"公正(尹公正)于是有所怀疑,安生皆为一一演说,咸究其根本。"在此,演说是明辨是非、解除疑惑的意思。从中不难看出,演讲是一种言语上的表达。

演讲者(主体)、听众(客体)、沟通的媒介、主客体沟通时的情景是演讲必备的四个条件,缺一不可。其中,演讲的沟通媒介主要为有声语言、体态语言、主体形象、辅助手段等。

有声语言是演讲中的"讲",是演讲的主要媒介,是演讲者传递信息的主要载体。演讲者的语言对演讲的成败起着至关重要的作用。总的来说,有声语言要求清晰、准确,语气、声音、音调、节奏要富于变化,从而使演讲富于感染性。

体态语言指的是演讲者的姿势、动作、表情等,是一种无声的语言。体态语言不仅可以很好地传达演讲者的真实意图,还有利于听众对演讲内容的把握。同时体态语言还可以在一定程度上弥补有声语言的不足。

主体形象也是一种无声的语言。演讲者通常是以整体的形象出现在听众的面前,那么演讲主体的发型、衣着、容貌等都会呈现在客体的眼前,形成一定的感官认识。而主体形象的好坏又会影响演讲的效果。

随着科学技术的不断发展,演讲的辅助手段已经从简单的演讲道具拓展到了集动画、色彩为一体的媒介,主要有多媒体投影技术等。

无声语言在演讲中充当着"演"的角色。演讲者必须处理好"讲"与"演"两者的关系,在演讲中要以"讲"为主,以"演"为辅。二者交织、渗透和相互促进,而"讲"在演讲活动过程中是主体,起着主导的作用。

综上所述,演讲就是演讲者在特定的时空环境中,借助有声语言和无声语言等艺术表达手段,借助个人的主体形象,针对现实社会的某些问题,或围绕某个中心,面向广大听众发表意见、抒发情感、阐明道理,从而影响和感召听众的一种现实的社会语言实践和信息交流活动。

### 7.1.2 演讲的特点

演讲作为一种与大众沟通的主要方式,与其他的沟通方式有哪些区别呢?这是每个演讲者都需要了解和掌握的。

1. 鼓动性

鼓动性是成功演讲的重要标志,是演讲的显著特征。如果演讲失去鼓动性,也就不能称为演讲。古希腊演讲家德摩西尼是一位民主政治家和爱国主义者,他曾经说道:"你所讲的,只令人说个'好'字,而我却能使听的人一起跳起来,异口同声地说'让我们去抵抗吧!'"这就是演讲的效果、演讲的鼓动性。

2. 艺术性

演讲不仅是实用性和应用性很强的实践活动,同时还是一门艺术。演讲者为了达到启迪心智、感人肺腑的目的,需要借助一些艺术表现方式来创造感染力。演讲中的艺术体现在于对演讲中各种因素的整合而表现出的美感。

3. 现实性

演讲向广大演讲客体公开陈述演讲主体的观点、看法、主张、情感,是一种现实的活动,属于现实社会活动的范畴。演讲的现实性表现在演讲者的活动、演讲反映的对象和使用的手段、表现形式等方面。现实性是演讲的首要特征,演讲者不要刻意追求戏剧化的效果。

4. 工具性

演讲是人们沟通的工具。演讲者综合运用有声语言和体态语言来向听众传递信息。任何类型的演讲,都有一定的目的,而演讲是达到演讲者目的的工具。众所周知,演讲是最普遍、最基本的传播手段和工具。

秋瑾在《演说的好处》一文中写道:"什么地方都可以随时演说;不要钱,听的人多;人人都听得懂……"从中不难看出演讲是一种在公共场所经常使用且效果显著的沟通工具。

5. 情感性

演讲贵在打动人心,而要打动人心离不开演讲者的情感注入。演讲者要以真挚的感情把握听众的心,要以理服人,从而达到演讲的目的。因此,演讲本身就是一个感染和被感染的过程。所以无论在演讲的开始、过程或高潮部分,乃至演讲的结束,演讲者的神形都应随着演讲情节的变化而变化,富有情感性。在演讲的过程中,演讲者和听众是通过语言、非语言等多种方式交流着彼此的情感的。

但凡卓越的领导人都是演讲高手,演讲绝非单纯的口舌之功,而是高智力的复杂脑力劳动。

## 演讲的力量

历史上,很多口若悬河、能言善辩之士,凭着一条剑舌,活跃在政治舞台上,他们有的劝阻战争,化干戈为玉帛;有的怒斥奸佞,以正气压倒歪风;有的巧设比喻,以柔克刚,争取盟友;有的反唇相讥,绵里藏针,瓦解敌阵。诸葛亮"舌战群儒"和"智激周瑜"就是家喻户晓、老少皆知的故事。《三国演义》第九十三回描写了诸葛亮"兵马出西秦,雄才敌万人,轻摇三寸舌,'骂'死老奸臣"的故事。蜀魏两军对阵时,魏臣王朗到阵前来劝降,也就是这个舌战群儒的诸葛亮,把王朗说得一钱不值,王朗气盛,羞愧不已,一头撞死在马下。孔明的"三寸不烂之舌",当真抵住了成千上万的敌军!

古希腊的德摩西尼是一位杰出的民主政治家和爱国主义者,他充分而有效地把演讲运用于激烈的政治斗争之中,发挥了巨大的社会作用。公元前4世纪中叶,马其顿腓力二世向外侵略扩张,企图鲸吞希腊。为了唤醒同胞、拯救祖国,德摩西尼满腔激愤,慷慨陈词,发表了8篇著名的《斥腓力演说》,这些演说措辞尖利,揭露深刻,极大地鼓舞了人们反抗侵略、保家卫国的爱国激情。他的8篇演说,合称为"腓力匹克",后来被引申为普通名词,专指激昂愤慨猛烈抨击政敌的演说。

1963年8月28日,美国黑人民权运动领袖马丁·路德·金在华盛顿特区组织领导了一次25万人的集会和游行示威,反对种族歧视,要求民族平等。当游行队伍到达林肯纪念堂前时,他发表了著名的演讲《我有一个梦想》。在这次演讲中,他首先热情洋溢地赞扬了100多年前林肯签署的《解放宣言》,然后,话锋一转,指出100多年后的今日,黑人仍处在水深火热之中,号召黑人奋起斗争,并且以诚挚抒情的语调,描述了黑人梦寐以求的平等、自由的理想:"黑人儿童将能够与白人儿童如兄弟姊妹一般携起手来""上帝的灵光大放光彩,芸芸众生共睹光华"这篇演讲内容充实,感情炽烈,气势磅礴,产生了极强的感染力,是一篇反抗种族歧视、争取民族平等的战斗檄文,大大地推进了美国黑人的民权运动。

资料来源:李元授、李军华,《演讲与口才》,华中科技大学出版社,2004。

## 演讲技能自我评估

在阅读下面内容之前,请对下列陈述根据度量标准进行评分,你的回答应该反映你现在的态度和行为,而不要有意根据你所希望的结果那样去评价,要诚实。采用这种方式是为了帮助你发现自己在演讲技能方面的能力处于何种水平。通过自我评价,你就可以根据需要调整你的学习方向。

评价标准:

非常不同意/不符合(1分) 不同意/不符合(2分) 比较不同意/不符合(3分) 比较同意/符合(4分) 同意/符合(5分)

测试问题:

(1) 我在整个演讲过程中眼睛同听众保持接触。

(2) 我的身体姿态很自然,没有因为紧张而做作。
(3) 我能运用基本的手势来强调我的要点。
(4) 我运用停顿、重复和总结来强调我的观点。
(5) 我每次演讲前都会确定具体的目标。
(6) 我会针对听众的需求、态度和立场进行分析。
(7) 在组织思路时我会先写下几个主要的论点。
(8) 我会特意准备一个颇具吸引力的开场白。
(9) 我演讲的结尾会呼应开头,且必要时能要求听众采取行动。
(10) 我制作的幻灯片简明扼要,有助于达到演讲目标。
(11) 我的论点、论据之间有内在的逻辑联系,有助于支持我的主张。
(12) 我会把紧张、焦虑转换为热情和动力。
(13) 我会清楚地叙述我的观点对听众的好处。
(14) 我会热切、强烈地讲述我的观点。
(15) 我会事先演练,以免过分地依赖讲稿,而集中注意听众的反应。
(16) 演讲前我会检查我的衣着打扮是否得体。
(17) 我会预测听众可能会提的问题,并且准备相应的回答。
(18) 我的声音清楚,语速适中,富有感染力。
(19) 我会有意识地运用语音、声调和语速来表示强调。
(20) 演讲前我会检查场地及相应的设施。
(21) 准备演讲时,我会估计将会遭到的反对意见。
(22) 整个演讲过程我会充满自信。
(23) 我的演讲稿只写关键词,以免照本宣科。
自我评价:
如果你的总分是:
105—115 分,你具有优秀演讲者的素质;
98—104 分,你略高于平均水平,有些地方尚需提高;
99 分以下,你需要严格地训练你的演讲技能。
选择得分最低的六项,作为本部分技能学习提高的重点。

## 7.2 演讲的准备

凡事预则立,不预则废。每个演讲者在演讲的准备阶段,都必须回答以下问题:
为何演讲——演讲的目的是什么?
为谁演讲——演讲的听众是谁?
讲些什么——演讲的内容是什么?
何时演讲——什么时间演讲,演讲持续多长时间?

何地演讲——在什么地方进行演讲？
如何演讲——使用什么样的方式演讲？

### 7.2.1 演讲的目的

演讲是有目的、有计划地在广大听众面前发表的演说。由于每位演讲者经历、身份、学识、观点的不同，演讲的目的也不尽相同。只有目的明确后，才能有的放矢地准备演讲内容。一般来说，演讲主要有以下目的：

（1）教育性演讲。传授知识、技能培训。

（2）报告性演讲。提供资料、说明情况。

（3）说服性演讲。这类演讲是说服听众接受你的观点，或原来持反对意见的人改变观点。如说服顾客产生购买行为。

（4）激励性演讲。主要是唤起听众的热忱，加强对某件事情的认同感，更加积极地去努力实施相关措施。如激发员工工作积极性。

（5）娱乐性演讲。这类演讲的目的是在轻松愉快的气氛中，通过幽默诙谐的语言使听众获得快乐。常常在宴会之后，让气氛轻松活跃。

### 7.2.2 演讲的听众

虽然演讲的听众是演讲的客体，却是接受信息的主体。演讲的最终目的是向听众传递信息。演讲者不能把演讲的重点仅仅集中在演讲的内容、语言、技巧或演讲者本身，而忽视了听众的特点与心理需要。只有当演讲者真正把握了听众的特点和心理需求时，才能有效地开展演讲，从而使演讲成功，达到演讲的目的。

成功的演讲必然是演讲者和听众的完美耦合。听众在接受信息的同时，通过点头、鼓掌等一系列反应与演讲者进行着信息的交流。听众现场的各种反应同时也影响着演讲者。

1. 了解听众聆听演讲的目的

在分析听众的特点以前，首先要清楚了解的是听众听取演讲的目的。换言之，就是听众对于演讲有什么样的需求、希望等。有的听众希望通过演讲增长见识，有的听众希望通过演讲解决自身的难题，有的听众可能仅仅碍于面子才出席演讲，只有在演讲前掌握和了解听众参与演讲的目的，才能做到有的放矢。

演讲者可以通过演讲主办方了解听众的目的，也可以在演讲前小范围与听众沟通，或者利用公共媒体来获取自己需要的信息。

2. 了解听众的心理特点

把握好听众的心理特点是演讲成功的基石，听众的心理特点主要有：

（1）精力难以长时间集中。一般来讲，听众很难长时间地听一个人滔滔不绝地演说，所以要求演讲的篇幅尽量短小而精悍。心理学的研究表明，在 45 分钟的演讲中，听众在前 15 分钟注意力集中，获得的信息较多，其后的 30 分钟效果很差，受益也很少。

(2) 信息的选择性，包括选择性注意、选择性记忆和选择性接受。

选择性注意是指在演讲中，听众往往只关心、注意他们熟悉、感兴趣或与他们息息相关的演讲内容，而那些关联性不大的内容则被他们略去。

选择性记忆是指在演讲中，听众往往是根据自己的爱好、经历、兴趣等特点，有选择地记忆演讲者的演讲信息。听众在记忆信息时有很浓的感情色彩和倾向性。和自己生活较为贴近、与其喜好相同的信息，往往容易被听众记住。

选择性接受是指在演讲中，听众总是乐意接受与自己观点、见解一致的信息，从而保持心理的平衡感。而那些与自己看法不一致的内容往往会被听众屏蔽掉。

演讲的听众是个集合，由许许多多不同的个体组成，每个听众都会根据自己的爱好、兴趣有选择地聆听演讲。再加上听众本身教育、年龄等因素的差别，其认知活动有很强的主观色彩。演讲者只有了解自己和听众、听众和听众间的差异，认识到听众对于信息的选择性，才能更好地选取演讲材料、改进演讲方式。

听众人数也是一个非常重要的因素。如果某个演讲的听众是 20 人，你可以考虑让听众参与到演讲过程中去。但一旦实际的听众数达到 80 人，你就要修改你的演讲方式。

(3) 独立意识与从众心理。

独立意识是指听众独立思考、独立判断的意识。随着人们文化水平的不断提高，人们的独立意识不断增强。这给演讲者说服听众带来巨大的困难。

从众心理是指个人受到外界人群行为影响，在自己的知觉、判断、认识上表现出与公众舆论或多数人的行为方式相一致的现象。在一般的情况下，多数人的意见可能是正确的。但自己在缺乏分析、不做独立思考的基础上盲目从众，则是不可取的。

演讲是群众性很强的实践活动，个体在这个环境中易受到他人的影响，出现少数服从多数的从众现象。在人们受到他人意见影响的同时，还会具有较强的独立意识，听众的心理是独立意识和从众心理矛盾的统一。

通常来说，人数越多人们就越容易产生从众心理。年龄的差别不仅反映在听众兴趣爱好的差异方面，还会影响演讲者选择什么样的演讲方式进行演讲。此外演讲者还应该注意到听众性别、职业、文化水平的不同，尽量满足听众的要求。

### 7.2.3 演讲的内容

演讲者根据演讲的目的、听众的特点选择演讲的主题。演讲的主题是演讲的灵魂。同时演讲的主题又决定了演讲的题目和演讲材料的组织。

1. 确定演讲主题

叶圣陶曾经说道："一场演说，必须是一件独立的东西……用口说也好，用笔写文章也好，总得对准中心用功夫，总得说成功、写成功一件独立的东西。不然，人家就会弄不清楚你在说什么、写什么，而你的目的就难以达到。"这个"独立的"东西即为演讲的主题。演讲的整个过程，要突出和强化这个主题，这样才能使听众把握演讲者的观点，从而达到演讲的目的。

海因茨·雷德曼(Heinz Leideman)是德国著名的演讲学家，他在《演讲内容的要素》

一文中指出:"在一次演讲中不要期望得到太多。宁可只有一个给人印象深刻的思想,也不要五十个听完即忘的观点。宁可牢牢地敲进一根钉子,也不要松松地按上几十个一拨即出的图钉。"所以说一篇演讲最好只有一个主题,演讲者可以围绕着这个主题层层展开。如果一篇演讲涵盖了较多的主题,在有限的时间内既不容易把每个主题都阐述清楚,还可能出现重点不突出的问题,使听众失去兴趣。所以选择鲜明、正确、新颖的演讲主题至关重要,通常可以从三个方面来选取主题。

(1)现实社会的"焦点问题"。这类主题体现出了时代感,通常是听众平时比较关注的,与听众的各种利益关系极为密切。选择这类内容作为演讲的主题比较容易引起广大听众的兴趣,同时也突出演讲的社会价值。在选取"焦点问题"作为演讲的主题时,演讲者一定要把握好国家有关的方针、政策,切不可马虎大意。

(2)选择自己擅长的专业领域。对于专业知识的演讲,演讲者在选择主题时一定要选取自己最为擅长的专业领域。这个领域最好是演讲者一直关注或有所研究的领域,所以把握、理解得都较为深刻。并且由于演讲者自己独到的见解使听众的注意力容易集中,演讲效果较好。还会使听众在演讲中有所收获,利于塑造演讲者良好的口碑。

在选取这类主题时,由于演讲者掌握的资料翔实,演讲时可以深刻而全面地阐述演讲者的观点。但演讲者切不可沉浸在自己的演讲中而忽视了听众的反应,也不要因为掌握资料全面而使演讲主题不突出。所以,演讲前不管演讲者对所选主题是否有充分的准备,选题都不要太大,把主题定在某个问题的一点或几点上,这样才能使主题鲜明。

(3)听众的兴趣爱好。选择这类主题的基础是基于对听众的深刻熟悉和了解,不然可能会适得其反。如果演讲所选的主题是听众感兴趣的话题,自然会唤起听众对演讲的极大热情,引起听众的好奇。听众往往是带着某种欲望来到演讲现场的。对于演讲者来说,选择这类主题的难度较大。首先对这个主题要有深刻的理解,切不可一知半解,更不能连具体的概念都不清楚,就贸然去讲。要知道台下的听众可能对于这个主题非常熟悉。演讲者要在演讲中坚持正确方向和自己的立场,不要被不同的观点或见解干扰而偏离了自己的航向。

在确定了演讲的主题后,演讲者还要对所确定的主题不断地进行锤炼。演讲者可以从事物的不同侧面来提炼主题,也可以应用归纳、演绎、比较的方法来提炼主题,还可以运用逆向思维提炼演讲的主题,以达到主题突出、明确的目的,吸引听众的注意力。

2. 明确演讲标题

演讲的标题也可以称作演讲的题目、名称等,是演讲稿不可或缺的部分。一个好的、新颖的演讲题目是演讲成功的一半。题目选得好,演讲就容易受到听众欢迎,演讲的目的也就容易达到;反之,就难以引起听众的兴趣与共鸣,更不用说达到演讲的目的。

一般来说,演讲的题目可以根据演讲者自身的特点、风格挖掘,这样容易体现演讲者本身的优势;也可以从媒体、书籍等媒介提取,通常体现了时代的特点;还可以从与他人的交谈中得到灵感。

> **标 题 三 忌**
>
> 一忌　　冗长难记
> 二忌　　深奥难懂
> 三忌　　内容空泛

在确定题目时,一定要明确这些问题:题目是否符合演讲的内容;题目是否具有吸引力;感情色彩是否浓厚;题目的范围是否恰当。除此之外,还要做到符合演讲者的身份、符合演讲的时间要求、符合听众的实际。

3. 演讲材料的收集

在明确了演讲的主题和标题之后,演讲者要寻找、选择合适的材料对演讲内容进行丰富和补充。演讲者要根据一定的原则收集、筛选和使用素材。

(1) 把握好选择材料的方向,防止盲目性和随意性。面对大量素材时,切不可只注重材料的趣味性而忽视了其与主题的匹配度。

(2) 保证素材的真实性。演讲者所用的素材应该是客观世界确实存在、符合事实的。任意虚构的材料说服力不强,还可能因为与真实情况不符而被揭穿。

(3) 保证材料的新颖。如果演讲者在其演讲中能够应用新颖特别的素材,就能较好地激起听众的好奇心,并有助于演讲者深化演讲的主题。

### 7.2.4　演讲的时间与场所

1. 演讲的时间准备

明确演讲的具体时间后,演讲者应该确保有充足的准备时间。演讲者可以列出一个详细的时间表,上面写出计划在什么时候完成哪些准备工作。准备工作不仅要包括书面的材料,还要涉及演讲所需要的演示材料等。演讲者还要在演讲正式开始前留有足够的时间与负责演讲的有关部门沟通,以确保演讲能够准时进行。

2. 演讲的时间要求

一般来说,听众很难长时间地集中精力听演讲者一个人滔滔不绝地演讲。所以演讲者在准备演讲材料时要注意尽量短而精。一个优秀的演讲者就如一位烹制鲜美菜肴的厨师,不仅懂得选取上好的食材进行组合,还懂得把握好菜肴的火候。同理,只有演讲者把握好演讲的"火候",才能"烹出"美味的演讲。否则,讲的时间过长,听众可能早已没有了兴趣;讲的时间过短,听众就会觉得意犹未尽。

对于演讲者来说,越是短小的演讲难度越大。有人曾问过美国第 28 任总统伍德罗·威尔逊(Woodrow Wilson):"准备一份十分钟的讲稿,需要花多少时间?"威尔逊回答:"两个星期。""准备 30 分钟的讲稿呢?""一个星期。""准备两个小时的讲稿呢?""不用准备,马上就可以讲。"这个故事告诉我们,其实越是短小的演讲,越需要充分的准备,不可掉以轻心。

**3. 演讲的场所**

一般来讲人们置身于陌生的环境都会感到紧张，所以演讲者在演讲开始之前最好亲自到演讲的现场查看一下，提前熟悉演讲的场地环境。演讲的场所可能安排在室内或者室外，室外的场地通常是露天的。如果在室内演讲，演讲者必须清楚空间的大小、灯光的配置、座位的安排等情况。如果演讲是在室外进行，演讲者特别需要关注演讲场所周围的环境，观察一下可能会有哪些因素干扰演讲，做到心中有数。

如果是在不熟悉的环境下，很可能自己准备的辅助手段无法使用，从而影响演讲的效果。比如，可能你习惯于采用 PowerPoint 做投影的演讲方式，结果演讲地点没有多媒体设备，你就无法按照原定的设想展开演讲，甚至因为心理准备不足而不知如何下手。最好在演讲之前先到现场看看，若不能，则要询问演讲的环境和设施状况。

时空环境会对演讲起到一定的反作用，会制约演讲的内容、语言，演讲者的语调、表情、动作等。演讲者必须根据时空环境的变化来调整演讲的内容、语言和自己的表情动作等，以适应新的时空环境，从而达到预期的演讲效果。

### 7.2.5 演讲的方式

在演讲的准备阶段，演讲者还必须明确用什么样的方式来演讲。

（1）演讲者要清楚本次演讲是正式演讲，还是引导性的演讲。

（2）演讲的主要形式有照读式演讲、背诵式演讲、提纲式演讲和现场演讲。演讲者要根据时间的情况、自身的演讲风格或有关方面的要求来决定到底采用何种形式的演讲，并为此次演讲设计或选择恰当的道具。

（3）演讲者还应该根据演讲的目的、时间安排、听众的特点决定在演讲中是否要穿插与听众互动的活动，如听众提问、有奖问答等。如果有互动性的活动，演讲者还应在演讲前估计听众会有什么样的问题或反应，做好相应的准备，以使演讲可以按照原定的计划顺利进行。

在演讲的准备阶段明确了以上问题后，演讲者可以同时开始编写演讲的提纲。演讲的提纲应该涵盖演讲的主题、标题、使用的材料等。提纲编写的过程本身就是确定框架、思考主题、选择材料的过程。

## 7.3 演讲稿的撰写

合理的演讲结构是演讲成功的基础。在确定了演讲提纲以后，就要开始谋篇布局，设计演讲的结构，撰写演讲稿。结构是在提纲的基础上更深一步地推敲怎么开头、如何收尾，哪一部分是演讲的重点、哪些内容可以简单略过、怎样铺垫、怎样承接等问题的工作。所以，确定演讲的结构是个复杂的工程。

科拉克斯是古希腊著名的演说家，他提出，一个好的演讲结构应该包括开场白、正文和结尾。开场白通常提出问题，在正文中进行分析，最后在结尾时给出问题的答案。三个部分首尾呼应，良好配合，形成统一的整体。这个结构被沿用至今，本节内容也是在这个结构的基础上进行阐述。

### 7.3.1 开场白

中国有句俗语"良好的开端是成功的一半"。对于演讲来说，也是如此。开场白对整个演讲极为重要，如果一开始就没有吸引住听众，会为稍后的演讲带来更大的困难。所以掌握开场的技巧是每个演讲者所必备的。

开场白可以简单介绍此次演讲的背景，或是演讲者当时的心情感受。成功的开场白就如好文章的开头，能够为整篇文章奠定感情的基调，还可以自然地引出演讲正文的分析和阐述。一般来说，成功的开场白要满足以下条件。

1. 必须紧扣演讲的主题

演讲的开场白要针对某个演讲的具体情况来组织、安排、构思，没有固定的模式。紧扣演讲主题、围绕主题进行阐述和论证是每个演讲开场白必须具备的，是保证演讲结构完整、严谨的关键问题。切不可出现"下笔千言，离题万里"的现象，也不要讲一些与演讲主题毫不相关的话。

如果一篇演讲有多个主题，演讲者还要分清这些主题的主次和先后顺序，找出主题间的逻辑关系，并在开场白中有所体现。如果忽视了这个问题就会出现结构复杂、主题模糊的情况，使听众难以把握演讲的重点。

2. 快速吸引听众的注意

开场白的主要目的是吸引听众的注意，激发听众的好奇心，为接下来的演讲铺平道路。但是演讲者切不可故弄玄虚或偏离演讲的主题，这种开头只能使听众丧失兴趣，且不利于演讲主题的进行。下面简单介绍五种吸引听众的开场方法，演讲者应该综合考虑主题的内容、个人演讲的风格、听众的特点、周围的环境等因素，来决定采取什么样的方式开场。

---

#### 吸引听众的几种演讲开场法

"万事开头难"，要想用三言两语的开场白瞬间抓住听众的心，并非易事。如果演讲一开始就不能赢得听众的好感，不能吸引听众，那么后面再精彩的言论也将黯然失色。因此，有经验的演讲者，总是创造出新颖独特、有奇趣、显智慧的开场白，以吸引听众，控制现场，为接下来的演讲内容顺利地搭梯架桥。常用的方法主要有：

1. 欲擒故纵法

开场先顺着听众的情绪讲，待听众的情绪稳定之后，再慢慢陈述自己的观点，使听众在不知不觉之中，逐步接受演讲者的观点。例如，佩特瑞克·亨利在弗吉尼亚州议会上的演说是这样开始的："诸位可敬的先生们已向议院提出了请愿，我比任何人都赞赏他们的才干和爱国之心。然而，对同一事物往往各人有各人的见地。虽然我的观点与他们截然不同，但当我毫无忌讳、畅所欲言时，但愿不被认为是对先生们的不恭。现在不是客气礼让的时候，议院所面临的问题是我们国家正处于兴败存亡之际。我认为……"演讲者欲抑先扬，巧妙自然地引入了正题。

## 2. 幽默自嘲法

在开场白里,用诙谐的语言巧妙地自我介绍,会使听众倍感亲切,无形中缩短了与听众间的距离。例如,胡适在一次演讲时这样开头:"我今天不是来向诸君做报告的,我是来'胡说'的,因为我姓胡。"话音刚落,听众大笑。这个开场既巧妙地介绍了自己,又体现了演讲者谦逊的修养,而且活跃了场上气氛,沟通了演讲者与听众的心理,可谓一石三鸟,堪称一绝。

## 3. 奇谈妙论法

人云亦云的论调是很难引起听众的兴趣的,倘若用别人意想不到的见解引出话题,造成"此言一出,举座皆惊"的艺术效果,使听众急不可耐地听下去,就能达到吸引听众的目的。

一上台就开始正正经经地演讲,会给听众生硬突兀的感觉,让听众难以接受。不妨以眼前人、事、景(天气、心情、会场布置、某个发言等)为"媒介",巧妙过渡,把听众不知不觉地引入演讲之中。例如,一位司仪主持婚礼时,这样开头道:"阳光明媚,天降吉祥,在这美好的日子里,在这金秋的大好时光,我们迎来了一对情侣幸福的结合……"这里,司仪就眼前的天气说起,把听众很自然地引入正题。

## 4. 讲述故事法

用形象性的语言讲述一个故事开场,会引起听众的莫大兴趣。例如,1962年,82岁高龄的麦克阿瑟回到母校——西点军校。一草一木,令他眷恋不已,浮想联翩,仿佛又回到了青春时光。在授勋仪式上,他即席发表演讲,是这样开头的:"今天早上,我走出旅馆的时候,看门人问道:'将军,你上哪儿去?'一听说我到西点时,他说:'那可是个好地方,您从前去过吗?'"这个故事,情节极为简单,叙述也朴实无华,但饱含的感情却是深沉的、丰富的,既说明了西点军校在人们心中非同寻常的地位,从而唤起听众强烈的自豪感,也表达了麦克阿瑟深深的眷恋之情。接着,麦克阿瑟不露痕迹地过渡到"责任—荣誉—国家"这个主题上来,水到渠成,自然妥帖。讲述故事时要遵循这样几点原则:要短小,不能成了故事会;要有意味,促人深思;要与演讲内容有关。

## 5. 制造悬念法

人都有好奇的天性,一旦有了疑虑,非得探明究竟不可。在开场白中制造悬念,往往会收到奇效。例如,我党的早期革命家彭湃,一次到乡场上准备向农民发表演讲。怎样才能吸引来去匆匆的农民呢?他想出了一个好主意。他站在一棵大榕树下,突然高声大喊:"老虎来啦!老虎来啦!"人们信以为真,纷纷逃散。过了一会,才发现虚惊一场,于是都围上来责怪他。彭湃说:"对不起,让大家受惊了。可我并没有神经病,那些官僚地主、土豪劣绅难道不是吃人的老虎吗?"接着,他开始向大家宣讲革命道理。

吸引听众的演讲开场法还有很多,如讲述新闻式、赞扬听众式、名言式、实物式等。总之,演讲者只有因具体语境灵活、创造性地运用最恰当方式,才能创造出赢得听众的开场白。

资料来源:张昊民、李倩倩,《管理沟通》,上海人民出版社,2015。

3. 与听众建立良好的关系

俗语说得好:"良言一句三冬暖,恶语伤人六月寒。"成功的开场白能够沟通演讲者与听众的情感,使听众对演讲者的好感油然而生。优秀的演讲者懂得在演讲开场时能够迅速地与听众建立良好的关系,进行感情上的交流。精心设计的开头能够用简单的话语就缩短与听众的距离、拉近演讲者与听众的关系,使听众与演讲者产生情感上的共鸣,从而有利于演讲。

这时演讲者可以通过赞美演讲所在地的文化、历史、风土人情,或是利用演讲者和听众的共同点来拉近距离。不过在用这种开场白时应注意,赞美是发自内心深处的,要自然、真诚。而且赞美的分寸要拿捏得当,不然还会适得其反,为演讲带来更大的困难。共同点要选得恰当,解释要令人信服。

4. 开场白力求简短

开场白要尽量简短,不要在演讲主体没展开前阐述得过多。因为演讲时间的限制,演讲者要把握好各部分的时间安排,不能使人产生头重脚轻的感觉。

注意了以上四点,我们便可以设计出一个好的开场白。好的开场白最好符合上述规则的两三点,这样可以体现开场白的多种作用。不过,优秀的演讲者还会根据具体演讲的地点、听众、主题特征来设计特定的开场白。

### 7.3.2 演讲的主体

演讲的主体是一篇演讲的核心,演讲主体既要自然地紧承开场白的内容,又要使主题清晰、层次清楚。在这个主体部分,演讲者综合运用各种方式,以达到传递信息、说服感染听众的目的。演讲稿的主体也要满足几个基本的条件。

1. 主题明确

演讲的主题贯穿于整个主体,是演讲稿的灵魂,是演讲者观点的浓缩与提炼。缺少或偏离演讲的主题就会使演讲稿黯然失色。

要使主题突出,最好在演讲稿中只安排一个主题、一个中心。特别是对于初学演讲的人来说,难以驾驭多个主题,不妨把精力放在一个主题上尽量阐述清楚明白。还可以在演讲中反复申述自己的观点,在听众脑海中留下深刻的印象。最后,演讲者在阐述主题时要使用强有力的材料加以说明,这样也会使听众理解得更加透彻。

2. 层次分明

如何统筹安排好各种材料与内容,是每一个演讲者都不得不面临的问题。演讲中如果没有层次、不分轻重缓急,演讲者必定手足无措、眉毛胡子一把抓、东一榔头西一棒子乱讲一通。这时,听众必然如坠云端,不知台上的演讲者所云为何,演讲收效甚微。条理清晰、主次分明可以给听众留下良好的印象。同时又因为演讲是口头表达,声音转瞬即逝,所以演讲主体各部分的层次关系不可过于复杂。

成功的演讲者,在其头脑中都会有一幅演讲稿的三维立体图,一幅活生生的、立体的、错落有致、层次分明的图画。演讲者自己对于演讲稿层次的把握,直接影响着演讲的效果。

在管理实践中,汇报是管理者常见的一种演讲形式。演讲者应首先帮助听众预览所讲的主要观点。如"在接下来的20分钟里,我将向大家汇报三个问题:一是西北地区的市场开发经验；二是东北地区的新市场开发情况；三是东北地区下阶段的工作重点"。其次，要明确阐述主要观点。在阐述观点时应注意以下问题：

（1）要严格遵循演讲预览，不能让讨论的问题与预览内容次序不一致，让听众感觉没有条理。

（2）要限制主要论点的数量。认知心理学实验表明，主要论点多于5个时，人们便不易领会。这并不是说，讲完三个论点，你就得坐下，而是说，应当把复杂的想法分成3—5个方面。

（3）使用清晰的承接词。讲话比写文章更需要在主要章节或主要部分之间使用清晰的承接词。如在写文章时，可以用第一、第二、第三……但在演讲时，听众可能会记不住你所列举的是什么，因此，不要用"第二"或"另外"等之类的简短承接词，而是使用"第二个建议是"或"这个系统的第二个好处是"这样比较长的承接短语。

（4）做阶段性的小结。演讲的每个观点，都要提纲性地归纳一下，让听众有机会简略整理你的观点，并能以适当的方式把话题过渡到下一个观点。例如，"现在我们已经总结了西北地区市场开发的五个经验，以及东北地区市场开发所面临的六个问题：一、二……从市场特点看，东北和西北有一定的相似性，我们可以借鉴西北经验。现在就让我们来讨论一下东北地区下一步具体执行的措施。"

3. 高潮突出

演讲最忌讳平铺直叙，必须高潮迭起，紧紧抓住听众的心。演讲的高潮就是演讲者与听众在感情上达到共鸣，双方的情绪都非常激动，精神最为振奋。在进行了层层论证、说明、分析之后，演讲者运用简洁明快的语言、鲜明的态度来向听众表达演讲者肯定的是什么、否定的是什么。演讲的高潮部分是演讲主题最为明确的地方。在演讲的高潮中，演讲者的感情也极其强烈、语言极富感染力，喜怒哀乐尽显于色。

好的演讲应如大海波涛般跌宕起伏，一个高潮接着一个高潮，当演讲快结束时，演讲的高潮也应该达到顶峰。演讲者可以根据演讲内容的需要设置多个高潮层层递进。只有高潮设置得恰到好处，才能传递出强大的感染力。

### 7.3.3 结尾

演讲稿的结尾和开场白一样重要，结尾在一场演讲中具有战略性的作用。俗语"编筐编篓，难于收口"说的就是这个意思。精心设计的结尾能使演讲达到"余音绕梁，三日不绝"的效果。结尾部分通常也是最容易被听众长久记忆的部分。精彩的演讲结尾要起概括演讲的主题，再次表明演讲者的观点看法，使听众意犹未尽、遐想不止的作用。演讲结尾的方式主要有以下几种。

1. 总结概括式结尾

苏格拉底曾经说过："演讲的结尾就是要总结性地将所讲过的内容重复一遍，将同样的内容，用不同的语言再叙述一遍。"

苏格拉底提到的这种结尾方式就是总结概括式的结尾，这种结尾的方式适合于演讲篇幅长、演讲内容多的演讲。演讲者在演讲结束前，用简明扼要的语言对已阐述的思想和观点做一个高度概括性的总结，突出中心、强化主题，给听众留下完整深刻的印象。还能使演讲首尾相呼应，起到画龙点睛的作用。

2. 感召式结尾

感召式的结尾往往是发出号召、提出请求。演讲者在演讲结束时号召听众采取行动的时间已经来到,时机已经成熟。优秀的演讲者总能在演讲的结尾满怀激情地感召听众,使听众有一种马上要离开现场去行动的冲动。

感召式结尾要遵守以下原则:① 要明确地指出感召听众做什么事;② 感召的事情必须是听众能力范围之内的;③ 尽量使听众易于根据感召采取行动。

3. 抒情式结尾

采用这种方式,通常是在演讲者叙述过生动的事例后,有感而发。这类结尾方式会使听众感到意犹未尽,激发听众在演讲后的思考。如李嘉诚2001年在香港理工大学演讲时是这样结尾的:"各位朋友,世人都想有一本成功的秘籍,有些人穷一生精力去找寻这本无字天书,但成功的人,一生都在不断编制自己的无字天书。"

4. 幽默式结尾

演讲者在演讲中使用幽默或诗句结尾是最能被听众接受和记忆的结尾方式。在结尾中充分、灵活地运用幽默的手法,将会起到画龙点睛的作用。这样,既能深化主题,又能使演讲的气氛轻松和谐;既可调整演讲的节奏,又可使听众消除疲劳,使听众在轻松的氛围下接受演讲者的观点。演讲者具有幽默感,并能在演讲中恰如其分地把握住演讲的气氛和听众的心态,才能使演讲结束语收到轰动效果。以马云在2008年的演讲《被时代引领与引领时代》结尾为例,会发现幽默式结尾会给人留下深刻印象。

### 马云的演讲片段

刚才南董讲到了如果有一天我成为比尔·盖茨会怎么样。我一个月前去过比尔·盖茨家,有人指着我对盖茨说,你看,这是中国未来的比尔·盖茨。我一听心里就发虚。我觉得我跟盖茨就一样东西差不多,那就是我们两个人都长得不好看(全场大笑)。其他我们差得很远。我不跟比尔·盖茨比谁有钱,因为很难比,但是要跟比尔·盖茨比谁能在本世纪内让更多的人富起来,让这个社会的人因为你的企业而发财,我想至少在中国还是有这个机会的。(全场鼓掌)

我们总习惯于为自己的失败找理由,而不是为自己的成功找方向。我刚才听了南董讲到一点非常好,说我们国企9位领导掌握了2万亿美元资产,但他们觉得个人收入太低。很多人经常埋怨体制,但是他们又不愿意走出来(全场大笑)。如果他们到我们公司来,我一定付他们200万元、300万元年薪。(全场大笑,鼓掌)我记得当年我当老师时,我们院长说"你马上就能升处长了,到了35岁就可以当正教授了",还真有些诱惑力。但我想想还是得走出来,要不到今天没准也是副局级了。(全场笑)但是,如果你想来想去都是我现在是什么级别的国企领导,这个位置你就会放不下。只有放下昨天已有的东西,才能有新的机会。

资料来源:顾嘉,《马云的魔力演讲与非凡口才》,中国法制出版社,2015。

#### 5. 前后呼应式结尾

这种结尾方式是回到开场白中提到的问题、事例、数据、故事等。如比尔·盖茨2001年在第五届CEO聚会上的演讲是这样开头的："我认为下一个十年将是一个意义重大的十年。在这段时期,大家将普遍使用计算机。"结尾是:"数据技术并不是那样的深入人心,但在下一个十年里,它将变得日益普及。"

#### 6. 以强调听众好处结尾

还可以用如果听众听从了你的建议,可以获得什么样的好处作为结尾。2011年,俞敏洪在对北京高校学生的演讲结尾是这样的:"今天咱们的题目就叫作'相信未来'。'相信未来'是中国著名诗人食指写的一首诗。请同学们一定相信,不管今天你的环境如何,不管今天你身处何地,只要你心中真正有生命热情,只要你相信你的未来总有一天会变得更加美好,只要你相信努力和奋斗的力量,你一定会有美好的未来。"

---

**演讲提纲的内容**

1. 演讲的标题,如有副标题,也应列出来。

2. 演讲的论点:演讲的中心论点必须明确清晰地列出。中心论点所包含的分论点,以及分论点下属的小论点,也应用简明的语言逐层列出,应根据事理的内在逻辑关系依次排列。

可以用排比句来表达要点,例如:① 大学教育可以增加你的收入。② 大学教育可以丰富你的业余生活。③ 大学教育可以为你结识新朋友、增加社交经验提供机会。

3. 演讲的材料依据。阐明主旨的事实材料和事理材料,也应用简明的语言或恰当的符号在相应的部位列出。事实材料主要指例证、数据等;事理材料包括科学原理、科学定律、文件精义、法律条文、名言警句等。这些事实依据和理论依据能使演讲持之有故,言之成理,具有说服力和感染力。因此,必须逐一列出,不可忽视,以免遗漏。

4. 演讲的整体结构。演讲提纲的编列要依据演讲的内在逻辑体现出演讲内容的先后次序。例如,如何开头、如何结尾、重点内容如何突出、如何过渡、结构层次如何安排等。

---

## 7.4 演讲的技巧

### 7.4.1 语言运用技巧

从某种程度上说,演讲就是语言的艺术。演讲语言运用得好坏直接影响着演讲的效果。古今中外优秀的演讲者都非常注重演讲语言的训练。老舍先生曾经说过:"我们最好的思想,最深厚的感情,只能用最美妙的语言表达出来。若是表达不出,谁能知道那思想与感情怎样好呢?"

演讲语言的运用要遵循以下一些原则：

(1) 演讲语言要准确。演讲具有一定的科学性，所以演讲的语言要准确。只有准确的语言才能够准确地阐述事物、表达深刻的道理，才能使听众准确地把握演讲者的意图。演讲者只有思路清晰、词汇丰富、感情真挚、修辞恰当才能够准确地运用语言。

(2) 演讲语言要通俗。演讲语言作为一种有声语言，主要依靠口头表达方式进行传播。通俗的语言不但易于听众理解、记忆，还便于听众传播。要使演讲语言通俗易懂，演讲者就要多多使用口语化的语言。但演讲中运用的口语化语言需经过演讲者反复推敲、加工提炼，去掉演讲内容中啰嗦、不准确、不通顺的部分，使其简洁、准确、鲜明、生动。演讲者可以多使用成语、谚语、歇后语等生活中常用的语言。由于口语化的语言有较多的停顿，所以在演讲中要尽量多使用短小、简单的句式。而且还要注意语言的变化性。

(3) 演讲语言要个性化。演讲者在演讲中表达的是自己的观点，是自己真情实感的流露。优秀的演讲者总是能够用自己的语言讲出自己的思想感情、看法、观点等。演讲者个性化的语言是其经历、学识、思想、风格、修养的集中表现。

(4) 演讲语言要形象化。要使演讲语言形象化，演讲者就要在演讲中多使用语言修辞。比喻是最常使用的修辞方法，它可以使深奥的事物浅显易懂、妙趣横生，还可以调节演讲现场的气氛。排比的应用可以达到增强语言节奏感、加强语言气魄的效果。除此之外，常用的修辞方法还有引用、借代、比拟、设问等。恰当地使用这些修辞方法有助于演讲语言的形象化，恰当地表达演讲者的感情。

### 7.4.2 语言运用技巧

1. 副语言运用技巧

演讲是一种听觉的艺术。其中有声语言是听众与演讲者信息交流的主要载体。而语言中蕴藏着丰富的艺术魅力，不仅能够传达思想、表达情感，而且还能激发听众的兴趣。所以演讲者必须有意识地训练语言技巧，增强演讲的效果。演讲的有声语言可以从音长、音量、音调、重音等方面进行把握。

(1) 音长，就是声音的长短，由音波振动时间决定。振动的时间长，声音就长；反之，声音就短。通常用语言的速度来表现音长，语言的速度也称为语速。为了表达不同的内容与情感，演讲者在演讲时会根据具体需要把握语速的快慢。例如，人们在表达兴奋、欢乐、愤怒、惊恐、激动的感情时，速度相对快一些；而在表达忧郁、痛苦、失望、迟疑、悲伤、沉静、崇敬、景仰的感情或回忆往事时，速度往往较慢。一般来讲，在听众容易理解的地方，演讲者的语速可以稍快；而在不易理解的地方，语速应该放得较慢。

(2) 音量，即音的强弱（响亮）程度，是声音的一种基本特性。音的强弱是由发音时发音体振动幅度（简称"振幅"）的大小决定的。音量的强弱与发音体震动幅度成正比，振幅越大则音越"强"，反之则越"弱"。演讲中，演讲者要根据听众的特点和演讲场地的具体情况来把握演讲音量的大小。既要使最后一排的听众能够轻松地听到演讲的内容，又要在听众的听力承受范围内。演讲者的音量要自然、顺畅地变化。持久、强烈的声波会使听众的差别感受度降低，也就难以获得良好的演讲效果。

(3) 音调，指的是发音音域的高低变化，主要是由声音的频率决定。在现代汉语中有四种音调,即平直调、高升调、弯曲调和降调。平直调平缓而无变化,表达的是一种庄严或冷淡的情绪。高升调逐步上升,表达的是惊讶、号召等意思。弯曲调先升后降,表现出自信、感慨等情感。而降调逐步下降,传达出了自信与坚持等。

在演讲中,音调表现为声音的高低等起伏和变化。声调的变化不仅使语言更加富有抑扬顿挫的效果,而且能够更好地表达出演讲者的感情色彩。演讲者要根据演讲的内容、性质、要求、听众的情绪特点等来灵活运用音调。同时,演讲者的音调不仅要与演讲动作相配合,还要考虑到听众的习惯。经研究,听众的有效注意力每隔 25 分钟左右就会有所松弛,这时演讲者可以变化语言的音调,来调节或消除可能产生的注意力松弛现象,以期收到较好的演讲效果。

(4) 重音,是指在演讲中加重某些词和句的读音。重音的巧妙运用使演讲听起来高低起伏、抑扬顿挫、美感十足,加深了听众对演讲内容的印象。重音是整个句子的一部分,重音前后一定要自然协调。通常一个句子中最能突出演讲者感情的地方即为需要重音处理的地方,这个地方也是整个句子的灵魂。同时还要根据演讲的主题,句子在整个演讲内容的地位和作用,来确定重音。准确地识别和处理重音,是演讲者提高演讲效果的关键。

在句子中,除了感情突出的地方需要重读,属于对应、排比、照应、重复的地方也要重读。演讲中的重音不是一成不变的,要恰如其分地强调某些词句来加强表达的效果。且重音不宜太多,要处理好重音与非重音的关系。

演讲者可以使用多种方法达到重读的效果:

- 音量、音调控制法。演讲者想要突出某个方面,可以采用欲高先低、欲强先弱的方法。高低可以通过控制音量达到,强弱可以通过变化的音调达到。但同时要指出的是,无论演讲者是使用高低音还是运用强弱音都必须是自己感情的自然流露。

- 音长控制法。运用音长也就是运用语速的快慢来达到重读的效果。用较快的语速来表达非重音或次重音的部分,用较慢的语速来表现重音的部分。同时,演讲者还可以在重音前后使用停顿等技巧进行处理,使重音和非重音部分自然衔接。

- 虚实控制法。声音的虚实是指声音飘逸与扎实。虚表现在声音低沉、缥缈、气息富于变化,通常在感叹、惊讶、想象的情形下使用。实表现在声音洪亮、清晰、气息变化较少。演讲者可以根据演讲的内容,虚实结合达到重音的效果。

(5) 停顿,是演讲者在词语、语句或段落间刻意保留的沉默。如果把演讲比喻成一段优美的乐曲,那么停顿就像是这段乐曲中不可或缺的休止符。缺少了这些休止符,乐曲就缺少了节奏的美感。停顿是为了使演讲语义、感情的表达更加准确鲜明,并能使这些意思和情感通过非语言的方式延伸下去。所以演讲者要在演讲中恰当处理停顿,使演讲达到"此时无声胜有声"的效果。

演讲中的停顿根据使用目的的不同可以分为:

- 语法停顿。语法停顿又可以称为自然停顿,是演讲者根据语法结构安排使用的停顿,能够满足演讲者在演讲中自然换气的需要。语法停顿通常可以用标点符号表示出来。在较长的主语和谓语间、动词与宾语间都可以使用语法停顿,以使句子或段落的层次更加分明。例如,"我深深懂得/只有真正爱别人才能得到别人的爱"。这个句子的补语较长,所以在补语前停顿。

- 心理停顿。心理停顿是为了表达演讲者内心复杂和微妙的心理感情所设置的停顿。心理停顿能够激起听众的好奇,使听众注意力集中。在演讲时,演讲者可以通过拖长音节的发音,再辅之体态语言来达到心理停顿所要表达的心理感情。它常来表达演讲者的激动、回忆、疑虑、思考、沉吟不决等情感。例如,"我赢了"。这样的表述只是对赢这个状态的一般描述。而"我/赢了",则表达了"我"复杂的心理活动,有一定的内涵。
- 逻辑停顿。演讲中的逻辑停顿通常是为了强调某一词义所特别安排的。逻辑停顿是在语义停顿的基础上,根据句子词语间的逻辑关系,配合演讲现场的氛围来确定停顿的时间。逻辑停顿要合理、自然、恰当,不能违背日常的语言习惯。如果要表达的语义较短,一般按照句子标点符号来停顿就可以了;如果句子的结构比较复杂,演讲者则可以根据语义划分出若干逻辑停顿。

恰当的停顿都能产生哪些效应呢?总的说来,表现为以下几点:① 能够产生标点的效应。演讲者通过停顿表达出演讲稿中的标点。② 产生气息效应。恰当的停顿调节演讲者的气息,使有声语言的表达效果更加突出。③ 恰当的停顿产生幽默的效应。著名的幽默小说家马克·吐温曾说过:"恰如其分的停顿经常产生非凡的效果,这是语言本身难以达到的。"

听众听演讲的过程也是信息双向流动的过程。演讲者要根据演讲的具体内容,把握演讲有声语言的语速、音量、音调、停顿等因素,尽量做到以情带声、疾缓有致、快慢结合、有张有弛,使听众能够清楚地领会演讲的内容以及各部分的逻辑关系。

2. 身体语言运用技巧

演讲是一种通过有声语言来传递信息的活动,但正如美国学者雷·伯德惠斯特尔(Ray Birdwhistell)所说的,"仅依赖文字我们永远也不会明白一个人说话的完整含义"。我们使用的有声语言不能完全表达出我们要表达的内容,所以我们在演讲中应该使用体态语言来弥补有声语言的不足。不仅如此,体态语言还可以加强演讲的语气,表达出演讲者内在的情感、态度、观点、意见等。综上所述,演讲不只是单一的话语活动,还是有声语言和体态语言的结合。

(1) 面部表情。阿尔伯特·蒙荷拉比(Albert Mehrabian)是美国一位非常有名的心理学家,他曾使用一个公式来说明语言的表达效果,即语言的影响力=声×15%+色×20%+姿×25%+表情×40%。这个公式说明了人在进行信息交流时,语言影响力的40%来自面部的表情,远远大于其他因素的作用。总的来说,面部表情要自然、鲜明、真实、灵敏,还要把握好分寸,不可矫揉造作。

俗话说:眼睛是心灵的窗户。眼睛是人面部最重要的器官,眼神是面部表情中最为重要的部分。眼睛传达出的情感往往是言语难以表达的。演讲者除了利用有声语言与听众进行信息交流,最主要就是利用眼睛与听众进行沟通。所以演讲者在演讲的过程中,要注意与听众进行眼神的交流,来加强语言表达的效果。

在运用眼神交流时,应注意以下问题:首先,眼神的应用应该根据演讲内容的变化而变化,不能脱离演讲者所要表达的感情;其次,演讲者不能只与一小部分听众交流,其眼睛扫描的范围应该是整个演讲场所;最后,眼神的表达方式也应该富于变化,形式不能太死板。

(2) 手势。演讲时手势的作用与面部表情相同,都是为了配合演讲的内容。一般来说,演讲者叙述或在阐述事情时较为平静,这时可以使用自然而平稳的动作;当达到演讲主题的高潮或是需要重点突出的地方时,演讲者可以运用急剧而有力的手势表示感情的升华;等等。演讲者在运用这些动作和手势时也要注意以下问题:第一,设计的手势或动作是为了配合演讲的有声语言,只是起到辅助的作用,不能出现喧宾夺主现象。所以手势或动作要自然、简单、协调。第二,由于演讲的特点,演讲者的动作幅度要适当,一般动作范围仅限于胸前。第三,动作和手势的频率不应过高,每个手势或动作都应是精心设计的,或起到暗示作用,或起到引导作用等。演讲的手势或动作没有固定的章法,演讲者要因事、因时、因人来设计具体的动作。

(3) 站姿。著名演讲家曲啸曾在介绍演讲经验时说:"演讲者的体态、风貌、举止、表情都应给听众以协调的、平衡的、至美的感受,要想从语言、气质、神态、感情、意志、气魄等方面充分地表现出演讲者的特点,也只有在站立的情况下才有可能。"所以演讲者的站姿对于演讲的效果非常重要。

一般来讲,演讲者的站姿应该遵循以下规范:第一,后背挺直,胸略向前上方挺起,头微微抬起。并且注意要收腹、有精神。第二,两肩放松,用脚掌脚弓来支撑身体的重心,否则就会显得紧张而僵硬。脚要绷直,稳定重心的位置以免紧张时左右摇晃。

### 7.4.3 视听辅助手段

有效的视听辅助手段能够起到吸引听众、集中听众注意力的作用。常见的视听辅助手段包括书面材料、书写板、投影仪、多媒体设备等。视觉效果会给听众留下专业化的印象。与未使用视觉效果的演讲相比,使用了投影仪设备的演讲被认为是"准备充分,更专业化,更具说服力,更可信和更有趣的"。

好的视觉辅助手段有四个标准:① 可视性;② 清晰性;③ 简练性;④ 相关性。制作和演示视觉效果要遵循 KISS(Keep It Short and Simple)原则(简单明了)和 KILL(Keep It Large and Logical)原则(字体大、内容逻辑强)。

坚持 KISS 原则,要注意:① 不要出现大段的文字;② 尽量利用图形、图表,有利于清楚地传递信息;③ 运用饼图、直方图、曲线,且每张图片不要出现两个以上的图像。

坚持 KILL 原则,要注意:① 字体要较大,如文字一般 28 号字体以上,32 号比较合适;② 演示图片的图像、图表要大,能让观众清晰浏览;③ 图片之间衔接要连贯、有逻辑性,不出现思路中断;④ 多运用逻辑性图片、总结性图片。

### 7.4.4 克服怯场

在大庭广众之下演讲有紧张情绪是正常现象,大约 60% 的演讲者在演讲前都有某种程度的焦虑。原因主要有准备不充分、缺少实战经验、太在意得失等。下面提供了几种处理怯场的方法:

(1) 演讲前做好充分准备。很多演讲者怯场,是因为他们并没有做好演讲的准备工作。如果演讲者对这次演讲做了充足的准备,无论从主题还是选材都是经过深思熟虑后决定的,演讲者也会很好地发挥出正常水平。"腹有诗书气自华"正是说的这个道理。

（2）加强演讲的训练，丰富实践经验。演讲者可以在日常生活中多参加各种演讲的活动，积累自己的实践经验。也可以在每次演讲前找个安静的环境自己彩排几次。反复地练习，可以增加演讲者的熟练程度，还可以帮助演讲者把握好演讲的时间。丰富的实践和训练是克服怯场的最好方法。通常，你对一项任务的准备越充分，你的信心就越强，同时相应地减少你的焦虑。

（3）演讲者要放松心态。演讲者的演讲是为了发表自己的某些观点、看法或抒发自己的感情，而不是为了名利，所以演讲者不必患得患失。在正确的演讲观点指引下，怯场的情况也就会很少发生。另外，在演讲前可以做几次深呼吸，有利于消除紧张情绪。

## 本章习题

### 一、判断题

1. 演讲是一种社会实践活动，它不仅是一种以"演"为主的宣示活动，也是一种以"讲"为辅的活动。
2. 成功演讲的第一个步骤是讲好开场白。
3. 在演讲中充分利用视听辅助设备不仅能帮助听众理清思路，增强信息的接收量，还能清晰地表达出演讲者的观点。
4. 演讲的语言特点就是结构复杂，修饰成分多，句子长。
5. 在演讲中，听众对信息的接受具有选择性。
6. 一般来说，表达急切、震怒、兴奋、激昂的情感时，语速较慢。
7. 演讲者的生理特征、衣着装束、音容笑貌也对传递信息有影响。

### 二、选择题

1. 成功演讲的第一个步骤是（　　）。
   A. 明确演讲的目的　　　　　　　　B. 确定演讲的信息
   C. 确定演讲的形式　　　　　　　　D. 明确演讲的主题

2. 演讲者在特定的时间、情境下未做好准备，而是凭借自己的知识和阅历，即兴地表达自己的愿望或观点而进行演讲，这种演讲方式是（　　）。
   A. 读稿式演讲　　　　　　　　　　B. 提纲式演讲
   C. 即兴式演讲　　　　　　　　　　D. 背诵式演讲

3. 以下哪一项不是演讲的语言特点？（　　）
   A. 结构复杂，修饰成分多，句子长。
   B. 要口语化，要通俗易懂。
   C. 要具体生动，有幽默感。
   D. 要使用排比、比喻等修辞手法。

4. 演讲者在制作演示图片时，应掌握的技巧原则是（　　）。
   A. KILL 原则　　　B. KISS 原则　　　C. 5W 原则　　　D. KIST 原则

5. 演讲的目的主要是传递信息、说服听众、激励听众和（ ）。
   A. 感动听众　　B. 讨好听众　　C. 服务听众　　D. 娱乐听众

6. 下面哪一种不是口头演讲中开场白所采用的模式？（ ）
   A. 惊人的陈述　B. 提问　　　　C. 讲故事　　　D. 综述

### 三、思考题

1. 如何根据听众的特点来设计自己的演讲？
2. 据个人了解，你认为最有魅力的演讲者是谁？是什么因素使他的演讲如此成功？
3. 演讲准备需考虑哪些方面？
4. 演讲中如何克服怯场心理？
5. 分析你曾经有过的一次演讲经历，你认为该演讲的效果如何？是否成功？成功在哪里？不成功的原因是什么？应如何改进？

### 四、实战演练

通过精心准备及刻苦的训练，人人都可以成为成功的演讲者，该实战演练旨在让学生体验演讲，并从中悟出些道理，从而正确认识演讲，使自己成为成功的演讲者。

准备做一次五分钟的演讲，要求按下列步骤进行：

步骤一：针对听众的特点及可能的偏好，确立演讲主题，着手收集资料。

步骤二：整理所收集的资料，形成演讲稿。然后以大纲的形式制作PPT或用其他多媒体工具进行展示。

步骤三：借助多媒体效果进行试讲，由教师和其他同学对演讲的总过程进行评价，包括走上讲台、演讲内容、语言表达、非语言表现、声音的运用、对问题的解答和结束后的走回原座位等，并及时予以纠正，有时需要反复尝试、反复纠正。

步骤四：正式在全班进行演讲。由学生代表作为评判员与教师一起对每位演讲者打分（见表7-1）。

表7-1　演讲效果评价表

| 评价内容 | 1 | 2 | 3 | 4 | 5 | 6 | 7 | 8 | 9 | 10 |
| --- | --- | --- | --- | --- | --- | --- | --- | --- | --- | --- |
| 内容组织(20%) | | | | | | | | | | |
| 时间把握(10%) | | | | | | | | | | |
| 语言表达(20%) | | | | | | | | | | |
| 非语言运用(30%) | | | | | | | | | | |
| 提问与解答(10%) | | | | | | | | | | |
| 总体印象(10%) | | | | | | | | | | |
| 总分 | | | | | | | | | | |

### 五、案例分析

张雷是一家计算机软件公司的程序员。这家公司有30人，其中15人是程序员。张雷和他的同事每周三都要参加部门例会，部门领导刘朝都要做一周的工作报告，报告中涉及这一周的工作情况、出现了哪些技术上的问题等。客观地说，张雷认为刘朝在计算机程序上具有天赋,可是对于他的演讲水平就不敢恭维了。张雷曾经在无聊的时候给刘朝计算过,这位部门领导曾经在一个小时内说了200多个"这个"。另外,张雷发现刘朝还存在以下一些问题:① 整个演讲基本上是幻灯片播放,刘朝基本上是对着幻灯片,而不是对着他的下属说话;② 讲话经常离题万里,而且在离题(脱稿)的时候,说"这个"的频率就会剧增;③ 当刘朝征求大家的意见时,下属还没来得及提出自己的想法,他就开始其他的话题了,结果成了他的独角戏表演。

**问题:**
1. 在你所经历过的演讲中,有没有遇到过类似刘朝这样的演讲问题?
2. 如果刘朝发现自己的演讲问题,并向你咨询建议,你将如何答复?

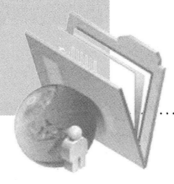

# 第 8 章

# 面　　谈

## 第 8 章 面 谈

**【本章学习目标】**

1. 了解面谈的含义与特征；
2. 了解面谈的类型；
3. 掌握面谈的过程；
4. 掌握面谈所需的技巧。

开篇案例

### 面谈的魅力

小张是某知名服装公司的首席设计师，她在这家公司工作十余年了。当年她从设计院校毕业后找工作时看到了该公司的招聘广告，但是广告限定只招男性。当时该服装公司刚刚成立，规模也很小。但是，小张看重的是公司的发展潜力，认为公司的各方面情况都符合她对工作的预期，所以决定争取该公司的岗位。小张随后联系了该公司的人力资源部门，表达了迫切想加入该公司的愿望，该公司给她的反馈是："虽然我们公司这次计划招聘的是男设计师，鉴于你的主动争取，你还是可以把简历寄过来，得到一次应聘的机会。"

隔了几天，在该服装公司赵总的办公室，进行了一场面试。在看了小张的简历之后，赵总感觉小张的综合素质还不错，但没有什么过人之处，不足以改变他招男设计师的初衷。但是，就在赵总见到小张的一瞬间，他发现女孩本人比她的简历更能打动人。小张得体的仪表、真诚的笑容、从容淡定的谈吐、明亮的嗓音、充满朝气的举止和优雅的姿态，处处流露出自信，展现出才能。就在见面握手的那 30 秒钟，赵总感觉小张就是符合该公司用人标准的合适人选。面试进行了半个小时。第二天，小张如愿以偿地收到了录取通知。

资料来源：张昊民、马君，《管理沟通》，上海财经大学出版社，2014。

由此可见，面谈是人员间沟通的重要方式，掌握一定的面谈技巧对面谈结果起着至关重要的决定作用，是每个面谈参与者必须具备的素质。有学者研究表明，面对面沟通是所有沟通方式中最有效的。

## 8.1 面 谈 概 述

### 8.1.1 面谈的含义

面谈是指组织中有目的、有计划地在两人或多人之间进行的面对面的口头交流信息的活动。简而有之，面谈就是"有计划的交谈"。

面谈是发生在搜集信息者(面谈者)与提供信息者(面谈对象)之间的直接沟通行为,是人们(通常是两个人,有时是更多人)为了某些特定目的而相互搜集、交流信息的一种行为,是企业日常工作中最常用的沟通工具之一。面谈能否成功,依赖于彼此能否建立有效的互动关系。

面谈不同于日常生活中的闲聊。比如在公司的厂区、过道、电梯或超市里与同事偶然相遇,常常会引出各种话题,但这种闲聊属于自发性交谈而不是面谈。让我们来看看下面的案例。

### 王经理与同事的对话

星期一下午,王经理正在去办公室的路上,看到了营销部主任冯天,就停下来与他寒暄。

王经理:"冯天,你好吗?"

冯天:"我很好,你呢?"

王经理:"还不错!"

冯天:"对了,你看了昨天的篮球赛吗?"

王经理:"没有,我咋天和一个老朋友叙旧去了。"

冯天:"哎,太可惜了!你错过了一场最精彩的球赛,姚明的表现实在太出色了,在这场比赛中,他一人就得了32分,特别是在球赛结束前的最后一刻,他投进了一个至关重要的三分球!"

王经理:"真是不错,下次有机会,我一定不错过。啊,我得走了,你看到秦剑了吗?"

冯天:"他刚才在办公室,这会儿不知道在哪里。"

于是王经理就去找秦剑。秦剑是他的下属、仓储部主管,正带着员工在仓库里盘点存货。

王经理:"秦剑,你近来好吗?"

秦剑:"很好!"

王经理:"对了,上个月的仓储报表准备好了吗?"

秦剑:"早就做好了。昨天我已经交上去了,你没看到吗?"

王经理:"没有,我还没收到。"

秦剑:"那就怪了,我明明记得已经放在你的桌子上了。要不我再打印一份给你吧。"

王经理:"好极了,我今天要向总公司汇报。另外,那个新来的大学生做得怎么样?"

秦剑:"很好啊,他很快就熟悉了业务,而且很踏实。他很称职。"

经理:"好极了,看起来一切都进行得很顺利。"

秦剑:"没问题。"

王经理:"太好了,你去忙吧!"

资料来源:刘福成、徐红,《管理沟通》,东北财经大学出版社,2013。

上述对话可以分为两组不同的沟通行为,主要差别在于:第一组沟通行为即王经理与冯天的对话,除了寒暄,没有特殊目的;但是在第二组行为中,王经理却是为了某个明确的目的,想获取一些信息。第一组是礼貌的寒暄,第二组则具有面谈的特征。王经理想得到两个有关的信息:部门工作报表准备好了没有;新来的大学生表现如何。于是王经理就利用面谈来达到其目的。在面谈过程中,王经理专注于与其目的有关的信息,而避免谈及不相干的事情。

### 8.1.2 面谈的特征

如前所述,面谈不同于普通的闲聊,它具有以下特征:

1. 目的性

面谈要有明确的目的,是一种"有目的的对话"。面谈的目的一般是事前确定的,而且不同的面谈目的也各不相同。一般而言,主要包括以下几种:

(1) 以提供、获取或者交换信息为目的,如信息发布会、调研访谈。
(2) 以咨询、商讨或解决问题为目的,如咨询面谈。
(3) 以了解、监控、评价或纠正工作表现为目的,如绩效面谈。
(4) 以选择适当人员完成特定的工作为目的,如招聘面谈。

2. 计划性

面谈必须是一种正式的安排,这就要求组织者事前要进行严密的计划和组织,同时参加人员也必须要有相应的准备。无论你是访问者还是受访者,都要学会如何准备、计划并调控面谈过程以达到自己的目标。理解双方的角色则可以增强争取对方合作的能力,交流有用信息,并取得双赢的结果。

关键的是,要成为一名成功的面谈组织者,首先必须要明确面谈目的,然后再决定有效面谈的途径和方法。谈什么?何处谈?何时谈?与谁谈?如何谈?都要有明确的计划。

3. 控制性

在交流过程中,交流双方所扮演的角色、承担的责任都有很大不同,这会对面谈的效果起到重大影响。面谈一般是由一个人组织、控制并实施的,因此,他在整个过程中便处于主动地位,一般被称为面试者。而另一方,即受试者,在总体上处于被动地位,但是会拥有更多信息。

4. 交互性

面谈是发生在面谈者与面谈对象之间的直接沟通行为,它与其他沟通方式相同,是一个双向沟通的过程,而不是单向的教训或批评。缺少了任何一方,面谈都将无法进行。通过面谈者提出问题—面谈对象回答问题这样的循环过程,面谈双方从相互沟通中达到交流信息、解决问题的目的。

5. 即时性

即时性是面谈与书信沟通最显著的区别,也是面谈的优势之一。面对面地交谈要求面谈双方必须及时对沟通信息做出反应,双方可以直接从面谈中了解这种反应,从而及时发现误解并予以消除。同时,面谈参与者也可以根据对方的反应对某些方面进行强化,加强沟通效果。利用书信沟通则很难看出对方的反应,容易使对方产生疑虑,造成不必要的误会。

### 8.1.3 面谈的主要类型

面谈是管理者最常用的工具,常见的有三类:招聘面谈、信息收集面谈和绩效评估面谈。

#### 1. 招聘面谈

招聘面谈用来帮助现有的组织挑选新成员,是面谈中最常见的类型。通过面试者与受试者面对面地接触和问答式的交谈,可以使招聘单位了解应聘者的情况,评价求职者是否适合进入本组织以及他们是否具有从事该项工作的合适技能,从而做出正确的录用选择。同时,应聘者也可以了解用人单位,找到合适的雇主。

招聘面谈中的问题会涉及四个一般性话题:以前的工作经历;教育和培训的背景;面谈对象的个性特征;面谈对象参加过的相关活动以及对方的兴趣。不同公司会按照自己的需要设计一些特殊的问题,以考察应聘者的能力。

---

**香港有多少只老鼠?**

哈佛中国教育研究中心主任陈宇华在接受记者采访时谈到自己曾经的一次面试经历。"从斯坦福大学毕业后,我去科尔尼咨询顾问公司应聘,该公司与麦肯锡齐名,是目前世界上最大的两家顾问公司之一。我被从众多的应聘者中挑选出来,开始了决定最终命运的面试。

面试的气氛很轻松,只有一位主考官,他拉家常似的问了些与简历有关的问题,然后问:'香港有多少只老鼠?'我心头顿时一片茫然和紧张,这个问题跟咨询顾问公司简直就是牛头不对马嘴嘛!我对香港一点都不熟,于是硬着头皮问:'需要准确数字吗?'考官说不需要,并解释:'这道题是为了了解应试者的思维过程。'然后开始启发我如何解题。

我首先想到,哪些地方容易有老鼠? 在列举了居民家里、野外、工厂下水道等之后,考官让我归纳:'这些地方可以分为几大类?'接着又问:'接下来该怎么办?'我就从家庭开始分析:一般富裕家庭很可能不会有老鼠,普通家庭和较贫困家庭的数目有多少,这些家庭平均每家会有多少老鼠。他认可了我的思路,让我说出具体的方法。'香港有那么多家庭,你不可能一个一个去问。''这就需要把香港的家庭按不同卫生标准来划分区域,然后在每个区域抽取家庭样本,得出不同区域里家庭的平均老鼠密度,再乘以这个区域的家庭总数。'

就这样,在分析了每一个大的类别如何具体计算以后,我用计算器算出了一个大致的数目。当然,这一切都是基于假设的取样结果的。

这还不算完,考官又问我还有没有其他的方法,因为需要从各个方面去验证通过一种方法得出的结果。我于是又想到去收集二手资料,比如去问卫生管理委员会,或者找卖老鼠药的行业调查报告,等等。"

资料来源:于立,《我经历的六种考试》,东北财经大学 MBA 学院产业组织与企业组织研究中心资料,2007。

不难看出,这是一次别出心裁的面试。香港有多少只老鼠?这样的问题看似与咨询工作毫无关联,其实它可以巧妙地考查应试者各方面的能力:首先是结构性思维能力,看你能否把握宏观,总揽全局;其次是逻辑思维能力,考查你在有了一个框架思路以后,怎样一步一步地深入下去;再次就要看你如何去操作,考查你的实务能力;最后考查你的创新能力,看你会不会从不同的角度去解决问题。当然,在考查过程中,也许更重要的是考查你的沟通能力,因为即使有很出色的思维辨析能力,如果你说不明白道不清楚,也很难将你自己推销出去。

2. 信息收集面谈

信息收集面谈是组织中最常见的一种面谈,也是我们平时最常用的调查研究方法之一。当你想收集关于某个话题或问题的信息时,你可以进行这类面谈,并需要自己选择被访者。选择需要基于两个因素的考虑:谁能给你需要的信息和谁愿意给你这个信息。这种形式的面谈通常包括数字数据、客观事实、主观评价和感受等信息。

3. 绩效评估面谈

绩效评估面谈是指绩效考评结束后,管理人员在规定的时间内将绩效结果反馈给下属。面谈的主要内容包括:对考核结果形成一致的看法;回顾被考核者在某一特定考核期内的表现;指明被考核者的优点与存在的不足;对下一阶段工作的期望达成一致,制定其个人业绩目标;讨论并制定双方都能接受的绩效改进计划与方法;制定未来的培训与发展目标。

下面,让我们对一个具体的绩效面谈案例进行分析。

### 一个失败的绩效面谈案例

经理:小张,有时间吗?

小张:什么事,头儿?

经理:想和你谈谈关于你年终绩效的事情。

小张:现在?要多长时间?

经理:嗯……就一小会儿,我9点还有个重要的会议。唉,你也知道,年终大家都很忙,我也不想浪费你的时间。可是HR部门总给我们添麻烦,总要求我们这样那样的。

小张:……

经理:那我们就开始吧,我一贯强调效率。

于是小张在经理放满文件的办公桌的对面,不知所措地坐下来。

经理:小张,今年你的业绩总的来说还过得去,但是和其他同事比起来还差了许多,你是我的老部下了,我还是很了解你的,所以我给你的综合评价是3分,怎么样?

小张:头儿,今年的很多事情你都知道的,我认为我自己还是做得不错的呀,年初安排到我手里的任务我都完成了呀,另外我还帮助其他同事做了很多的工作……

> 经理：年初是年初，你也知道公司现在的发展速度，在半年前部门就接到新的市场任务，我也给大家宣布了，结果到了年底，我们的新任务还差一大截没有完成，我的压力也很大啊！
>
> 小张：可是你也并没有因此调整我们的目标啊?！
>
> 这时，秘书直接走进来说：经理，大家都在会议室里等您呢！
>
> 经理：好了好了，小张，写目标计划什么的都是HR部门要求的，他们哪里懂公司的业务！现在我们都是计划赶不上变化，他们只是要求你的表格填得完整、好看，而且，他们还对每个部门分派了指标。其实大家都不容易，再说了，你的工资也不错，你看小王，他的基本工资比你低，工作却比你做得好，所以我想你心里应该平衡了吧。明年你要是做得好，我相信我会让你满意的。好了，我现在很忙，下次我们再聊。
>
> 小张：可是去年年底评估的时候……
>
> 经理没有理会小张，匆匆地和秘书离开了自己的办公室。

通过分析经理与小张的对话，我们可以看到在此次面谈中至少存在以下问题：

（1）没有充足的准备，面谈比较随意。主要表现在没有提前通知员工；对员工的表现缺乏资料、数据的支持，仅凭主观印象；面谈时间、地点没有事先确定等。

（2）面谈开始之前没有创造良好的面谈氛围，包括没有寒暄、不恰当的座次安排等。

（3）面谈过程中没有肯定员工的成绩，与其他同事相比较挫伤其自尊心，轻易许诺，接听电话、没有制订改进计划等。

那么，应该如何进行面谈呢？以下对策可供参考：

（1）应提前与员工约定面谈的时间、地点，让员工有心理准备。对员工的业绩表现应提前准备客观的资料增加说服力。尽量为面谈做好免打扰的准备。

（2）主管要态度和蔼，在员工到来时要用握手、微笑让座、递上热茶等方式，营造出一种轻松、热情、愉快而友好的面谈氛围。以赞扬和鼓励的话题打开局面，这样可以提高彼此之间的信任度。在座次上，双方最好为90°直角或领导与员工并行而坐，距离50厘米左右。尽量不要面对面，以免造成员工的心理压力。

（3）面谈过程的关键步骤如下：① 说明面谈的目的和作用。首先清楚地向员工说明面谈的目的和作用，使面谈针对性强、易于沟通、消除员工的疑虑。② 与员工对绩效考核结果进行沟通。首先向员工明确评价标准，然后逐项说明考核结果及总的绩效等级，沟通过程中要允许员工提出质疑，给员工提出发表自己看法的时间和机会，要耐心地解释考核评价结果。③ 肯定员工的优点。首先对员工的优点和成绩进行肯定，使员工感觉到，主管对自己工作的评价比较全面客观，甚至一些自己尚未发现的优点和成绩主管能够提到，从而对主管产生信任、服从的感觉。④ 指出员工的不足。只指出不足之处及对绩效发展所带来的影响，不要去评论这些不足是否应该存在以及其他员工对这些不足的看法，避免因此引起员工情绪波动、影响面谈的效果。⑤ 制订改进计划。帮助员工找出有待改进的地方，制订改进计划及采取的相应措施；确定下一周期绩效目标。⑥ 总结面谈要点。主管对绩效面谈过程和考核结果进行简要的总结，与员工一同对考核结果确认签字；结束绩效面谈。尽量照顾好员工的情绪,使员工以积极的态度结束面谈。

各项面谈程序完成该结束时应立即停止面谈,普通员工面谈时间以 30—60 分钟为宜。

## 8.2 面谈的过程

面谈主要包括三大环节,即面谈的准备、面谈的实施、面谈的结束。

### 8.2.1 面谈的准备

面谈前的准备是面谈成功的首要条件。主要包括以下内容:

(1) 明确面谈的目的和收集信息的类型。凡事首先要确立目标,在进行面谈之前要先问自己这样的问题:"为什么要进行这次面谈?""想要达到什么目的?"面谈的目的往往是非常具体的,如对某人的错误进行批评,或对某人的进步表示肯定。Stanton(1998)提出面谈主要有四个基本目的:① 搜集信息。比如市场调查、民意测验。② 信息传播。比如教师与学生的面谈,新闻记者与采访对象的面谈。③ 改变行为。比如产品推销、劝告。④ 解决问题。比如招聘、绩效评估、申诉。

面谈者要在认识目的的过程中,逐步确定需要具体收集的信息,以及为了获取这些信息,应该选择的面谈对象。

(2) 了解受试者的相关情况及背景资料。了解受试者的相关情况和背景资料非常重要。这将有利于完成面谈者的目标。一般来讲,面谈对象分为两类:一类是自己熟识的人,另一类是自己陌生或者不了解的人。对于第一类面谈对象,一般是"即兴面谈",由于自己已经与其建立了联系,所以可以与他们"边想边谈",准备工作也比较简单。但是,对于第二种面谈对象,首先要让他们了解你调查或访谈的目的,并让他们确信你只占用他们一点时间,这样对方就会乐意为你提供信息。在社交聚会上,和陌生人进行即兴交谈效果也不错,但是如果想与其系统地探讨问题或者交换意见时,最好事先有所准备,比如做一张问题列表。

(3) 提前准备面谈中将提出的问题并确定开场白、提问方式等。面谈中面谈者提出的各种问题是面试者收集信息的基本手段,也是面谈者向受试者发出信息的重要载体。将目的和需求转化为问题的过程就是沟通学里"编码"的过程。针对这些问题,受试者会根据自己的知识体系、个性习惯、思维方式等加以理解,最终成功进行"解码"。而这就是面谈中互动的信息交流过程。

(4) 安排面谈的时间、地点,布置环境,力求让受访者在一种轻松的状态下把真实的想法表达清楚。一个合适的时间和地点将会对面谈的有效进行提供有利条件。舒适宽敞、明亮整洁的环境有利于双方保持清醒的头脑和愉悦的情绪,安静的、不受噪声侵袭和电话打扰的场所则有利于提高面谈的效率。

(5) 提前通知相关人员,包括面谈者、受访者等。

### 8.2.2 面谈的实施

一般来讲,面谈的实施主要包括四个阶段,如图 8-1 所示。

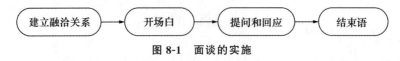

图 8-1 面谈的实施

1. 建立融洽关系

面谈者的目标就是让受访者诚实地回答你的问题。为了使受访者敞开心扉、不设防备,面谈者就需要在访谈一开始就建立起融洽的关系,营造良好氛围。这样有助于使对方放松紧张的神经,感到你们拥有共同的兴趣,知道自己可以信赖你,使信息顺利通畅地交换,进而使双方更好地沟通。

要想建立融洽关系,可以从以下几个方面努力:

(1) 热情接待受访者,请受访者入座,以握手、点头、微笑等开场。同时,进行目光接触,称呼受访者的名字。如果面谈是在办公室或家里进行的,应该让受访者感到舒适和自在。

(2) 对面谈表现出发自内心的兴趣,并且努力寻找与对方共同的兴趣、态度、朋友或经历,以便建立更为亲切的氛围。

(3) 密切关注受访者的反应,并据此调整自己的行为,使受访者感到舒适。当明确受访者已经适应了环境后,就应该把面谈推向下个阶段,即进行开场白。

2. 开场白

开场白主要是由面谈者介绍面谈的目的、程序并对受访者表示欢迎。在创建和谐关系之后,面谈者要用简短清晰的语言向受访者说明面谈的目的等内容。这一部分常常被面谈者忽视,造成受访者对面谈本身摸不到头脑,从而使面谈的效果大打折扣。

比如,在离职面谈时,面谈者可以用如下的开场白:您好,我是人力资源部××,今天约您过来主要是想与您谈一下关于您离职的情况,以便于我们做好以后的工作,今天面谈的结果我会为您保密,不会对您造成任何不良影响。

3. 提问和回应

在开场白之后,就开始准备提问与目的相关的问题。面谈一般会以一问一答的方式进行,面谈者要对受访者的回答予以回应。这样,在问下一个问题之前,先就前一个问题交换意见,因为面谈者与受访者双方意见的交换是非常重要的。

作为面谈者,可以利用对受访者的回答做出回应的机会,把会谈引向自己所期望的目标。如果感到面谈没有朝预期目标靠近,就可以改变话题或主题,而无须任何过渡。比如可以说:"让我们来讨论一下……"由于受访者一般是期望被提问的,因此也会很自然地跟随面试者的思路进行下去。

> **不同的回应方式**
>
> 在面谈时,可以根据受访者的陈述,选择不同的回应方式。
>
> 寻求更多的信息:通过追问等方式进行进一步交谈。
>
> 表达赞同意见:用点头或者"嗯"来表示赞同并鼓励受访者说下去。
>
> 总结:总结刚才对方的观点以确保自己对问题的彻底理解。总结还可以表示这个问题结束,即将开始下一个问题(比如"你对自己一个普通工作日的描述,让我知道你用来做文书工作和参加行政会议的时间,和与学生一起的时间不相上下")。
>
> 把话题转移到相关领域:比如"团队相处是有很多困难的,那么你们的团队经常会出现什么问题呢,又是怎么处理的呢"。
>
> 结束该话题,开始新话题:比如"我现在想问你一些其他方面的情况"。

4. 结束语

结束语是整个面谈实施过程结束的标志,要尽量使用亲切并且清楚的结束语。主要包括以下几点:感谢受访者花了宝贵的时间进行面谈;概述面谈的要点;可视情况请对方做最后的评论;握手告别。

俗话说"好记性不如烂笔头"。在整个过程中,还有个重要问题是如何做好面谈记录。首先,面谈前应该先征求对方意见。如果对方同意做记录,应当在面谈过程中及时做好记录。但是,如果对方担心"白纸黑字"会有不良后果,造成面谈时态度拘谨、不能倾谈,面谈者就应当向对方表示歉意,只需用心倾听对方谈话要点。然后,于面谈后第一时间记录下本次面谈情况。

### 8.2.3 面谈的结束

有人认为,到握手告别,面谈也就完全结束了。实则不然。握手告别只是面谈实施阶段的结束标志,并不是整个面谈过程到此为止。任何沟通都需要有总结和反馈的过程,面谈也不例外。与受访者告别后,还有一些总结、评价性的工作是必不可少的。

首先,面谈结束后,要及时对面谈记录做出整理。没有面谈记录的,要及时补录。

其次,要撰写面谈报告。要尽可能详细地将面谈情景回想并写下来,根据面谈记录和后来所做的补录,做出结论和评价。在这个过程中,要注意区分其中的实施和假设,自问受访者是否会赞同自己所写的东西。如果对其中某些地方有疑虑,可以给受访者打电话或发邮件确认,或者将写好的总结记录让其过目。如果面谈的目的是改变对方的态度或行为,就要准确地写下自己通过面谈所取得的成果。

最后,要总结自己在此次面谈中的得失,发扬优势,改正不足,以期下次面谈做得更好。

> **有效总结，提高面谈能力**
>
> 结束面谈之后，可以问自己以下几个问题，来评估自己的表现，以便为以后的面谈提供经验和借鉴。
>
> 1. 我为这次面谈做了充分准备吗？应该怎样才能准备得更好？
> 2. 我是否成功地让受访者感到舒适自在？他信任我吗？对我的问题感兴趣并乐于回答吗？为了构建融洽关系，还应该做什么？
> 3. 我是否主导了谈话过程？达到预期目的了吗？我本该通过什么方式更好地实现自己的目标？
> 4. 对自己面谈的结束方式满意吗？还有更好的结束方式吗？
> 5. 面谈之后，我还想或者应该做些什么？比如可以给受访者发封感谢信，请其确认一下模糊的信息，或者可以给应聘者一个反馈？

## 8.3 面谈的技巧

面谈者应该在面谈准备、自我形象、语言和非语言信息的表达等方面注意各种面谈技巧。

### 8.3.1 开始的技巧

尽早与受访者建立起和谐融洽的面谈关系，营造轻松的氛围。心理学研究表明，交谈的时候，双方座位成直角时要比面对面的交谈自然六倍，比肩并肩的交谈自然两倍。因此，面谈者应根据不同的目的来决定面谈双方的空间位置，同时告诉受访者面谈的目的及他怎样有助于达到那个目的。

在办公室进行面谈时，区域的安排也会对面谈效果产生非常大的影响。研究表明，办公室区域可以分为两部分：压力区域和半社会化区域。压力区域是指办公桌周围的空间，办公室的主任坐在办公桌后面，那么这张桌子就会在交谈双方尤其是地位不平等的双方面谈时变成一道自然的"心理屏障"。因此，这一区域一般被用来安排正式的面谈。而半社会化区域则是指离办公桌稍远的空间，比如办公桌旁边的沙发。这个区域的交谈会被认为是建立在较平等的基础上的，因此会使面谈双方产生较轻松的情绪。通常，除非一些很严肃的面谈，其他的可以尽量安排在半社会化区域。这将有利于提高面谈的质量。

### 8.3.2 提问的技巧

提问是面谈中获取信息的最主要手段，提出问题的方式不同会直接导致对同一问题所做回答的形式、信息量大小等方面的不同。在提问中，首先应多涉及具体经历的问题，其次还要注意问题的平衡性，既问正面问题，也问反面问题，以考查个人的全面能力。下面简要介绍问题的类型。

1. 开放式问题和封闭式问题

这是最普遍的分类方法。开放式问题可以给受访者更多的自由发挥空间，让应答者充分地表达观点，如"你对目前的考核办法是怎么看的？""新的规章对部门士气有何影响？""如果在工作中，你的上级非常器重你，经常分配给你做一些属于别人职权范围内的工作，为此同事对你颇有微词，你将如何处理这类问题？""你对加班怎么看？"。

封闭式问题则恰恰相反，它限制了应答者的回答，有时只需以"是"或"不是"做答。比如"你有相关经验吗？""你对我们目前的考核办法是否感到满意？"

在面谈时，面谈者要根据具体情况对其综合运用。通常，开放式问题可以让受访者更好地展示自己的个性、思维方式等内在的特点，可以让面谈者获得更多的深层次信息。封闭式问题则更适于收集或核对一些细节性的事实情况。表8-1列出了开放式问题与封闭式问题的优缺点。

表8-1 开放式问题与封闭式问题

| 开放式问题 | 封闭式问题 |
| --- | --- |
| 优点：<br>　　能够了解受访者的知识深度<br>　　了解他的表达能力<br>缺点：<br>　　耗时，难控制进程，尤其是受访者滔滔不绝时，话题可能不着要点 | 优点：<br>　　可以获得特定的信息<br>　　能够掌控面谈的进程<br>　　节省时间、精力<br>　　避免受访者泛泛而谈<br>缺点：<br>　　无法了解受访者的思想深度和表达能力 |

2. 中性问题和引导性问题

中性问题是指问题本身不含有任何有关面谈者偏好的暗示，可以获得较真实的回答。引导性问题则会将受试者的反应或回答引向面谈者偏好的方面。典型的中性问题如"你为什么离开以前那家公司？"，引导性问题如"你是不是因为以前的工作太累而另觅他处的呢？"

引导性问题如果运用不得当，极易造成信息的扭曲与偏差。当然，如果你的面谈目的就是说服别人，那么可以采用这种方式。如推销员问"你是否像其他人一样喜欢使用该产品？"

3. 追踪性问题

追踪性问题是对受访者前一个问题的回答进行追问而提出的。一般是用来了解更深层次的信息。如果你对某个问题感兴趣，需要进一步了解细节，可以采用追踪性问题。尤其是在招聘面谈中，追踪性问题很普遍，也是招聘方辨别应聘者回答真实性的重要手段。比如，一名应届毕业生说自己在学校担任学生会主要干部，组织了很多活动，极大地锻炼了自己的组织、协调能力。面试官就可以进一步追问：那么你都组织了哪些活动？其中对自己锻炼最大的是什么？能简要说明一下吗？

在行为性面试中，常采用STAR模型来进行追问，从而通过挖掘一个人过去的行为来预测其未来的行为。先是问事件是在什么情境（situation）下发生的，然后问这件事的目标(target)是什么,接下来问采取了哪些行动(action),最后问事情的结果(result)是什么。

4. 假设性问题

如果为了考查应试者处理某个具体问题的能力,也可以采用假设性问题。如"假设你是营销主管,将如何处理与生产部主管的关系?"使其展示他的工作能力和工作方法,或对某问题的态度。

5. 重复性问题

当需要确认某个问题时,可以采用这种提问方式,如"看来你是打算提出辞职了?"重复性提问也用来使对方了解自己在集中思想认真地倾听,以融洽气氛。

不同类型的提问方式各有特点和侧重点,面谈者要根据具体情况选择不同的提问或者反应方式,以期达到最好的效果。它有助于面试者对受访者加深认识,或者辨别受访者回答的真实性。

### 8.3.3 结束的技巧

1. 把握结束的时机

成功的面谈应该是意味深长而令人留恋的,继而使双方产生希望今后继续交谈的愿望。而在实际生活中,很多人不知道如何把握结束交谈的时机,常常到了双方都感到疲倦甚至厌烦的时候才终止交谈,这样不仅难以发展今后的联系,而且也可能使已经取得的成果尽毁。

一般来讲,我们要见好就收,在谈话的主题已经得以深入展开、双方进行了充分的交流、交谈情绪达到高潮时主动提出结束。这时,任何一方出现的其他情况均可以成为结束交谈的时机。比如,其他人的到来、电话的响动等。我们要抓住机会,及时结束交谈。根据情况的不同,可以选择不同的结束方式,比如:"不好意思,我们先谈到这儿吧,刚接到电话,有点事要处理。以后再联系啊!"或者说:"您这儿来客了,我们改天再聊吧,我先告辞了。"

2. 注意捕捉对方的"结束信号"

有时,对方有事或者兴趣索然却不便说明的时候,常常会通过一些话语或者动作展示出来。我们要做一个有心人,善于捕捉这些信号,主动结束会谈,以免做一个没眼力见的"讨人嫌"。这些信号可能包括:经常"不经意"地频繁看表、越来越快地转换坐姿、目光游离或精神不集中、前言不搭后语等。这时,我们最好是起身告别了。

此外,也有些人会用语言发出暗示。比如说:"这些问题非常有意义。我明天正好要到外地开一个相关的专业研讨会,到时候顺便请教一下其他专家。"这个例子中,由于表明自己要出差,言外之意"我还要做些准备",也就是暗示面谈应该到此结束了。

3. 表达进一步沟通的愿望

交谈结束时,要对面谈的要点加以总结,主动表达谢意以及进一步沟通的愿望。就如同交谈伊始通过各种问候建立起和谐融洽的关系一样,交谈结束也应该运用相关语言给面谈画一个圆满的句号。这样不仅可以给对方留下良好的印象,而且可以为以后的更深层次的交往埋下伏笔。

比如，可以说："感谢您给予的指点，耽误您宝贵时间了，以后常联系啊！"或者说："跟您交流真是受益匪浅，下次我还要向您多请教！"

总之，一次面谈的结束并不应成为一段人际关系的结束，而应成为另一段交往的开始。一个有技巧的善于交往的人应该把握住面谈结束的机会，为下一次面谈做好铺垫。另外，要及时对面谈过程中的材料进行归纳、总结、整理，才能为解决问题提供依据。

### 8.3.4 倾听与记录的技巧

积极倾听是必备的重要技能之一。正如阿拉伯人所说："如果我倾听别人讲话，我就处于有利地位；如果是我讲话，别人就处于有利地位。"一般来讲，面谈者应当利用 2/3 的时间去积极倾听对方的讲话。

在多数情况下，要把面谈要点记下来。但是在面谈中埋头做记录往往会分散面谈者的注意力，打扰面谈的正常进行。有效的方法之一就是运用一张面谈前拟好的标准格式表（见表 8-2）。

表 8-2　绩效考核面谈表

| 部门 | 职位 | 姓名 | 考核日期 |
|---|---|---|---|
|  |  |  | 年　月　日 |
| 工作成功的方面 | | | |
| 工作中需要改善的地方 | | | |
| 是否需要接受一定的培训 | | | |
| 本人认为自己的工作在本部门和全公司中处于什么状况 | | | |
| 本人认为本部门中工作最好、最差的分别是谁？全公司呢 | | | |
| 对考核有什么意见 | | | |
| 希望从公司得到怎样的帮助 | | | |
| 下一步的工作和绩效的改进方向 | | | |
| 面谈人签名： | | 日期： | |
| 备注： | | | |

## 本章习题

**一、判断题**

1. 面谈相对书面沟通的优点主要是反应更快，对信息的组织和表达上也更灵活。
2. 面谈场所最好选择相对封闭、方便双方进行沟通、安静不易被打扰的环境。
3. 招聘面试就是一次重要的面谈。
4. 面试官在面试时会有晕轮效应产生。
5. 面谈就是两人之间的谈话。

## 二、选择题

1. 下列哪些不是面试的特点？（    ）
   A. 双向交流　　　B. 间接的　　　C. 针对性强　　　D. 内容灵活
2. "按你的说法，这样做不够合理？"这句问话属于（    ）。
   A. 重复性提问　　　　　　　　　B. 假设性提问
   C. 追踪性提问　　　　　　　　　D. 引导性提问
3. 在与下级员工面谈时，上级不恰当的行为表现是（    ）。
   A. 不与员工争论　　　　　　　　B. 不打断员工说话
   C. 不过早下结论　　　　　　　　D. 尽量多说，让员工多听
4. 面试人员应该注意的沟通问题有（    ）。
   A. 围绕面试主题　　　　　　　　B. 注意非语言
   C. 及时总结　　　　　　　　　　D. 及时记录
5. 面试时的沟通技巧，下列哪一点是不可取的？（    ）
   A. 服饰得体，讲究卫生　　　　　B. 迟到无所谓
   C. 表情自然，动作得体　　　　　D. 注意细节，树立形象

## 三、思考题

1. 面谈的含义和特性是什么？
2. 如何进行绩效面谈？
3. 简述面谈的过程。
4. 面谈者应掌握哪些技巧？
5. 对你曾经有过的面谈经历做出评价，有哪些优点？还有哪些不足？

## 四、情景模拟

模拟招聘的规则和程序：

（1）将学生分成几个小组，每个组都负责想出面试中的问题。例如，关于应聘者的背景(你如何看待你的专业背景与这个工作的分歧之处)、情商(你如何处理顾客满意度与行业规则问题)、价值和态度(你的处事态度是什么？你是否希望每个人都喜欢你)、任务(你是否会加班工作，如果会，为什么？如果不会，为什么？)等。

（2）给每个小组五分钟时间，大家群策群力地设想在面试过程中可能会遇到的问题，并将其记录下来。

（3）请每个小组选出他们将要提问的三个问题。

（4）挑选出四位志愿者，其中一位是面试考官，三位为面试者。

（5）现在面试官给每位应聘者十分钟时间来回答问题，问题可以是刚才大家提出来的，也可以是面试官认为很重要，但大家并没有提到的。大家轮流回答问题，一直到十分钟的时候停止。

（6）请面试官选出他想要录取的应聘者，并陈述理由。

（7）大家投票表决决定招聘哪个人，记录每个投票者的支持人选，并排序，注意每个人只有一次投票机会。

讨论一下：

在应聘的过程中,什么能力是最重要的?这些能力可以通过哪些问题显示出来?

**五、案例分析**

2007年年底的一个周三下午,安徽合肥高新区某IT公司销售部员工张三被其主管销售部赵经理请到了二楼会议室。张三进门时,看见赵经理正站在窗户边打电话,脸色不大好看。约五分钟后,赵经理匆匆挂了电话说:"刚接到公司一个客户的电话……前天人力资源部部长找我谈了谈,希望我们销售部能带头实施面谈。我本打算提前通知你,好让你有个思想准备。不过我这几天事情比较多,而且我们平时也常沟通,所以就临时决定今天下午和你聊聊。"

等张三坐下后,赵经理接着说:"其实刚才是蚌埠的李总打来电话,说我们的设备出问题了。他给你打过电话,是吧?"张三一听,顿时紧张起来:"经理,我接到电话后认为他们自己能够解决这个问题的,就没放在心上。"张三心想:"这李总肯定向赵经理说我的坏话了!"于是变得越加紧张,脸色也变得很难看。

"不解决客户的问题怎么行呢?现在市场竞争这么激烈,你可不能犯这种低级错误呀!这件事等明天你把它处理好,现在先不谈了。"说着赵经理拿出一张纸,上面有几行手写的字,张三坐在对面没看清楚。赵经理接着说:"这次的绩效考评结果我想你也早就猜到了,根据你的销售业绩,你今年业绩最差。小张呀,做市场是需要头脑的,不是每天都出去跑就能跑到业务的。你看和你一起进公司的小李,那小伙子多能干,你要向他多学着点儿!"张三从赵经理的目光中先是看到了批评与冷漠,接着又看到了他对小李的欣赏,张三心里感到了刺痛。

"经理,我今年的业绩不佳,那是有客观原因的。蚌埠、淮南等城市经济落后,产品市场还不成熟,跟江浙地区不能比。为了开拓市场,我可费了很多心血才有这些成绩的。再说了,小李业绩好那是因为……"张三似乎有满肚子委屈,他还想继续讲却被赵经理打断了。

"小张,你说的客观原因我也能理解,可是我也无能为力,帮不了你啊!再说,你来得比他们晚,他们在江浙那边已经打下了一片市场,有了良好的基础,我总不能把别人做的市场平白无故地交给你啊。你说呢?"赵经理无奈地看着张三说。

"经理,这么说我今年的奖金倒数了?"张三变得沮丧起来。

正在这时销售部的小吴匆匆跑来,让赵经理去办公室接一个电话。赵经理匆匆离去,让张三稍等片刻。于是,张三坐在会议室里,心情忐忑地回味着经理刚才讲过的话。大约过了三分钟,赵经理匆匆回到了会议室坐下来。

"我们刚才谈到哪儿了?"赵经理显然把话头丢了。张三只得提醒他说到自己今年的奖金了。

"小张,眼光要放长远,不能只盯着一时的利益得失。今年业绩不好,以后会好起来的。你还年轻,很有潜力,好好干会干出成绩来。"赵经理试图鼓励张三。

"我该怎么做才能把销售业绩做得更好呢?希望经理您能多提携我呀!"张三流露出恳切的眼神。

"做销售要对自己有信心,还要有耐心,慢慢来。想当年我开辟南京市场时,也是花了近一年的时间才有了些成效。那个时候公司规模小,总经理整天带着我们跑市场。现在我们已经有了一定的市场占有率了,公司知名度也有所提高,应该讲现在比我们那时候打开市场要容易些了。"

张三本正打算就几个具体的问题请教赵经理时,赵经理的手机突然响了,他看了一眼号码,匆忙对张三说:"我要下班接儿子去了,今天的面谈就到这里吧,以后好好干!"说罢匆匆地离开了会议室,身后留下了一脸困惑的张三……

资料来源:徐天坤,《一次绩效反馈面谈诊断》,《人力资源管理》,2008年第12期。

**问题:**
这次面谈中存在哪些问题?如何改进?

# 第 9 章

# 倾　　听

# 第9章 倾听

【本章学习目标】

1. 掌握倾听的含义；
2. 了解倾听的作用与类型；
3. 了解倾听的过程；
4. 掌握倾听的障碍与技巧。

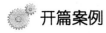开篇案例

## 倾听的价值

古希腊哲学家阿那克西美尼晚年的时候声望很高，拥有上千名学生。一天，这位两鬓花白的老者蹒跚着走进课堂，手中捧着厚厚的一摞纸。他对学生说："这堂课你们不要忙着记笔记，凡是认真听讲的人，课后我都会发一份笔记。一定要认真听讲，这堂课很有价值！"

学生们听到这番话，立刻放下手中的笔，专心听讲。但没过多久就有人自作聪明——反正课后老师要发笔记，又何必浪费时间去听讲呢？于是开起了小差。临近下课时，这些学生觉得并没听到什么至理名言，不禁怀疑起来：这不过是一堂普通的课，老师为什么说它很有价值呢？

课讲完了，阿那克西美尼将那摞纸一一发给每位学生。领到纸张后，学生们都惊叫起来："怎么是几张白纸呀！"阿那克西美尼笑着说："是的，我的确说过要发笔记，但我还说过请大家一定要认真听讲。如果你们刚才认真听讲了，那么请将在课堂上听到的内容全部写在纸上，这不就等于我送你们笔记了嘛。至于那些没有认真听讲的人，我并没有答应要送他们笔记，所以只能送白纸！"

学生们无言以对。有人懊悔刚才听讲心不在焉，面对白纸不知该写什么；也有人快速地将记住的内容写在白纸上。后来，只有一位学生几乎一字不落地写下了老师讲的全部内容，他就是阿那克西美尼最得意的学生，日后成为古希腊著名哲学家的毕达哥拉斯。阿那克西美尼满意地把毕达哥拉斯的笔记贴在墙上，大声说："现在，大家还怀疑这堂课的价值吗？"

资料来源：张小平，《向上的力量无穷大：100个传递正能量的励志故事》，中国经济出版社，2013。

阿那克西美尼一贯主张，人生最大的财富是倾听。只有乐于并善于倾听，才可能成为知识的富翁；而那些不愿意倾听的人，其实是在拒绝接受财富，终将沦为知识的穷人。

## 9.1 倾听概述

谈到沟通，人们往往把注意力集中在说话者身上，认为说话者是沟通的重点或焦点，

却常常忽略沟通中不可或缺的角色——倾听者。中国有句成语叫"洗耳恭听",形象、生动地表达了对倾听的重视程度,可见倾听绝不只是"听见了"这么简单。

美国明尼苏达大学 Nichols 教授和 Stevens 教授认为,一般人每天有 70% 的时间用于某种形式的沟通。在他们的报告中,还特别提到,我们每天用于沟通的所有时间中,45% 用于倾听,30% 用于交谈,16% 用于阅读,只有 9% 用于书写。倾听作为建立或保持关系的一项基本技能,在沟通中起着非常重要的作用。

### 9.1.1 倾听的含义

教育家戴尔·卡耐基(Dale Carnegie)说:"做个听众往往比做一个演讲者更重要。专心听他人讲话,是我们给予他的最大尊重、呵护和赞美。"倾听是每个人的必修课,要想得高分,必须下一番苦功。保罗·伦根说,人们在每 10 分钟里有 7 分钟用于听。一般人仅能听懂对方所说的一半,理解该一半的 1/4,记住的往往更少。

国际倾听协会这样对倾听下了定义:倾听(listening)是接收口头和非语言的信息、确定其含义和对此做出反应的过程。

倾听,就是用耳朵听,用眼睛观察,用心灵去感受(见图 9-1)。

图 9-1 "听"字解析

由上述定义可知,听与倾听是有着很大区别的。听是每个人与生俱来的能力,是一个正常的生理过程,是听觉器官对声波的一种单纯感受,只是被动地接收信息传递者发出的信息,或许入了耳,但不入心。而倾听不仅是生理意义上的听,更是一种积极的、有意识的听觉感受及心理活动,是信息接收者积极、主动地捕捉信息和搜寻信息的过程。通过倾听,人类在获得表层信息内容的同时还能挖掘信息中隐藏的深层感情和意思表达,指导听者的思维判断。此外,倾听也具有很强的技巧性,人们可以通过后天的训练提高倾听能力。倾听与听的区别如图 9-2 所示。

首先,倾听是一种主动行为。倾听不是一种单纯的、被动式的接受,而是积极地去捕捉说话者的思想和观点,并对这些思想和观点从自己的视角出发进行再分析和再思考。因而在倾听的过程中,倾听者的思维始终处于活跃状态。

其次,倾听需要投入情感。人人都需要倾听和被理解,这种被理解在很大程度上是希望他人在情感方面给予自己肯定或者分享。因此,在倾听的过程中,倾听者应该对说话者有足够多的情感投入,以表示对说话者的支持与尊重。倾听者要接受并理解说话者的感情流露,通过面部表情、言语表达或者肢体动作,向说话者传递情绪认同,让说话者真实、

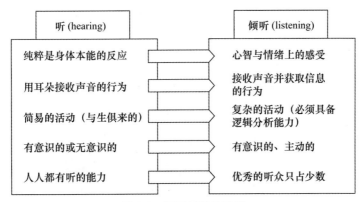

图 9-2 倾听与听的区别

准确地感受到被关心和理解,进而鼓励说话者投入更高的热情表达自我。

最后,倾听是一种综合行为。从生理学角度分析,倾听者比说话者更易疲劳,因为它要求脑力的投入,要求集中全部注意力。国外有人分析,一般人说话的速度是每分钟 125 个词汇,而倾听能力则是每分钟可接受 400—600 个词汇。两者之间的差值显然给大脑留下了充足的时间。但是,倾听时间的充裕并不意味着倾听行为的轻松。

倾听需要多管齐下,是一种耳到、眼到、脑到、心到的综合行为。倾听时,首先要求运用听觉器官"耳朵"仔细听取对方的语言信息。同时,要求运用视觉器官"眼睛"去观察对方的动作、表情等非语言信息。在此基础上,运用中枢指挥系统"大脑"对眼睛和耳朵捕捉到的各种信息和对方潜藏的内在动机、情绪等加以分析和判断。此外,还需要投入足够的"真心",在理性的基础上加入感性因素,丰富倾听的效果。总之,这样一个综合性的整体行为才构成倾听。

由此可见,倾听是一种有意识、有情感地接受语言或非语言信息并且对此做出反应的过程,是具有主观能动性的行为,是可以通过后天的训练培养出来的良好沟通习惯。

## 9.1.2 倾听的作用

西方谚语说:"用十秒钟时间讲,用十分钟时间听。"中国也有句老话叫:"说三分,听七分。"可见在沟通中,"会听"甚至比"会说"还重要。心理学家指出,倾听是一种能力,是对个人的注意力、记忆力、理解力、想象力、思考力的挑战。人们喜欢善听者甚于善说者,倾听能体现一个人的魅力。

1. 善于倾听的管理者可以产生激励作用

认真倾听可提高说话者的自信心和自尊心,激发对方的工作热情。美国成功企业家玫琳凯·艾施(Mary Kay Ash)是玫琳凯化妆品公司的创始人,现在她的公司已拥有 20 万员工。她成功的秘诀之一就是非常重视倾听,她要求管理者记住"倾听是最优先的事",每个员工都可以直接向她陈述困难,她不但仔细记录,而且会在规定的时间内给予答复。

这种管理理念加深了管理者和员工的感情,员工也因为受到了上级的重视而更加努力工作。在很多情况下,员工希望公司有途径让他们倾诉,使自己的想法得到表达。日本、英国、美国一些企业的管理人员常常在工作之余与下属职员一起喝咖啡,就是让部下有一个倾诉的机会。

管理沟通

### 最有价值的小金人

古时候有个小国的使者到中国来,进贡了三个一模一样的小金人,把皇帝高兴坏了。可是这个小国的使者同时出了一道题目:这三个金人哪个最有价值?皇帝找来珠宝匠,想了许多办法,称重量,看做工,都是一模一样的。

怎么办?使者还等着回去汇报呢。泱泱大国,不会连这个小问题都不懂吧?最后,有一位卸任的老臣说他有办法。皇帝将使者请到大殿,老臣胸有成竹地拿着三根稻草,插入第一个金人的耳朵里,稻草从另一边耳朵出来了。第二个金人的稻草从嘴巴里直接掉出来。而第三个金人,稻草进去后掉进了肚子,什么响动也没有。老臣说:"第三个金人最有价值!"答案正确,使者默默无语。

资料来源:《三个小金人的故事》,https://www.sohu.com/a/140565319_237213。

最有价值的人,不一定是最能说的人。老天给我们两只耳朵一个嘴巴,本来就是让我们多听少说的。善于倾听,才是成熟的人最基本的素质。

2. 倾听是获取信息的重要方式

交谈中有很多有价值的信息,一个随时认真倾听他人讲话的人,无意中有可能成为信息的富翁。擅长倾听的管理者将通过倾听,从上级、同事、下属和顾客那里及时获得信息。正如管理大师汤姆·彼得斯(Tom Peters)和罗伯特·沃特曼(Robert Waterman)在他们合著的管理类畅销书《追求卓越》(In Search of excellence)中提到的一样,有效倾听可以使企业直接从客户口中获得相关信息。

### 认真倾听的"海底捞"

著名火锅品牌"海底捞"是凭借"认真倾听、热情服务"出名的。"海底捞"西安店业绩不佳,总部将年仅19岁的杨小丽调任店长。她刚上任不久的一天中午,在带领员工服务时听到一桌客人的谈话:

"这家火锅真好吃,就是店里太热啦,要是吃完后再来根钟楼小奶糕就好了。"

"哈哈,你想得美,又在做梦了!"

杨小丽听后,不动声色,立刻安排门迎打车去钟楼购买(其实,奶糕本身并不贵,一根才五角钱,但来回的车费就需要二十多元,而当时西安的物价较低,一桌饭也就一百元多一点。从账面上看,送奶糕肯定是亏本买卖)。当满满一盘钟楼小奶糕送到客人面前时,客人激动地说:"你们的服务实在是太好了,以后我们所有的聚餐都选你们家。"

资料来源:《管理的哲学:管理先从自己开始》,https://wenku.baidu.com/view/7820a19a0202074obe/e9b9b.html[2015-10-16]。

我们通常讲服务有"四勤",即眼勤、嘴勤、手勤、脚勤。其实还需要补充"一勤",就是耳勤。客人之间的交流会给我们的服务提供很多有用的信息,我们要善于利用这些信息提供让客人意想不到的服务。上面的案例中,杨小丽在服务中首先听到客人的需求,这就为我们提供优质服务找到一次机会。同样是听到客人想吃小奶糕,可能很多服务员左耳进右耳出,然而杨小丽听后把这个需求实现了。这就使得可以提供优质服务的机会变成现实,成为赢得客户的一次机会。细心的倾听者往往能洞察顾客的需要,听到财富与机遇的脚步声。

3. 积极倾听可帮助管理者做出正确的决策

对缺乏经验的管理者而言,倾听可以弥补自己管理经验的欠缺;对于富有经验的人而言,倾听可以减少决策错误。日本松下幸之助先生总结的经营秘诀就是"首先细心倾听他人的意见"。他在创业之初团队只有三人,因为他注意倾听员工意见,随时改进产品,确立新的发展目标,才使松下电器达到今天的规模。玛丽·凯公司创业之初只有九人,但她善于倾听各种意见,很多产品都是由于销售部门听取了顾客的建议,按照顾客的需要制作的,所以无须大做广告,产品销量照样很好。

### 刘邦的成功

汉高祖刘邦是个非常有自知之明的人。他认为自己在许多方面都不如别人,但他最大的优点就是善于用人,善于听取别人的意见。刘邦作为一名领导者,经常有人向他提出各种建议,而他也总能在各种复杂的信息中迅速做出正确的判断并立即执行。刘邦虽然没有出众的能力,也没有提出过什么精彩的谋略和计划,却因为总能耐心听取别人的建议而做出了许多重要的决策,这也是他能够取得成功的最重要原因之一。

4. 倾听能给人留下良好印象

会倾听的人到处受欢迎。人们喜欢善听者甚于善说者。美国著名演说家和教育家戴尔·卡耐基曾举过一例:在一个宴会上,他坐在一位植物学家身旁,专注地听着植物学家跟他谈论各种有关植物的趣事,几乎没说什么话,但分手时那位植物学家却对别人说,卡耐基先生是一个最有发展前途的谈话家,日后会大有作为。

学会倾听,实际上已踏上了成功之路。相反,如果没有认真倾听,就会给人留下不好的印象,做生意尤其如此。

### 无所不在的倾听

世界上最伟大的推销员乔·吉拉德(Joe Girand)对仔细倾听他人说话感触颇深,因为他从自己的顾客那里学到了这个道理,而且是从教训中得来的。

有一次,乔·吉拉德花了近一个小时才让他的顾客下定决心买车,接下来他所要做的仅仅是让顾客走进自己的办公室,然后把合同签好。当他们向乔·吉拉德的办公室走去时,那位顾客开始向乔·吉拉德提起了他的儿子。"乔·吉拉德,"顾客十分自豪地说,"我儿子考进了普林斯顿大学,要当医生了。"

"那真是太棒了!"乔·吉拉德回答。两个人继续向前走时,乔·吉拉德却看着其他的顾客。

"乔,我的孩子很聪明吧,当他还是婴儿的时候,我就发现他非常聪明了。"

"成绩肯定很不错吧?"乔·吉拉德应付着,眼睛朝四处看着。

"是的,在他们班,他是最棒的!"

"那他高中毕业后打算做什么呢?"乔·吉拉德心不在焉。

"乔,我刚才告诉过你的呀,他要到大学去学医,将来做一名医生。"

"噢,那太好了!"乔·吉拉德说。

那位顾客看了看乔,感觉到乔·吉拉德太不重视自己所说的话了,于是,他说了一句"我该走了",便走出了车行。只留下乔·吉拉德呆呆地站在那里。

下班后,乔·吉拉德回到家回想今天一整天的工作,分析自己做成的交易和失去的交易,并开始分析失去客户的原因。

次日上午,乔·吉拉德一到办公室,就给昨天那位顾客打了一个电话,诚恳地说:"我是乔·吉拉德,我希望您能来一趟,我想我有一辆好车可以推荐给您。"

"哦,世界上最伟大的推销员先生,"顾客说,"我想让你知道的是,我已经从别人那里买到车啦。"

"是吗?"

"是的,我从一个欣赏我的推销员那里买到的。乔,当我提到我多么以儿子为骄傲时,他听得是多么认真!"顾客沉默了一会儿,接着说,"你知道吗?乔,你并没有听我说话,我儿子是否能当医生,对你来说并不重要。你真是个笨蛋!当别人跟你讲他的喜恶时,你应该听着,而且必须聚精会神地听。"

刹那间,乔·吉拉德明白了为什么会失去这位顾客了。原来,自己犯了如此大的错误。

从此以后,乔·吉拉德再也没有在顾客讲话时分心。而每一位进到店里的顾客,乔·吉拉德都会与他们聊天,问他们家里人怎么样,做什么工作,有什么兴趣爱好,等等。然后,乔·吉拉德便开始认真地倾听他们讲的每一句话。

大家都很喜欢这样,因为这样给了他们一种受重视的感觉,他们认为,乔·吉拉德是最会关心他们的人。

资料来源:张昊民、马君,《管理沟通》,上海财经大学出版社,2014。

### 9.1.3 倾听的类型

对于管理者来说,倾听在一定程度上决定了管理者领导力的大小,善于倾听的管理者往往能够赋予更大的力量来组织团队成员有效地开展工作。一般来说，对于管理人员，可以将倾听分为以下五种类型：寻找事实式倾听、理解式倾听、指导式倾听、设身处地式倾听和欣赏式倾听。

1. 寻找事实式倾听

会使用这种倾听方式的管理者往往是因为需要获取一些较为具体和细致的信息，并且这些信息是确定无误的，他们把不相关的信息都剔除，只专注于倾听他们想要得到的信息。他们或许想要知道新的工作流程中的第二个步骤具体如何操作，或许想要知道客户愿意出价多少。要想成为一名"寻找事实式倾听者"，管理者应该明确告诉下属自己在寻找什么信息，然后提出一些具体、直接或封闭式的问题。例如：

（1）今天是在下午两点与供应商会面吗？

（2）去年我们公司新进了多少员工？

（3）这趟运输装载的货物量有多少？

（4）下个月我们的预报价是多少？

2. 理解式倾听

当需要对信息整体性地了解时，管理者试图去理解接收到的所有信息，不遗漏每一条信息，并尽量做到面面俱到。特别是在需要同时分享很多信息以及需要全方位或提纲挈领地了解对方的意图时，采取"理解式倾听"的方式最有效。

比如，针对团队为什么不能有高的绩效产出，团队成员可能会向管理者提供大量的信息，这些信息往往各式各样。掌握这些事实与信息，将帮助管理者决定下一步的行动策略。在使用这种倾听方式时，管理者必须耐心倾听，提出一些开放性的问题，让他人尽情地发言，在听取别人的观点和意见之后，说出自己对对方的意见和观点的理解，并且总结自己听到的内容。例如：

（1）依你看来，我们团队的绩效产出为什么不高呢？有具体事例吗？

（2）要提高团队的绩效水平，有哪些可行的措施呢？

（3）你所说的"环境障碍"指的是什么？

对于开放性的问题，人们需要更长、更详细的回答，提问者能获得多种不同的反应，需要自己做出判断和选择。

3. 指导式倾听

"指导"的含义包括提供建议、帮助发言者思考问题。在实际工作中，很多管理者往往喜欢指导他人做事，希望事事都在自己的掌控中，以期事情朝着自己想要的方向发展。这种倾听方式也是最常见的。对于新进员工或者当员工的绩效水平处于较低的层级时，这种倾听方式能取得较好的效果。当然，这对管理者自身的素质要求也较高。要想成为一名"指导式倾听者"，管理者必须有能力告诉别人应该做什么以及为什么要这样做，如何去做。这种倾听方式使用时较前两种难度要大，因为夸夸其谈、自以为是的管理者永远都是不受欢迎的。

4. 设身处地式倾听

当有人在工作或家庭生活中遇到了困难，感情遇到了挫折或压力过大、不堪重负时，"设身处地式倾听"可以让对方感到你对他的关心和帮助；当对方感到快乐、兴奋时，管理者同样可以设身处地地与对方分享愉快的情绪。"设身处地式倾听者"会一边听,一边体会对方的感受,并向说话者传递自己的情绪,让说话者觉得受到尊重而更加积极地诉说。

5. 欣赏式倾听

很多时候团队成员希望分享他当下的喜怒哀乐,此时要做的只是以"欣赏式倾听"的方式静静地倾听他的发言。或许他要说起自己近期的旅行计划,或许有一个非常有趣的故事要跟你分享,或许要告诉你上周同学聚会时的趣事。作为一个"欣赏式倾听者",管理者只需面带微笑,安静地倾听就可以了,无须提问或表达自己的观点,而要认可对方所说的一切,无论是语言形式的还是非语言形式的。

那些任务导向型管理者,很难接受"欣赏式倾听"这种方式。如果一个团队成员没有谈那些重要的或工作上的话题,他们就会停止倾听,他们根本不知道"欣赏式倾听"的价值。而那些善于"欣赏式倾听"的管理者能够与团队成员建立更加和谐、互信以及更具建设性的工作关系。

管理者应该留意自己不适宜的倾听方式,并对此多加实践。同时,他们也需要警惕自己是否用错了倾听方式。要知道,不基于特定情境的要求,而是随意选择倾听方式,会让团队成员认为管理者没有在听他们说话。

### 9.1.4 倾听的过程

听与倾听有很大的区别。倾听的过程可分为接收信息、选择性注意、赋予信息含义和做出反应四个阶段。在理想的倾听情景中,人们会经过所有这些阶段。

1. 接收信息

每一天我们都会接收远远多于我们所需要或者所能处理的信息,比如广告、走廊里的声音、与朋友的闲聊等。当我们听时,听到的是声音或词语说出的方式。但当倾听时,我们则要做出更多的反应。似乎听只是一种涉及听觉系统的生理过程(感觉过程),而倾听是涉及对他人整体的更加复杂的知觉过程,包括口头语言和非口头语言所传达出的信息。通过耳朵、眼睛等感官接收外来的声音与非语言信息。

2. 选择性注意

人们有能力把注意力集中在某种特定的刺激物上。例如,你可能在房间里听到各种声音:说话声、电视中传出的声音、开门声和关门声等,然而当你听到你喜爱的歌曲时,就会全神贯注,似乎这首歌曲消除了周围其他的声音。

在一项研究中,实验者坐在四个播放不同内容的喇叭中间,但被告知只需注意倾听某一个喇叭所传出的信息。结果,听者能够很完美地回忆出那个喇叭的信息,而没有受到其他喇叭的影响。

我们每天都会接收远远多于我们所能处理的信息。因此,我们需要剔除无关的信息,而把注意力集中在重要的或有趣的内容上。

3. 赋予信息含义

理解和赋予信息含义的过程基本上是一种选择信息并设法把这些信息与我们已拥有的经验联系起来的过程,人们对信息进行评价,用自己的信念衡量对方所说的话,或者质疑说话者的动机和观点。在对说话者所表达的词语理解的同时,也对他们的腔调、手势、表情赋予一定的含义。总之,此时听者的认知在起着重要作用。

4. 做出反应

对于理解的信息做出表情或动作合理的反应。倾听者的反馈很重要,因为它有助于澄清信息和正确解码,帮助信息传递者弄清信息是否得到了清晰、准确的传达。

---

**你是个善于倾听的人吗?**

在平时的沟通中,如果你的行为中出现以下七种情况的一种或以上,你就应该注意改善自己的倾听技能了。

一、打断对方讲话,以便讲自己的故事或者提出意见。

二、没有和对方进行眼睛接触。

三、任意打断对方的思路,或者问太多的细节问题。

四、催促对方。

五、接打电话、写字、发电子邮件,或把注意力转移到其他事情上。

六、忘记对方所讲的内容。

七、特意等到对方讲完,只为方便你对他所讲的内容"盖棺定论"。

---

## 9.2 倾听的障碍

沟通过程中,信息往往并不会如事先预想的那样准确地被对方接收。有时发送者传递的信息根本没有被接收者收到,或者只是部分地收到,或者对方收到的信息并不准确。由于沟通噪声,在沟通中存在各种倾听障碍。

### 9.2.1 环境障碍

环境对沟通的影响显而易见。例如,领导者在会议室里向下属征询意见,大家会十分认真地发言;但若换到餐桌上,下属可能会随心所欲地谈想法,甚至谈不成熟的想法。环境之所以影响沟通,是因为环境能产生两个方面的作用:第一,干扰信息的传递过程,使信息信号产生消减或歪曲;第二,影响沟通者的心境,也即环境不仅从客观上,也从主观上影响沟通。

在倾听过程中,人们对环境因素做了进一步划分,大体可以分为三大类:

第一,环境的封闭性。是指谈话场所的空间大小、有无遮拦设施、光照强度(暗光给人更强的封闭性)、有无噪声等干扰因素。封闭性决定着信息在传递过程中的损失概率及人们的注意力。如来回过往漂亮的女性,常会分散人们的注意力,从而影响人们专心倾听。

第二,环境的氛围。环境的氛围是环境的主观性特征,它影响人的心理接受定势,也就是人的心态是开放的还是排斥的,是否容易接受信息,对接收的信息如何看待和处置。

环境是温馨和谐还是火药味浓,是轻松还是紧张,是生机勃勃的野外还是死气沉沉的房间,会直接改变人的情绪,从而作用于心理接受定势。例如,在咖啡厅里上司随口问问你西装的样式,你会轻松地聊几句,但若上司特地走到你的办公桌前发问,你多半会惊恐地想这套衣服是否有违公司仪容规范。

第三,对应关系。说话者与倾听者在人数上存在着不同的对应关系,可分为一对一、一对多、多对一和多对多四种。人数对应关系的差异会导致不同的心理角色定位、心理压力和注意力集中度。领导者听下属汇报时不容易走神,因为一对一的对应关系使自己感到角色重要,心理压力较大,注意力自然集中。在教室听课是一对多的关系,倾听者认为自己不重要,压力小,易开小差。如果倾听者只有一位,发言者为数众多,比如面对原被告的法官和面对多家新闻记者的发言人都会全神贯注,丝毫不敢懈怠。

### 9.2.2 语言表述障碍

语言表达不当会造成沟通的障碍,这些障碍主要表现在以下几个方面:

1. 不恰当地使用省略语

这不仅会造成沟通的困难,有时还会闹出笑话。如"上吊的(上海吊车厂)""开刀的(开封刀具厂)",往往令听者不知所云。

2. 不恰当地使用专业术语

专业术语,也称行话,是在特定群体中使用的技术术语。由于职业的不同,不懂对方的专业用语,也会造成沟通困难,所谓"隔行如隔山"。外行人来听技术专家们的讨论会,会感到晦涩艰深,不知所云,主要的原因就在于专业术语会对外行人构成理解障碍。反过来,如果让技术专家们到农村的骡马市上去听农民们在交易牲口时的"行话",同样也会让他们困惑不解,如坠云里雾里。消除的办法是使用双方都听得懂的语言,在社交场合不使用行业语言。

3. 太短时间提供太多信息

太多的信息,很难让你在短时间内接收。如在相声《报菜名》中,恐怕很少有人能记住其中 1/10。再比如向别人提供电话号码时,一口气说完所有的数字,会使倾听者很难记下来。

4. 口语与身体语言不相符

当你与别人谈话时,你说"三",却伸出五个手指。如果听者注意到你的动作,必然会产生疑问。

5. 口语或方言的不恰当运用

中国地域辽阔,是个多民族的大家庭,许多民族有自己独特的语言,不同民族间的交流面临语言的障碍。例如,现代汉语可分为北方话、吴语、湘语、赣语、客家话、闽北话、闽南话、粤语等八大方言区。而每个地区方言还可分出大体上近似的一些地方方言,如闽南话又有厦门话、漳州话、泉州话之分。四川话"鞋子",在北方人听来颇像"孩子";广东人说"郊区",北方人常常听成"娇妻"等,类似的笑话很多。

### 9.2.3 倾听者障碍

倾听者本人在整个交流过程中具有举足轻重的作用。倾听者理解信息的能力和态度都直接影响倾听的效果。所以，在尽量创造适宜沟通的环境条件之后，倾听者要以最好的态度和精神状态面对发言者。来自倾听者本身的障碍主要可归纳为以下两类：

1. 理解能力差异

人们对于词汇的理解在很大程度上取决于过去的经验。由于人们在年龄、文化、教育、职业、性别、地位、个性等方面具有不同的背景，因此每种因素都可能引起理解差异和对情境的不同认识。同一个词、同一种表达方式，对不同的人可能意义不一样。正因为如此，倾听者的理解能力也构成倾听中的障碍。无论讲得如何深入浅出、循循善诱，也无法使一个七八岁的小孩理解什么是相对论。

2. 非语义障碍

有些障碍与语言无关，而与倾听者的心理和行为方式有关，这些非语义障碍同样会给沟通带来困难。常见的非语义障碍主要有排斥异议、用心不专、急于发言、心理定式、感到厌倦、消极的身体语言、太注重演讲方式与个人外表等。

（1）排斥异议。有些人喜欢听和自己意见一致的人讲话，偏向于和自己观点相同的人。这种排斥不同意见的人，不仅拒绝了许多通过交流获得信息的机会，而且在沟通的过程中注意力就不可能集中在讲逆耳之言的人身上，也不可能和任何人都交谈得愉快，会漏掉很多有用的东西。

（2）用心不专。三心二意、心不在焉、身在曹营心在汉就是这种情况的典型表现。虽然倾听者身在现场，而且表面上似乎在用心努力地听讲，但倾听者本人另有心思，倾听的信息完全或部分未进入倾听者的头脑中，这种倾听的效果肯定不好。

（3）急于发言。人们都有喜欢自己发言的倾向。发言在商场上尤其被视为主动的行为，而倾听则是被动的。前美国参议员哈亚卡瓦曾说："我们都倾向于把他人的讲话视为打乱我们思考的烦人的东西。"在这种思维习惯下，人们容易在他人还未说完的时候，就迫不及待地打断对方，对别人盲目下判断，或者心里早已不耐烦了，这样不可能把对方的意思听懂、听全，从而造成沟通的困难。

（4）心理定式。每个人的思想中都有一定程度的偏见，所以很难以冷静、客观的态度接收说话者的信息。人类的全部活动，都是由积累的经验和以前作用于我们大脑的环境决定的，我们从经历中早已建立了牢固的条件联系和基本的联想。在每个人的思想中都有意或无意地带有一定程度的偏见。由于人都有根深蒂固的心理定式和成见，很难以冷静、客观的态度接收说话者的信息，这也会大大影响倾听的效果。

（5）感到厌倦。由于我们思考的速度比说话的速度快许多，前者是后者的 3—5 倍（据统计，我们每分钟可说出 125 个词，但可以理解 400—600 个词），这样很容易造成倾听者感到厌倦，思维会在空闲时"寻找"一些事做。

（6）消极的身体语言。思想家弗兰西斯·培根（Francis Bacon）说过："行为举止是心灵的外衣。"在别人看来，你的一言一行都是当时心理的真实反映。所以，一些消极的身体语言，也必然给人消极的联想。这些消极的身体语言包括看手表、打哈欠、坐姿不规范、东张西望、双手交叉抱在胸前、跷起二郎腿、不停地敲打桌面等。这些动作会被视为"我已经听得不耐烦了",会妨碍沟通的质量。

(7) 太注重演讲方式与个人外表。我们习惯于根据一个人的长相或讲话方式去判断一个人,而没有听他真正说了什么。这也是一个主要的干扰因素,应该时时加以预防。

## 9.3 有效倾听的技巧

针对以上的分析,我们可以采取一定的方法克服倾听中的障碍,同时注意运用一定的倾听技巧,提高倾听的效果。具体来说,以下方法可以帮助我们提高倾听的效果。

### 9.3.1 创造良好的倾听环境

正如前文所述,倾听环境对倾听质量有巨大的影响。例如,讲话者在喧闹的环境中讲话要比在安静环境中讲话的声音大得多,以保证沟通的顺利进行。又如,谈话内容属于私事或机密信息则最好在安静、封闭的谈话场所。同时环境也影响倾听的连续性。

空间环境也影响倾听,进而影响人与人之间的交流。社会学者和专家们曾经组织的一项调查表明,由于各种因素的干扰,相距10米的人,每天进行谈话的可能性只有8%—9%,而相距5米的人,这一比率达到了25%,有效倾听的管理者必须意识到这些环境因素的影响,以最大限度地消除环境对倾听的障碍。

良好的倾听环境应包括:

(1) 安全的环境。在这种环境中,双方有一定安全感,并有与他人平等的感觉。这种环境可以是正式的,比如谈判场所;也可以是非正式的,比如酒吧或咖啡厅。

(2) 适当的地点。必须保证不受外界干扰、较为封闭、有隔音设备等。

(3) 合适的时间。选择适宜的时间,同时保证沟通谈话的次数。这样的时间选择必须得到对方的认可,并提前与对方预约,让对方有一个充足的准备。

### 9.3.2 保持良好的精神状态

在许多情况下,人之所以不能认真倾听对方的讲话,往往是由于肌体和精神的准备不够,因为倾听是包含机体、感情、智力的综合性活动。在情绪低落和烦躁不安时,倾听效果不会太好。良好的精神状态要求倾听者集中精力,保持与讲话者的眼神接触,但对时间长短应适当把握,如果没有语言上的呼应,只是长时间盯着对方,那会使双方都感到局促不安。另外,要努力维持大脑的警觉,使大脑处于兴奋状态并带着目的去倾听。有效方法是在沟通前先问自己几个问题,即我为什么要与对方进行沟通,我想从对方那里获得什么信息。沟通中也要随时提醒自己到底要解决什么问题。这样在倾听中,就不会过度关注对方表达中的细节,从而更好地理解对方的意图。

### 9.3.3 恰当地给予反馈信号

倾听是一个相互的交流过程,试想,在倾听过程中只有"听"而没有反馈,对于讲话者来说,就好像"对牛弹琴"。有效反馈是有效倾听的一种外在表现形式,通过倾听来获取大量信息,并及时做出有效反馈,对激发他人讲话的热情有很大帮助。

倾听时,可以做出一定附和,这样可以显示出你在认真倾听,对方会感到自己得到充分的关注。除了语言上的附和,还可以通过眼神的交流来完成。眼睛是心灵的窗户,科学研究表明,70%以上的信息是通过眼睛来获取的。目光接触,真诚地注视对方,表明你正在集中注意力,并尊重对方;同时,你的眼睛也在"倾听"他的身体语言。但应避免长时间盯视,应适当地转移视线,再继续目光接触,如此间隔循环是恰当的目光交流。

作为一个有效的倾听者,在倾听过程中利用各种对方能理解的动作与表情及时给予呼应和反馈。如使用向前倾的姿势、赞许性的点头、积极的眼神接触、恰当的面部表情,都向讲话者表明你在认真倾听。也可以利用皱眉、迷惑不解等表情,给讲话者提供准确的信息反馈,以利于其及时调整。

### 9.3.4 培养有效的倾听特质

有效的倾听特质包括以下三个方面:

1. 尊重

尊重对方的境况、价值观、人格和权益,并予以接纳、关注和爱护,这是建立良好沟通的前提。尊重对方,可以营造一个安全、温暖的氛围,有助于对方最大限度地表达自己的情感,而且可以使对方获得一种自我价值感。对那些急需接纳和理解的人而言,尊重具有明显的助人效果。

尊重意味着完整地接纳一个人,不仅接受对方的优点和积极情感,更要接纳对方的缺点和消极情感。不管对方的年龄、相貌、地位和文化程度如何,都予以尊重,并始终以礼相待,同时尊重意味着保护对方的隐私,不可随意泄漏。

2. 共情

共情是指倾听者设身处地地站在讲话者的立场上,对讲话者的境况和内心世界进行主动观察和迅速应答的能力。倾听者要走出自己的角色,进入对方的内心,把自己放在对方的处境上来体会他的喜怒哀乐。

表达共情也要注意适时适度,因人而异。共情过度,让人感到过分渲染情绪;共情不足,则让人觉得缺乏理解。不但要用言语行为去呼应对方的反应,而且要用非言语行为来呼应,如讲话者高兴时,倾听者微笑;讲话者悲痛时,倾听者皱眉;等等。

在表达共情时,也要注意方式和方法,要克服以下障碍:直接的指导,如"你应该这样做,那样做是错的";简单的判断和评价,如"我认为那是错的";空洞的说教和劝诫,如"你应以学习为重,现在不要谈情说爱";贴标签和诊断,如"你有自卑情绪";排斥消极的情感,不能接纳对方的全部情感,如"人不应该悲观沉沦"。

3. 真诚

真诚是指沟通过程中,倾听者应以"真正的自我"出现,没有防御式伪装,不戴假面具,不是在扮演角色或完成例行公事一般,而是表里如一、真实可信地投入到交流中。倾听者的真诚,一方面可为对方提供一个温暖的气氛,可以自然地袒露自己的软弱、过错或隐私;另一方面又为对方提供一个良好的榜样,使对方备受鼓励,从而以真实的自我与倾听者交流,在情感宣泄中发现和认识真正的自己。

### 9.3.5 适当的提问

倾听者在倾听之后,提出紧跟其话的话题,能让讲话者知道你很关注他的讲话。提问有多种目的,可以用来提示、暗示观点;可以用提问来引导对方思考;也可以用来获取信息,把没有听到的或没有听清楚的事情彻底掌握,同时也利于讲话者更加有重点陈述、表达;同时还可以借助提问来建立感情,表达自己想要参与的诚意。在提问时,应注意以下几个问题:

1. 提问要适时

不是任何时候提问都可以取得较好的沟通效果。如果提问的时机把握得不准确,很有可能使沟通中断,或者达不到最终的沟通目的,同时也会影响对方对你的印象。所以,提问一定要把握好时机。

提问的前提是要正确理解对方的讲话内容,体会对方所表达出的情感,有时甚至还要听出言外之意。但即便是这样,你可能还是会有一些疑惑不解或者需要向对方确认是否理解正确的问题。这时,提问一定不要急,要在对方充分表达完后再提出来。这样可以表示你对对方的尊重,同时也避免了打断对方的思路。提问的时机也不宜过迟,如果某个话题说了很长时间了,你再提问,势必会影响对方的思路,认为你没有认真倾听,这样就不利于沟通的有效进行。

2. 提问要适度

这里所讲的适度包含四个方面的意思,即提问的内容、提问的数量、提问的语气及方式要适度。

(1) 提问的内容要适度。提问要结合对方的谈话,和对方的谈话主题紧紧相关,如果你提出的问题和对方的谈话内容无关,或者关系不大,对方可能会认为你没有认真倾听,会对你产生不好的印象。即使对方不会介意这些,但是一些漫无边际的问题,也会延长沟通时间,还可能使接下来的沟通偏离主题,这些显然没有达到预期的沟通效果。

(2) 提问的数量要适度。提问的数量不宜过多,问题过多会让对方感到厌烦;问题也不能太少,问题太少会让对方觉得你对这个问题没有进行深入的思考。如果没有疑问,可以把自己的理解用问题形式表现出来,以得到对方的确认。

(3) 提问的语气要适度。说话的语气也能传递出一些重要的信息,提问时语气的轻重缓急能够表达出你当时的心情和感受,无形中传递给对方更多的信息。所以,一定要将自己的语气和将表达的思想感情相吻合,这样才能使提问更有效。

(4) 提问的方式要适度。提问有开放式和封闭式。开放式提问给对方更多的回答问题的空间,能得到比较多的信息,但是回答所需要的时间也比较长;封闭式提问只用简单的是与否来回答问题,对方回答的时间比较短,提问者得到的答案也比较明确。所以在提问时,可以根据具体需要和时间来决定自己的提问方式。

### 9.3.6 必要的沉默

沉默就像乐谱上的休止符,运用得当,含义无穷,真正达到以无声胜有声。但一定要运用得体,不可不分场合,故作高深而滥用。而且,沉默一定要与语言相辅相成,不能截然分开。沉默绝不意味着严肃和冷漠。只有在倾听当中适时、恰当地运用沉默,才可获得最佳的效果。若对方情绪化地说了些刻薄之词,事后往往会内疚、自省,但若你当场质问或反驳了,犹如火上浇油。这时若利用沉默战术,有利于平复双方情绪,也给对方自省的时间,继而改变态度,甚至聆听我们的话。

##  本章习题

### 一、判断题

1. 倾听就是用耳听,不用注意对方的表情、动作。
2. 善于倾听就是要同意对方的意见。
3. 安静、严肃的谈话场所更有利于双方的谈话。
4. "好记性不如烂笔头",在听别人讲话时,要随时记下对方的讲话内容以防止忘记。
5. 倾听时要注意观察与语言表述相抵触的那些非语言行为,这样才能避免接收信息的偏颇和遗漏。
6. 倾听不仅帮助我们获得信息,而且是更加了解我们自己及思维的途径。
7. 倾听就应该集中精力,默默地听。
8. 积极倾听者不仅要主动吸收、理解对方传递的信息,还要做出回应以鼓励对方更加有信心和兴趣说下去。

### 二、选择题

1. 人类的几种沟通模式中,运用时间占比最多的是(    )。
   A. 听    B. 说    C. 读    D. 写
2. 造成倾听障碍的因素有(    )。
   A. 被动倾听的影响    B. 过滤谈话内容
   C. 理解的障碍    D. 环境影响
3. 良好倾听环境的创造不包括(    )。
   A. 适宜的时间    B. 适当的地点
   C. 平等的氛围    D. 赞许性的点头
4. 积极倾听是指(    )。
   A. 没等听完就打断对方    B. 边听边想自己的事情
   C. 设身处地倾听    D. 选择性倾听
5. 倾听的过程主要有哪几个阶段?(    )。
   A. 预测信息    B. 感知信息    C. 选择信息    D. 解释理解信息
6. 有研究表明,在听、说、读、写四种沟通形式中,倾听占了沟通时间的(    )。
   A. 30%    B. 16%    C. 9%    D. 45%
7. 提高倾听的效果的要点有(    )。
   A. 保持目光交流    B. 捕捉内容要点
   C. 沉默无声地倾听    D. 揣摩词语,体味言外之意
   E. 注意对方的表情、动作

### 三、思考题

1. 什么是倾听?
2. 在人际交流沟通中,哪些因素造成了倾听的障碍?
3. 不良的倾听习惯有哪些,如何解决?请结合自身谈一谈。
4. 在倾听中怎样进行提问和反馈?
5. 倾听的策略和方法有哪些?运用时要注意哪些事项?

### 四、情境练习

(一)倾听测试:商店打烊时

某商人刚关上店里的灯,一男子来到店堂并索要钱款,店主打开收银机,收银机内的东西被倒了出来,而那个男子逃走了,一位警察很快接到报案。

| 请不要耽搁时间 | 正确 | 错误 | 不知道 |
|---|---|---|---|
| 1. 店主将店堂内的灯关掉后,一男子到达 | T | F | ? |
| 2. 抢劫者是一男子 | T | F | ? |
| 3. 来的那个男子没有索要钱款 | T | F | ? |
| 4. 打开收银机的那个男子是店主 | T | F | ? |
| 5. 店主倒出收银机中的东西后逃离 | T | F | ? |
| 6. 故事中提到了收银机,但没说里面具体有多少钱 | T | F | ? |
| 7. 抢劫者向店主索要钱款 | T | F | ? |
| 8. 索要钱款的男子倒出收银机中的东西后,急忙离开 | T | F | ? |
| 9. 抢劫者打开了收银机 | T | F | ? |
| 10. 店堂灯关掉后,一个男子来了 | T | F | ? |
| 11. 抢劫者没有把钱随身带走 | T | F | ? |
| 12. 故事涉及三个人物:店主,一个索要钱款的男子,以及一个警察 | T | F | ? |

(二)沟通练习

1. 三人一组,未满三人者,则四人一组。
2. 每组三人(或四人)轮流当说话者(一次一人)、倾听者(一次一人)与观察者(一人至二人),每人皆须分别当过三种角色,体会每种角色的立场与感觉。
3. 三种角色的任务如下:

说话者:选择一个题目,如"我如何使用空余时间""假如我是校长"等,发表意见2—5分钟。或者选择一个你生活中得到他人帮助的一段经历,向你的伙伴讲述两分钟。

倾听者:不可记笔记,但之后必须简要复述讲者说过的话。

观察者:不介入说话者与倾听者的对话,只负责观察两人的对话情形。若发现听者复述错漏,可更正或补充。

4. 三人轮换角色。
5. 小组讨论:

(1)除了聆听对方说话,你有没有留意他的神情、语调、动作?那些神态表达了什么?

(2)当你发表意见时,是否觉得别人很难了解你的意思?别人在重述你的话时,是否表达得更精简?

(三) 听与说游戏

游戏背景：

一架私人飞机坠落在荒岛上，只有六个人存活，这时逃生工具只有一个能容纳一人的橡皮气球吊篮，没有水和食物。六个人分别是：

(1) 孕妇：怀孕八个月；

(2) 发明家：正在研究新能源可再生无污染汽车；

(3) 医学家：研究癌症的治疗方案，已取得突破性进展；

(4) 宇航员：即将远征火星，寻找适合人类居住的新星球；

(5) 生态学家：负责热带雨林抢救工作；

(6) 流浪汉。

游戏方法：

针对由谁乘橡皮气球吊篮先离岛的问题，各自陈述理由，第一个人先陈述自己离岛的理由，第二个人先复述第一个人的理由，再表明自己的理由，接下来第三个人先复述前面两个人的理由，再表明自己的理由，依此类推（每个人复述和表达的时间控制在 3—5 分钟），最后由全体人员看哪个角色扮演者复述别人逃生的理由完整与陈述自身离岛理由充分。进行举手表决，即决定可先行离岛的人。

(四) 积极的反馈

交流信息需要反馈，作为人际交往的一个技巧，积极的反馈对建立人际交往是很有效的。这个游戏就是让学生体会什么是积极的反馈，并鼓励他们用于课堂外的交流中。

游戏规则和程序：

1. 向大家暗示，我们每个人都希望赢得别人的尊重。将团队分成若干个小组，每两个人一组。

2. 让每个组写出 4—5 个他们注意到的自己搭档身上的特点。诸如：一个身体上的良好特征，如甜美的笑容、悦耳的嗓音等；一种极其讨人喜欢的个性，如体贴他人、有耐心、整洁细心；一种引人注目的才能或技巧，如良好的演讲技巧、打字异常准确。

3. 所列出的各项都必须是积极的、正面的。

4. 当他们写完后，每两个人之间展开自由讨论，其中每个人都要告诉对方自己观察到的特点。

5. 建议每个人把他搭档的这些积极的反馈信息记录下来，在自己很沮丧的时候读一读。

# 第 10 章

# 跨文化沟通

# 第 10 章 跨文化沟通

【本章学习目标】

1. 了解跨文化沟通的含义；
2. 了解跨文化沟通中的语言和非语言差异；
3. 掌握霍夫斯泰德的文化差异理论。

开篇案例

## 培训经理的成功

澳大利亚有一家大公司，员工来自 23 个不同的国家。由于语言、风俗习惯、价值观等千差万别，员工平时的沟通很不顺畅，误解很多。

于是人力资源部的培训经理就对员工进行集中培训。首先向他们介绍了公司发展的历程及现状，解释员工守则及公司惯例，然后做问卷调查。调查要求员工列出公司文化与母国文化的不同，并列举出与同事交往中感受到的不同态度、价值观、处事方式等，还要写出个人对同事、上司在工作中的心理期待。

问卷结果五花八门，其中最有趣的是：(1) 来自保加利亚的一位姑娘抱怨说，她发现所有同事点头表示赞同，摇头表示反对，而在保加利亚刚好相反，所以她很不习惯。(2) 还有一位斐济小伙子写道，公司总裁来了，大家为表示敬意纷纷起立，而他则条件反射地坐到地上——在斐济表示敬意要坐下。

培训经理将问卷中的不同之处一一分类之后，再让这些员工用英语讨论，直到能较好地相互理解这些不同之处。经过培训，员工之间的沟通比以前顺畅多了，即使碰到障碍，也能自己按照培训经理的做法解决了。

资料来源：王佩玮，《管理沟通》，华东理工大学出版社，2013。

上面案例说明了跨文化沟通的重要性。

## 10.1 跨文化沟通概述

《圣经》中有这样一个故事，说人类为了登天，联合起来修筑通天塔。大家齐心协力，通天塔越修越高。上帝十分惊恐人类也可以上天，便心生一计，怂恿修塔的各民族人民说自己的语言。结果，各民族纷争不已，不欢而散。

这个故事蕴涵了这样一个道理，不同的国家、不同的民族有自己独特的包括语言在内的文化。各民族由于语言文化的差异，就造成了跨文化交际的障碍。

### 10.1.1 文化的定义

对文化的广义定义来自赫斯科维奇(Herskovits)1955年出版的《文化人类学入门》一书。他认为,文化是一切人工创造的环境,也就是说,除了自然原生态,所有由人添加上去的东西都可称为文化。这里,人工创造的东西包括两大类:一类是客观文化、硬件产品;另一类则是主观文化、软件产品。硬件是那些看得见、摸得着的物品,如房屋建筑、交通公路、电视电脑、机器工具,以及各种服装款式、艺术作品等。软件则是那些触摸不到,但似乎又无处不在的东西,比如信念、理想、价值观和社会规范。人们用得比较广泛的是他的"主观文化"部分定义的文化,即"被一个群体的人共享的价值观念系统"。

另一位学者霍夫斯泰德(Hofstede)将文化比喻成人的"心理程序",并指出文化会影响人们关注什么、如何行动以及如何判断人和事物。

人类学家赫尔(Hall,1975)认为一个社会的文化是通过人的行为方式之一——沟通方式表现出来的,他因此提出"沟通即文化"的定义。

综上所述,文化可以被定义为"由人类创造的,经过历史检验沉淀下来的物质和精神财富"。它应该具有以下几个特点:① 群体共享性;② 群体影响性;③ 既可以是客观显性,也可以是主观隐性;④ 文化代代相传,改变的速度极其缓慢。

### 10.1.2 文化的比喻

关于文化,有两个比喻。一个比喻是将文化比成洋葱,有层次之分;另一个比喻是将文化比成冰山,指出文化的显性和隐性双重特征。

**1. 文化的洋葱比喻**

如图10-1所示,这个文化洋葱包括三层:表层、中层、核心层。

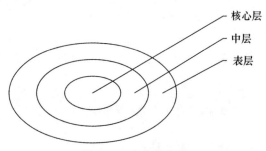

图 10-1 文化洋葱说

(1) 表层文化是我们平时能观察到的东西,是外在直观的事物。比如阿拉伯人的大袍、印度人的面纱、日本人的和服、朝鲜人的长裙等代表了服装的文化属性。再比如,印度的建筑很少有方顶的,而以圆形为主,人们的服装和装饰都色彩艳丽;吃饭时,美国人用刀叉,将自己要吃的食物(通常是牛肉、土豆泥、生菜)全部放在一个盘子里,左右开弓;中国人把菜肴放在桌子中间,大家共享;印度人则将浓汤与米饭拌在一起,用手直接抓了吃,或用手抓着面饼,蘸着浓汤吃。这种表层文化常常给人以强烈的视觉冲击,让人感受到文化的存在和力量。

### 刀具的不同

美国的商店里有几十种刀具,细长的、宽扁的、长的、短的、平头的、尖头的、刀锋平的、刀口带齿的,每一种刀各有其专门的用途,切肉的刀和切菜的刀不一样,切面包的刀和切瓜果的刀不一样,切面包圈的刀与切鱼的刀更不相同。而在中国的厨房里,一般就只用一把刀,那种宽宽的、长方形的,用它切蔬菜瓜果,切肉切鱼,斩鸡斩鸭,反正要用刀的地方,它都可以。

(2) 中层文化是指一个社会的规范和价值观。每个国家都有自己独特的社会规范和价值观。比如,中国社会的一般规范是在家里不应与父母顶嘴,在课堂上应认真听老师讲课;客人来访应该请坐倒茶。出门访客则应穿戴整齐,手提礼物。

中国历来主张尊卑有别,长幼有序,敬老尊师。受儒家文化影响的日本、韩国、新加坡等都有这种倾向,等级观念强。如果一方为长辈或上级,那么多由这一方主导谈话的进行,同时在出入的先后及起坐方面都有一定的礼仪。西方国家尤其是美国,等级和身份观念比较淡薄。父母与子女之间、老师与学生之间都直呼其名。中国文化中不赡养老人是不道德的,美国文化中这种观念很淡薄。在美国父亲请儿子帮忙干活付款是很正常的,在中国人看来则不成体统。

美国人做事很讲究专业,打网球一定要去标准的网球场,穿着网球衣裤、网球鞋;中国人打羽毛球可以没有专门场地,随便找一块空地开打,即使没有边界画线,也没有架在中间的球网,而且打球的人身着便服,有时甚至脚蹬皮鞋,照样乐在其中。

美国人的专业性反映的是他们的思维习惯,事事都该精确,一种工具解决一种问题,一把钥匙开一把锁。就像前面提到的厨具,一类有共性的食品应该用同一种刀来切割,而不同的食品就应该用不同的刀。中国人用一把刀解决所有食品的问题反映的则是模糊思维的特点,即一刀可以多用。这种思维特点在菜谱中也很明显,中式菜谱中一般都写着"酱油少许,味精少许"等字样,而不是具体的斤两。美国的食谱中,几盎司[①]水,几盎司盐,几"桌勺"调料,几"茶勺"胡椒粉都写得清清楚楚,没有丝毫含糊的地方。

表现在工作和管理上,美国的公司对任何职位都有详尽的职位描述,对岗位上的职责任务、可能遇到的特殊情况、该岗位与其他岗位之间的关系等都有清楚详细的说明。此外,不同文化的价值观下人们对待工作的态度也不一样。

---

① 1 盎司=28.350 克。

### 增加工资会延长工作时间吗?

美国的企业管理者发现,给墨西哥工人增加工资,反而减少了工人愿意工作的时间,与美国的工人很不相同。这种表层文化的差异事实上反映的也是价值观念的不同。美国人追求物质,对金钱有强烈的需要,所以越给钱越愿意加班。墨西哥人则珍视与家人朋友在一起的时间,钱够了正好把业余的时间给家人朋友,因此拒绝加班。

资料来源:黄嘉涛、高虹园,《沟通管理》,中山大学出版社,2014。

(3) 核心文化是一个社会共同的关于人为什么存在的假设,它触及该社会中人们最根深蒂固、不容置疑的东西。

比如,美国的核心文化中最重要的一部分是人人平等,是个体的独立和自由。这些理念在美国社会生活的人是不需多思考的,是他们所有生活所依据的基本原则,是不可动摇的社会存在的基础。相反,在其他社会,比如印度,人生来不平等是根深蒂固的观念。

涉及一个社会的核心文化这类问题,生活在该文化中的人往往很少关注,他们视为理所应当的事情,却很难被生活在另一个社会中的人所完全理解。因此,当来自另一个社会的个体问"为什么"时,你会发现你用三言两语竟无法解释。你必须从头说起,从该社会的历史发展过程、历史人物和历史事件开始,讲到整个文化理念体系的提出到形成的经过,从而回答为什么该理念成为这个社会存在的基石。

当一个价值理念问题需要追溯几代以上的历史方能解释清楚时,就说明该理念触及了一个社会的核心文化。比如问中国人为什么个体是与他人紧密相连的,为什么人和人之间的关系如此重要,为什么要"毫不利己、专门利人",不花上一两个小时讲述孔孟、讲述中国社会的历史、讲述毛泽东的思想一定讲不清楚。

这与问美国人为什么人应该是独立的个体、自己应对自己负责一样,一定得联系到托马斯·杰斐逊(Thomas Jefferson)总统的《独立宣言》(The Dedaration of Indefendence)、联系到美国社会从英国人手里独立出来的历史,甚至联系到基督教的宗教教义。

因此,文化的洋葱比喻将文化分成三层,这三层又有着不可分割的联系:核心层驱动影响中间层,中间层又驱动影响表层。我们平时能观察到的通常都是表层文化,理解中层文化与核心层文化才是真正的目的。

2. 文化的冰山比喻

如图 10-2 所示,这个比喻把文化看成由两部分组成:显性部分,即浮在水上的可视部分;隐性部分,即藏在水下的不可视部分。水下隐藏的冰山比浮出水面的要大出很多,因此,我们平时观察到的文化表象只是冰山一角,真正造成表象不同的部分都藏在水下。

所以,如果把冰山比喻和洋葱比喻进行比较,可以看出冰山一角也就是洋葱的表层,而冰山的水下部分既包括洋葱的中层,也包括其核心层。

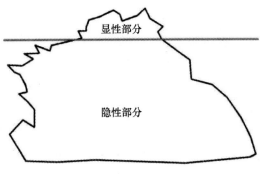

图 10-2 文化冰山说

### 10.1.3 跨文化沟通

跨文化沟通是指跨文化组织中拥有不同文化背景的人们之间的信息、知识和情感的相互传递、交流和理解的过程。文化在很大程度上影响和决定了人们如何将信息编码、如何赋予信息意义以及是否可以发出、接受、解释各种信息。在跨文化沟通中,由于信息的发送者和接收者为不同文化的成员,在一种文化中的编码要在另一种文化中解码,因此,整个沟通过程都受到文化的影响。

在跨文化沟通过程中,一种文化单元中经过编码的信息,包括语言、手势和表情等,在另一种特定文化单元中,需要经过解码和破译,方可被对方接收、感知和理解。对跨文化交流而言,文化单元的异质性会对沟通造成障碍。在跨文化沟通的解码过程中,原文化信息的含义会被异文化修改、曲解、删减或增加,会导致编码者和解码者在含义与行为上的差异。

例如,关羽的青龙偃月刀、张飞的丈八长矛难以找到相对应的外文词汇,即使翻译成外文,外国人不见到图片也很难理解它们究竟为何物。我们出国时,若把长白山的野山参送给完全不懂中国文化的美国朋友,那可能就白花钱了,因为美国朋友也许会以为你送给他的是一种胡萝卜。

## 10.2 跨文化沟通的差异

### 10.2.1 语言沟通的差异

每个民族都有自己独特的语言,这为跨文化沟通带来了最直接的障碍。比如,在中国,鹤又被称为仙鹤,代表长寿;而在英国鹤被看作丑陋的鸟,在法国则是蠢汉的代称。猫头鹰在中国常带有不吉祥的含义,在欧美却是智慧的象征。月光在中国表示纯洁的褒义,英文中却常有虚幻、虚伪等贬义。

再比如,东方不提倡能说会道,如孔子的"巧言令色,鲜矣仁"。言谈迟钝是仁的表现,"仁者,其言也讱"。西方则强调和鼓励口语表达,两个以上的人在一起时,一定要使谈话进行下去。

语言沟通的跨文化差异有多种表现形式,在这里我们着重从沟通方式方面讨论三种:

直接与婉转、插嘴与沉默、高语境与低语境。

1. 直接与婉转

美国人说话直截了当，开门见山；中国人则喜欢拐弯抹角，犹抱琵琶半遮面。比如说拒绝别人的要求，一般来说美国人如果不喜欢，就直接说"不"；而中国人通常会说"让我考虑考虑"。美国人若不了解中国人的说话方式，会以为那人是真的去考虑了，过两天说不定又会问："考虑得怎么样了？"

中国人喜欢婉转的表达方式，给对方保全"面子"，而美国人在意见不同时，常争论得面红耳赤，无所谓"面子"问题。在美国人看来，婉转与真诚大相径庭，与装假却有相似之处。

谈到说话的婉转，日本人可能比中国人更有过之而无不及。大家都知道日本人从不愿直接说"不"字，所以要表达"不"的意思就要借助各种有创意的手法。

### 日本人的婉转

美国的幽默作家大卫·贝雷（Dowia Barry）曾经在日本遇到过这样一件事。他要坐飞机从东京去大阪，临时去飞机场买票。

大卫：请来一张从东京去大阪的机票。

服务员：嗯，去大阪的飞机票……请稍等。

大卫：多少钱？

服务员：从东京坐火车去大阪挺不错的，沿途可以看风景。是不是要买一张火车票？

大卫：不要。请给我一张飞机票。

服务员：那……其实，坐长途巴士也很好，上面设备齐全、豪华舒适。要不要来一张巴士票？

大卫：不要。请给买一张飞机票。

……

这样来来去去了好几个回合，大卫才搞清楚原来机票早已售完，而服务员又不好意思直接告诉他，才拐弯抹角地试图用其他手段来帮助他到达目的地。

### 美国商人史密斯的困惑

美国人史密斯的公司和一家日本公司合并后，打算建立一个分公司。史密斯和他的一位日本同事相处得很好。经过几周的商谈，他们制定出总体规划和发展策略。几天之后，恰巧这位日本同事的祖父来访。在谈话中，老人滔滔不绝地谈起原日方公司的创立、发展、传统的管理方式，而这些传统的条条框框恰恰已被史密斯和日本同事所放弃。史密斯希望日本同事向其祖父谈谈他们新制定的富有创造精神的规划和策略。然而,日本同事一言不发,只对其祖父的话不断地点头称是。

对他人的话点头称是,在日本文化里有多种含义,多是出于礼貌。这位日本同事对祖父点头称是,仅仅是为了顾及老人家的面子,并不等于否定他和史密斯达成的共识。

而史密斯对日本同事的行为做出了错误的归因:他同意了其祖父的观点,放弃了以前的共识。史密斯感到迷惑,继而失望,他提出了异议,谈话的气氛顿时紧张起来。

一个星期后,日本公司从谈判中撤了出来。因为日本同事对史密斯的行为也做了错误的归因:对自己祖父的意见当面反驳,不留面子,是对他本人的不尊重。而史密斯当面直言,在美国文化里,并不包含对对方的不尊重。

资料来源:《全球一流商学院EMBA课程精华丛书》编委会,《商务人员的沟通》,北京工业大学出版社,2013。

### 不同文化的演讲开场白

在美国,大家公认的最有效、最能引起大家注意和好感的开头就是先讲一个笑话或故事,这个笑话最好是与要演讲的内容有直接联系。听众都笑开了,把气氛搞得轻松活泼之后,演讲者再进入正题,听讲互动的效果就会很好。幽默感在美国文化中的重要性可见一斑。

假如用这样的方式去德国做演讲或工作报告,效果会怎样呢?德国的听众会认为你不严肃、不认真,居然以开玩笑的方式来讲述不能有丝毫差错的科学问题,很不可取。那么,他们喜欢怎样的开头呢?直接进入主题,呈现数字、图表等客观的基于研究之上的硬性材料,表情严肃、没有废话在德国人眼里才是有效的演讲方式。

看一看中国人一般的演讲开场白。最常见的恐怕就是"很荣幸今天有这个机会来与大家交流。但是,我其实并不是专家,在座的各位才是。所以我在这里只是抛砖引玉,还希望多得到大家的指教"。这样的开头显示出演讲者的谦逊,会赢得听众的好感。另外一种开场白是"感谢各位光临,你们的到场是我的荣幸",显示自己的谦逊,也是让台下的人感觉良好。

然而如果当你面对美国听众这样开始的时候,底下的听众就会想:"如果你不是专家,你来干什么?难道来浪费我的时间吗?早点走吧!"根本不领谦逊的情。另外,他们很难想象自己来听演讲与给主讲人"面子"之间的联系,不得要领。

另外,日本人喜欢在开讲之前说"道歉",为准备不周道歉,为招待不好道歉,为天气道歉,等等。道歉是另一种谦虚的表示,也是对客人或听众尊重的表现。但是这种道歉的"文化深意"却无法被美国人所理解,他们往往会往相反的方向想,准备不周到、招待不好,都是对我不尊重的表现,怎么还好意思说!

资料来源:陈晓萍,《跨文化管理(第2版)》,清华大学出版社,2009。

2. 插嘴与沉默

如果我们把全世界的人简单地划分为三大类,即欧美人、拉美人和东方人,那么

图 10-3 就表示了这三类人在说话方式上的不同。其中的 A、B 是指对话中的两个人。

```
欧美人 A……   ……   ……
        B     ……   ……
拉美人 A……   ……   ……
        B   ……   ……
东方人 A……   ……   ……
           B   …    …
```
图 10-3　三类人的说话方式

欧美人的对话方式是，A 先说，说完时 B 接上，然后 B 开始说，说完停下时 A 再接着说，一来一往，有问有答，顺序清楚，是良好的对话方式。如果一个人在别人还没说完话就插进来，会被视为不礼貌，遭到白眼。

拉美人的对话方式是，A 开始说话，但在 A 尚未停下时，B 就应该插嘴，打断对方，并自己接着往下说。然后 B 在还未结束时，A 插进来继续。打断对方被看作对对方的谈话感兴趣，而且自己也有很多感受要分享。如果不插嘴，则说明话题无趣。

再看看东方人。A 先开始说，B 在接 A 的话之前有一段小小的停顿。这个停顿可能只有几秒钟的时间，显示的是你在思索对方的话，思考之后再回答。因此，沉默是对对方尊重的表现，同时也表现自己的深思熟虑。

当 A、B 二人处在相同的文化背景下时，即为同一"类"人时，彼此在对话方式上会有共识，所以不容易产生误解，但当这两个人不属于同一"类"时，问题就发生了。请看下面玛沙与珍妮特之间的这段对话。

### 日本人的沉默

玛沙：谈判进行得怎样？

珍妮特：不是很好，我们处于下风。

玛沙：出什么事了？

珍妮特：哎，我提了我方的起价，丸冈先生什么也没说。

玛沙：什么也没说？

珍妮特：他就坐在那里，看上去很严肃的样子。所以，我就把价格放低了。

玛沙：后来呢？

珍妮特：他还是没说话。但是有点惊讶的样子。所以我就把我方的价格降到了底线，再等他的反应。我已经不能再降了。

玛沙：他怎么说？

珍妮特：他沉默了一会，就答应了。

玛沙：我们最后还是成交了。你应该开心才是。

珍妮特：我也这样想的。但后来我得知 Maruoka 先生认为我们的起价太优惠了。

很明显，美国人与日本人对"沉默"的理解不同。美国人害怕沉默，如果对方沉默，他会感到是对方不满意、不高兴的表现，而不是在深思熟虑。所以当 Maruoka 先生不说话时，玛莎就担心他嫌价格太高而不肯答应成交。因为想做成生意，玛莎就一个劲地主动降价。美国人对沉默的不可忍受恐怕是世界之最，平时不管是上课、开会，还是一起出去午餐，总是说个不停，所有的时间都用言词填满。如果偶尔出现大家都不作声的场面，很快就会有人"冲"进来填补这个空白，否则会让大家产生尴尬的感觉。在这里，Maruoka 先生无意间用沉默获得了有利于自己的交易，令人拍案叫绝。

3. 高语境与低语境

语境这个概念是美国社会学家艾德华·豪尔（Edward Hall）在 1977 年出版的《超越文化》（*Beyond Culture*）一书中首先提出来的。他提出语境的概念与他个人在日本生活的经历密不可分，因为美国和日本这两个民族在语言沟通上的差异实在太显著了，给他留下了很多感触和思考。

语境是指两个人在进行有效沟通之前所需要了解和共享的背景知识，所需要具备的共同点。这种共享的背景知识越多，具备的共同点越多，语境就越高；反之，语境越低。具体而言，高语境沟通是指在沟通中，绝大部分的信息或存在于物理环境中，或内化在个体身上，而很少存在于所传递的编码清晰的信息之中。低语境沟通正好相反，大量的信息存在于编码清晰的外在语言之中。

高语境沟通的典型例子是在一起长大的双胞胎之间的沟通。他们只要用极少量的语言和动作就能交流大量的信息和情感。而低语境沟通最典型的例子就是两个在法庭上相见的律师，需要对案件的每一个细节都用清晰的语言描述出来，否则对方或陪审团成员就不能理解。

我们可以看到，德国、瑞士、美国文化中的人都喜欢用编码清晰的语言文字来明白地描述事物，陈述细致，不容作第二种猜想。而在日本、中国等文化中，人们喜欢假设很多背景知识大家已经分享，用含混不清的三言两语来隐讳地说明问题。

比方说在报纸或商业杂志上刊登的文章，美国的记者在写报道或评论时，无论这个事件已经被其他电视节目或报纸介绍过多少遍，他们都会在自己的文章中将事情的来龙去脉讲清楚之后再开始自己的评论，这样的写作方式是基于读者对该事件的背景知识一无所知的假设之上的，是低语境沟通。

再看中国的报纸，经常是有的文章不看以前的报道就看不懂，不知到底发生了什么事而使作者有如此的感想。这样写作的假设就是大家都已经有了关于该事件的背景知识，是高语境沟通。

来自不同语境文化中的人对日常事务的关注行为也不同。高语境文化中的人对讲话的言辞本身会更加注意，同时对该人说话的语气、表情，当时在场的人的表情，所处的物理环境，人与人座位的安排等隐形的话语环境都会关注，以准确读出讲话人的真实思想和意图。因为许多真实的意思其实是隐藏在这些细节中的，而不在语言之中。这与前面谈到的婉转相关，婉转的文化通常是高语境文化。关注这些隐性细节往往要消耗很多的心理能量，因此生活在高语境文化中的人们常常感到疲倦。

相反，低语境文化中的人一般只关注明确编码的文字语言信息，因为基本上所有的意思都说明白了,所以不必动太多的脑筋去揣测别人言词后面的意思,生活感觉也相对轻松一些。

总的来说,低语境文化直白,生活比较简单,也相对容易适应。高语境文化则丰富而微妙,有极多的内涵,不易被外人深刻理解。因此外来人不论生活多久,都难以产生融入的感觉。这可能也是豪尔自己在日本生活之后的体验。

有学者对语境高低进行了排列,如图10-4所示。

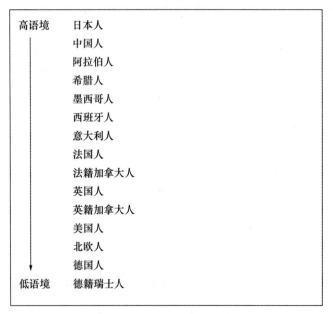

图10-4　不同文化的语境排列

### 10.2.2　非语言沟通的差异

1. 语音语调

欧美人说话抑扬顿挫,有起有伏,跌宕有致;拉美人说话语调很高,而且保持亢奋状态,情绪激昂;东方人说话语调平缓单一,很少起伏,不紧不慢。

这种表现通常可以从这些国家的领导人做演讲、报告时看出。东方国家的领导人做报告时一般都表情中性,语调平稳,常常看着稿子读,使人昏昏欲睡;拉美国家的领导人讲话的语调变化多端,以激起听众的兴趣,有点像演戏;欧美国家的领导人讲话则处于两者之间。

语音语调平和还是夸张,当然与一个文化的价值理念是联系在一起的。东方文化求静,讲求含蓄深沉,追求不以物喜、不以己悲,讲话不露声色就是这种境界的表现。而拉美文化注重个人情感,情感丰富表现出人性和对生活的热爱,讲话当然得眉飞色舞、语调夸张才行。

2. 目光接触

在欧美文化中,没有眼神接触的沟通几乎是不可能的事。与对方讲话时,或听对方讲话时,一定要看着对方,否则会被视为对话题没兴趣,或心里有鬼不敢正视,或性格过于羞怯,总之是负面的评价。即使在地位不相等的两个人之间对话时也如此。

但在东方文化中,眼神接触并不是一定要有的,当两个地位不等的人对话时,地位低的那方一般都不看对方,因为直视反而会被认为不尊敬。

在这一点上,不少在美国生活的中国人有过教训,尤其是在员工访谈时,他们常常不看着对方,或不一直看着对方。访谈者完全想不到这是对方对他们尊敬的表现,反倒觉得他们是否隐藏了什么,或者没说真话,总之,达不到有效沟通的效果。

3. 空间距离

在对话时,人与人之间保持多少距离,不同文化之间也有很大差别。距离最近的要数拉美人和阿拉伯人了,最远的是日本人,而欧美人处于二者之间。对美国人来说,最合适的对话距离是三英尺①左右,一臂之长,否则就太近或太远。阿拉伯人就不同了,他们彼此的对话距离要近得多,而日本人却要远得多,否则就感觉不舒服。

试想如果一个阿拉伯人与一个日本人在一次商务会议上认识并开始谈生意,阿拉伯人愿意站得很近交谈,日本人就会觉得不舒服,会后退,这时,阿拉伯人就会觉得太远无法讲话,又靠近,然后日本人再后退等。如此反复,半个小时下来,他们可能已经从房间的一头谈到了另一头。

对空间距离的舒适感觉与对话时用的语言也有关系。美国心理学家萨斯曼和罗森非在1982年做过一个实验,请了32名日本学生、31名委内瑞拉学生和39名美国学生,让他们在同性同籍之间进行两场5分钟的对话,一场用母语,另一场用英语。他们发现在用母语对话时,日本人之间的距离最远,委内瑞拉人的距离最近,美国人居中;但在用英语对话时,来自3个国家的学生在对话时所保持的距离没有显著差异,都与美国人差不多。

4. 时间观念

时间的意义和重要性也因文化而异。西方国家如美国人、瑞典人非常看重时间,他们每一刻钟的工作计划都要填入日程表。在商务活动中人们很守时,而迟到的行为是要受到惩罚的。而有些国家比如巴西,人们对待时间就比较随意。巴西商务活动迟到是常有的事,有时让合作伙伴等上一个小时也不足为奇。另外,东西方文化对"准时"和"效率"的观念也存在差异。在正式商务会谈中,西方人往往单刀直入,很快进入正题;东方人则认为"欲交易,先交友",在谈正事前东方人会花很长时间建立人际关系。

文化不同,对时间的期求和处理的原则也不同。在一家在华的美国公司里,美国老板对任何工作或项目的完成都要提及一个概念"deadline"。每当他问中方雇员能否在最后期限之前完成时,得到的回答往往是"差不多吧"。老板对这种回答相当头疼,他宁愿听到否定的答案。这种分歧产生于美国人严格的时间观念。而中国雇员之所以不愿意干脆地回答,一方面是因为要给老板留"面子",另一方面又要给自己留余地。这种模棱两可的方式也是中国人在沟通中更注重人际关系的表现。

---

① 1 英尺=0.3048 米。

> **美籍经理和希腊籍员工的时间观**
>
> 经理:你需要多长时间来完成这个可行性评估?
> 员工:我不知道。应该要多长时间?
> 经理:你应该最有资格判断需要多长时间。
> 员工:10 天吧。
> 经理:给你 15 天时间。你同意了?
> 15 天后。
> 经理:评估报告呢?
> 员工:估计还要 2 天吧。
> 经理:什么?我们不是说好 15 天的吗?
>
> 　　在这段对话中,显然经理和员工对时间的信息解读是不一致的。双方在两个问题上是有不同的假设。首先,在时间限度上,经理把 15 天看成是合同,是不可随便更改的"死期"(deadline),这对美国人来说是再习惯不过的事情了。但是在员工看来,15 天只是一个约定,不需要严格遵守,只需要在 15 天左右完成就可以了。
>
> 　　其次,在对时间决定权上,两个人也有不同的假设。经理认为他应该采用参与管理的办法,邀请员工参与到决策过程中来,所以他没有直接告诉员工应该在几天内完成任务,而是征求他的意见。但员工却认为,主管应该给下属明确的指示,不应该让下属来决定。所以当经理问他的时候,他没有准备,就随便给了个估计时间。
>
> 资料来源:陈晓萍,《跨文化管理(第 2 版)》,清华大学出版社,2009。

## 10.3　霍夫斯泰德的文化差异理论

　　著名的跨文化研究专家吉尔特·霍夫斯泰德(Geert Hofstede)通过对 IBM 公司员工的研究,归纳出表征文化差异的四个维度:权力距离、个体主义与集体主义、事业成功与生活质量(男性主义与女性主义)、不确定性规避。后来,加拿大学者邦德与他的中国同事又发现了与中国传统儒家伦理有关的新维度。霍夫斯泰德在此启发下,于 1989 年在他的原有系统中补充了第五个维度:长期导向性与短期导向性。

### 10.3.1　权力距离

　　权力距离指的是一个社会中人们对权力分配不平等的接受程度。接受程度高的国家,社会层级分明,权力距离大;接受程度低的国家,人和人之间比较平等,权力距离小。

　　中国的权力距离比美国的要大。中国文化中,从孔孟提倡的君君臣臣、父父子子和三纲五常,到现代社会强调的听父母的话、不与父母顶嘴、尊敬领导、尊敬师长,讲求的都是社会的秩序和人与人之间的距离和等级。中国,一般称导师为某某教授、某某老师。美国同学都对导师直呼其名,"吉姆""山姆""哈里"随口叫。而韩国学生去见美国导师,则是会鞠一个接近90度的躬,以表敬意。韩国的公司一般层级森严,上下级之间关系明确,下级应该服从上级,而不能挑战。

### 权力距离的表现

华盛顿大学福斯特商学院的陈晓萍教授曾讲过这样一个故事:"在我教的MBA班上有几个来自韩国同一家大公司的学生,他们在公司中职位不同,有一个人比其他人资历要深。在安排小组案例分析时,有一个组里正好有三个韩国学生,包括那个资历深的,另有一个美国学生和一个德国学生。学期中间的时候,美国学生跑到我办公室,说他简直不能理解他们一个组员的所作所为,要向我报告一下。我问发生了什么,他说那个资历深的韩国学生从来不做事,小组案例分析他们分了工,每人负责一部分,但他却命令另外两个韩国学生替他做他的部分,而那两个学生竟然乖乖接受了。他很不解。我也没想到这些韩国学生竟会把上下级关系从公司转移到了美国的学校,似乎失去了来美国学习的本来意义。"

权力距离大的文化中的组织一般层级鲜明,金字塔比较陡峭,如日本、韩国或者中国的企业;而权力距离小的文化中的组织结构一般就比较扁平,如美国、北欧的公司。另外决策方式也不同,权力距离大的国家倾向于采用自上而下的决策方式,有时即使高喊民主,也是形式为多;权力距离小的国家则倾向于采用自下而上的决策方式,善于吸纳低层的意见,作为低层的人也敢于说出自己的所思所想。

当然,权力距离的大小都是相对的。虽然我们知道美国的权力距离小于中国、韩国或日本,但与许多北欧国家相比,它的权力距离却是大的。这一点从公司的董事会的开法和座位安排上就能看出来。一般来说,去旁听美国公司(比如波音公司)的董事会会议,走进会议室看一看每个人所坐的位置,听一听讲话人的语气,你就大致能猜出谁是掌握权力的人或者主要的决策人。但如果你去北欧国家的公司旁听董事会,比如瑞典的宜家家居,董事会成员似乎随意乱坐,发言时也是七嘴八舌,有话就说,很难看出谁是权威人物。低调、平等是北欧文化的底蕴,大家都从心底认同。

#### 10.3.2 个体主义与集体主义

霍夫斯泰德将个体主义与集体主义定义为"人们关心群体成员和群体目标(集体主义)或者自己和个人目标的程度(个体主义)"。他的研究发现,美国人在个体主义上得分最高(92/100),居全世界之冠;而有中华文化背景的群体如新加坡人、中国香港人、中国台湾人(第一次研究中没有包括中国大陆,因为那时中国大陆尚未设立分支机构)在个体主义上得分则很低(29/100)。

### 工作午餐

在美国，如果我和同事共进午餐，一般会事先预约一下，定下午餐的时间。假定有三四个同事刚好在某天都有空，就会约好在某个人的办公室集合，然后很快讨论一下想去的餐馆，大家就一起出发了。到了餐馆，领班会给每个人一份菜单。每人翻阅菜单，然后选一种自己喜欢的食物。几分钟后，服务生会走过来，挨个询问我们决定要点的食物，记录下来，收走菜单。大家开始聊天。又过几分钟后，服务生会把我们点的食物端上来，准确地将每一个人点的放在那个人的面前。我们于是开吃，边吃边继续聊天。吃得聊得差不多的时候，我们就示意服务生拿来账单，大家各付各的账，然后离席回各自的办公室，继续上班。在这整个过程中，除了聊天时我得考虑他人的感受和反应外，其余一切我只要照顾自己的口味和感受即可，与他人无关。

再来看看典型的中国午餐。一般来说，很多时候并不事先预约。到了午餐时间，就去敲一下同事的门，问有没有时间共进午餐，如果有，就同去。假定正好有三四个同事都有时间，我们就会一起出发，但需要选择去什么风味的菜馆，川菜还是湘菜，粤菜还是沪菜。进餐馆的时候，服务员会给我们两份菜单，让我们共用，而不是一人一份。我们轮流或凑在一起看菜的品种，然后决定点什么。但因为上菜的时候菜会放在桌子中间让大家一起吃，所以点菜的时候就得想到别人的口味，以免到时候某人没菜可吃。几分钟后，一个菜上来，大家开始一起吃；过一会儿，另一个菜上来，大家又开始举筷，边吃边聊；直到菜上齐，吃得差不多了为止。这时，服务员送来账单，谁付账呢？如果一开始召集吃饭的人没有明说是他请客的话，那么这时每个人都可能掏出自己的钱包抢着付账，服务生则随机抽取一个以结束"争端"。在这个过程中，差不多每一步都不是个体独立的行为，选菜也好，付账也好，每做一事，都得把别人的喜好利益考虑进去，而不能仅凭自己的喜好行事。与美国人的午餐过程截然不同。

资料来源：陈晓萍，《跨文化管理（第2版）》，清华大学出版社，2009。

这个例子很好地说明了个体主义文化强调个人目标、个人独立，而集体主义文化提倡人与人之间的相互依赖和不可分割的联系。

### 10.3.3 事业成功与生活质量

这个维度指的是人们强调自信、竞争、物质主义（事业成功导向）还是强调人际关系和他人利益（生活质量导向）的程度。墨西哥文化更注重的是生活质量，而美国文化更注重的是事业成功。在这个维度上，中国和其他亚洲国家的文化得分都不比美国低，虽然人际关系也是这些文化的重要特征之一。日常的观察有时会给我们这样的印象，即中国人和其他亚洲国家的人为了事业成功甚至愿意付出更多，而且家人朋友都接受。比如，中国社会一直歌颂为了工作不顾家庭的英雄人物，从古代"三过家门而不入"的大禹到现在为了事业呕心沥血鞠躬尽瘁的干部或企业家，如焦裕禄，反映的就是这种价值观。在今天的中国,有多少人是一周七天都工作的？或者一周有三个以上的晚饭是不和家人一起吃的？恐怕不计其数。

此外,为了挣钱,有多少人离乡背井,留下妻儿老小在乡下,自己单独去城市打工的？或者为了自己的学业和事业,与妻儿道别,出国离家的？在这一点上,亚洲国家的人有很多相似之处。日本的员工很多下班之后不回家,而与同事一起去酒吧饮酒,作为上班的延伸。因为这个时间的交流对自己未来的升迁和发展有不可低估的作用,牺牲与家人在一起的时间就可以理解。另外,如果在上班时间家里突然发生了意外,比如孩子病了,妻子生产了,很多人依然会坚守岗位,因为这样的行为是受到赞赏的。

印第安纳大学的音乐学院在美国首屈一指,学童项目十分有名,很多孩子从小就在这里学习,长大成为音乐家。那里有很多来自韩国的孩子,由母亲陪同来上课,她们是孩子的"陪读",其丈夫仍住在韩国工作,并不与他们同住。这些韩国母亲觉得自己的孩子有音乐天赋,为了孩子的成功,不惜忍受与丈夫的分居,而承担起对孩子的全部责任。如果不是背后事业成功理念的支撑,恐怕很难坚持。

这样的生活方式对不甚强调事业成功文化中的人简直是不可想象的事,几近天方夜谭。如果为了挣钱或事业而错过了看着孩子成长的过程,错过了自己对妻子的责任,对家庭琐事的参与,那么就是成了百万富翁、千万富翁,事业成功了,又有什么意义呢？欧洲许多国家公司对员工的福利待遇,包括对妇女生育的奖励、休假政策等都体现了对生活质量的重视。法国人在每年八月差不多全去度假,瑞士的妇女生育后可以享受长达两年的产假,体现的就是生活比事业成功更重要的价值理念。

事实上,就是像美国这个强调事业成功、强调物质主义的国家,近些年来也已开始在这一导向上发生变化。人们越来越重视家庭和个人生活质量,一个典型的表现就是下班时间到了的时候一般都会回家,而不留下来加班,或与同事外出社交。周末的时候大家都不工作,起码公司的同事不会打电话和你讨论工作上的事,已成为不成文的规矩。否则会被认为扰乱别人的私人生活,极不礼貌。此外,越来越多的公司开始给员工提供各种对家庭和个人生活质量有帮助的服务,如健身房、按摩师、幼儿园,甚至小睡室,让哈欠连连的员工可以休息一下恢复精神。提供免费饮料和办公文具的公司更是不计其数。

### 10.3.4 不确定性规避

不确定性规避指的是人们忍受模糊或不确定性威胁的程度。低不确定性规避文化中的人们敢于冒险,对未来充满信心;而高不确定性规避文化中的人则相反。这个维度从不同方面进行解释会有些矛盾。

从冒险的角度看,美国文化得分高。美国盛产创业者,而创业者无疑是敢冒风险的人。从对未来充满信心的程度看,美国也应该名列前茅,因为美国人大都很少存钱(总的平均存款率可能是全世界倒数第一),许多人不仅没有存款,而且借钱消费,贷款买房买车,度假逍遥。相反,中国文化和其他亚洲文化中的人在这两点上得分就低,创业者人数远远低于美国,存款率则高得惊人。

然而,从另一个角度看,中国人和亚洲人一般对模糊的指导语没有怨言,比如老师对学生作业的要求,不必对答案的长短、书写的格式,甚至上交的时间进行详细的交代；管理

# 管理沟通

人员对下属的要求也只说个大概，不需一五一十地详细交代，下属会自己去"悟"。对人生中未知的部分也能放手交给命运安排。所以，他们的不确定性回避程度较低。相反，美国人总是要求老师或管理者给出精确的要求描述或职责描述，尤其是时间限制这一条，绝不能含糊。另外，他们总是希望在最短时间内得到反馈。比如发出一封邮件，就希望在一两分钟内得到回复，如果对方耽搁一天不予回复，就会着急，并觉得对方"合作性"不强。同时，他们追求对人生的控制，不信命运，只信自己。如此说来，他们的不确定性回避又比中国人要高。

在商业合同上的表现似乎也反映对不确定性回避的程度。美国公司的商业合同大都内容详细，细节清楚，任何细微的方面都不能有遗漏，所以一般一份商业合同总有几百页，厚厚一摞。而日本公司的商业合同一般都比较粗略，只包括最主要的内容和意向，很多细节留待以后再加以商榷和填补，因此页数不多。从表面来看，显然日本人对不确定性回避要低，而美国人要高。

曾有学者进行了一项研究，发现中国学生与美国学生敢冒风险的程度无显著差异，但冒险领域不同。中国学生在经济领域中比美国学生更敢冒险，而美国学生在社会领域中比中国学生更敢冒险，体现出强烈的文化差异。这个研究表明，在讨论不确定性规避这个概念时，一定得区分具体的领域，以及其他的边界条件，而不能笼统地一概而论。

### 10.3.5　长期导向性与短期导向性

这个维度是指一个文化对传统的重视程度。在霍夫斯泰德研究的前后几年，亚洲经济发展极快，尤其是亚洲四小龙的腾飞，更是令世人瞩目。他发现这四个亚洲国家和地区（中国香港、中国台湾、韩国、新加坡）有一个共同的特点，那就是对传统的重视，而且凡事都想到未来的倾向，而非只想当前，做一锤子买卖。

---

**长期导向性**

中国人的思维和行动具有长期导向性。比如，第一次与对方公司的代表见面，商谈一桩短时的生意，我们也会花很多时间介绍公司的历史、发展方向、各类产品线，以及人事组织结构等；然后，让对方公司介绍自己的情况，全部完毕之后，才进入具体的项目谈判。如果是外商来中国谈判，一般都不会在第一次会议上就详谈生意细节，总是先要带对方参观一下工厂或公司，宴请对方，或请对方游山玩水，参与休闲社交活动，到最后一两天才正式比较严肃地进入正题谈生意。为什么这么做呢？因为我们想了解对方派来的那个人的底细、那个公司的底细，那个人的人品是否可靠、是否值得信任。为什么要了解这些呢？因为我们下意识里想的就是与该公司或该代表未来的长期合作,而不是做完这桩眼前的生意就完事了。美国商人常常对此不解。因为他们是短期导向的文化,有把所有生意都看作一锤子买卖的倾向,所以,觉得介入那些与生意没有直接关系的活动纯粹是浪费时间,有时甚至认为是中国人玩的花样,是为了让他们上当;使他们在所剩无几的时间里必须被迫做出决策,而做出让步。

具有长期导向性的文化面向未来,注重对未来的考虑,以动态的观点去考察事物;常会想到目前的行为对下几代人的影响,注意节俭和储备,做任何事情都留有余地。日本文化是这方面的典型,一般日本企业重视对长远投资的打算、远期目标的进展,而不太重视年度的盈亏。

短期导向性的文化则面向过去与现在,注重眼前的利益和对传统的尊重,注重负担社会的责任。美国文化是此类的典型,它的企业要求立见功效,急功近利,关注的是每一季度和年度的利润,上级对下级的考核也是最多每年一次,甚至周期更短。

## 文化习俗小测验

1. 在日本,喝汤时发出很大的声音会被认为是(　　)。
   a. 粗鲁而讨厌的　　　　　　　　　b. 喜欢这种汤的表现
   c. 在家里不要紧,在公共场合则不妥　d. 只有外国人才这么做
2. 在日本,自动售货机里出售除(　　)的所有其他饮料。
   a. 啤酒　　　　　　　　　　　　　b. 加糖精的保健饮料
   c. 加糖的咖啡　　　　　　　　　　d. 美国公司生产的软饮料
3. 在拉丁美洲,管理者(　　)。
   a. 一般会雇用自己家族的成员
   b. 认为雇用自己家族成员是不合适的
   c. 强调雇用少数特殊群体员工的重要性
   d. 通常雇用比实际工作所需更多的员工
4. 在拉丁美洲,商人们(　　)。
   a. 认为交谈时和对方进行眼神交流是不礼貌的
   b. 总是等到对方说完才开始说话
   c. 身体接触次数比相似情况下北美商人多
   d. 避免身体接触,因为这被认为是对个人隐私的侵犯

5. 马来西亚的主要宗教是（　　）。
   a. 佛教　　　　　b. 犹太教　　　　c. 基督教　　　　d. 伊斯兰教
6. 在泰国（　　）。
   a. 男性之间挽手同行很常见
   b. 男女之间在公共场合挽手很常见
   c. 男女挽手同行是很粗鲁的举止
   d. 传统上男性和女性在街上遇见会互相亲吻
7. 在印度，进食时恰当的举止是（　　）。
   a. 用右手取食物，用左手吃　　　　b. 用左手取食物，用右手吃
   c. 取食物和吃都只用左手　　　　　d. 取食物和吃都只用右手
8. 在泰国，脚趾指向别人是（　　）。
   a. 表示尊敬，像日本人鞠躬一样
   b. 无礼的，即便是无意中所为
   c. 邀请对方跳舞
   d. 公共场合标准的问候方式
9. 美国的管理者对下属的绩效评估是以其下属的工作表现为基础的，而在伊朗管理者对下属进行绩效评估的基础是（　　）。
   a. 宗教　　　　　b. 资历　　　　　c. 友情　　　　　d. 能力
10. 作为对一个西班牙员工工作出色的奖励，最好不要（　　）。
    a. 当众赞扬他　　　　　　　　　b. 说"谢谢"
    c. 给他加薪　　　　　　　　　　d. 给他升职
11. 在一些南美国家，怎样出席社交约会才是正常、可接受的？（　　）
    a. 提前10—15分钟　　　　　　　b. 迟到10—15分钟
    c. 迟到15分钟到1个小时　　　　d. 迟到1—2个小时
12. 在法国，朋友间互相交谈时（　　）。
    a. 通常离对方3英尺站立　　　　b. 典型做法是喊话
    c. 比美国人站得距离近　　　　　d. 总是有第三方在场
13. 在西欧，当送礼送花时，不要送（　　）。
    a. 郁金香和长寿花　　　　　　　b. 雏菊和丁香
    c. 菊花和马蹄莲　　　　　　　　d. 丁香和苹果花
14. 在沙特阿拉伯，一个从事商业工作的男性行政官恰当的送礼方式是（　　）。
    a. 托一个男人把礼物送给妻子
    b. 当面把礼物送给妻子中最宠爱的一个
    c. 只送礼物给排行最长的妻子
    d. 根本不送礼物给妻子
15. 如果你想送领带或围巾给一个拉丁美洲人，最好不要送（　　）。
    a. 红色的　　　　b. 紫色的　　　　c. 绿色的　　　　d. 黑色的

16. 在德国,办公室和家里的门通常是(  )。

a. 大敞着,表示接受和欢迎朋友和陌生人

b. 微开着,显示进屋前要先敲门

c. 半开着,显示一些人是受欢迎的,而另一些人是不受欢迎的

d. 紧闭着,为了保护隐私和个人空间

17. 在德国,具有感召力的领导(  )。

a. 不是人们心目中最想要的领导

b. 是最受尊敬的和人们努力寻找的领导

c. 经常被邀请到文化机构董事会工作

d. 会被迫卷入政治活动中

18. 在墨西哥工作的美国企业管理者发现,通过给墨西哥工人增加工资,他们会(  )。

a. 增加工人愿意工作的时间长度　　　b. 诱使更多工人加夜班

c. 减少工人同意工作的时间长度　　　d. 降低生产率

19. 在委内瑞拉,新年的前一夜,人们(  )。

a. 一起度过安静的家庭聚会

b. 在附近街道的晚会上狂欢

c. 戴着尖角帽子,在餐馆的音乐和舞蹈中度过

d. 在海滩吃烧烤猪肉

20. 在印度,如果一个陌生人想要了解你是做什么工作的,挣多少钱,他会(  )。

a. 问你的向导

b. 邀请你去他家,认识你之后再问你

c. 过来直接问你,不用介绍

d. 不管怎么样都尊重你的隐私

21. 在越南,当你觉得自己在生意往来中被利用了,最好(  )。

a. 用表情而不是语言表现出自己的愤怒

b. 说自己很生气,但是面部表情保持镇定

c. 不以任何方式表现出自己的愤怒

d. 立即结束这次交易,转身离开

22. 在印度,当一个出租车司机左右摇头时,他的意思可能是(  )。

a. 他觉得你出的价钱太高了　　　b. 他不想去你要去的地点

c. 他会带你去你要去的地方　　　d. 他不懂你在说什么

23. 在英国,手背朝向对方,食指和中指做成 V 字形是(  )。

a. 表示和平的手势　　　b. 表示胜利的手势

c. 表示某样东西你要两份　　　d. 粗鄙的手势

**参考答案**

1. b  2. b  3. a  4. c  5. d  6. a  7. d  8. b  9. c
10. a  11. d  12. c  13. c  14. d  15. b  16. d  17. a  18. c
19. a  20. c  21. c  22. c  23. d

## 本章习题

### 一、判断题

1. 文化是一个国家、一个民族特定的观念和价值体系,这些观念和价值体系影响着人们生活、工作中的行为。

2. 在跨文化沟通中,由于信息的发送者和信息的接收者为不同文化的成员,在一种文化中的编码要在另一种文化中解码,编码和解码都要受到文化的深刻影响。

3. 因为拉丁美洲与美国同属于一个大陆,因此他们的谈判风格与美国是相同的。

4. 不同的文化对于沉默有着相同的理解,都是用沉默来表示对说话人的尊重、考虑说话者的想法,以及掂量对于陈述内容的正面和反面意见,以便得出一个考虑周全的反馈。

5. 权力距离大的国家倾向于自下而上的决策方式,善于吸纳底层的意见,而位于底层的人也敢于说出自己的所思所想。

6. 过分谦虚在西方人看来是一种不自信的表现。

7. 高语境文化认为不使用套话的交流方式是不礼貌的,而低语境文化认为使用套话的交流方式不真诚。

8. 中国人喜欢谈论家庭生活,在与西方人交流时可以表现出对对方家庭生活的关心。

9. 在从事跨文化交流时,如参加国际商务谈判、国际会议,要特别注意不同文化背景的人具有不同的语言风格。

10. 点头、摇头、OK等手势因其简单明了,在世界各国基本上可以通用。

### 二、选择题

1. 以下哪一项不是个人主义文化的特点?(　　)
   A. 空间和隐私都很重要　　　　B. 相互关联与相互协作
   C. 沟通倾向于直接、明确和个人化　　D. 强调个人目标

2. 跨文化沟通的技巧有(　　)。
   A. 排斥对方文化　　　　B. 识别文化差异
   C. 理解对方文化　　　　D. 融合文化差异

3. 高权力距离的代表国家有(　　)。
   A. 美国、瑞典　　　　B. 中国、韩国
   C. 芬兰、丹麦　　　　D. 英国、印度

4. 在西方,当面拒绝别人借钱或借车的请求,会被认为是(　　)。

A. 不礼貌的     B. 自私的     C. 合理的     D. 冷漠的

5. 中国传统文化的基本精神有( )。

A. 刚健有为、自强不息的精神     B. 人本主义精神

C. 天人合一精神     D. 礼治精神

6. 对日本人来说,一群人中谁看上去最有权威?( )

A. 年长者     B. 最胖的人     C. 最高的人     D. 最矮的人

### 三、思考题

1. 跨文化沟通的含义是什么?
2. 跨文化沟通障碍的因素有哪些?你认为跨文化沟通中最大的障碍是什么?
3. 如何提升自己的跨文化沟通技能?
4. 试比较你所熟悉的不同地域或不同国家的人,他们有哪些独特的沟通风格?
5. 中国文化背景下的管理沟通有哪些特点?
6. 从跨文化沟通的角度分析你如何体会"入乡随俗"的含义。

### 四、案例分析

## 跨文化交流中遇到的一些趣事

**案例摘要**

在商务沟通中,跨文化沟通是非常重要的一个部分。随着各国商务往来越来越紧密,跨文化沟通越来越频繁地出现在各种商务场合中。针对各民族不同的文化,应该怎样沟通才能促进彼此了解,保证商务活动的顺利进行呢?下面的故事可以给我们一点启发。

**背景介绍**

我所工作的企业——中国远洋公司(以下简称"中远")在全球近50个国家有自己的分公司和派出机构,而为了获得符合当地法律的税盾、回避法律上的责任、分散风险和更好地开辟市场,我们公司一般采取和当地人或当地公司合资的办法设立位于所在国的分公司和办事机构,公司的高层雇员也由中方和当地人共同组成。为了加强中远国内机构和中远国外公司之间的联系,中远经常会安排国内外人员互访或者进行人员轮换(当然这些机会一般来说都是高层优先)。我因为外语比较好且有涉外工作的经验,广州乃至华南地区的接待外来员工或合作伙伴的工作一般都交由我来完成。因此,我也时常会遇到一些跨文化交流方面的问题,这里和大家分享一下。

其实,所谓的跨文化交流并不是单纯的语言沟通方面的问题。因为现在英语作为全球办公语言,已经在受过高等教育的人群中非常普及,从事海运业务的资深人士都能熟悉英文的听说读写。同时,除了英语,我也会说一些小语种,所以单纯语言交流不是问题。真正所谓的跨文化交流,指的是具有不同文化背景、不同的价值观准则,乃至不同的信仰的人们之间为了传递意思,也为了让对方理解自身需要所进行的沟通,这不只是语言上的沟通,当双方面谈时,通过姿势、肢体语言理解对方所表达出来的意思;当一起共事时,通过对方安排事情的先后顺序、对方所希望约见的人员,来了解对方的真实意图;或者在电邮和通话时,使用尽可能简练的字眼使对方了解自己对所提到事情的态度等。这里我以与西班牙和日本这两个国家的中远同事联系的过程中遇到的一些比较有趣的事情为例。

### 西班牙人悠闲的另类工作方式

西班牙位于伊比利亚半岛,气候温暖,那边的人生活习惯比较悠闲。在中远西班牙公司的副总和巴塞罗那大区经理来广州参与中西经济合作论坛的三天前,我才从公司领导处得知需要我负责接待的工作。但是,当我致信给西班牙公司总经理秘书问询所要来访人员的名单和行程表时,因为时差关系,12小时之后我才获得名单。而且,行程表只安排他们去上海的时间,也就是说,他们什么时候到广州和预计逗留几天,秘书处都没有信息,这给我安排他们的日程带来了诸多不便。虽然等他们到达上海后我设法和他们通过电话,但是,来访的西班牙人自己只能估计他们预计五天能完成在上海的行程安排,具体乘哪班飞机飞广州他们也无法确定,导致我不得不请公司行政部始终保留一辆车和一个司机备用,且不得不两次通知他们在广州预计下榻的酒店延迟入住时间。等他们来到广州后,日程安排也很松散,他们预计参加的中西经济合作论坛将召开两天时间,但是,当我向他们出示大会日程安排表并询问他们在这次论坛上将参加哪些分组讨论时,他们告诉我其实他们也没有特定的安排,只是需要去这个论坛上见几个朋友,至于对哪些话题感兴趣或者有什么安排要根据现场的情况而定。当时我听了实在感到不可思议。

当论坛召开之日,我和司机两人早早地就到他们下榻的酒店大堂等候。但是,西班牙人却迟迟没有出现在大堂,当打电话给他们两位时,两位西班牙人却告诉我,他们没有吃早餐,并邀请我一起去吃。当我提醒他们按照日程安排,论坛要在早上8点半前签到时,西班牙人说,他们那边的人平常习惯在9点半到10点才开始办公,中国人将时间安排得这么早,与会的西班牙人很难准时到场,所以不用担心,我当然是将信将疑。

事实果然如他们所预测的那样,当我们一行9点半到了与会地点时,发现签到处西班牙人才陆续到来,预计9点开始的第一场西班牙港口推介会延迟到了10点15分才正式开始,我不得不叹服他们生活的悠闲。

上午论坛举行的两场推介和研讨会内容很枯燥,只是简单地放映了相关的介绍片和PPT就结束了,几乎没有留下提问和讨论时间,而参与的西班牙和中方人员似乎兴致都不高。于是我十分好奇地向西班牙同事询问这次会议的组织方:西班牙-中国贸易促进会怎么没有能够有效地调动整个会议的气氛时,西班牙同事告诉我,只要午餐时间足够长,他们自然有办法将事情谈妥。

果然,因为上午开始时间的推迟,原定下午1点开始的午餐被延迟到了下午2点(这个时间据说是西班牙习惯上的午餐时间,比中国人的午餐时间要晚了两个小时)。但是,当由西班牙驻广州领事馆负责安排的自助午餐开始后,原来开会时没精打采的西班牙人端着Sangria(西班牙一种用水果、橄榄油和气泡酒之类勾兑的饮料)迅速地按照行业、兴趣、商贸联系等凑成了一堆一堆,开始讨论起彼此感兴趣的话题。他们的习惯是,原先的朋友先凑在一起互相问候后,有新的朋友被介绍进来,或者当被认为需要将你介绍给其他圈子的人时,西班牙人会搂着你的肩膀将你拉进另一个圈子。然后向这个圈子里的人一一进行介绍。因为我几乎不会西班牙语,只能用英语和他们进行交流,所以基本上只能在西班牙人用母语聊天时在一旁站着无所事事,等他们聊天的间隙才向我的同事询问个大概的内容。但是,即使是这样,我也能得知他们其实在这种非正式的聊天过程中,已经在讨论他们本应放在正式会议上讨论的议题。

感觉西班牙人有点"人来疯"的意思,原本是第一次和你见面互相认识,但是在谈话的过程中,对方会主动和你拉近关系,人和人之间相处的距离已经小于社交距离,开始进入双方的私人空间,但是西班牙人却觉得非常自然。而且,在聊天过程中,谈话双方所使用的肢体语言和肢体触碰非常频繁,如拍拍对方的肩膀,拉对方胳膊一下,捶对方一下,这种表示亲昵的方式不但用于熟悉的朋友之间,不太熟悉的人之间也会经常采用,他们似乎是通过这种方式来表示亲近。而且,他们也要求我尽可能记住第一次认识的人的名字,并用名字来称呼对方。这对我来说十分困难(毕竟西班牙语发音还是有些古怪的)。不过,通过这个过程,我确实是和西班牙人拉近了距离,也认识了不少以前没有机会认识的人。

午餐持续了一个半小时,下午3点半正是会议重新开始的时候。根据西班牙公司同事的说法,他们已经见到了所有预计要见到的人,同时也认识了几个他们安排之外的新的对象,在他们回国之后就会进行后续的联系。当然,下午会议的议程安排也非常紧凑,效果和上午一样不理想。我个人感觉西班牙人似乎不是很习惯正儿八经地坐下来与客户讨论事务,他们更倾向于采取一些非正式的、非严肃场合私下就问题交换看法并认识新的联系人,之后再通过私下沟通的方式先取得大概的一致意见,最后通过会议之类的方式进行确认。如果让西班牙人一开始就正襟危坐一本正经地逐个发言的话,估计他们也会觉得非常不自在。

另外,因为西班牙气候温暖,夜生活也占据他们正常生活里很重要的一部分。按照过往惯例,基于安全考虑,通常我们不会安排来访的外宾进行过多的夜间活动。但是,这次西班牙同事在广州时,要求我在晚饭后送他们到广州经济技术开发区参观Antolin公司的厂区和仓库。当我告诉他们因为开发区离市区距离很远,即使到了他们预计拜访的地点,对方也不可能有人接待他们时,他们告诉我无妨,已经事先约好了。果然,当晚上8点半到了Antolin的仓库之后,整个厂区已经空空荡荡,中方的雇员已经全部下班了。但是,该公司的西方人员居然还专门在那里等着。然后我们一行几个人就开始在巨大寂静的车间和库房里慢慢参观,听着该公司西方人员进行介绍。事后我才知道,原来该公司西方的人员(全部是管理层)平时一般晚上都工作到8点左右,而参观时间一般也定在这个时间。因为平时车间都是采取机械化作业,重型设备的运作可能对来访者造成危险,所以一般会等到生产线晚上7点停工后才允许来访者进入车间和仓库地带。当天参观结束后,送西班牙同事回到市区已经过了晚上12点了。比起我和司机的疲惫不堪,西班牙人还兴致盎然,现在我知道为什么他们在中午和晚餐时总要喝上两杯特浓的咖啡了。

此外还有个小细节:西班牙人似乎是高情景文化的民族,当他们和你见面谈话时,双方很容易就能够拉近距离,达成一致似乎很容易。但是,如果希望他们同意的事情能尽快被落实的话,就需要不断提醒和催促他们。就以这两个来访的西班牙人为例,我当时对他们提了工作协助上的希望和一些私人方面的请求(主要是语言学习和认识西班牙年轻女性),他们当时也是满口答应。但是,等到他们回国之后,似乎忘记得很快,需要我反复发邮件和打电话提醒他们落实答应我的事情,他们才想起来。

我以前对这个国家的了解仅仅只是从电影、书籍和课本中所获得的。但是,和这个国家的人相处后才知道,即使双方沟通上没有一点障碍,如果对他们的情景文化了解不细致的话,也将非常难理解他们的所作所为,也无法和他们之间开展业务,这在中外联系日益密切的今天需要各位引起注意。

### 日本人严谨、敬业的工作方式

和西班牙人相反，日本人简直是站在了另一个极端。我所接触到的日本人应该说和我们中国人更加相像，严谨、守时、勤奋、一丝不苟，且非常敬业。上个月刚刚来访的中远日本会社社长是一位在日本公司工作了30余年的老人，也是一位在系统里面地位很高的资深人士。但是，当他来访时，我依然可以看到他的敬业精神。他的行程安排和希望拜访的对象在到来前一周就已经发给我了，给我们留出了充裕的时间为他进行安排。而且，当我们这边在预约对象确实有困难向他说明时，他也会亲自而不是通过秘书和我对行程的更改进行讨论，这样很快就能令我们对他所有的日程都充满把握。

这位日本同事的行程安排得非常紧密，在到达广州的当天，午饭后就直接开始拜访在广州的日本企业（如本田、丰田、日产、森密、佳能等厂家），通常都是采取计算好来往的时间和会谈的时间的方法，在一天8小时工作时间里尽可能多地拜访客户，这种精神令我非常佩服。而且，他做事也很严谨，即使是和已经非常熟悉的拜访对象（如日产公司的物流负责人是他认识20年的老朋友），都会带上笔记本，记录下会谈中所涉及的问题，并会给予回答时间的保证。不过，日本人的民族性也决定了他不会也不愿意主动做出任何保证，不管是对我还是对客户，他所回答的所有答案似乎都是：了解了，会和同事商讨后再办理。而在正式会谈时，我似乎还没有见过他们讨论预订议题之外的内容，似乎日本人都很不喜欢应对突然情况。

我还有一个发现：日本人非常重视职责的划分，等级观念较重。例如，在陪同我方日本同事参加开发区一个基本全部由日本人参加的会议时，在会议结束后，基于习惯，我主动将喝空的纸质咖啡杯捏成一团，在走出会议室后扔进垃圾桶。我个人感觉这是一种有礼貌的行为。但是，日本同事却提醒我，完全没有必要这么做，因为会议结束后庶务人员（也就是工作人员）会完成这些事情的。如果我这么做弄脏了手的话，当宾客要和我握手告别的话就会很尴尬的。此外，日本人也很重视细节，在离开广州前，他会专门来公司和打过交道的领导告别，即使某领导不在，他也会要求我转达他的问候。在回到日本后，他还会在一两天内再次发邮件对这次拜访的接待人员表示感谢。还有，日本人有可能会带一些小小的礼物送给他这次来访时接待他的人员，以表谢意。

资料来源：杜慕群，《管理沟通案例》，清华大学出版社，2013。

**问题：**

1. 西班牙文化有哪些特点？应该如何与西班牙人进行沟通？
2. 你认为日本文化中有哪些值得学习的方面？
3. 试从文化五维度层面，分析本案例当中西班牙与日本的文化差异。

# 第 11 章

# 组 织 沟 通

# 第 11 章　组织沟通

【本章学习目标】

1. 了解组织沟通的作用；
2. 掌握组织沟通的正式与非正式渠道；
3. 了解团队的类型与影响团队沟通的因素；
4. 了解激发团队创造力的方法。

开篇案例

## 百安居的管理沟通

B&Q（百安居）是欧洲最大、世界第三的仓储式家居装饰建材连锁超市，曾获"英国最佳雇主"称号。百安居认为管理重在沟通，并通过建立各种渠道倾听员工的心声，员工的想法和建议充分受到尊重。

百安居的沟通传统强调上下级之间的双向沟通和一对一沟通，员工遇到问题可以直接找上级反映，不存在戒备森严的等级制度。

百安居还制定了完善的沟通反馈制度。例如，每月召开一次的"草根会议"，实际上是各家商店和总部的各个部门一起定期召开的基层会议，任何一个员工都可以在会议上提出问题和建议，而公司高层领导都很重视这种倾听员工心声的机会，他们会分别参加各个会议，面对面地了解员工的想法，并公开进行对话。对于会上提出的问题，管理层和相关部门会制订行动计划，然后跟进解决，并在下一次会议上向员工通报解决的情况。

如果员工觉得有些问题当面谈比较尴尬，或者离总部比较远，那么可以选择发邮件到专门的电子邮箱或者打电话。百安居设立了一个对员工免费的 24 小时录音电话，叫作 Easy Talk，员工可以跟总裁或总经理反映任何问题。Easy Talk 每天由专人接听整理，然后汇报给高层领导，并及时对来电做出反馈。另外，百安居还通过员工调查的形式来了解员工的真实想法。

资料来源：吕书梅，《管理沟通技能》，东北财经大学出版社，2008。

## 11.1　组织沟通概述

组织沟通是指发生在组织环境中的人际沟通。但组织沟通不同于一般意义上的人际沟通。其一，组织沟通有明确的目的，其目的是影响另一个人的行为，使之与实现组织的整体目的相符，并最终实现公司目标。其二，组织沟通的活动是按照预先设定的方式，沿着既定的轨道、方向、顺序进行，作为一种日常管理活动而发生的。其三，组织沟通与公司

的规模有关,即公司规模越大,其组织沟通越规范,组织沟通过程越长;公司规模越小,其组织沟通相对来讲越不完全依赖于正式的、规范的沟通体系和顺序,组织沟通过程越短,沟通效果越容易控制。其四,组织沟通活动作为管理的一项日常功能,组织对信息传送者有一定的约束,管理者必须为自己的沟通行为负责,并确保实现沟通目的。

### 11.1.1 组织沟通的作用

1. 降低经营模糊性

企业的有效管理需要完善、高效的沟通网络体系才能保证。因为外部环境变幻莫测,市场竞争瞬息万变,这些因素都会诱发组织内部模糊和不确定性的产生,使公司在不确定的状况下做出决策。这种不确定性是不可避免的,而健全、完备、高效的沟通网络可以降低这种模糊和不确定性。

2. 实现有效管理

有效沟通能力是企业成功实施管理的关键。所有重要的管理职能的履行完全依赖于管理者和下属间进行的有效沟通。在做出重要决策前,管理者有必要从公司各部门人员处获得信息,然后将最终决策反馈给下属,以执行决策。为了激励员工,管理者需要和员工一起设立目标,并指导他们如何正确执行职责。为了进行有效的业绩评估,管理者需要给员工提供有关他们工作的反馈,并解释评估的依据。

3. 满足员工对信息的需要

越来越多的员工表示了解公司的发展方向和运营状况方面信息的意愿。尽管不同的人对信息内容的需求表现出很大的差异性。有的人关心与工作相关的信息,他们想弄明白他们工作的性质是什么,怎样做好本职工作,怎样与其他相关领域的人合作,他们的工作对组织实现总体目标起到怎样的作用;有的人则更关心企业的发展与未来。但不管对信息内容的需要如何,今天的员工都需要了解更多有关企业的各类信息。这种对信息的需求只有通过组织内发达畅通的沟通渠道来实现。如果沟通的需要不能通过正式渠道得到满足,必然会通过非正式渠道得到满足。如果忽略这一点,或不能充分认识这一点,可能会给管理工作带来隐患。

4. 构建工作关系

高效的组织鼓励并帮助建立内部员工与员工、员工与工作的关系。因工作而结成的关系在许多方面影响员工的工作表现。而良好的沟通渠道可以有助于构建和维持员工与工作的关系,这对于激励员工,提高员工的绩效会产生正面的效用。

### 11.1.2 组织沟通渠道

所谓沟通渠道,是指信息在沟通时流动的通道。这些流动的渠道可以分为两种:正式沟通渠道和非正式沟通渠道。正式沟通是通过组织的正式结构或层次系统等正式渠道进行的,非正式沟通则是通过正式系统以外的途径即非正式渠道来进行的。在组织中,正式沟通渠道和非正式沟通渠道是同时存在的,管理者应该有效地利用这两种渠道来提高组织沟通的效率。

1. 正式沟通渠道

正式沟通指由组织内部明确的规章制度所规定的沟通方式,按照信息的流向可以分为上行沟通、下行沟通和横向沟通三种形式。

(1) 上行沟通是指在组织中,信息从较低层次流向较高层次的一种沟通,如下级向上级进行正式的书面或口头报告。组织通常会采取某些措施鼓励上行沟通,如召开座谈会、设立意见箱等。如果没有上行沟通,管理者就不可能了解职工的需要,也不知道自己下达的命令是否正确,因此上行沟通十分重要。上行沟通的具体作用有提供员工参与管理的机会、减少员工因不能理解下达的信息而造成的失误、营造开放式氛围、提高企业创新能力、缓解工作压力等。

(2) 下行沟通是指在组织中,信息由较高层次流向较低层次的一种沟通。下行沟通是传统组织中最主要的沟通方式,一般以命令方式传达上级所制定的政策、计划等信息。例如主管生产的副总经理可能指示车间主任加紧制造一种新产品,依次由车间主任向主管发出详细指示,主管则指示生产工人。

(3) 横向沟通包括平行沟通和斜向沟通。所谓平行沟通是指在组织中同一层次不同部门之间的沟通,斜向沟通是指信息在不同层次之间的不同部门之间流动时的沟通。横向沟通代表沟通者之间的共事关系,除了上行沟通和下行沟通的所有组织沟通都可以视为横向沟通,例如,各部门经理间的沟通、团队成员之间的沟通、某部门经理与其他部门工作人员之间的沟通。

横向沟通的存在是为了增强各部门之间的合作,减少部门之间的摩擦,满足部门之间的信息共享,并最终实现组织的总体目标。从理论上讲,一个组织是一个有机的整体,每个部门都是整个组织大系统中相互影响、相互依存的子系统,协调各个子系统之间的关系是为了更好地创造整体效益。横向沟通能够弥补纵向沟通造成的不足,满足不同部门间信息共享的需要。随着组织结构日趋扁平化,这种跨职能、跨部门的沟通正受到大多数组织的关注。

2. 非正式沟通渠道

正式沟通的优点是沟通效果好,比较严肃而且约束力强,易于保密,可以使信息沟通保持权威性。重要消息和文件传递组织的决策等一般都采取这种形式。但它沟通速度慢,很刻板,易于使信息失真,因此组织为顺利进行工作,必须要依赖非正式沟通以弥补正式沟通的不足。

非正式沟通是以社会关系为基础,与组织内部明确的规章制度无关的沟通方式。它的沟通对象、时间及内容等都是未经计划和难以辨别的。因为非正式组织是由于组织成员的感情和动机上的需要而形成的,所以其沟通渠道是组织内的各种社会关系,这种社会关系超越了部门、单位及层级。非正式渠道不是由管理者建立的,所以管理者往往很难控制。非正式渠道无所谓好坏,而主要在于管理者如何运用。在相当程度上,非正式沟通是形成良好组织氛围的必要条件,相比较而言,这种沟通有较大的弹性,传递速度很快。

在很多情况下来自非正式沟通的信息反而易于获得接收者的重视。由于这种沟通一般是以口头方式进行的,不留证据、不负责任,有许多在正式沟通中不便于传递的信息却可以在非正式沟通中传递。

## 11.2 正式沟通

### 11.2.1 正式沟通网络

按照信息沟通的形态,正式沟通可以分为链式、Y式、环式、轮式和全通道式五种形式。以五人沟通为例,如图11-1所示。

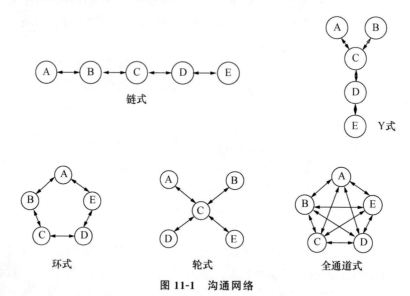

图 11-1　沟通网络

1. 链式沟通

表示在五个层次的沟通中,信息逐级传递,其交流只有上行沟通和下行沟通,居于两端的人只能与其相邻的一个成员联系,居中的人可以分别与两端的人沟通信息。在这种形式中,信息经层层传递、筛选,容易失真,各个信息传递者接收的信息差异很大。

2. Y式沟通

表示在四个层次的逐级沟通中,两个领导通过一个人或一个部门进行沟通,这个人成为沟通的中心。这种形式集中化程度高,解决问题的速度快,但组织中成员的平均满意程度较低,易于造成信息曲解或失真。

3. 环式沟通

表示五个人之间的沟通,管理者对两个下级进行沟通,两个下级又分别与各自的下级再沟通,基层又相互沟通。其中,每个人都同时与两侧的人沟通。组织的集中化程度较低,满意度较高。

4. 轮式沟通

表示一个管理者与四个下级进行沟通,四个下级之间没有相互沟通现象,属于控制型网络。其中只有一个成员是各种信息的汇集点与传递中心。这种方式集中化程度高,解决问题的速度快,沟通渠道少,满意程度低。

5. 全通道式沟通

表示每个人与其他四个人都自由地相互沟通,并无明显的中心人物。这是一个开放的网络系统,每个成员之间都有一定的联系,集中度较低。沟通渠道多,组织成员满意度高。

### 11.2.2 纵向沟通的障碍及改进

1. 纵向沟通的障碍

纵向沟通按照信息的流向包括上行沟通与下行沟通两种,无论是哪种形式的纵向沟通,通常都会面临着以下一些障碍:

(1) 信息的遗漏。公司发展所带来的组织结构的层级化,会带来传递中信息的遗漏。图 11-2 形象地表明了经过五个沟通层次后,信息会损失 80% 的情况。无论是上行沟通还是下行沟通,如果沟通链条过长、环节过多,都会造成信息的遗漏。

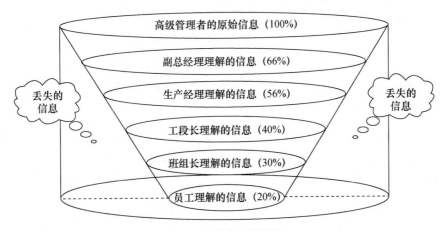

图 11-2 信息理解漏斗

(2) 信息的过滤与扭曲。在上行沟通中,下级只向上级报告好消息或主管感兴趣的事情;或者是沟通链上出现了瓶颈(截取信息者),他们过滤所接收的信息,并传送他们认为主管应该知道的信息,这个瓶颈可以是秘书或助理;或者主管与下属的关系不良,缺乏信任,下属不愿向上级提供信息;还有些下属为了得到更多的表扬或加薪,故意夸大自己的工作成绩;有些人则隐瞒自己工作中出现的问题。下行沟通也可能出现与之类似的情况,上级隐瞒或扭曲了某些信息。

(3) 缺乏沟通能力与技巧。主管或员工的表达方式不够恰当,或者缺乏倾听技巧与理解能力,都会造成纵向沟通的障碍。如对于新进员工,单向沟通方式可能造成员工误解信息或对信息一知半解,致使沟通无效。

2. 纵向沟通的改进

改进纵向沟通,可以从以下几方面入手:

(1) 精兵简政,减少沟通环节。复杂的组织结构是公司为了应付规模的扩大做出的自然反应,然而优秀的公司却力求用简单的结构和精炼的系统来满足扩张发展的战略。

## 管理沟通

它们通过建立临时的项目小组或产品小组来减少管理的中间层次,控制组织结构的复杂化。如日本丰田公司在首席执行官和生产线的监督之间只有五层中间管理人员,而不是美国一些公司的 15 层。因此,改善组织沟通最有效的做法是精兵简政,用简单的结构和精炼的系统来保证沟通的顺利进行。

(2) 去繁从简,减轻沟通任务。管理人员需要有效控制信息流。管理控制信息流能够极大地提高沟通的效率,可以采用以下方法:① 例外原则。当命令、计划和政策执行中出现偏差时,才进行沟通。② 排队原则。管理人员应该按轻重缓急来处理信息沟通。对于不是很重要的会议、约见、信件、电话和报告都可以滞后或改期。③ 关键时间原则。管理人员应该在恰当的时间向员工传递信息。比如,不要在会议召开前三个月前向员工通知,这样员工会很容易忘记。

(3) 改善组织沟通氛围。建立诚实守信的组织文化,建立平等尊重的沟通氛围。改进上下级之间的关系,上级可以多参加下属活动,增加信任感。提倡简约的沟通方式,避免含糊其词。管理者可以采用简单、直接的措辞进行沟通。公司对管理者的沟通技能进行培训,提高他们的沟通能力。

(4) 利用多种渠道进行沟通。具体方法主要包括:① 定期实施员工调查,了解员工对组织和工作的感觉;② 设立员工意见箱,允许员工提出问题和看法,并得到高层管理者的解答;③ 定期举行高层管理者与员工的座谈会;④ 公司内部刊物设立有关栏目,对员工的疑问予以解答;⑤ 通过多种方式向员工表达观点和看法;⑥ 采用走动管理,鼓励非正式的沟通方式。

### 李开复的"午餐会"沟通法

李开复曾经担任微软全球副总裁,管理一个拥有 600 名员工的部门。他选择了"午餐会"沟通法:每周选出 10 名员工,与他们共进午餐。在进餐时,详细了解每个人的姓名、履历、工作情况以及他们对部门工作的建议。

另外,还会要求每个人说出他在工作中遇到的一件最让他兴奋的事情和一件最让他苦恼的事情。午餐后,李开复会立即发一封电子邮件给大家,总结"我听到了什么""哪些是我现在就可以解决的问题""何时可以看到成效"等。

### 福特公司 CEO 的"邮件"沟通法

每周五傍晚,福特汽车公司的 CEO 都会发一封电子邮件给福特在全世界的大约 10 万名员工,分享自己对经营事业的看法,让员工了解全球市场,了解高层的战略,也鼓励员工回寄观点和建议。

### 11.2.3 横向沟通的障碍及改进

1. 横向沟通的障碍

从理论上讲,横向沟通由于不存在等级差异,沟通主体是平等自主的,这样的沟通应该更加有效。然而事实上,正因为没有权力关系的约束,许多横向沟通主体采取"事不关己,高高挂起"的态度,沟通不畅的情况时有发生。部门化是产生沟通障碍的最主要原因,主要包括以下几方面:

(1) 部门本位主义。

① 利益本位主义。很多情况下,一些部门为了达到自己的目标或维护自己的利益,无视其他部门乃至整个组织的利益而擅自行事,许多人也认为没有必要去了解其他部门正在发生的事情。当部门经理们置身于自己戒备森严的城堡之中时,坚硬冰冷的四壁便阻断了他们的视线,使他们彼此看不到沟通的需要,甚至还会由于利益、目标的差异而冲突不断。工作业绩、利益及评估体系的不同,正是造成部门本位主义泛滥的主要原因。为了维护利益,每个部门都是斤斤计较自己的得失,强调本部门的业绩,而不是采用"公司—本部门—其他部门"三维观点立体地看待本部门在整个公司中的地位以及相应的利益。

② 价值本位主义。有些部门只站在本部门的角度认识、看待问题,只强调本部门的价值,认为本部门最重要,而忽视其他部门对公司的贡献。例如,营销部门认为本部门贡献最大,比其他部门重要;而人力资源部门也同样认为本部门贡献最大,比其他部门重要。如此一来,每个部门都只看到自己的价值,而忽视其他部门的存在。这种认为组织部门有贵贱等级之分的成见,必然会影响横向沟通的正常进行。

(2) 对有限资源的争夺。部门之间或员工之间为工作资源、职位的竞争与冲突,也是横向沟通常见的障碍。你拥有的资源越是稀缺的和不可替代的,你在组织中的影响力就越大。有时,为了保持这种稀缺性和不可替代性,人们可能会采取被认为是不符合组织目标的行为,如不愿透露自己的工作技巧和经验,编撰专门的语言和术语以防止别人了解他们的工作,或故意神秘行事,使工作看起来比实际更复杂和更困难。

(3) 部门之间职责交叉。分工是管理的基础,不少企业在管理过程中由于未能进行科学的分工,或者分工不够明确,导致部门之间职责交叉、权限不明、责任不清,结果是各个部门都把利益归于自己,而把责任推给别人,出了问题后相互推诿,甚至一味责怪别人,取得成绩后则相互争夺,这样很难使企业内部各个部门形成一个有机的整体。

2. 改进横向沟通的策略

对于横向沟通中存在的障碍,我们可以通过调整沟通的思路来加以消除。

(1) 树立"内部顾客"的理念。"内部顾客"的理念认为与本职工作相承接的下一个工作环节的同事就是本职工作的顾客。要用对待外部顾客、最终顾客的态度、思想和热情去服务于内部顾客。

(2) 设立跨部门沟通制度。针对横向沟通中经常出现的互相推诿的现象,可以采取设立专门部门或沟通人员的办法。这些沟通人员负责定期召开部门沟通会议,要求各部门人员定期相互提交报告,从而让不同部门的人员了解各自正在进行的工作,并鼓励其提出有建设性的意见和建议。如在日本,企业非常重视不同部门人员的接触和沟通,要求每个工人要定期参加某个小组,讨论与工作相关的事宜。小组会议召开的目的主要是增强员工间的沟通,而非解决问题或制定计划。在会议上,一个员工可能会谈及他所在部门正在研制的新产品,另一个员工可能会谈及他的本职工作,还有一个员工可能会讲述他们部门正在试用的新计划表。这种性质的会议无疑可以帮助员工拓展其对工作的认知角度,给他们带来更多本职工作以外但与工作相关的知识,其结果是将组织有机地结合成一个整体。

(3) 倾听而不是叙述。在横向沟通过程中,每个参加者最擅长的就是描述本部门的困难和麻烦,同时指责其他部门配合协作不力,却很少花时间倾听。当沟通的各方仅仅关注如何组织发言,去阐述、强调本部门和本岗位中遇到的阻碍与困难时,就不会去倾听别人的发言,这很不利于有效沟通。

(4) 明确各部门工作职责。各部门工作职责应清晰、明确,不能相互交叉。同时,每个员工也应明确自己的工作内容、方法及工作关系。

## 11.3 非正式沟通

非正式沟通往往起源于人们爱好闲聊的特性,闲聊时的信息被称为传闻或小道消息(并非谣言)。但组织并不能过分地依赖这种非正式沟通途径,因为这种信息遭到歪曲或发生错误的可能性较大,而且往往无从考证,尤其是与职工个人问题紧密相连时(如晋升、待遇、改组等),常常会变成所谓的"谣言",这种谣言的散布往往会对组织造成较大的麻烦。

1. 非正式沟通的特征

非正式沟通往往具有如下一些特征:

(1) 不完整性。非正式沟通的信息往往不是完整的,因此无规律可循。

(2) 情感性。非正式沟通主要是有关感情或情绪的问题,虽然有些也和工作有关,但常常也会带上感情色彩。

(3) 动态性。非正式沟通的表现形式具有多变性和动态性,因此它传递的信息不但随个体的差异而变化,而且也会随环境的变化而变化。

(4) 速度性。非正式沟通并不需要遵循组织结构原则,因此传递速度较快,若这种信息与本人或亲朋好友有关,则传递得更快。

(5) 无意性。非正式沟通大多数在无意中进行,其传递信息的内容也无限定,在任何时间和任何地点都可能发生。

2. 非正式沟通的双重作用

非正式沟通在组织沟通中具有双重作用,积极作用主要包括在以下三个方面:

(1) 满足职工情感方面的需要。非正式沟通的产生可以说是人们天生的需求。例如人们出于安全感的需求,乐于去打探或传播有关人事调动或机构改革之类的消息;好友之间的彼此交流和沟通则意味着相互的关心和友谊的增进,借此更可以获得社会需求的满足。

(2)弥补正式沟通的不足。非正式沟通的优点是,沟通不拘泥于形式,直接明了,速度很快,容易及时了解正式沟通难以提供的内幕新闻。非正式沟通往往反映了员工关心的问题,也反映了组织管理中潜在的问题。

(3)了解员工真正的心理倾向与需要。正式沟通渠道,有时会使员工心中存有戒备,不便于透露其真实的想法,而通过非正式沟通渠道,便可以在很大程度上克服这个问题。

非正式沟通的消极一面是,难以控制,传递的信息不确切,容易失真,如果传言有误,不仅破坏正常的沟通渠道,还可能伤害到某些特定对象。而且可能导致小集体、小圈子,影响组织的凝聚力和人心稳定。尤其当人们完全依赖和选择非正式沟通的方式,那么组织的正式沟通系统将无法运作。所以主管者应该予以充分注意,以杜绝起消极作用的小道消息,并利用非正式沟通为实现组织目标服务。

3. 非正式沟通的网络形态

非正式沟通不是根据组织结构、按组织规定程序进行的,其沟通途径繁多,主要包括群体链式、密语链式、随机链式和单线链式,如图11-3所示。

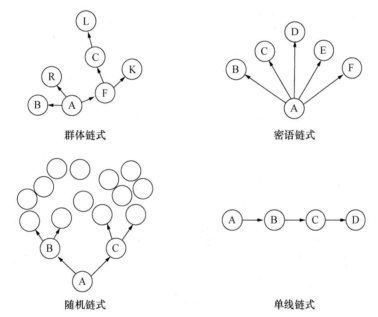

图 11-3 非正式沟通网络形态

群体链式沟通是指在沟通过程中,可能有几个中心成员,由其转告若干成员,图11-3中的A和F两人就是中心成员。密语链式沟通指由一个成员告知所有其他成员。随机链式沟通,即碰到谁就告诉谁,并无一定中心成员或选择性。单线链式沟通,就是由一个成员转告另一个成员,他也只再转告一个成员,这种情况较为少见。

4. 非正式沟通的传播方式

如果认为人们只是从正式的渠道获得信息,那就太天真了。研究显示,传言、小道消息是企业沟通系统中自然而正常的部分,每六个信息中几乎有五个是通过小道消息传送而非通过正式的沟通渠道。

(1)传言的传播特点和影响。一项研究调查了人们之间传递小道消息的特点:

① 传言传播速度比大多数正式系统要快。通过传言,有些信息在正式公布之前甚至还在准备阶段就已被接收到,传播速度之快令人不可思议。一个经理要跳槽,结果87%的人都知道了此事,平均说来,每个传话者要向七八个人传递消息,传递的速度和覆盖面积自然很大。但有意思的是,只有11%的人承认自己传播过这条消息。

② 传言不会遵循正式的渠道传播。正式的沟通流程遵循着组织结构和指挥系统,而小道消息的散布有许多方法。它的运作就像河流通常有一个很神秘的源头,然后各个支流汇聚成一个主流再传到每一个部门,即使你追溯到主流或源头,你得到的消息也可能和你从支流中得到的是一样的。

另外,有证据表明,小道消息的正确率大约为75%。可见传言或小道消息的可接受性是相当高的。

传言通常在以下情况出现和盛行:① 情况对人们极为重要,关系到切身利益;② 现实令人有模糊感;③ 现实情形令人焦虑;④ 组织或群体中存在秘密和竞争;⑤ 管理失误或欠缺造成了损失;⑥ 组织处于变革和危机时期。总之,当人们只能从正式渠道获得点点支离破碎的信息而又非常想了解信息时,小道消息就显示出它的力量来。

(2) 控制谣言的方法。管理者可以采取一些策略降低谣言的消极影响,使组织的沟通系统更为有效。

① 有些谣言可不予理会。许多受谣言困扰的人和组织宁愿不做任何事,让时间自行熄灭谣言,甚至公共关系专家也较喜欢采取这种方法。因为反谣言行动可能会助长谣言的火焰,并给组织带来负面影响,许多人本来不去倾听谣言,而反谣言行动反倒引起人们的注意了。

② 尽快告知事实。信息内容被了解后传播的速度最快,尤其当涉及朋友和同事时,人们会传递更多丰富化了的信息。因此,不管是解雇、升迁或停职,必须让员工尽早知道真相,如果他们无法从公司获得信息,就会有小道消息产生。

③ 直接说明某些决策或计划的保密性,而不要遮掩、躲避。这或许不能减少谣言,但比让人们胡乱猜测更好一些。有可能的话,明确公开进行决策的时间表,以减少人们的焦虑。

④ 教育员工认识谣言的不良影响。举行讲习会或讨论会,对员工进行教育,使员工了解谣言的产生原因、对组织的影响与控制方法。

⑤ 营造良好的上下级关系。如果你不明白为什么谣言会漫天飞时,那么检查你每天的沟通情况。当你发现下属想要知道和需要知道的信息与他们实际接收到的信息有差距时,要尽快提供资讯来弥补。

## 11.4 团队沟通

中国先秦哲学家荀子说过:"(人)力不若牛,走不若马,而牛马为用,何也?曰:人能群(群在这里指组织群体行为——作者注),彼不能群也。人何以能群?曰:分。分何以能行?曰:义。故义以分则和,和则一,一则多力,多力则强,强则胜物。"人类正是靠着群体的力量使自己在地球上处于独一无二的地位。群体中的合作不仅是体力上的,更重要的是脑力上的。在多数情况下,集体智慧往往高于个人智慧,也就是人们常说的"三个臭皮匠顶个诸葛亮"。集体智慧的获得绝不是简单地将几个人的想法加在一起,而是需要大家的共同参与、相互学习和分享,这实质上就形成了一个团队。

### 11.4.1 团队的概念

团队是为适应环境的变化,按照一定的目的,在一定范围内,由两个或两个以上的人员组成的工作小组。团队是组织提高运行效率的可行方式,它有助于组织更好地利用员工的才能,而且比其他形式的群体更灵活,反应更迅速。从20世纪80年代开始,团队这种组织形式开始在美国企业中大量出现,如IBM、GE等公司,所拥有的团队达上百个。

团队与群体是不同的概念。一个群体中的成员,可能只是在一个工作地点、同一个办公区,但是不一定要在一起共同完成某个任务。团队里的成员则有着共同的任务目标。例如,在一个人力资源系统的办公区内,有薪酬福利部、社会保障部、培训部三个部门。这三个部门共同构建成一个群体,但是它们各自就是一个团队。

在绩效方面,团队与群体者也是有区别的。可以写成如下公式:

$$群体绩效 = 成员1的绩效 + 成员2的绩效 + \cdots$$
$$团队绩效 > 成员1的绩效 + 成员2的绩效 + \cdots$$

通过上面对群体和团体最直观的比较,我们就能够理解为什么团队这种形式在现代企业中被广泛采用。除此之外,团队和群体在目标、责任、技能和合作方面都有比较明显的区别。

群体是以信息共享为目标,在合作中可能会存在消极、积极并存的现象。而每个人在责任方面只是会对自己的行为负责。技能方面,一般呈现出不同技能的人各自做自己的事。团队则是以集体绩效为目标,每个人都能够积极地配合彼此来完成任务。每人都对自己和团队负有责任,每个个体的存在对彼此的技能都能够起到补充的作用。

### 11.4.2 团队的类型

根据团队存在的目的和拥有自主权的大小可将团队分成四种类型:

1. 问题解决型团队

问题解决型团队是指在团队中,组织成员的主要任务是就如何改进工作程序、方法等问题交换看法,对如何提高生产效率和产品质量等问题提出建议。这种类型团队的工作核心内容是就组织如何提高生产产量、提高生产效率、改善企业工作环境等方面内容提出建议和改善方案。而在组织中,这个团队成员几乎没有什么实际权力来根据建议采取行动。

2. 自我管理型团队

自我管理型团队通常由10—16人组成,他们承担着领导所承担的一些责任。一般来说,他们的责任范围包括控制工作节奏、决定工作任务的分配、安排工间休息等内容,甚至可以挑选自己的成员,并让成员相互进行绩效评估。世界上许多知名的大公司都是推行自我管理团队的典范。比如沃尔沃位于武德瓦拉的生产基地,完全由自我管理型团队进行整辆轿车的装配。在美国,金佰利、宝洁等少数几家具有前瞻意识的公司在20世纪60年代初开始采用自我管理型团队模式,并取得了良好的效果。随后,日本引入自我管理型团队模式并将其发展成为强调质量、安全和生产力的"质量圈运动"。到20世纪80年代后期美国借鉴并创造性地把团队模式发展到了一个新阶段。在这20年里,企业所采用的团队类型也在不断变化,为取得最佳效果,很多公司已逐渐从关注于工作团队,转变为强调员工参与决策和控制决策的实施,其中以团队成员自我管理、自我负责、自我领导、自我学习为特点的自我管理型团队越来越显示出其优越性,也逐渐被主流接受。

3. 多功能型团队

多功能型团队是一种有效的团队管理方式,它能使组织内(甚至组织之间)不同领域员工之间交换信息,激发产生新的观点,解决面临的问题,协调复杂的项目。但是多功能型团队在形成的早期阶段需要耗费大量的时间,因为团队成员需要学会处理复杂多样的工作任务。在成员之间,尤其是那些背景、经历和观点不同的成员之间,建立起信任并能真正合作也需要一定的时间。许多组织采用跨横向部门的形式建立这种团队。例如,在20世纪60年代,IBM公司为了开发卓有成效的360系统,组织了一个大型的任务攻坚队,攻坚队成员来自公司的多个部门。任务攻坚队其实就是一个临时性的多功能型团队。同样,由来自多个部门的员工组成的委员会是多功能型团队的另一个例子。但多功能型团队的兴盛是在80年代末,当时,主要的汽车制造公司——包括丰田、尼桑、本田、宝马、通用汽车、福特、克莱斯勒,都采用了多功能型团队来协调完成复杂的项目。

4. 虚拟型团队

现代信息通信技术的飞速发展,突破了合作的时空限制,因此一种新型团队——虚拟型团队,在这样的大背景下应运而生。虚拟型团队是指人员分散于不同地点但通过通信技术一起工作的团队。虚拟型团队的人员往往分散在相隔很远的地点,可以在不同城市,甚至跨国、跨洲。人员也可以跨不同的组织,工作时间可以互相交错,团队成员之间的联系主要依靠现代通信技术,最终共同完成组织的目标和任务。虚拟型团队与传统的团队形式相比较,具有明显的人才优势、信息优势、竞争优势、效率优势和成本优势,成为众多公司采用的团队类型。

### 11.4.3 高效团队的特征

团队始终是组织内部的一个"任务的接收者""问题的发现者和解决者"及"发明的创造者"。一个高效的团队,一般具有下述特征:

1. 具有共同的愿景和目标

所谓愿景就是描述组织使命和核心价值理念的未来发展"蓝图";目标是组织从事某种活动的具体标准,是愿景在客观环境中的具体化。团队应该有共同的愿景和明确的目标,团队成员才知道要向何处去,没有愿景和目标,这个团队就没有存在的价值。

自然界中有一种昆虫很喜欢吃三叶草,这种昆虫在吃食物的时候都是成群结队的,连接起来像一节一节的火车车厢,由一只昆虫带队去寻找食物。昆虫学家做了一个实验,把这些像火车车厢一样的昆虫连在一起,组成一个圆圈,然后在圆圈中间放了它们喜欢吃的三叶草。结果它们爬得筋疲力尽也吃不到这些草。这个例子说明在团队中失去目标后,团队成员就不知向何处去,团队的绩效就要大打折扣。

团队的目标必须跟组织的目标一致,保证团队时刻为组织利益服务。同时,目标还应有效地向大众传播，让团队内外的成员都知道这些目标。有时甚至可以把目标贴在团队成员的办公桌上、会议室里，以此激励所有人为这个目标去工作。通过团队成员的合力，实现这个共同的目标。

2. 成员具有强烈的团队意识

团队意识主要表现为团队成员对团队的责任感、满足感、自豪感和归属感。这种意识能凝聚人心、鼓舞斗志，吸引团队成员自觉地实现团队目标，自愿地为团队做贡献。如中国科学院心理研究所曾对某工厂一个"信得过"班组进行了个案分析。研究表明，这个拥有14人的先进班组的基本特点就是具有很强的团队意识。形成团队意识的条件有以下几条：第一，共同的利益和共同的目标是形成团队意识的基础；第二，合理的管理制度和奖惩制度有利于团队意识的形成；第三，开展团队之间的竞争有利于团队意识的形成；第四，自然形成的群众领袖人物是形成团队意识不可缺少的条件；第五，友爱互助是团队意识的纽带。

3. 具有良好的行为规范

团队规范是指团队成员都必须遵守的行为准则，它影响着团队成员的行为，并规定团队对其成员行为可以接受或不能容忍的范围。每个成功的团队都具有良好的行为规范，这种行为规范或者是明文规定的，或者是不成文的。这种行为规范能够对团队成员产生积极而主动的影响，团队成员能够通过团队的行为规范自觉约束自己的行为，也能够通过观察和学习其他团队成员的行为来使自己更好地符合团队的规范。

4. 合理的团队规模

一个有效的团队，其规模一般都比较小。有学者指出，成员人数控制在12人以内为宜。从理论上讲，30人、50人也可以成为一个团队，但这样规模的团队更有可能被分割成若干子团队，而不是作为一个单位去行动。成员过多，他们一起实际工作的机会将减少，从而妨碍团队有效地合作与沟通，难以形成共同的信念。

5. 成员具有多种技能组合

一个成功的团队不仅注重个人的技能和价值，而且更加注重团队成员之间技能的互补和融合，因为这些人具有不同的视角、不同的专长，从而能发挥出不同的作用。团队的主要职责就在于将不同特质的人结合在一起，并使他们相互协作，以尽可能地完成团队的任务。一般来说，要想有效地运作，一个团队需要有三种不同技能类型的成员：第一，具有技术专长的人员；第二，具有解决问题和决策技能的成员，这些成员能够发现问题，提出解决问题的建议，然后做出有效的选择；第三，具有善于倾听、反馈、解决冲突及拥有处理人际关系技能的成员。如果一个团队成员没有最基本的技能互补，是不能发挥出应有的作用的。

6. 通畅的沟通渠道

团队拥有全方位的、正式的和非正式的沟通渠道，信息沟通畅通高效，层次少，基本无滞延，沟通气氛开放、坦诚，成员在团队会议中能够充分发表自己的意见，也能接纳他人意见，并能够及时得到反馈意见。

### 11.4.4 影响团队沟通的因素

团队沟通受到团队行为规范、成员角色分担及团队领导个人风格等各种因素的影响。概括起来，影响团队沟通的因素主要表现在下面几个方面：

1. 团队的行为规范

团队的行为规范是团队成员共同遵守的行为准则,是团队内部的法律。一般来说,团队的规模越大,团队的行为规范可能就越复杂。团队的行为规范可以以明文规定的方式存在,如规定、条例等,也可以以心照不宣的方式存在。前者容易被遵守,后者往往被团队新成员所忽略,或在不经意中触犯。例如,在一次例行的工作午餐中,大家一开始谈论着昨晚的甲级足球联赛,过了一会又聊到与工作相关的一些事情,但并没有直接谈团队正在做的某个项目。后来在谈话的间歇,一位刚来不久的新成员突然说:"我真希望天气能好起来,这种鬼天气使得我的孩子老是在家待着。"这样的闲聊似乎没什么不好,但是其他成员听了后默不作声,不愿搭腔,甚至有人显得不高兴,这位新成员对此感到很尴尬。之后有人告诉这位新成员:"工作午餐中谈论家庭孩子是不合时宜的。"这个例子表明,不成文的规范容易被触犯;同时,一旦发生这种情况,其他成员就会以不同方式对"犯规者"施加压力,迫使其遵守。在这一方面,团队内的沟通有时就会显得很微妙。

团队的行为规范对团队来说非常重要,通过理解并遵守团队规范,不仅使团队成员知道自己该做什么,不该做什么,而且能够建立起相应的团队规则和秩序,增强团队成员相互合作的主动性和自觉性。但团队的行为规范也有其消极的一面。例如,它们会阻碍团队成员创造性地工作,维护低效率或已经过时的做法,也有可能产生团队内的不公平现象,等等。所以,团队领导者要对团队的行为规范给予调整和引导,以便于充分发挥团队行为规范的积极作用,而把团队行为规范的消极作用降到最低程度。

2. 团队成员的角色分配

每个团队都由若干个成员组成,这些成员从团队成立之后到团队解体之前都扮演着不同的角色。按照团队成员对团队工作所起的作用,可将团队成员角色分成积极的角色和消极的角色两大类。

(1) 积极的角色。在团队中,起积极作用的角色主要包括以下几个:① 领导者。该角色能确定团队目标任务,并激励下属完成工作。② 创始者。该角色能为团队工作设想出最初方案,其行为包括明确问题、为解决问题提出新思想和新建议等。③ 信息搜寻者。该角色能为团队工作不断澄清事实,收集证据,提供相关信息。④ 协调员。该角色能协调团队活动、整合团队成员的不同意见,并能减轻工作压力,解决团队内分歧。⑤ 评估者。该角色主要承担方案分析、计划等工作。⑥ 激励者。该角色能起到保持团队凝聚力的作用。⑦ 追随者。该角色能将计划付诸实施。⑧ 旁观者。该角色能以局外人的眼光评判团队的工作,并给出意见。

(2) 消极的角色。在团队中,起消极作用的角色主要包括以下几个:① 绊脚石,是指那些固执己见、办事消极的成员。② 自我标榜者,是指那些总想靠自吹自擂、夸大其词来寻求他人认可的成员。③ 支配者,是指那些试图操纵团队、干扰他人工作,以便提高自己地位的成员。④ 逃避者,是指那些与别人保持距离,对工作消极应付的成员。

需要说明的是,团队中一个成员可能同时扮演几个角色,也可能几个成员扮演同一个角色。另外,团队成员所扮演的角色不是一成不变的。譬如,一个团队成立后,成员希望自己的领导是民主型的,能为团队工作提供指导,并鼓励各成员全力参与工作,但该领导可能是属于支配型的,他喜欢独断专行,成员若不服从就对之采取惩罚手段,这样的团队领导与成员的期待相去甚远。在沟通过程中,经过一段磨合期,两者就会互相适应——领导与成员的角色都会发生相应的变化。

在一个团队中,如果积极角色多,消极角色少,那么该团队沟通是通畅的和有效的;如果两类角色比例相差无几,或者消极角色大大超过积极角色,那么这样的团队就无效率可言了。因此,在团队管理过程中,应根据工作需要不断调整成员构成,尽量增加积极角色,减少或剔除消极角色。

3. 团队领导者的个人风格

领导者角色在团队中的作用举足轻重。领导者个人的性格特征、管理风格与团队沟通效果密切相关。如果团队领导者是专制型的,或是放任自流的,那么团队沟通就会低效或无效。前者压制了来自团队成员的新思想、新建议,后者则会使团队沟通显得漫无目的。现代管理越来越强调柔性管理,所以如果团队领导采用民主型的领导风格,则无疑会使团队沟通更加有效率。

### 11.4.5 开发创造性思维的沟通

当团队主要致力于新产品的开发设计或市场推广时,团队中的创造性思维就显得格外重要。一些商学院已经开设了与创造力相关的培训课程,旨在提高人们创造性解决问题的能力。团队创造力以个体创造力为基础,又需要团队工作技巧来保证,以整合这些分散的创造力。

1. 开发个体创造性思维

---

**创造性思维的价值**

美国政府在进行自由女神像翻新工程时,面临现场 200 吨废料的处理问题。一位叫斯塔克的人对此进行了承包,他对废料进行了分类处理,巧妙地把废铜铸成纪念币,把废铝做成纪念尺,把水泥碎块、木质结构装在玲珑透明的小盒子里作为有意义的纪念品供人选购。因为所有这些产品,都与名扬天下的"自由女神"相联系,因此非常受游客欢迎,斯塔克也大获其利。这种变废为宝的新思维,一时传为美谈。

---

不管我们从事的是例行性的工作还是非例行性的工作,一个新的思路往往会帮助我们更好地解决问题,这就是创造性思维的价值。以下提供了几种创造性思维训练的方法:

(1) 超越"大脑锁定"状态的练习。冯·奥克在《走出思维误区》中指出人的思维中存在十种"锁",有可能影响人们创造性思考的能力。这十种"锁"包括:① 答案务必要正确;② 某种想法不符合逻辑;③ 务必遵守章程;④ 要保持现实的态度;⑤ 不允许不成熟、不完善的模糊思想存在;⑥ 不允许出错;⑦ 杜绝儿童式的形象思维;⑧ 那个领域非我专长;⑨ 我没有创造性;⑩ 不要异想天开。

这些准则在处理某些问题时可能十分必要,但在涉及需要创意的部分时,往往会变成遏制创造性思维的因素。因此,抛弃这些僵化的思维,应用以下这些积极的心理暗示会对开发我们的创造性思维大有裨益:① 在我们这个需要创意的团队里,过于严谨、过于现实和符合逻辑的思考方式是不受欢迎的。② 为什么我的选择非此即彼呢?事物是多样化的,有无限的可能性。③ 我们的团队允许合理的失败,不提倡为了不出差错而谨小慎微、不思创新的工作。

(2) 核对清单练习。这里的清单不同于去商店购物的清单,它是在创造过程中提醒和扩大人的思路的方法。具体来说,它是把现有事物的要素进行分离,然后再重新组合,或者转换视角去审视,从而产生的方案。

以产品开发为例,可开列的清单有:① 现有产品的用途能否扩大?② 现有产品可否改变形状、颜色、制造工艺?③ 现有产品可否缩小体积,减小重量?④ 能否找到替代品?⑤ 能否改变型号?⑥ 可否借助其他技术或发明来加以改进?⑦ 可否将几种产品组合在一起综合利用?

(3) 变换方向,提高思维速度练习。如果让你用心想出英文大写字母里有多少是带有曲线的,你多快能想出来?

大脑的运作速度是有限的,这个练习令人体会到思维速度的限制。通过这样的练习,对于形成创造力既有利,也必需。

类似的练习还有:① 两分钟之内尽可能多地写出五画的字。② 两人一起,各想一种自认为生动逼真的气味。然后轮流把这个气味描绘给对方,但不能说出气味的称呼(如玫瑰花香、酒精味等)。

(4) 突破焦虑和心理羁绊的练习。用五分钟时间写一首简短而认真的情诗,要求具有美感、感情丰富。五分钟以后,把你的诗念给大家听。

这个练习让大多数人窘迫、惊慌,甚至有人打算临场逃脱。但是,当克服了对失败的恐惧和焦虑以后,你会发现这个"创作"的过程并不像想象的那样痛苦。

最后需要说明的是,创造力的形成是一项综合的"系统工程",它不仅是针对个体的训练,还是对创造环境的塑造过程。如果没有一个崇尚探索、新异和个性的社会文化、组织环境和群体氛围的话,个体的创造力不但不可能被培养起来,即使有创造性的萌芽,也会被扼杀。

2. 开发团队的创造性思维

(1) 要营造一个鼓励创造性思维的氛围。如果团队的价值观支持、鼓励创新,能容忍标新立异、偏离常规的成员,支持他人发表不同意见,那么创造者可感到"心理安全"和"心理自由",有利于培养团队创造力。

同时,还应以激励手段做保证,鼓励成员在解决问题时采用新视角,鼓励冒险精神和大胆挑战传统的做法。

(2) 进行"思维解锁"训练。思维解锁,即清空头脑为新的想法留下空间。创造型团队要经常进行集体反省活动,这不仅要求个人摒弃已有的固化思维,也要求团队整体反思本身处理问题的集体思维定式,以一种全新的视角对待要处理的问题。以下一些方法可以帮助团队解放思维:

① 团队放松和幻想训练。通过这种训练,可以使团队成员从当前的思维困境中解脱出来。可以请心理训练专家作为团队放松训练的引导者,将团队成员安排在舒适的环境

中,让他们处于舒服的姿势,闭上眼睛。在专家的语言引导下,让每个人充分想象目标环境及自己身处其中的感受。将该状态保持一定时间,然后回到现实中来,让成员之间互相交流彼此新奇的感受,从别人的描述中获得对目标环境的新体验。

② 团队认知力训练。设计不同的训练项目,培养团队逆向思维、发散思维、否定思维、替代思维等创新性思维方式。

③ 团队幽默训练。幽默能使大脑摆脱常规的逻辑和线性思维,获得新的思考方式,从而使团队更加健康、更有效率。

④ 新奇角色扮演训练。设定情境,制定所要解决的任务,界定团队成员的角色及其大致相应的特征(同时鼓励大胆的发挥),让一部分团队成员分别充当各个角色,其余团队成员可以观看他们的表演。表演结束后,团队展开讨论,每个成员发表自己新角色的感受和困惑,旁观成员可以从他们的角度指出妨碍有效沟通的主要因素,促进彼此交流。

(3) 在实际工作中发挥团队创造力。头脑风暴法是美国人亚历克斯·奥斯本(Alex Osborn)于20世纪50年代提出的一种旨在鼓励创造性思维、激发创造力的方法。这个方法要求团队成员之间敞开思想,广开思路,同时要有一个良好的引导者(主持人)和完善的信息记录系统。注意要集中精力多提点子,不要过早对点子进行评价,注重的是新方法的数量而非质量,连貌似荒诞的想法也不要错过,允许成员结合他人的观点提出自己的新设想。

## 本章习题

**一、判断题**

1. 下行沟通是指在组织中,信息从较低的层次流向较高层次的一种沟通。

2. 组织沟通的环形沟通网络是指组织内每个成员都能够自由进行交流,没有任何限制。这种沟通方式适用于团队或委员会组织结构中。

3. 非正式组织可以因为受到控制或抑制而彻底消失,因此正式组织管理者一定要抑制非正式组织沟通渠道,以免非正式组织发挥其不良作用。

4. 团队沟通规模越大越好,这样便于增强凝聚力,培养互信精神。

5. 非正式沟通的优点是传递速度快;缺点是难于控制,信息容易失真。

6. 只要上级能让下级与自己保持一致,就说明沟通良好。

7. 由于相同背景、相同资历的人易于沟通,因此,一个单位只要全招聘相同背景、资历的人,就能提高工作效率。

8. 在正式组织中,沟通困难通常是组织管理系统出现了问题,而不是产生问题的原因。

9. 组织的纵向沟通中,时常会产生信息漏斗状况,最好的解决办法就是强化反馈机制。

10. 在企业中,当人们偏好非正式沟通时,说明正式沟通出现了问题。

**二、选择题**

1. 河南省某烟厂连年亏损,原因之一是80%以上职工有偷拿成品烟的现象,这已成为一种不良的风气。新上任的王厂长开会研究解决偷烟问题的办法,大家提出了四种方案,请你选择效果最好的一种方案(　　)。

A. 严格治厂,规定凡偷拿成品烟者,一律下岗

B. 加大罚款力度,偷一罚十

C. 先大造舆论,抨击偷烟行为,提倡"敬业爱厂"精神,党员、干部带头"不拿厂里一支烟"。随着偷烟人数的减少,逐步加大对偷烟者的惩罚力度

D. 设立举报箱,对举报者给予重奖,将偷烟者罚款的大部分奖给举报者

2. (　　)可以弥补正式沟通的不足,如加快信息流通,不受或较少受限制,具有弹性并带有情感色彩等,但它有时也会妨碍正式沟通。

A. 非正式沟通　　B. 电话沟通　　C. 会议沟通　　D. 非语言沟通

3. 以下哪一项不涉及非正式沟通对企业的积极影响?(　　)

A. 满足职工情感方面的需要

B. 弥补正式沟通的不足

C. 了解员工真正的心理倾向与需要

D. 确保组织领导者的地位

4. 小道消息是存在于组织中的一种非正式沟通形式,其特点是(　　)。

A. 被大多数员工视为可信并可靠,传播迅速、破坏性大

B. 在管理层控制范围、涉及组织中所有人的利益、传播迅速

C. 不受管理层控制、关系到人们的切身利益、传播迅速

D. 比较严肃、约束力强

5. 以下哪一种不是上行沟通的形式?(　　)

A. 通知性质会议　　　　　　B. 员工座谈

C. 意见反馈系统　　　　　　D. 设立意见箱

6. 财务部经理下属的某一业务主管直接与市场部经理沟通,这属于(　　)。

A. 上行沟通　　B. 下行沟通　　C. 平行沟通　　D. 斜向沟通

7. 以下哪一项不属于组织内部正式的沟通方式?(　　)

A. 指示与汇报

B. 内部刊物和宣传告示栏

C. 员工在聚餐时相互传递小道消息

D. 意见箱与投诉站

8. 没有良好的沟通,企业的运营就不可能顺畅。为此管理者必须要想方设法建立畅通的沟通渠道。在下列四种沟通做法中,最不可取的是(　　)。

A. 通过建立各种沟通渠道,让企业的所有员工随时随地了解企业的全部情况

B. 通过下达指令和文件的方式让企业的员工了解企业的使命、目标和战略

C. 经常利用口头沟通的方式和下属交流

D. 策略性地利用非正式组织在沟通中的作用

9. 公司某部门接受了一项紧急任务,该任务的完成需要进行严密控制,同时又要争取时间和速度。在这种情况下,最适合采用哪种沟通网络?(　　)

A. Y式沟通网络  B. 全通道式沟通网络
C. 轮式沟通网络  D. 环式沟通网络

10. 如果发现一个组织中小道消息很多,而正式渠道消息很少。你认为该组织存在什么问题?(　　)

A. 非正式沟通渠道中信息传递很通畅,运作良好
B. 正式沟通渠道中信息传递不畅,需要调整
C. 其中有部分人特别喜欢在背后乱发议论,传递小道消息
D. 充分运用了非正式沟通渠道的作用,促进了信息的传递

## 三、思考题

1. 纵向沟通的障碍有哪些?如何改进?
2. 横向沟通的障碍有哪些?如何改进?
3. 非正式组织沟通的含义及其特点是什么?
4. 试分析小道消息的利与弊。
5. 高效的团队沟通有哪些特征?

## 四、团队沟通练习

1. 月球求生记

背景资料:

假设现在你是一名太空飞船的队员,任务是与母船在月球上有光亮的地方集合,但因机件故障,你的宇宙飞船在距离约定地方200里之外坠落了,除了15件器材,其余的器材都在坠落时坏掉了,你们能否生存下去取决于你们能否到达母船,这15件器材对你们的生存至为重要。

下列是那15件未坏掉的器材,你需要将它们按"协助生存的重要性"来编排次序,在你觉得最重要的东西旁写"1",其次的写"2",依此类推直至15个次序都排好为止。

请将以下15件物品按重要性排好次序,并附上简单的解释。

项目　　个人答案　　小组答案　　专家答案　　原因

一盒火柴

压缩食物

五十尺尼龙绳

降落伞的丝质布料

可携式发热器

两支点四五口径手枪

一盒脱脂奶粉

二百磅氧气桶

星际地图

救生艇

磁力指南针

五加仑水

信号火箭

急救箱连注射用针筒

太阳能 FM 无线电收发器

2. 组建玩具公司

规则和程序：

（1）每5—7人一组，你们现在是一家玩具公司，任务是设计出一个新的玩具，可以是任何类型、针对任何年龄段，唯一的要求就是要有新意。

（2）给你们30分钟时间讨论，然后每组选出一名组长，对你们设计的玩具进行介绍，内容包括名称、针对人群、卖点、广告、预算等。

（3）在每个组都做完自己的介绍之后，大家评判出最好的组，如最炫的名字、最动人的广告创意等。

### 五、案例分析

王强身居 AG 有限责任公司办公室主任要职。作为公司内外沟通的枢纽部门领导，他越来越意识到公司内部沟通问题的严重性。回顾公司的历史，他看到了公司内部沟通的一些变化。例如，公司规模扩大后，现代化通信技术给人们的信息沟通带来便利和快捷，但人们相互之间面对面的沟通却在减少；公司加强了内部管理，建立了各项规章制度，层级管理的沟通机制规范了组织内部的沟通，减少了信息流通的混乱，但公司内部延伸的报告系统却阻碍了信息传递的速度。现场销售人员不能再像过去那样可以和总经理直接沟通，现场发生的所有事件都必须按公司内部的管理程序逐级上报，最后到达管理层。反过来，管理层的所有决定同样逐级下达，等到达现场一线销售人员时，往往错过时机，信息失去效用。那些竞争对手就是乘着公司信息"旅行"之际，快速决策，抢占先机，夺走了市场份额。现在更加糟糕的情况是，由于管理层与员工之间缺乏沟通，部门与部门之间缺乏面对面沟通，管理层与员工之间的关系日益紧张，彼此间的冲突不断发生。这些冲突多数都与对公司有关政策的误解及沟通不善有关。

王主任清楚地知道，对于 AG 有限责任公司，要想保持在同行业内的领先地位，如何改变目前公司内部的沟通现状，创造一个更为有效的沟通机制是他们现时所面临的挑战。

问题：

1. 随着公司市场份额的成功扩大及其向其他地方市场的不断渗透，AG 有限责任公司出现了怎样的内部沟通问题？

2. 结合本案例，谈谈组织沟通中的障碍。

3. 你认为应运用什么策略以保证类似组织沟通的有效性？

# 第 12 章

# 会 议 沟 通

## 【本章学习目标】

1. 了解会议的特征与类型；
2. 掌握会议筹备的过程；
3. 掌握会议过程的控制；
4. 了解会议协调的原则；
5. 掌握会议记录的要求；
6. 了解影响会议成效的因素。

开篇案例

### 迷茫的李秘书

小李大学刚毕业，应聘到一家公司做行政秘书。有一次，公司准备召开"管理培训会议"，会议组织安排工作自然就落在小李身上。小李一时傻了眼，虽然是从名牌大学中文系毕业，但是她对会议策划组织方面的知识却不甚了解，无从下手。于是，小李到办公室虚心向一位经验丰富的老秘书求教，老秘书听后耐心地告诉小李：秘书工作主要是"三办"，即办文、办会、办事，所以，根据会议不同的要求、目的，搞好会务工作是秘书的一项经常而又重要的工作。一般来说，遇到公司要开会，秘书主要要搞清楚开什么会，确定怎么开会和选择开会时间和地点，还要考虑参会人员名单等。会议对于公司更好地开展工作起着相当大的作用。会议具有多样性，不同的会议目的，就会有不同的会议组织工作，即使是摆放桌子，不同的会议，要求也不一样。像小型日常办公会议，就可以摆放成椭圆形或"回"字形；如果是一些茶话会、宴会等，一般可摆放成"星点形"。一些大型会议还需要做好会前的策划准备工作、会中的服务工作和会议的善后工作，环节较多，也比较复杂，所以也就要求秘书尽量策划周密、服务到位……小李听后茅塞顿开，积极地去筹备会议了。

资料来源：葛红岩、施剑南，《会议组织与服务》，上海财经大学出版社，2007。

## 12.1 会议概述

我们对于"开会"一词并不陌生，经常有人抱怨"文山会海"。一项调查表明：大多数商务人士有1/3的时间用于开会，有1/3的时间用于旅途奔波。万科的前总裁王石曾经说过一句很形象的话，他说："我如果不是在开会，就是在去往下一个会议的路上。"由此可见，会议作为企业管理者互相沟通的一种手段，在现代管理中的作用举足轻重。

### 12.1.1 会议的特征

所谓会议是指有两人以上共同参与的,有组织、有目的的以口头交流为主的一种群体活动形式。会议作为组织中最常见的一种活动,有着如下一些特性:

1. 群体性

会议是一种群体活动,参加会议的每个人都是这个群体的一员。这个群体可能是相对稳定的,可以维持较长的时间,例如公司定期召开的董事会,也可能非常易变,其成员经常更换,例如公司的新品发布会,与会者随着产品种类的变换而变化。

---

**群体沟通的优点**

一个有名的例子是 COACH 和 FRENCH 对生产男式服装 Harwood 公司的调查。该公司决定加快工艺流程改造,并进行工艺重组。但以前在进行工艺重组时,工人反应非常强烈,对工艺的重组持敌对态度。为了实施计划的改革,公司管理层采取了三种不同的策略。

策略一:向第一组工人解释将要实行的新标准、工艺重组的目的及这么做的必要性和必然性,然后给他们一个反馈的期限。

策略二:告诉第二组工人有关现在工艺流程中存在的问题,然后进行讨论,得出解决的办法,最后派出代表来制定新的标准和流程。

策略三:对第三组工人,要求每个人都讨论并参与建立、实施新标准和新流程,每个成员全部参与,如同一个团队一样。

结果令人惊奇。虽然第一组工人的任务最为简单,但是他们的生产率没有任何提高,而且对管理层的敌意越来越大,在40天内有17%的工人离职;第二组工人在14天里恢复到原来的生产水平,并在以后有一定程度的提高,没有人离职;第三组工人在第二天就达到原来的生产水平,并在一个月里提高了17%,没有人离职。

---

这个案例充分说明了群体沟通的作用。

2. 有效性

会议较其他沟通方式,一个最为显著的优点就是它将众多的人聚集在一起,让他们就某一问题互相交流认识、经验、对策,这种集体的智慧往往比一个人的思考产生更多的主意,考虑问题更为科学、全面,能够产生更好的决策。

3. 约束性

会议的决议对每个参加会议的人都有较强的约束力,因为他们都是决议的参与判断者,尽管他们可能并没有对这件议案投赞成票。由于民主集中制是任何会议中最起码的原则,不可能因为某个人的不同意见就改变整个群体的意愿,所以大家都能接受并遵守会议整体通过的决议。

4. 从众性

群体沟通并不必然带来 1＋1＞2 的效果。"从众心理"可能导致不好的决策。

---

**从众实验**

1952 年，美国心理学家所罗门·阿希（Solomon Asch）设计了一个实验，来研究人们会在多大程度上受到他人的影响，而违心地进行明显错误的判断。他请大学生们自愿做他的被试，告诉他们这个实验的目的是研究人的视觉情况。当某个来参加实验的大学生走进实验室的时候，发现已经有 5 个人坐在那里了，他只能坐在第 6 个位置上。事实上他不知道，其他 5 个人是跟阿希串通好了的假被试（即所谓的"托儿"）。

阿希要大家做一个非常容易的判断——比较线段的长度。他拿出一张画有一条竖线的卡片，然后让大家比较这条线和另一张卡片上的三条线中的哪一条线等长。判断共进行了 18 次。事实上这些线条的长短差异很明显，正常人是很容易做出正确判断的。

然而，在两次正常判断之后，5 个假被试故意异口同声地说出一个错误答案。于是真被试开始迷惑了，他是坚定地相信自己的眼力呢，还是说出一个和其他人一样但自己心里认为不正确的答案呢？

从总体结果看，平均有 33％的人判断是从众的，而在正常的情况下，人们判断错的可能性还不到 1％。

---

5. 耗时性

时间长，效率低，有时会延误决策的制定。所以有人提出这样的说法：会议的时长度数是参加人数的平方。大多数公司大约花 15％的时间在会议上。

## 12.1.2 会议的类型

无论是在企业中还是在其他各种组织中，每天都会举行各种各样的会议。按照不同的划分标准，可以把会议分为不同的类型。

1. 按照会议的目的分类

按照会议的目的不同，可以把会议分为谈判型会议、通知型会议、解决问题型会议、决策型会议和信息交流型会议等类型。

（1）谈判型会议。这种会议的目的是解决双方在利益上的冲突，常采取双向互动式的讨论方法，力求达成一致的意见或双方达成谅解。

（2）通知型会议。这种会议的目的是传播信息，其传播方式通常为单向式。通知型会议一般不鼓励讨论，否则会影响信息的有效传递。

（3）解决问题型会议。这种会议的目的在于利用团队的创造力来解决问题。通常是将待解决的问题摆在桌面上，与会者通过广泛的讨论来找到解决的办法。在这类会议上，人们都会为探求解决的方法而努力。

(4) 决策型会议。这种会议的目的是在不同方案中权衡利弊,做出抉择。与会者不仅要参与会议讨论和决策,而且还要遵守会议的决议,即使自己持有不同的观点。

(5) 信息交流型会议。这种会议的目的在于发表意见,交流消息,了解与会者对意见的反应。此类会议鼓励广泛讨论和踊跃提问,每一位与会者都可以提出自己对问题的看法和意见,并从相互交流中得到启发,产生创意。

2. 按照会议参加的人员规模分类

按照会议参加的人员规模,可将会议分为大型会议、中型会议和小型会议。

(1) 大型会议。该类会议的参与人员可以达到成百上千人。在这种会议上,演讲者不可能很多,只能是有限的几位,大多数人只能是听众。大型会议在告知信息时运用得较多,并且大多设计有会标、会徽,甚至有会议旗帜,这样有助于加强与会者的群体感受。由于大型会议参加人员较多,因此组织起来难度较大,维持秩序也比较困难。

(2) 中型会议。这类会议的参加人数一般在几十人。在中型会议上,既可让每个与会者都有机会发言,也可让几个主导的人发言,其余的人加以补充。如果需要每个与会者都发言,就必须按照严格的秩序进行,并且对发言有时间限制,以免会议失控。

(3) 小型会议。这类会议的应用最广泛,意义也最大,这是因为小型会议沟通非常方便,气氛也相对活跃。大家可以畅所欲言,贡献自己的智慧,因而容易产生很好的创意。由于参与人数较少,一般在十人以内,因而便于控制。会议主持人可以随机应变地调控会议的内容和议程,以取得最佳会议效果。

3. 按照会议的时间规律性分类

按照会议召开时间的规律性不同,可将会议分为例行会议和非例行会议等。

(1) 例行会议。例行会议是指那些定期举行的会议,如展会、周会、双周会、月度会、年度会等。展会是工作团队每天早晨在开始工作前几分钟的聚会,主要是为了沟通情况,安排当天的工作次序,提出并解决一些问题。周会则是团队在每周举行的例行会议,用以检讨每周的工作成果,讨论未来的工作计划,研究一些重要问题等。

(2) 非例行会议。非例行会议是指那些不定期召开的,用来解决一些非常规性问题和重大问题的会议。如企业为了解决顾客投诉而召开的会议,为了处理某个重大质量事故而召开的会议,为了处理某些突发事件而召开的会议,等等。这些会议往往不是事先安排的,而是围绕所出现的重大问题而临时召开的,这样的会议主要解决非常规性问题或某些突发性问题。

4. 按照会议的形式分类

按照会议的形式,可将会议分为正式会议和非正式会议等。

(1) 正式会议。正式会议一般是由一定的规则和条例所规定的,通常需要一定的人数出席,并事先制定会议的程序,其程序包括回顾、动议、修正、辩论、选举和投票等。例如,公司制企业中的股东大会、国有企业中的职工代表大会等,都属于正式会议。

(2) 非正式会议。非正式会议一般也有讨论问题一览表、负责主持会议的人及会议记录,以及会议决定和具体措施等内容。但相对于正式会议而言,非正式会议的主持方式和与会者的行为都要自由得多,而且议程也不那么复杂,企业中经常召开的会议绝大多数属于非正式会议。但需要说明的是,非正式会议绝对不是私下里随意召开的小会,同样是有组织、有目的的会议。

---

**小资料:群策群力式沟通**

群策群力式沟通是一种有效的群体沟通方式。首先把与会者(包括领导和普通员工)召集到一起开会,规模不限,形式随意,气氛轻松。开会过程坚持三个原则:① 对事不对人,自由发言;② 所议题目、所讲意见,必须切合实际,是目前公司在短期内能够做到的;③ 最终结论,老板必须立即执行,否则有失信用。

以"为什么我们的产品很难提高销量"为例,来介绍如何使用群策群力式沟通方式。事先列出如表 12-1 所示的表格,然后大家自由发言,记录员把讨论的意见记录在纸上。规定的时间一到,把纸贴在墙上,每个人(包括领导)都到跟前用彩笔在几十种到上百种意见中挑出三个自己认为最重要或最有成效的建议上打钩,结果马上就出来了。这种方式在美国通用电气公司(GE)内部非常流行。它民主、简洁、虚假成分少,有利于迅速执行,比较实用。

表 12-1　为什么我们的产品很难提高销量

| 我们的优点 | 我们的缺点 | 主要竞争对手优点 | 主要竞争对手缺点 |
|---|---|---|---|
| A<br>B<br>C | A<br>B<br>C | A<br>B<br>C | A<br>B<br>C |
| 改进的办法 | | 攻击对手或应向对手学习的地方 | |
| A<br>B<br>C | | A<br>B<br>C | |

结论:(1)
　　　(2)
　　　(3)

---

## 12.2　会议的组织

### 12.2.1　会议的筹备

没有人愿意在一个无聊的会议上浪费自己的时间和精力,每个人都希望会议具有价值。但是,在实践中人们几乎都曾有过这样的经历,在繁忙的工作中抽出宝贵时间却参加了一个毫无意义的会议。在会议召开之前,进行充分而必要的准备,不仅关系到会议的成效,而且关系到与会者时间的合理利用。一般说来,会议的准备工作主要包括以下内容:

1. 明确会议的必要性

在召开任何会议之前都必须先回答一个十分简单的问题:"这次会议真的有必要吗?"事实上,有些会议效果不好的原因并不在于组织得不好、持续的时间过长或是没有获得实质性的结果,而在于它从一开始就没有召开的必要。开会是为了解决问题,如果所要解决的问题通过开会不可能解决,而可以通过其他途径解决,这样就不必开会。对于那些有必要召开的会议,也要能合并的合并,能压缩的压缩。总之,要做到能不开的会坚决不开,可开可不开的会尽量不开,必须召开的会尽量少开。

2. 明确会议目标

会议的目的各不相同,有的是为了传递信息,有的是为了分配任务,也有的是为了进行决策或动员等。会议目的决定了与会者的规模和性质。不管会议目的如何,都要求在召开之前将目标明确下来,并且越具体越好,这样才能使会议更具针对性。明确会议目标是保障会议顺利进行的基本条件。否则,会议就有很大的盲目性和风险性,浪费与会者的时间和资源。

### 袋鼠与笼子

一天,动物园管理员发现袋鼠从笼子里跑出来了,于是开会讨论,一致认为是笼子的高度过低。所以他们决定将笼子的高度由原来的10米加高到20米。结果第二天他们发现袋鼠还是跑到外面来,所以他们又决定再将高度加到30米。

没想到管理员隔天居然又看到袋鼠全跑到外面,于是大为紧张,决定一不做二不休,将笼子的高度加到100米。

一天长颈鹿和几只袋鼠在闲聊。"你们猜,这些人会不会再继续加高你们的笼子?"长颈鹿问。"很难说。"袋鼠说,"如果他们再继续忘记关门的话!"

3. 确定会议议题

目标只是一个大方向,要把会议开得有效率,还必须拟定相关的议题。会议议题是指根据会议目的而定的要讨论的话题或决策的对象。议题的确定可使会议重点突出,不容易出现跑题现象。企业中常见的议题有两大类:一是讨论工作中已经出现的各种问题,分析问题原因,提出改进措施与避免措施;二是分析未来工作中可能会发生的问题,建立预警机制,防患于未然。一般来说,议题的确立要遵循以下原则:第一,议题必须紧扣会议目标。凡是与会议目的无关的议题都不能列入会议议程,以免分散会议主题,影响会议目标的实现。第二,议题数量要适中,既不能太多,也不能太少。议题太多,会使议题难以深入;议题太少,则会浪费时间,增加会议成本。第三,各项议题之间应保持有机联系,并按逻辑顺序排列,这样会议就可以在问题一个接一个均得到解决的前提下顺利进行。第四,应清楚地指出各项议题所需的讨论时间,这样可以使与会人员做到心中有数。

> **紧急会议通知**
>
> 　　星期二上午,某公司准备召开一个紧急会议。总经理让王秘书迅速通知人事部、财务部、销售部、进出口部等各个部门的负责人,在上午10:00准时在公司会议室开会。王秘书一一通知了各部门的负责人,各部门的负责人虽然接到了通知,但个个心里纳闷:"开什么会呢,这么紧急?也不知道要准备些什么会议材料。"有的部门负责人就打电话给王秘书,王秘书回答说:"我也不知道啊,总经理让我这么通知的……"由于缺少了会议议题这个最基本的要素,所以出现了尴尬的局面。

4. 确定与会人员

确定与会人员,实质上也就是要确定与会人员的结构和规模。在人员结构上,哪些人应参加会议取决于会议的性质和目的,因此应本着会议需要的原则确定人员。与会人员一般包括以下几类:对会议主题有深入研究或对情况较为熟悉的人;对会议目标及成果起关键性作用的人;对达到会议目标有帮助的人;善于做客观判断、勇于表达自己的见解或有高度沟通意愿的人;有权做出决策的人。在确定与会人员的规模时,要本着精简高效的原则。另外,对于那些达到会议目标有冲突的人要谨慎邀请,在请他们参加会议之前可以事先进行沟通和说服,以免其在会议上公开宣布对立或搞干扰活动。适当分散同一单位工作人员,以利于不同单位、部门之间的沟通和讨论。

一般来说,不同会议的人数构成如下:信息研讨会,30人;研讨培训会,15人;正式报告,人数不限;问题识别,10人;关键问题解决和决策制定会,5人。

5. 安排会议议程

任何会议,不论大会小会、正式的或非正式的会议,都始终要有一个明确的议程。所谓会议议程,就是会议的基本程序,它表明会议先做什么,后做什么,再做什么。会议议程通常包括以下内容:会议时间、地点;与会者的姓名与联系方式;议程中每个项目的暂定目标;每个议程项目的负责人;等等。在安排会议议程时需要注意的是,主要的议题往前排;相对次要的议题往后排;时间紧迫、要立即做出结论的往前排,时间余地大的往后排;需要与会者高度集中讨论的问题往前排,大家有极大兴趣、相关知识已了解较多的问题可往后排。

6. 安排会议时间

时间安排得恰当是会议成功的关键所在。安排会议时间包括何时开会、开多长时间、何时结束,以及如何按时开始。时间安排不当,会使会议在很多方面出现差错。比如,会议太短,一半议题要留在以后讨论;会议太长,人们在多出来的时间里无所事事;时间分配不平衡,在某些议题上花太长时间,却匆匆跳过其他一些议题;等等。确定会议时间还应该考虑尽量让所有与会者都能参加会议。如果是外部会议,要避开节假日或有重大社会活动的日子。如果早上开会时间太早,会导致与会人员的迟到或忙中出错。如果希望就某一问题迅速达成协议,那么最好把会议时间安排在下班前一个小时。一般来说,下午人们的注意力没有早上集中,特别是在夏天的下午,倘若主持人又做不到生动有趣,常常会使会议变得乏味沉闷,与会者昏昏欲睡。会议的时间安排必须按照实际情况来定,力求会议准时开始、准时结束。

### 失败的会议安排

某公司计划在北京召开为期两天的新产品推广会,邀请了国内外十几家公司的管理人员、技术人员近百人参加。会务工作由办公室负责,办公室主任将此项工作交给了秘书李华负责。李华毕业于某名牌大学,自认为这个工作太简单,提前一周才开始会务的筹备工作,恰好公司事情很多,她只好草草策划了事。到了接站报到那天,由于赶上春节客流量较大,她没有经验,致使部分与会者没能找到接站处,费了很大周折才找到报到地点。并且出现了会场座位不够的问题,损害了公司的良好形象,李华受到了领导的批评。

### 会议时间的安排不合理

北京某公司有位家在台湾的经理,该经理一个人在北京工作,家人全部在台湾。有一次该经理安排一个会议,时间定在中秋节的晚上,因为他一个人在北京,中秋节的晚上也没什么事情。会议的内容是组织员工一起讨论销售业绩和改进的方法,会后还请参会者吃饭。但是参会者仍感到并不舒服。因为员工们都想充分利用这个难得的机会与家人团聚。该经理选择的会议时间只适合自己,丝毫没有考虑到员工们的实际需求。

7. 选择会议地点与布置会议场所

会议在何处召开,会场怎样布置,这些都是影响会议成效的重要因素。一般来说,选择会场要考虑以下因素:会议的规模大小与人数多少,到达会议地点的交通是否方便,是否有足够的停车场地,是否不受外界干扰,会议设备是否完好,会议租用费用是否合理,会场环境与与会者的身份、地位是否相称,等等。在选择会场时还要充分考虑是否有必要的会议设备,如桌椅、主席台或讲台,照明设施,投影及幻灯设备,黑板,挂图,粉笔或粗笔,姓名牌,记录本及其他必要设备等。另外,还要考虑会议室能够保证的会议使用时间,避免在会议尚未结束时,会议室又有其他安排。

会场布置要根据会议的性质、规模和会场的大小来决定,通常会场布置包括座位布置和与会者座序安排两个方面。在座位布置上,经常采取的有剧场式、教室式、花瓣式、圆形会场、四边形或长方形会场、U形会场等多种形式(见图12-1),应根据会议地点的条件、会议的实际需要而选用相应的布置形式。

在与会者的座序安排上,通常根据与会者的身份、所在单位及是否发言等安排顺序。

譬如一个跨国公司亚太总部的年度计划会议,其目标是要通过会议确定未来的经营战略和营销计划。很显然,这样的会议要求一个高级别的会议场地,拥有先进的会议设施,而且有安全、保密等方面的高要求。如果是大型外部会议,还要考虑外来与会者的饮食、住宿问题,以及飞机票、车船票预订等。

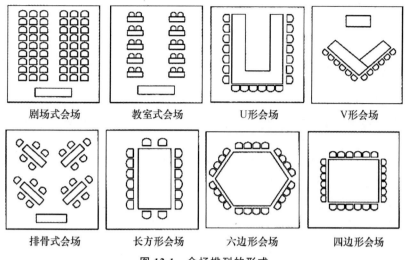

图 12-1 会场排列的形式

8. 准备会议资料

为了帮助与会者更好地理解会议议题和内容,最好在会前准备一些相关资料,并将这些资料提前发到与会者手中,以保证与会者有充足的时间来研究。准备会议资料时应做到内容准确、简洁、易懂,页码齐全,字迹清晰。对分发的资料还要规定用后的处理办法,尤其是一些保密的资料,要特别注明"用完交回"等字样。

9. 发放会议通知

在一切准备就绪后,就可以发放会议通知了。不管是以何种形式发放会议通知,都应做到简明扼要、清楚明了、准确无误,以确保会议如期开始。在会议通知中,一般应注明会议时间、地点、名称、参与人员、主要议题、主办单位、个人需支付的费用、与会者答复是否参加的最后期限及回复的地址和电话等。可能很多人对这种约定最后期限的方式比较反感,而不愿意回复允诺,所以组织者应在最后期限前打电话向各位受邀人确认信息,以确定他们是否参加会议。对于能收集到的回函要进行登记,并给那些可能参与会议者安排座次、餐宿等。对于那些特别重要的会议,可事先寄发会议通知,对方答复后再寄发精美的请柬,这样可以表示出对他们的尊重。

### 【会议通知例文】关于召开 2012 年年中工作会议通知

各部门、各单位:

为了及时总结上半年工作,安排部署好下半年工作,确保集团公司全年各项工作目标的顺利实现,经公司研究决定,定于 7 月 23 日召开集团公司 2012 年年中工作会议,现将有关事项通知如下:

**管理沟通**

一、时间：2012年7月23日下午2：45（星期一）

二、地点：星源会议中心三楼大会议室

三、人员：

集团公司副总师以上领导，部门正副职，各单位正副职、副总师。

四、会议内容：

1. 党委书记张忠惠传达中国能建电建企业2012年半年工作会暨安全生产管理会精神

2. 副总经理郎国成做公司2012年上半年安全生产管理报告

3. 总经理朱章伟做年中工作报告

4. 监理公司、星源公司、物业公司做表态发言

5. 党委书记张忠惠做会议总结讲话

五、要求：

1. 各部门、单位务必于7月18日（星期三）上午12：00前将参加会议人员名单（见下表）书面上报总经理工作部。联系人：谢孙平；联系电话：2215。

2. 参会人员原则上不得请假，确有特殊原因不能参加会议的，要向公司主管领导请假并报知总经理工作部。

**报名表**

| 序号 | 姓名 | 职务 | 性别 | 手机 | 备注 |
|---|---|---|---|---|---|
| 1 | | | | | |
| 2 | | | | | |
| 3 | | | | | |
| 4 | | | | | |
| 5 | | | | | |
| 6 | | | | | |

联系人：

3. 请相关单位高度重视，做好大会表态发言材料准备工作，发言时间不超过10分钟。

4. 参会人员一律着公司夏季短袖工装（浅色短袖、深色裤子），提前15分钟进入会场，按座次就座。

西北电力建设集团公司<br>二〇一二年七月十六日

### 12.2.2 会议过程的控制

会议能否顺利进行，不仅取决于主持人对会议节奏和方向的有效把握，还取决于对会议过程的合理控制和协调。一般来说，会议的控制和协调主要包括下述方面：

1. 有效控制会议议题和议程

为了保证会议能够按规定的议程完成规定的议题,在开会过程中必须加强对议题和议程的控制。一般来说,控制会议议题和议程大致可按以下步骤进行:

(1) 明确会议议题所要达到的目标。在开始讨论任何议题时,会议主持人都应该先明确该议题所要达到的目的,并确保所有成员理解所讨论的问题以及为什么讨论这个问题。所讨论的问题可能是大家熟悉的,也可能是大家并不熟悉的。对于大家不熟悉的议题,主持人要向大家做一个简单介绍,包括该议题列入议程的原因、议题的来源背景及目前的状态、调查研究的路线、需要的行动方针、争论的焦点等。

(2) 就会议议程顺序征求与会者意见。如果没有意见,就按原顺序进行。如果有异议,那么及时调整并争取与会者同意。

(3) 给每个人表达自己意见的机会。如果与会者对议题有误解或概念上有混淆,或使用了错误的概念,主持人应及时纠正并予以说明。

(4) 控制讨论进程。当与会者的发言与议题毫不相干,离题太远,或者争论激烈又毫无意义时,主持人要及时将之引回到议题上来。对那些喋喋不休者,可适当打断他的发言;对那些不善言谈、经常保持沉默的人,要引导发言、征求意见,避免冷场;对于那些对会议有敌意的人,要采取适当的方法引导他们理性地表达自己的见解和意见。当会议上出现见解不一致而引起争论时,主持人要做过渡性的总结,即用几秒钟的发言对议题做一小结,要既能表明不同意见,又能帮助与会者理清思路、把握要点。

### 会议中的争执

某公司正在召开会议,会议议题是讨论加强各部门协作,共同开发 A 市场。但在讨论中销售部李经理和人事部王经理因为招聘业务员人数发生了争执,李经理一定要招聘 8 个人,而王经理说 3 个人就够了。

这时,会议主持人可以首先对讨论的问题做一个小结,然后强调一下,此次会议的目的是"加强各部门协作(用着重的语气),共同开发 A 市场",我希望公司能够真正做到各部门协同作业。至于招聘几个人的问题,会后可以再讨论,现在讨论下一个议题……

在会议中,与会者之间出现意见相左是非常正常的事情。当出现争论时,会议主持人不能一味当老好人、和稀泥,这样对争论是不利的。如果不能很好地解决争论,给与会者一个确定性的答复,那么会议就不能正常进行。

出现这种情况,会议主持人首先应对会议目标及双方意见有一个清楚的了解,弄清楚争论产生的原因。不管是哪一种原因,会议主持人都要提醒大家明确会议的目标,谁的意见更符合会议精神,就支持谁的意见。不论支持还是反对,都要注意对事不对人,大家只是所持意见不同,不能把意见冲突变成人身攻击。

(5) 每个议题讨论结束后,主持人应就已经达成一致的内容给出一个简短、清晰的概括。这样不仅有助于进行会议记录,也有助于人们理解已经在会议上取得的有价值的成果。如果在概括中包含了某一会议成员的行动,那么应要求他确认自己在行动中所要承担的责任。

(6) 控制会议时间,不要拖时,而要按时结束。一旦会议达成某一共识时,就要及时结束会议,否则,再拖延就是浪费时间。在下列情形下,也应及时采取措施结束会议:进一步的讨论需要补充事实和根据;本次会议没有足够的时间来审核下一议题;该议题的结论需要进一步处理;意见过于分歧;与会者情绪波动;情况发生变化,需要进一步解释决策的理由。

2. 合理控制会议成员的行为

要使会议有效进行,就必须采取有效的方法对会议成员的某些不良行为进行控制,以便使会议做到严肃而不沉闷、活跃而不混乱。

(1) 严肃对待迟到行为。准时开会能使迟到者吸取教训,使他们意识到,即使没有他们,会议仍能照常进行。另外,可将迟到者和早退者列入会议记录,这种做法不仅表明在制定某项决策或讨论某个问题时他缺席了,而且在提醒他缺席的信息可能会公布于众,而人们通常不希望关于自己的这种信息被公开,因此这种做法能很好地强化未来会议的准时性。

(2) 控制喋喋不休者。在会议上,有些人可能滔滔不绝,喋喋不休;也有些人可能夸夸其谈,高谈阔论。对于这些人,控制他们的最好办法是中断他的发言,或者提醒他最好将自己的发言进行概括,如:"在我们深入讨论之前,能否将你刚才在第一阶段说的看法概括一下?"或者将发言的机会交给别人,如:"其他人对这种观念有什么看法?"也可以具体问某个人:"李明,你对这个问题有什么想法?"

(3) 对沉默给予积极引导。在大多数会议上,多数人在多数时间里是保持沉默的。沉默可以表示同意,或者没有什么建议,或者是期待得到更多信息,对这些沉默不必担心。但如果是缺乏自信的沉默或者对抗的沉默,那么需要领导者来加以引导。有人想提出建议和意见,但是担心所提出的意见没有价值或者会遭到反对,因而保持沉默。引导这样的人表述自己的意见时,领导者应表现出兴趣和喜悦来鼓励其发言,尽管你可能并不同意这些意见。对抗或敌意的沉默,尤其是对主席的敌意或是对会议本身和决策过程的敌意,常常蕴藏着某种轻蔑的情绪,预示着某些事情的爆发。事实上,有些事情爆发要比不爆发更有利于问题的解决,因此领导者要适当引导人们理性地表达自己的意见和感受。

(4) 保护下级。参加会议的下级人员可能招致上级的反对,这是很自然的事情,但是如果这种反对发展到下级成员没有权利来发表自己意见的地步,会议的作用和功能就被削弱了。所以,会议领导者必须尽力维护下级的权利,就其所谈内容的价值来肯定他们的观点。或者对他们的观点进行书面记录,来强化和鼓励他们的行为。

(5) 鼓励思想碰撞。好的会议不是与会者间的一系列对话,而是伴随领导者的引导、思考、激励、概括,与会者以讨论、争辩的方式进行交流,最终产生有价值结果的一种过程。然而,会议必须是观点的争论,而不是人的冲突。当两个人开始变得激动时,会议领导者应该向持中立态度的成员征询意见,扩大讨论,要求他们提出纯粹的、现实的答案。

(6) 提防对建议的压制。与会者提出的建议往往比阐述的事实和观点更容易受到嘲笑,如果会议中有排挤现象,就更容易形成对某人的建议加以压制的现象。如果人们感到提出的建议会招致嘲笑、会被压制,他们将不会去提出任何建议。尽管所提出的建议不一定都会有结果,但是应该给所有的人提建议的机会。当有人提出建议时,会议领导者要特别关注并表现出足够的热情,尽可能避免其他人压制该建议的做法。比如,你可以从建议中挑出最好的部分,让其他成员加以补充和讨论;或者要求嘲笑者或压制者就该问题提供更好的建议等。

3. 会议组织协调的原则

由于会议时间短、内容多、头绪烦琐、人员集中,因此,要想高质量、高效率地完成会议的主要议程,对会议的组织协调工作就显得尤其必要。概括而言,对会议进行组织协调应遵循以下原则:

(1) 目的性原则。对会议进行组织协调的目的是单纯而专一的,就是一切为会议服务。具体说就是贯彻会议的指导思想,完成会议的各项事务,实现会议的目标,发挥会议的重要作用,使与会人员集中精力于会议,保证会议的正常进行。凡是有利于会议的工作,要想方设法去完成;凡是不利于会议的事情,就坚决不做。

(2) 应变性原则。会议在进行过程中可能随时会遇到突发事件,如会议地点临时改变,或开会期间遇到突然停电等,这些都可能导致会议中断或改变原定的计划安排。这就要求会议组织者必须具有随机应变的能力,要根据可能出现的变化制定出相应的应对方案,否则会给会议带来混乱,使与会者无所适从,给会议带来不良的影响。

(3) 果断性原则。会议的组织者必须有果断的决策力。在会议的会务、生活管理、保卫工作中出现职责不明、相互推诿等影响会议正常进行的情况时,要果断决策,迅速处理,协调各部门的工作,必要时可对会议进行造成不良影响的人予以惩处。

(4) 灵活性原则。在会议进行过程中会涉及各方面的关系,任何一个环节出现问题都会使会议或多或少受到影响。这时,会议的组织者要有适当的灵活性,只要不是原则性的问题,都可采取灵活的方法予以通融,协调好上下、左右、内外的关系,以保证会议的正常进行。

### 12.2.3 做好会后工作

会议结束后,还应做好会后的各项工作,重点是做好落实工作。有一副对联对没有落实的会议做了入木三分的讽刺,上联是:今日开会,明日开会,天天开会;下联是:你也讲话,我也讲话,人人讲话;横批是:谁来落实。该对联讽刺的这类会议并不少见,这样的会议大多是领导者一讲了之,与会者也是一听了之,会后无人落实。为避免这种现象发生,会议应善始善终,并尽力做好下述几项工作:

1. 整理会议纪要

在会议结束后,要派相关人员在会议记录的基础上把会议的主要内容整理成会议纪要,分发给有关部门、有关人员,以便有案备查和职责清晰地贯彻执行会议的决定。会议纪要中应包括相关部门应承担的工作任务、责任人、完成时间及验收标准等内容。

### 2. 报道会议消息

如果是对外公开报道的会议，事先应邀请或通知新闻记者到会，进行采访。在征得领导同意和符合新闻单位业务报道要求的情况下，根据会议的不同情况确定发布会议消息，或进行专题报道，或配发评论、社论，以推动会议精神的贯彻、宣传和落实。期间会议秘书要与新闻单位互相配合，撰写、修改稿件，并送相关领导部门审阅。

### 3. 监督检查执行情况

会议的决定应切实执行，并有进度报告、责任人、监督人以及检查考核的时间、标准、方法等。会议纪要可以作为检查工作的一项依据。一定要明确会议是一种手段而不是目的，会议形成的某种思想必须通过贯彻落实才能真正取得实效。"议而不决"是开会的大忌，同样，"决而不行"只能助长走形式、说空话的习气，白白浪费了会议的时间，因而一个有效的会议一定要做到议而有决、决而有行、行必有果。

纵观会议的整个过程，可将会议概括为"九不"，即可开可不开的会不开、准备不足的会不开、议题不明确的会不开、拖延时间的会不开、领导意见代替全体决策的会不开、跑题和重复发言的会不开、对建议压制的会不开、议而不决的会不开、决而不执行的会不开。

## 会 议 记 录

### 一、会议记录的含义和作用

在会议过程中，由记录人员把会议的组织情况和具体内容记录下来，就形成了会议记录。"记"有详记与略记之别。略记是记会议大要，会议上的重要或主要言论。详记则要求记录的项目必须完备，记录的言论必须详细完整。若需要留下包括上述内容的会议记录则要靠"录"。"录"有笔录、音录和影像录几种，对会议记录而言，音录、影像录通常只是手段，最终还要将录下的内容还原成文字。笔录也常常要借助音录、影像录，以之作为记录内容最大限度地再现会议情境的保证。

记录工作由记录人员负责。记录人员在开会前要提前到达会场，并落实好用来做会议记录的位置。安排记录席位时要注意尽可能靠近主持人、发言人或扩音设备，以便于准确清晰地聆听他们的讲话内容。从某种程度上讲，记录人员比一般与会人员更为重要，安排记录席位要充分考虑其工作的便利性。

会议记录的第一个作用是可以作为落实会议精神，检查、督促办理事情的依据。第二个作用是记载作用，可以作为总结工作的参考。第三个作用是作为重要的档案材料，在编史修志、查证组织沿革、干部考核以及落实政策、核实史实等方面起着不可替代的作用。

### 二、会议记录的基本要求

1. 准确写明会议名称（要写全称），开会时间、地点、会议性质。

2. 详细记下会议主持人、出席会议应到和实到人数,缺席、迟到或早退人数及其姓名、职务,记录者姓名。如果是群众性大会,只要记录参加的对象和总人数,以及出席会议的较重要的领导成员即可。如果是某些重要的会议,出席对象来自不同单位,应设置签名簿,请出席者签署姓名、所在单位、职务等。

3. 忠实记录会议上的发言和有关动态。会议发言的内容是记录的重点。其他会议动态,如发言中的插话、笑声、掌声、临时中断以及别的重要的会场情况等,也应予以记录。

记录发言可分摘要与全文两种。多数会议只要记录发言要点,即把发言者讲了哪几个问题,每一个问题的基本观点与主要事实、结论,对别人发言的态度等,做摘要式的记录,而不必"有闻必录"。某些特别重要的会议或特别重要人物的发言,需要记下全部内容。

### 三、记录的重点

会议记录应该突出的重点有:

(1) 会议中心议题以及围绕中心议题展开的有关活动;
(2) 会议讨论、争论的焦点及其各方的主要见解;
(3) 权威人士或代表人物的言论;
(4) 会议开始时的定调性言论和结束前的总结性言论;
(5) 会议已议决的或议而未决的事项;
(6) 对会议产生较大影响的其他言论或活动。

### 四、注意事项

1. 真实、准确

要如实地记录别人的发言。不论是详细记录,还是概要记录,都必须忠实原意,不得添加记录者的观点、主张,不得断章取义,尤其是会议决定之类的东西,更不能有丝毫出入。真实准确的要求具体包括:不添加,不遗漏,依实而记。首先,书写要清楚;其次,记录要有条理,突出重点。

2. 要点不漏

记录的详细与简略,要根据情况决定。一般地说,决议、建议、问题和发言人的观点、论据材料等要记得具体、详细。一般情况的说明,可抓住要点,略记大概意思。

3. 始终如一

始终如一是记录者应有的态度。这是指记录人从会议开始到会议结束都要认真负责地记到底。

4. 注意格式

格式并不复杂,一般有会议名称、会议基本情况和会议内容。会议基本情况包括时间、地点、出席人数、主持人、缺席人、记录人。会议内容,这是会议记录的主要部分,包括发言、报告、传达人、建议、决议等。

凡是发言都要把发言人的名字写在前。一定要将先发言内容记录于前,后发言内容记录于后。记录发言时要掌握发言的质量,重点要详细,重复的可略记,但如果是决议、建议、问题或发言人的新观点要记具体详细(见表12-2)。

表 12-2  会议记录

| 会议名称 | | | | | |
|---|---|---|---|---|---|
| 时间 | | | 地址 | | |
| 主持单位 | | 主持人 | | 记录人 | |
| 参加者 | | | | | |
| 缺席人员及原因 | | | | | |
| 会议内容 | | | | | |
| | | | | | |
| | | | | | |
| | | | | | |
| | | | | | |
| | | | | | |
| | | | | | |

## 会议纪要

会议纪要是用于记载、传达会议情况和议定事项的公文。会议纪要不同于会议记录。会议记录是会议的原始记录,而会议纪要是在会议记录的基础上概括、整理形成的。会议纪要对企事业单位、机关团体都适用。

会议纪要的特点有:

(1) 纪实性。会议纪要必须是会议宗旨、基本精神和所议定事项的概要纪实,不能随意增减和更改内容,任何不真实的材料都不得写进会议纪要。

(2) 概括性。会议纪要必须精其髓,概其要,以极为简洁精炼的文字高度概括会议的内容和结论。既要反映与会者的一致意见,又可兼顾个别同志有价值的看法。有的会议纪要,还要有一定的分析说理。

(3) 条理性。会议纪要要对会议精神和议定事项分类别、分层次予以归纳、概括,使之眉目清晰、条理清楚。

会议纪要一般由首部、正文和尾部三部分组成。其各部分的写作要求如下:

1. 首部

这部分的主要项目是标题。有的会议纪要的首部还包括成文时间等项目内容。

会议纪要的标题通常是由会议名称和文种构成的。成文时间即会议通过的时间或领导者签发的时间,一般在标题下居中位置用括号注明年、月、日。也有把成文时间写在尾部的署名下面。

2. 正文

会议纪要正文的结构由前言、主体和结尾三部分组成。

(1) 前言。首先概括交代会议的名称、时间、地点、主持人、主要议程、参加人员、会议形式及会议的主要成果，然后用"现将这次会议研究的几个问题纪要如下"或"现将会议主要精神纪要如下"等语句转入下文。这项内容主要用以简述会议基本情况。所以文字必须十分简练。

(2) 主体。主体是会议纪要的核心内容，主要记载会议情况和会议结果。写作时要注意紧紧围绕中心议题，把会议的基本精神，特别是会议形成的决定、决议，准确地表达清楚。对于会议上有争议的问题和不同意见，必须如实予以反映。

(3) 结尾。一般是向受文单位提出希望和要求。有的则没有这部分，主体内容写完，全文即告结束。

3. 尾部

尾部包括署名和成文时间两项内容。

【例文】

关于协调解决沙面大街 56 号首层房屋使用权问题的会议纪要

2011 年 2 月 2 日上午，市政府办公厅×主任主持召开会议，协调解决沙面大街 56 号首层房屋使用权问题。参加会议的有省政府办公厅交际处、广东胜利宾馆、市商委、市国土房管局、第二商局、市外轮供应公司等有关部门的负责同志。

会议认为，沙面大街 56 号首层房屋使用权的问题，是在过去计划经济和行政决定下形成的历史遗留问题。早几年曾多次协调，虽有进展，但未有结果。最近，按照省、市领导同志"向前看""了却这笔历史旧账"的批示精神，在办公厅的协调下，双方本着尊重历史、面对现实、互谅互让的原则，合情合理地提出解决这宗矛盾的方案。

经过协商、讨论，双方达成了一致的认识。会议决定如下事项：

一、市外轮供应公司应将沙面大街 56 号房屋的使用权交给胜利宾馆。

二、考虑到市外轮供应公司在 56 号经营了 30 多年，投入了不少资金，退出后，办公地方暂时难以解决，决定给予其商品损耗费、固定资产投资和搬迁费等一次性补偿费用共 95 万元。其中省政府办公厅和广东胜利宾馆负责 80 万元。考虑到省政府领导曾多次过问此事和省、市关系，另 15 万元由广州市政府支持补助。

三、省政府办公厅和胜利宾馆的补偿款于 2011 年 2 月 7 目前划拨给市外轮供应公司。市政府的补助款于 3 月 5 日左右划拨，市外轮供应公司应于 2 月 15 日开始搬迁，于 2 月 20 日前搬迁完毕并移交钥匙。

四、市外轮供应公司原搭建的楼阁按房管部门规定不能拆迁。空调器和电话等于 2 月 20 日前搬迁不了的，由胜利宾馆协助做好善后工作。

会议强调，双方在房屋使用权移交中要各自做好本单位干部群众的工作，团结协作，增进友谊，保证移交工作顺利进行。

## 12.3 影响会议成效的因素与对策

### 12.3.1 影响会议成效的因素

会议虽然是组织沟通的主要形式,但若控制得不好,很容易产生负面影响,既达不到开会的目的,又浪费了精力、物力和财力。因此,为了提高会议的质量和效率,就必须了解影响会议成效的各种因素,只有这样,才能采取正确的对策,避免无效会议的发生。造成会议无效的因素是多方面的,归纳起来大致有以下几个方面:

1. 会议目的不明确

许多会议之所以没有成效,让人生厌,是因为会议目的不明确。与会者不知道为什么要开会,不知道开会要达到什么目的和取得什么结果。如果对这些问题都没有一个明确的回答,那么会议只能是漫无边际的闲聊,或者变成了大家谈论新闻、发牢骚或抱怨的场所,结果只能使会议彻底陷入混乱,越开越长,毫无效率,既浪费时间、金钱、精力而又达不成任何成果。有的会议虽然有目的,但目的过于抽象和空洞,如树立企业形象、追求成本节约、提高经济效益、采取流线型管理等,围绕这样的目的开会同样无法收到应有的效果。

2. 会议持续时间过长

有些会议像马拉松似的,开起来没完没了,原本只需要半小时就可以解决问题的会,结果却非要开上一个小时,而本该开一个小时的会,却要花上两个小时,致使与会者过于疲倦。人的精力毕竟是有限的,并且要受生物钟的影响。由于每个人都有自己的生物钟和时间表,在一天中何时工作、何时休息,是形成习惯的。因此,如果会议时间过长,会使与会者感到无聊、疲倦、精力不集中,会议的成效肯定会降低,甚至让人讨厌、反感会议。

3. 简单问题复杂化

高效率的会议能够把复杂问题简单化,在简单之中把握规律和重点。而低效率的会议正好相反,常常把简单问题复杂化,结果是为了复杂而复杂。如有的会议,对于一个很简单的问题,本来三言两语就可以解决,却要与会者反反复复地讨论、争辩,这样不仅浪费了与会者大量的时间和精力,而且往往会使问题变得复杂化,引出许多不必要的矛盾和争论,进而导致太多的方案或细节没法处理,太多的情绪、对立面和误解产生,甚至还会使会议再生出新的会议,产生恶性循环,会议越开越多,越开越解决不了问题。

4. 意见分歧处理不当

与会者由于知识结构、文化素质、个人阅历、所处地位及部门等各不相同,难免对同一事情会有不同的看法,产生意见分歧。如果处理不好,双方各执己见,互不相让,就可能导致冲突的发生,从而影响会议的正常进行,使会议的效率降低,甚至无法实现会议的目标。

5. 会议主持人主持不力

会议主持人是会议的领导者与组织者,其主持能力高低直接影响会议的效率和效果。一般来说,会议主持人主持不力主要表现在以下几个方面:一是不告诉开会的目的。领导者唯恐别人的意见超过自己,以至于在开会时不告诉人们开会的目的,结果是"一人台上讲,众人台下听",领导者高谈阔论、口若悬河,而与会者"丈二和尚摸不着头脑"。二是不准时到场。有的主持人为了凸显自己的地位,故意迟到,向与会者显示自己是会议中的主角。要知道,如果领导者不能以身作则,准时参加会议,那么下次会议迟到者会更多。三是官腔十足。有的主持人说话慢而低沉,意图用这种声音吸引观众,让他们知道自己是老板,还有的领导者经常"打官腔","嗯""哈"等口头语过多,显示出一种高高在上的姿态。四是搞形式主义。有的领导者善于做表面文章,开会时泛泛地让大家自由发言、讨论,但最终还是自己一人说了算,并不接受与会者一些善意的、合理的建议。五是"控制"会议。有的领导者在会议上常常讲一个长长的故事,来显示自己的经验和学识,而对关键问题又常常打太极拳,东拉西扯,回避主要问题。还有的领导者在会议上经常用一些信号来强调自己的地位,如看手表、打哈欠、插话等,其意图在于告诉别人自己时间紧、地位重要等。所有这些,都严重影响会议的成效。

6. 物质环境不利

开会需要一定的物质条件和安静的周边环境。如果会议的物质条件欠佳或者环境条件过差,就会影响会议的有效性。例如,会议场所选择在闹市区或车流量较大的公路旁边,声音嘈杂,与会者会受到外部环境的强烈干扰,很难集中注意力,而且这种嘈杂的环境还会令与会者变得烦躁不安,希望能够早点结束会议。另外,会议室房间过小,人员拥挤,灯光昏暗,吸烟人过多,座椅不舒服,缺乏可利用的视觉辅助设备,房间温度过高或过低,音响设备效果差,开会时手机铃声不断,以及服务员沏茶倒水的时机不当等,都会影响会议的效率。

### 12.3.2 提高会议成效的对策

有时会议是一种既耗时费力又令人疲倦的活动。因此,若要提高会议的效率,掌握一套行之有效的策略显得尤为重要。经常运用的策略主要包括以下几个方面:

1. 明确会议目的

在会议开始的时候,会议主持人或组织者最好向与会者明确交代会议的目的,使与会者清楚为什么要开这次会、在这次会上重点讨论哪些问题、围绕会议的目的应该做哪些准备。这样才能使与会者对开会的意图做到心中有数。值得注意的是,会议的目的既要明确,又要具体,如"这个计划是执行还是不执行""如何提高产品的市场占有率"等,让与会者围绕这些具体问题展开分析与讨论,这样不仅能使讨论更加集中、针对性更强,而且也便于控制会议和检验会议目标。

2. 缩短会议时间

会议时间不要太长,如果有很多议题要讨论,可以分几次会议进行。在会议进程中,应适时安排一定的休息时间。在这段休息时间内,与会者既可以自由活动,放松一下紧张的神经,又可以对会议内容进行更为自由的讨论和交流。在会议议题和时间的分配上,可将会议的大部分时间放在重要议题的商讨上,不要在次要的议题上耽搁太多的时间。另外,在会议刚开始时,与会者注意力较集中、精力较充沛,此时可安排讨论一些重要的、复杂的问题,会议节奏也可以稍快些;在会议的后半段,与会者开始感到疲劳,安排一些例行的、次要的、易于达到目标的活动,会议节奏可以放慢一些。为了方便主持人控制会议节奏与进度,可以在主持人对面的墙上挂一个时钟,以帮助主持人随时注意时间,掌握进度,根据所剩的时间把每件事情安排好。

3. 领导者以身作则

领导者要以身作则,要求与会者做到的,自己首先必须做到。如在开会期间规定不能接听电话,要准时参加会议,不管与会者是一般员工还是各级领导,都要遵守,这样才能保持会场安静,维持开会的秩序。如果会议的一些规定只要求其他人遵守,而领导者可以违背,那么这种要求就没有约束力,最终谁都不会遵守规定。不仅如此,领导者还要和与会者保持平等的地位,坦诚相待,要表明自己是一个服务者而非领导者。要知道,领导者是下属效仿的对象,领导者如果能严格要求自己,下属也能够严格要求自己,这样的领导者不仅能得到下属的尊重和信任,而且也能确保会议取得应有的成效。

4. 选择好会议主持人

会议主持人在会议中扮演着重要的角色,发挥着重要的作用,因此要在开会前选好主持人,以便能更好地控制会议的议题和进程。主持人在主持会议时应注意让每个与会者都有发表意见的机会。讨论中虽然常有主要发言者,但发言不能被某几个人垄断,必要时可以限定发言时间。主持人还应随时把握讨论的方向,使之不偏离主题,要对发言者进行必要的引导,避免发言之间毫无联系,各唱各的调,问题分散,甚至形成小群体。主持人在这中间可以通过一些必要的插话、简短的小结使讨论的问题集中在某一点上。有时,为了保证与会者都有机会发表意见,主持人也可以采取限制参加人数或分小组讨论的方式进行会议。

## 主持人要唱好以下三部曲

在日常工作会议上,会议主持人无疑应是会议进程的动力和向导,那些颇为成功的主持人必须掌握因势利导处理难题的艺术。这些难题有解决争端、控制感情、传递信息等。为此,主持人要唱好以下三部曲:

1. 使会议进入程序

会议开头至关重要,想把握成功的机会,要遵守如下规则:

(1) 准时开会。不要为某个人或某几个人未到而延误开会时间,因为假如那样,下回其余的人便也会迟到。准时开会是主持人的责任和魄力之所在,如果你还没有做过改进会风的事,那么准时开会就是一大改革,准时开会是准时闭会的必备条件。

(2) 直截了当地宣布会议的目的。通常,会议文件或通知在会前已经到了与会者手中。即使这样,你仍有必要再强调一下会议目的。口头说明有助于为与会者明确限定讨论的问题,而且能够消除在会议开始时人们思绪的混乱状态,集中大家的注意力。

(3) 要讲积极、有信心的话。你的开场白要表明会议定能成功;指出议题的重要性;指出达成的决议将对人们产生的影响;充分估量会议价值,给与会者设一个目标。不要吞吞吐吐,讲圆滑消极、被动和模棱两可的话。

(4) 潜心用词,妙趣横生。直接而有活力的开场白能影响会议的气氛和节奏,能给你的思想穿上明快、动人的服装。

(5) 要简洁。开场白要限制在一分钟左右。你的任务不是表现自己,而是讲清问题、强调问题的迫切性,督促与会者开动脑筋。

2. 推进会议

主持人应起指挥员或向导的作用。当与会者怒火迸发时,主持人是个消防员、裁判员,可以行使限制权;他也是个采购员,容纳百家之言,善于鉴别有价值的意见,并使之完善。总之,他既像法官,又像调解员。因此,他应掌握以下原则:

(1) 公正无私。面对面交流意见时,免不了会带些情绪。气氛紧张热烈的会议总比死水一潭好得多。你若采取中立态度,这样的会议也不难驾驭。你可以分类筛选各种意见,但不能以个人好恶偏袒任何一方。你应引导讨论,而不是强制讨论。

(2) 防止冷场。会上一阵沉默突然降临,每个人都在等待别人讲话,如此难堪的情景令人窒息、紧张,也是导致纷争和混乱的因素。这时,主持人要立即做些评说、提问或解释,防止冷场。

(3) 控制激情迸发。很多时候,人的感情大于理智,而激情的迸发往往会导致人的失态和人与人之间的冲突,而带着情绪去争执,只能增加隔阂,失去解决问题的机会。因此,会议主持人要注意观察个别成员的情绪变化,以便及时"灭火",把话头从"爆炸点"引开,用幽默调节会议气氛,并指出双方都有可能是正确的,只是站的角度不同,所看到的事物就不一样。紧张气氛一解除,再引导大家现实地对待有争论的问题,就容易解决了。

(4) 充分通报信息。会上,人们有一种要急于解决问题的倾向,这当然好,可这又往往导致操之过急的现象。结论的产生,必须经过对信息的充分研讨,所以主持人首先让与会者摆出全部事实,才可讨论产生明智有效的行动方案,切莫本末倒置。

(5) 让每个人开口。召开会议的目的是广集群议,要尽可能让与会者特别是那些沉默不语的人讲话,鼓励过分谦恭的人表态,同时注意别让不善言辞的人"晒台",要引导与会者交流全部信息,讲出所有的真心话,这样做能减少会后议论。诸如"这个计划不通""那个方案听起来好,但与我们单位的情况不对号"。杜绝会后议论,就意味着节约时间,避免重复开会,从这一点来说,主持人也应当让每个人参与讨论并表态。谁喜欢会后议论,你就盯住他,让他讲话。

(6) 杜绝"小会"。会上的私下议论,只会引起纷争和相互不信任。主持人一定要杜绝"小会",保证与会者一次只听一个人讲话。若是个别人私下说个没完,你就把全体与会者的注意力转向他们。主持人可以这样说:"老周和老王好像谈出些'眉目'了,你们给大伙说说好吗?"众目睽睽之下,"小会"只好收场。

(7) 承认分歧。认为众多的建议会互相自然吻合,那真是太天真了。不同的建议之间必然含有分歧点。分歧的讨论或争论是产生成熟见解的基础。会议上的争论,是有控制的争论,这是好事。主持人不要隐藏或无视分歧,要承认它,把它搬到桌面上来,这样才有可能理智地对待它。对那些闪烁其词的人你这样问:"对这一问题,你的态度是什么?"再问:"你的根据是什么?"再进一步:"你说该怎么办?"

(8) 强调合作。与会者大都有自己的态度和观点,这很自然。他们甚至知道有人持反对态度,这也没有什么关系。主持人要领导与会者共同合作,要讲明解决问题需要与会者共同的智慧和决策,会场不是发泄个人恩怨的地方,也不是进行生死搏斗的战场,谁也不应当一意孤行。应当把个人当作决策机构中的普通一员,主持人应利用各种机会指出集体智慧大于个人智慧,方案的产生离不开合作。

(9) 防止偏航。由提出问题到解决问题,需要一步步地引导。很多毫无结果的会议就是由于缺少这种引导造成的,主持人应对此负责。

(10) 澄清混乱模糊的信息。要保证发言人的话能够被听众充分理解。人们通常会误解,认为讲话人向听众传递的信息,既直接又充分,不会产生误会。这种想法不对,怎样澄清会被误解的问题呢?以下五种方法供借鉴:① 在易误解的问题上,向发言人提问:"我提个问题,这项产品的市场销售潜力怎样? 老刘,谈谈你的估计。"② 为了充分了解某一建议,你得就一些细节提问:"没有提到广告费用,这会影响计划吗?"③ 澄清表达的内容,为保证听众理解无误。如"请打断一下,你说这个想法很重要,你的意思是说整个方案缺它不可吗?"④ 请别人代为解释:"老赵,就这一问题你是否给补充一下?"⑤ 概括或重复发言人的话,使内容明确:"你是说我们不应在国家级杂志上登广告吗?"

(11) 幽默能解除内心紧张。坚持自己的观点是人们的习惯。当你为自己的想法争辩的时候,很难做到有错则改,承认对方是正确的。在会上,让一个人体面迅速地转变立场是困难的。有时,即使想转变,也怕难为情。主持人应对此保持敏感,给对方一个既可转变立场又不见得难堪的机会,用幽默解除紧张气氛,幽默可以使那些顾面子的人找到台阶下。

(12) 经常进行简短概括。简短概括如同在比赛场上翻动记分牌,能让与会者感受到会议的节奏。同时也有助于澄清分歧点,引起与会者注意。主持人的简短概括应限制在半分钟内。及时地概括、评论是占一些时间,但不会影响会议进程,相反,通过简短概括,你为与会者树立了一个珍惜时间的榜样。你在直接推动讨论向制定正确的解决方案推进。

(13) 恪守时间。很多会议往往无端地浪费时间。你若扭转这一趋势,则会受到广泛的支持。主持人恪守时间,与会者就愿意会前认真准备,会上积极主动,单刀直入地表达看法,避免因迂回而浪费时间。主持人要保持按时散会,保证先前宣布的时限不予变动,一有拖时间的危险,你就发出警告。

3. 结束会议

结束会议前要制定或引出决议,在这个时刻,若没有主持人的有力领导,往往功亏一篑。在闭会阶段,要充分发挥主持人的权威。要向与会者报告已得出的结论,尚存的分歧和会后要采取的行动。请记住以下三个要点:

(1) 通报取得的成果。简明地列出达成的协议,把它向与会者公开。

(2) 指出分歧。不能指望会议会在全体与会者意见一致的情况下结束。要用明确的语言指出分歧,估价它的影响并说明是多数人还是少数人的意见。

(3) 明确今后的行动方法。指出哪些事情会后就得落实,负责人是谁,感谢与会者的帮助。把会议决定的事项印成文件,发给与会者和与此有关的人。

5. 正确处理各种矛盾和分歧

会议进行中常会出现这样那样的不同意见,甚至出现争执,这也是多数会议不可避免的问题。对会议中出现的矛盾和分歧,既不能听之任之、放任自流,也不能一味压制和排斥,这样不仅无助于矛盾和分歧的化解与缓和,而且还会冲击和影响会议的主题,甚至影响人际关系和团体凝聚力。因此,采取正确的方式和方法处理会议的矛盾与分歧,也是提高会议成效必须关注的问题。一般来说,处理会议中的矛盾和分歧可以采取以下方法和策略:

(1) 对争论各方的观点加以澄清,使争论各方明确彼此争论的焦点是什么,这种争论是否与会议主题有关,是否为解决会议主题的关键,以此将人们的注意力引导到对会议主题或重要问题的争论上,从而避免为了一些细枝末节而争论。

(2) 分析造成分歧的原因,了解各方的分歧是根本性的还是表面的。可能某些分歧只是语言表达方式的不同,或者是看问题的角度不同;也可能某些分歧带有根本立场的差别。通过分析造成分歧的原因,了解协调的可能性。

(3) 对不同的分歧采取不同的解决办法。对那些表面性的分歧可采取求同存异的方法加以解决,对那些根本性的分歧可将其作为会议的主题之一,展开全面的讨论,以便把会议引向深入,或者将这些分歧暂时搁置,按照会议议程进行下一项,待以后有时间时再专门解决这些分歧。

6. 做好会议备忘录和会议简报的分发工作

在会议召开之前,应以备忘录的形式提前通知与会者,以便使他们有充足的准备时间。备忘录的内容包括时间、地点、参会人员、主要议题等。在会议结束之后,要及时整理好会议简报,将会议做出的决定、采取的主要方法和措施、职责分工和完成时间要求等传达给有关人员,以使会议精神和各项决定、措施能更好地得到贯彻落实。

## 本章习题

### 一、判断题

1. 在会议中经常会出现"一言堂"的局面。当这种情况发生时,主持者就应该提出一些直接的问题,将与会者调动起来。
2. 会议中出现矛盾时,主持人不应放任自流。
3. 会议的目标越具体越好。
4. 会议记录应边记录边及时整理。
5. 会议这种沟通形式不是自发的、无规则的"集合"。
6. 进行高效的会议沟通时,不需要有专业的会议主持人。

### 二、选择题

1. 提高会议效率的方法包括会前( )、会中( )、会后( )。
   A. 准备、控制、跟踪  B. 准备、跟踪、控制
   C. 跟踪、准备、控制  D. 控制、准备、跟踪

2. 某重要会议的开会通知,提前通过电话告知了每位会议参加者,可是到开会时,仍

有不少人迟到甚至缺席。试问,以下有关此项开会通知沟通效果的判断中,哪一种最有可能不正确?(    )

  A. 这里出现了沟通障碍问题,表现之一是所选择的信息沟通渠道严肃性不足
  B. 这里与沟通障碍无关,只不过是特定的组织氛围使与会者养成了不良的习惯
  C. 此项开会通知中存在信息接受者个体方面的沟通障碍问题
  D. 通知者所发信息不准确或不完整可能是影响开会沟通效果的一个因素

3. 以下哪一项不是会议主持人的主要职责?(    )
  A. 做好会前的准备　　　　　　　B. 提出会议的议题
  C. 准确记录会议要点　　　　　　D. 控制会议的时间

4. 采用会议进行交流沟通时,首先应该(    )。
  A. 确定会议的目标　　　　　　　B. 确定会议的内容
  C. 确定会议的时间　　　　　　　D. 确定会议的场所

5. 哪种情况会导致会议的效率不高?(    )
  A. 参会者具有倾听能力
  B. 事先通知出席会议的人
  C. 地点设置在一个开放的会议室内
  D. 选择具有亲和力、影响力的人担任主持人一职

6. 对于会议记录者说法错误的是(    )。
  A. 会议记录者应提前到场
  B. 会议记录者是会议中"最简单"的角色
  C. 会议记录者应注意记录的格式
  D. 会议记录者应具有较好的倾听能力

7. 作为与会者,如果自己的意见遭到了其他人的批评,应采取的回应发言是(    )。
  A. "我认为你的批评毫无道理,我以为……"
  B. "我不明白你在说些什么"
  C. "也许你说的有一定道理,不过我需要再考虑一下"
  D. "你的话对我很有启示,我会不断完善自己的意见"

### 三、思考题

1. 举办一个会议需要进行哪些方面的准备?
2. 在会议进行主题讨论时,会议主持人应该运用哪些技巧?
3. 如果你是会议主持人,你将如何对待会议中的非正式团体?
4. 会议主持人的职责包括哪些?
5. 作为主持人,你将如何处理以下困境?
  (1) 小张喜欢拖拖拉拉,开会总是迟到。
  (2) 小王在会上默不作声。
  (3) 小李和老陆在会上争执起来。
  (4) 在讨论中,与会者缺乏参与意识。
  (5) 大家讨论很热烈,但在会议结束时,五个议题只完成两个。

四、案例分析

## 一 言 堂

　　李曼如作为京德制造有限公司的总裁,十分清楚不断让员工了解公司发展状况的重要性。最近,由于竞争激烈,公司产品价格持续下跌,她意识到公司正步入一个严峻的时期。为了保持住市场份额,她很清楚公司必须采取降价策略。

　　她相信自己每月一封寄给每个员工的"来自总裁办公室的信"是一条很好的充分传递信息的途径。然而,现在重大危机爆发了,她召集了所有部门经理在公司装饰简朴却不失威仪的董事会议室开会。选择董事会议室本身就向部门经理发出了一个信息——他们是管理层的一员,他们正参与重大决策。关于参加此类会议大家都达成了默契,所有与会者必须在预定的时间前就座,当总裁步入会议室时,全体起立,直到总裁让他们坐下。这一次,李曼如进入会议室时,她点头示意起立的各位坐下。

　　"我之所以召集各位出席这次会议,是想说明一下我们目前所面临的严峻的经济形势。我们正与那些眼睛发绿窥视着我们市场的'狼群'狭路相逢,他们迫使我们不断降价,不断缩短发货时间。这已经让我们感到喘不过气来。如果我们伟大的公司——一座自由企业的堡垒——想继续生存下去,我们必须团结打拼。"

　　讲完开场白之后,李曼如注视着每一位正襟危坐的与会者,知道他们不敢随便发言。的确,没有人讲话,每一个人都知道在这种场合下,开口发言就意味着与李曼如唱对台戏。

　　"让我进一步解释我的意思。首先,我们需要发挥想象力。我们需要积极思维,每个人都必须同仇敌忾。我们必须优化生产,绞尽脑汁,不放过任何一个环节,削减成本。为了实施这一项削减成本的紧急计划,我已经在外面物色了一位高级生产经理来协助完成。

　　"其次,我们要提高质量。在本公司,质量意味着一切。每一台机器、设备都要由生产主管负责定期检修。当机器轰隆隆作响开始生产,就表示主管已经对该机器的质量、性能做出认可。在质量上,没有一点东西可以被视为芝麻点大小的事,微不足道,可以轻视。

　　"再次,要加强我们的销售队伍。客户是我们的生命线。尽管他们不一定总是对的,但是我们仍然要像安抚绵羊一样温和地对待他们。我们的销售代表都要学会'推销自己',要使每一次拜访都有建树。我们对销售代表的补偿是非常公平的,即使如此,我们仍将努力做到'锦上添花'——对那些困难重重、进展缓慢的项目提高销售代表的佣金。我们将在董事会上讨论具体事宜,当然,我们不会超出成本。

　　"最后是团队精神,这是我们首先要加强的。除非我们抱成团,否则很难成功。领导风范就是团队精神,团队精神就是为实现共同的目标拧成一股绳。你们是管理层的代表,非常清楚我们的目标。现在就让我们上下同心,齐心协力,去度过这一场危机。记住,我们是快乐的大家庭。"

　　当李曼如结束其掷地有声的总结时,每一位部门经理都马上起立,恭敬地站在椅子旁,注视着总裁收拾文件,离开会议室通过小门走到她的办公室。

资料来源:赵振宇,《管理沟通:理论与实践》,浙江大学出版社,2014。

**问题:**
1. 你如何评价该会议的有效性?
2. 分析是什么原因阻碍了沟通的有效进行。
3. 如果让你安排这次会议并作为主席主持会议,你将如何安排、主持?

# 第 13 章

# 危机沟通

【本章学习目标】

1. 了解危机的概念与特征；
2. 掌握危机沟通管理的过程；
3. 掌握危机沟通的原则。

开篇案例

### 三株死于谁手

三株品牌曾是20世纪90年代一个知名的保健品品牌。在鼎盛时期，三株实业公司曾有600多个子公司，15万销售人员。

1996年，发生了这样一件事情，湖南常德一位老年男子因服用三株口服液死亡，家属诉讼到法院，要求赔偿损失30万元。三株总裁吴炳新坚持认为三株口服液没有毒性，家属索要30万元是敲诈，因而不予理睬。

1998年，法院做出了判决，吴炳新败诉。这场官司给三株公司造成了毁灭性的打击。全国20多家媒体以"八瓶三株口服液喝死一条老汉"为标题进行了密集报道。同时，"三株申请破产""总裁吴炳新逃往国外"等小道消息大肆传播。

三株公司不服，提起上诉。1999年，法院重新进行了审理，并做出了终审判决，三株公司胜诉。但赢了官司，输了市场，三株在全国所有的办事处和工作站全部关闭。在消费者心中，三株口服液已经和有毒联系在了一起。

资料来源：韦桂华，《三株为何枯萎——由三株官司看品牌的危机管理》，《管理科学文摘》，2001年第1期。

## 13.1 危机概述

俗话说："天有不测风云，人有旦夕祸福。"战场上没有常胜将军，商场中也没有一帆风顺的企业，任何一个企业都有遭遇危机的可能。危机一旦降临，企业将可能面临利润降低、市场份额减少、失去市场甚至破产，企业形象、声誉严重受损等。危机处理得当与否关系到企业的成败，因此，危机沟通也日益成为企业管理中不可缺少的一部分。

### 13.1.1 危机的概念

危机的概念在国内外不同学者的研究中，有不同的表述。美国学者罗森塔尔（Roster）认为，危机是对一个社会系统的基本价值和行为架构产生严重威胁，并且在时间性和不确定性

很强的情况下,必须对其做出关键性决策的事件;卡普尼格罗(Caponigro)认为,危机是指可能对企业信誉造成负面影响的事件,对公司而言通常是已经或即将失控的局面。

从管理沟通角度出发,我们可以把危机定义为:危及企业形象和生存的突发性、灾难性的事故和事件,给企业和公众带来极大的损失,严重破坏企业形象,甚至使企业陷入困境,难以生存。如火灾、爆炸、毒气泄漏、罢工等。

这种突发性事件在很短时间内可波及很广的社会层面,对社会组织产生恶劣影响。为使组织在危机中生存,并将危机所造成的损害降至最低限度,决策者必须在有限的时间内,做出关键性决策和具体的危机应对措施。

### 13.1.2 危机的特征

危机的特征主要有以下六种:

1. 突发性

突发性是危机最显著的特征之一。危机爆发的时间、地点及影响程度常常出乎人们的意料。在危机发生前,人们对它几乎没有丝毫的察觉;当危机突然来临时,人们所熟悉和习惯的生活与工作秩序会被打乱。如地震、洪水等自然灾害等是人们难以控制的,因此具有很大的偶然性。

2. 破坏性

由于危机常常是在人们没有任何戒备的情况下突然出现的,因此具有破坏性。危机造成的破坏可能是有形的,也可能是无形的。这种破坏可能是厂房设备及原材料的损失、资金的流失,甚至人员的伤亡,也可能是破坏企业形象等不可估量的损失。对于企业而言,危机爆发之后,不仅会破坏企业当前正常的生产、经营秩序,而且会对企业未来的发展造成不利的影响,甚至威胁到企业的生存。

3. 公众性

危机事件往往是新闻媒介最佳的报道素材,从而成为社会舆论关注的焦点。另外,由于信息传播渠道的多样化,使组织危机情境迅速公开,因此,有人评价说有关危机的信息传播比危机事件本身发展还要快。在危机信息的传播中,媒体对危机报道内容的选择和态度影响着公众对危机的认知。有些组织在危机爆发后由于不善于与媒体沟通,导致危机不断升级。对于危机的利益相关者而言,由于危机涉及他们的切身利益,因此对危机事态的发展及组织对危机采取的措施更是十分关注。

4. 紧迫性

危机的突发性决定了它的紧迫性,这种紧迫性表现在危机发展得非常迅速。尤其是现代通信技术的发展,极大地便利了沟通,如果危机爆发之后组织反应迟缓,必然使组织形象在社会公众心目中一落千丈。并且,随着危机的蔓延和发展,危机造成的损失会越来越大。因此,对危机的反应越迅速,处理危机的决策越正确,损失就越小。在面临危机时,一定要有强烈的紧迫意识,要抓住时机,因势利导,牢牢把握控制危机的主动权。

5. 跨边界性

与传统危机相比,现代危机一旦发生,其影响和危害已经不再主要局限在事发地,而往往会迅速跨边界传播。这种传播超越了地理边界,突破了政治边界;在时间上,它们是不可逆转的,对人类和其他物种产生了消极影响。这就是危机的跨边界性特征,也是现代危机与传统危机相区别的本质特征。比如1986年4月26日,切尔诺贝利核电站4号机组因人为原因发生爆炸,大量放射性物质外泄,强辐射的碎片四处飘落,其影响跨越了地域和时间的界限,很快成为一场永久性的世界性大灾难。这场危机极大地破坏了周边的环境和生态,造成了一批先天残障的"切尔诺贝利婴儿",使几代人都生活在核辐射的阴影之下。再比如我国2008年的三鹿奶粉事件,也是由最初的三鹿奶制品问题扩散至整个奶业生产体系,进而演变成整个社会的婴幼儿健康危机以及国人对乳业乃至整个饮食行业的信任危机,并最终对整个食品安全治理体系产生严重影响。

6. 双重性

古人云:"祸兮,福之所倚;福兮,祸之所伏。"这句话辩证地阐述了危机的双重性。危机的确给企业带来很多麻烦,但有时也并不一定完全是坏事。危机的发生有时也会给企业提供发展的机遇。这可以从两个方面来理解:第一,企业由于危机成为公众话题的焦点,扩大了公众对企业的关注度,如果危机处理得当,就会产生巨大的广告效应,让企业在公众心中的形象得到提升,形成新的发展机会,为组织赢得巨大的利益;第二,企业在处理危机的过程中,也能够发现日常经营的疏漏及弱点,在危机平息之后,总结问题,改进管理方法,变弱点为优势,能让管理者从危机中收获经验,更好地对企业进行管理。

从危机的特点可以看出,危机管理是组织的一项重要管理工作。若能有效地处理好危机事件,就可能使组织活动得以迅速恢复,使组织及消费者的直接损失降低到最低程度。同时,通过对突发事件的有效处理,使企业尽快恢复良好的社会形象。

### 13.1.3 危机的类型

危机的类型主要有以下四种:

1. 人力资源危机

企业经常面临的首要危机是人力资源危机。由于人才竞争激烈,企业内部中高层管理人员或核心技术骨干意外离职,会给企业造成非常直接和巨大的损失。因为他们熟悉原企业的运作模式,拥有较为固定的客户群,而且离职后只要不改换行业,投奔的往往是原竞争对手的企业,势必会给原企业的经营和发展带来较大的冲击。如在2002年,上海太平洋百货的总经理王德明率领太平洋百货高管集体跳槽投奔大连万达就是典型的人力资源危机。

2. 产品或服务危机

产品或服务危机是指由于产品或服务质量问题所造成的危机。如企业在生产经营中忽略了产品质量问题,使不合格产品流入市场,损害了消费者利益,甚至造成了人身伤亡事故,由此引发消费者恐慌。2011年,中国台湾地区的塑化剂风波闹得沸沸扬扬。中国大陆不少超市查出一批含有塑化剂的饮料,包括运动饮料、水果饮料、茶饮料等。塑化剂是一种有毒的化工用塑料软化剂,常作为沙发、汽车座椅、化妆品及玩具的原料,属于工业添加剂,不能被添加在食物中,也不允许使用在食品包装上。产品质量问题能够直接引发消费者的不信任和不购买,随之造成销售量的大幅下滑,引发企业危机,使企业陷入困境。

## 管理沟通

### 3. 领导危机

如同产品的生命周期一样，企业领导者也有领导力的生命周期。企业发展到一定程度，当领导者个人的能力、精力、知识结构出现不适应时，就需要吐故纳新，培养新的接班人。在这个交替的过程中，如果处理不好，企业就会出现混乱，影响其走出困境获得再一次的发展，危机在这个时候就会产生。

### 4. 财务危机

企业投资决策的失误、资金周转不灵、股票市场的波动、贷款利率和汇率的调整等因素使企业暂时出现资金断流，难以使企业正常运转，严重的最终造成企业瘫痪。如史玉柱的巨人集团在发展过程中，由于不合理地建造巨人大厦，最终导致资金链断裂，给企业带来了灭顶之灾。

### 5. 安全事故危机

安全事故危机是指企业在生产经营活动中发生的损坏设备设施、伤害人身安全和健康的意外事件所造成的危机。如2013年青岛输油管道爆炸事故共造成62人死亡、136人受伤，直接经济损失7.5亿元，造成了特别恶劣的社会影响。

### 13.1.4 危机的形成与发展

危机从其生成到消亡，形成一个生命周期，一般经历四个发展阶段，即潜伏期、爆发期、持续期和解决期。

#### 1. 潜伏期

大多危机都有一个从量变到质变的过程。潜伏期是导致危机发生的各种诱因逐渐积累的过程。这时，危机并没有真正发生，但却表现出一些征兆，预示着危机即将来临。有些危机的征兆较为明显，有些危机的征兆则不十分明显，让人难以识别和判断。在危机爆发之前，如果能及时发现危机的各种征兆，并提前采取措施将危机遏制在萌芽状态，则可以收到事半功倍的效果，避免可能造成的危害性。然而，在组织运转顺利的情况下，尤其是当组织扩展迅速的时候，管理层很容易忽视已经出现的各种危机征兆。

#### 2. 爆发期

当危机诱因积累到一定的程度，就会导致危机的爆发。此时，组织正常的运转秩序受到破坏，组织形象受损，组织的根本利益受到威胁，组织的生存与发展经历着严峻的考验，组织的管理层将经受来自各方面公众的巨大压力。在危机爆发之后，如果不立即处理，危机将可能进一步升级，影响范围和影响强度有可能进一步扩大。

#### 3. 持续期

在这一时期，组织着手对危机进行处理，包括开展危机调查、危机决策、控制危机范围与程度、实施危机沟通、开展各种恢复性工作等。持续期是组织强烈震荡的时期，涉及资源调配、人员调整、机构改组等。在这一时期，组织危机处理的决策水平和决策速度至关重要。

#### 4. 解决期

此时，组织要谨防就事论事，要善于通过危机的现象，寻找危机发生的本质原因，并提出有针对性的改进措施，防止危机可能引起的各种后遗症和卷土重来。

上述危机的四个发展阶段是危机生命周期的一般状态，并不是所有危机的必经阶段。

有些危机的爆发可能没有任何征兆，或者危机征兆的持续时间极短，跳过了潜伏期；有些危机在潜伏期就被组织察觉并迅速采取了相应措施，危机被遏止在萌芽状态，不再进入爆发期；有些危机不能妥善得以解决，可能导致组织破产、倒闭，因此没有解决期。

## 13.2　危机管理

危机管理是企业在经营过程中通过危机识别与预防、危机处理与善后、企业形象恢复等行为所进行的一系列管理活动的总称。危机管理主要有以下六个目的：① 使危机尽量少发生；② 能够有条不紊地处理危机；③ 使危机造成的危害减少到最低程度；④ 迅速恢复企业形象，恢复正常运作；⑤ 迅速恢复与外界的正常关系；⑥ 保持内部的稳定。危机管理的内容主要包括危机预防、危机处理及危机总结。每一部分对于危机管理而言，都是非常重要的。

### 13.2.1　危机预防

危机管理的重点在于预防危机，而不在于处理危机。多数危机事件都有一个潜伏期，如果企业管理人员有敏锐的洞察力，能根据日常工作的各方面信息，对可能发生的危机进行预测，及时做好预警工作，并采取有效的防范措施和危机处理演习，完全有可能避免危机的发生或者使危机造成的损害和影响尽可能减少。因此，危机预防是危机管理的起点。

1. 树立正确的危机意识

面对危机管理，企业的全体员工，从高层到基层都要做到居安思危、未雨绸缪，因为全员的危机意识能提高企业抵御危机的能力。同时，企业内部要沟通顺畅，消除危机隐患。此外，企业员工应当认识到预防危机要伴随着企业经营，长期坚持不懈，危机管理不应是临时性措施和权宜之计，平时要重视与公众沟通，与社会各界保持良好关系。

2. 进行危机预测

危机预测就是企业根据判断，对企业可能产生的突发性事件进行预测，在此基础上建立危机预防系统，建立危机档案。

危机预测通常遵循这样几条线索：一是企业历史上曾经发生过的危机，这种危机有可能再次发生；二是同行或类似组织曾经发生过的危机；三是监测现实环境，预测现实环境变化可能给组织带来的危机。现实环境变化包括许多方面，如自然灾害、贸易摩擦、政策法律的变更、市场趋势变化等。

要将所有可能的突发危机事件一一列举出来，考虑其可能发生的后果，并且估计预防所需的花费。这样做可能很费事，但却很必要。因为企业内的任何一个人、一个环节的失误或疏忽都可能将整个企业拖入危机。通过设置警情指标，对危害自身生存、发展的问题进行事先预测和分析，以达到防止和控制危机爆发的目的。

危机发生前，大多都会暴露一些征兆。下面列出了可能存在危机的一些预警信号：① 竞争对手日益强大。如果某个竞争对手的产品或服务越来越受消费者欢迎，市场占有率会逐渐升高，那么对本企业就存在潜在威胁。② 库存增加，产品积压。仓库中存货的增加，一方面反映了产品销售的不利；另一方面也反映了销售预测不准确，生产了过量的产品。库存过多将导致企业资金断流,因而有可能带来资金周转上的困难。③ 客户投诉索赔增加。客户对产品性能、使用寿命及售后服务等方面提出投诉并要求索赔,这是产品和服务质量下降的直接标志。频繁的投诉将给企业带来危机。④ 财务指标恶化。一些重要的财务指标反映了企业经营的效率与效益,如流动比率、速动比率、资产负债率、存货周转率、应收账款周转率、销售净利率、净资产收益率等。一旦这些财务指标接近预警临界点,就需要特别关注,并采取措施,以避免财务危机发生。⑤ 发展速度过快。在企业具有良好发展势头时,企业领导容易头脑发热,盲目进行多元化,导致企业出现危机。企业多元化首先是相关多元化,只有在相关多元化已经完全确立了企业不可动摇的市场地位以后,才能进行非相关多元化。

### 某公司的危机预警制度

某公司的危机预警制度有月报、周报,特殊时期要有日报,如行业发生危机事件时、本企业有投诉事件时。如何区分危机和一般投诉事件呢?可从五个角度评判危机:一是投诉金额超过五万元;二是投诉者为重点客户;三是有政府介入;四是投诉事件超过一个月未得到解决;五是产生了媒体报道,哪怕是相关网页(甚至是论坛)上有负面消息,就会通知公关部门。只要出现以上五条中的任何一条,就要作为危机事件处理,由公司的危机管理部门出面,即法律部和公关部牵头,相关业务部门参与。

危机预测之后,针对不同危机制定预防危机的方针、对策,并对方案进行试验性演习,以确保能达到满意的效果,形成公司的"危机管理手册"。切勿轻视书面计划的重要性。要克服那种方案只存在于几个关键人物头脑中的现象。因为一旦危机发生,关键人物可能不在场;即使在场,他也顾不上向所有人员解释每个人应怎样做。缺乏书面方案会给危机管理带来很多额外的麻烦。总之,完备的危机预防计划能使组织成员以积极主动的姿态对待危机。

### 某公司《危机处理手册》实例

1. 突然发生斗殴事件,如何处理

遇到店内发生打架斗殴事件,处理步骤如下:

(1) 如果是公司内部员工发生打架斗殴事件,要及时制止,针对事件原因和责任人送有关部门处理,同时上报上级部门。

(2) 如果是在店内顾客之间发生打架斗殴事件,应视情况疏导旁边其他顾客,将旁边的顾客引导到其他区域消费,尽量保留单据,让顾客买单。如因当时情况特殊,造成顾客未买单,由本店负责人负责处理并上报。

(3) 与此同时,及时拨打110报警,并保护好现场,交110处理。
(4) 向上级部门报告。

2. 突然接到顾客投诉本店食品中毒如何处理

(1) 店负责人接到顾客中毒投诉,应立即向顾客了解就餐时间及消费的品种。
(2) 要顾客出示医院诊断书,店负责人亲自阅读诊断书的内容。
(3) 同时告知顾客最短时间内公司的处理办法,并征询顾客的意见,如顾客提出赔偿要求,须立即告知顾客公司将会有满意的答复。
(4) 店负责人立即组织人员对顾客消费时间段的相应品种进行检测,同时将顾客医院诊断书拿到该医院,了解顾客的具体病因。
(5) 在确定造成顾客中毒不是本店产品时,与顾客取得联系,并将检测的结果告诉顾客,并欢迎顾客再次检测食物及到医院复诊。如是本店原因,将情况向公司领导汇报,并与顾客联系协商解决方案。

3. 突然接到防疫站通知本店有食物中毒事件如何处理

(1) 店负责人接到通知后立即向公司领导汇报,请求指示。
(2) 同时请防疫站领导出面协调,内部处理。
(3) 与新闻媒体朋友取得联系,落实此事件是否已到达媒体,使用公关手段阻止此事件被新闻媒体曝光。
(4) 同时店负责人进行内部调查,对责任人予以处理。
(5) 在事件处理过程中与公司领导保持联系,及时汇报处理情况,同时使用合理公关手段,令此事件局限于小的范围内,不传播到外界。
(6) 告知员工,特别是一线员工,此事件纯属无中生有,乃同行散布谣言所至,如有顾客问起做此回答。

4. 突然遇到新闻媒体曝光如何处理

(1) 店负责人在第一时间内向公司领导汇报,并听取公司领导的指示。
(2) 告知员工,特别是一线员工,此事件子虚乌有,是同行散布谣言、报复所致,如有顾客问起做此回答。
(3) 店负责人立即与当事人联系,代表公司致以诚挚歉意,并保证对顾客提出的意见及建议做出最积极的解决。
(4) 专程登门拜访媒体负责人,恳请支持本企业的发展、请媒体站在企业的角度看待问题,为企业避免负面影响。

店负责人平常应与媒体保持良好的关系,建立牢固的友谊关系,欢迎骨干工作人员常来就餐,指导工作。

资料来源:谢玉华、李亚伯,《管理沟通:理念·技能·案例(第3版)》,东北财经大学出版社,2017。

企业如果有经过反复检测、科学实用的危机方案,遇到危机就能主动应对,赢得公众理解,塑造组织形象。当危机来临时若没有应急方案仓促应战,组织成员必定会产生防御心理,这样必然会产生负面影响,给人一种傲慢、无同情心、不负责任的印象。

### 3. 进行危机模拟训练

除了预见危机和评估危机影响，企业还应对员工进行危机管理模拟训练，尤其是企业公关部门和未来可能进入危机处理小组的员工。

危机管理模拟训练是构造或设想出危机发生的情境，通过讲授或实际操作，模拟危机处理策略，增强企业抵抗危机的能力。危机管理模拟训练是企业处理危机的重要训练方式，主要通过心理训练、知识训练、基本功训练和应对媒体训练等方面展开。

心理训练通过让员工了解危机特性，加强危机意识，具有防范危机和承受危机的心理准备，遇到危机时保持镇静。知识训练是关于危机识别、防范、处理、恢复等方面的训练，主要通过讲座、研讨会等多种形式有针对性地对员工进行思想态度和专业知识的培训。基本功训练是对危机处理方法的技能培训，包括演习紧急情况下通信小组组建、通信设备使用、调查问卷的编制、收集和分析信息的能力、内外沟通的方法。应对媒体训练是指设计好回答媒体提问的策略，以及如何将企业的信息准确传递给媒体的策略，以便在关键时刻能够实现有效的媒体管理。不说"无可奉告"、不做失实报告、不要指责媒体等都是平时媒体训练应该重点关注的内容。

---

#### 一位校长创造抗震奇迹

四川安州区（原安县）桑枣中学是一所初级中学，在绵阳周边非常有名。学校因教学质量高，连续13年都是全县中考第一名。汶川地震后，这所学校在全国出名了，因为在地震中桑枣中学师生无一伤亡。这所学校的校长名叫叶志平，是四川省优秀校长。

从2005年开始，叶志平每学期要在全校组织一次紧急疏散的演习。学校会事先告知学生，本周有演习，但学生们具体不知道是哪一天。等到特定的一天，课间操或者学生休息时，学校会突然用高音喇叭喊：全校紧急疏散！

每个班的疏散路线都是固定的，学校早已规划好。两个班疏散时合用一个楼梯，每班必须排成单行。每个班级疏散到操场上的位置也是固定的，每次各班级都站在自己的地方，不会错。教室里面一般是9列8行，前4行从前门撤离，后4行从后门撤离，每列走哪条通道，学生们早已被事先安排好。学生们事先被告知的还有，在2楼、3楼教室里的学生要跑得快些，以免堵塞逃生通道；在4楼、5楼的学生要跑得慢些，否则会在楼道中造成人流积压。学校紧急疏散时，叶志平让人计时，不比速度，只讲评各班级存在的问题。

刚搞紧急疏散时，学生当是娱乐，半大孩子除了觉得好玩，还认为多此一举，有反对意见，但叶志平坚持。后来，学生老师都习惯了，每次疏散都井然有序。

每周二都是学校规定的安全教育时间，让老师专门讲交通安全和饮食卫生等。叶志平管得严，集体开会时，他不允许学生拖着自己的椅子走，要求大家必须平端椅子——因为拖着的椅子会绊倒人，后面的学生看不到前面倒的人，还会往前拥，所有的踩踏都是这样出现的。

> 地震那天,叶志平不在。学生们正是按着平时学校要求同时也是他们练熟了的方式疏散的。地震波一来,老师喊:"所有人趴在桌子下!"学生们立即趴下去。老师们把教室的前后门都打开了,怕地震扭曲了房门。震波一过,学生们立即冲出了教室,老师站在楼梯上,喊:"快一点儿,慢一点儿!"老师们说,喊出的话自己事后想想,都觉得矛盾和可笑。但当时的心情,既怕学生跑得太慢,再遇到地震,又怕学生跑得太快,摔倒了——关键时候的摔倒,可不是闹着玩的。
>
> 那天,连怀孕的老师都按照平时要求行事。挺着大肚子的女老师抓紧黑板跪在讲台上,也没有先于学生逃走。唯一不合学校要求的是,几个男生护送着怀孕的老师同时下了楼。
>
> 由于平时多次演习,地震发生后,全校师生(2 200多名学生,100多名老师),从不同教学楼和不同教室中全部冲到操场,以班级为组织站好,用时1分36秒。通信恢复后老师们接到电话:我们学校,学生无一伤亡,老师无一伤亡。
>
> 资料来源:朱玉、万一、刘红灿,《一个灾区农村中学校长的避险意识》,《中国应急管理》,2008年第5期。

#### 4. 建立危机管理组织机构

为了更好地进行危机管理,企业在进行组织设计时,必须考虑到以下几个问题:一是确保组织内信息通道畅通无阻,即企业内任何信息均可通过组织内适当的程序和渠道传递到合适的管理层级和相关人员;二是确保组织内信息得到及时的反馈,即传递到组织各部门和人员的信息必须得到及时的回应;三是确保组织内各个部门和人员责任清晰、权利明确,即不要发生互相推诿或争相处理;四是确保组织内有危机反应机构和专门的授权,即组织内须设非常设的危机处理机构并授予其在危机处理时的特殊权力。这样,一旦发生任何危机先兆,均能得到及时的关注和妥善的处理,而不致引发真正的危机。

在一些跨国公司,公司会设有专门的危机管理机构,且一般其主管都是由公司首席执行官兼任。在这些设立的危机管理机构中,大多数人员都是兼职的,而且其中绝大多数都是由公司部门主管以上人员和公司外聘顾问组成,这样的组织结构保证了企业在面临危机时的反应速度和效率,从而确保了对危机事件的成功解决。

完备的危机管理组织机构实行三级组织管理模式。第一级为"危机管理委员会"。它是决策机构,通常由组织中的高层管理人员和相关中层管理人员组成,是一种兼职的矩阵式组织。其重要职责是:制定危机管理的政策,审查批准本组织的《危机管理手册》,配备危机管理办公室的人员,检查监督平时的危机管理工作,主持召开定期的危机管理工作会议,指挥重大危机事件的处理等。

第二级为"危机管理办公室"。它是常务执行机构,由一定的专职人员组成,通常由组织的公关部承担。它的主要职责是:负责危机管理各项工作的贯彻实施;收集信息,监控环境变化;培训兼职的危机处理工作人员,尤其要回答媒体和外界的询问;负责处理一般性的危机事件;定期向危机管理委员会汇报工作。

第三级为"危机管理工作小组"。对于一些多部门或跨地区的组织来说,危机管理工作小组属于基层操作机构，或叫现场操作机构。由一些基层兼职人员或基层公关人员组成。它负责处理日常的投诉事件和小的危机事件；负责与危机管理办公室保持联系；突发事件发生时，负责组织危机计划在基层的实施，稳定基层员工情绪，协调与基层公众的关系。

建立危机管理机构的同时要配备好危机管理人员。危机管理人员必须具备危机公关和危机沟通的基本能力；具有灵敏的职业嗅觉，能于细微处觉察危机的萌芽；能用"柔性思维"来处理严峻的危机现场，讲究方式方法；具有较强的应变能力；能够时常进行"换位思考"，设身处地为他人、为公众着想。

### 13.2.2 危机处理

危机处理是危机发生时的具体应对，它是危机的事中管理，相当于狭义的危机公关概念。危机处理是危机管理中的关键环节，危机处理是否成功，决定着企业的命运。危机处理的基本程序大致有以下几个环节：

1. 成立临时专门机构处理危机事件

临时专门机构是危机处理的领导部门和办事机构，一般由组织的主要领导者负责，公共关系人员和有关部门负责人参加。成立这样一个机构，对于保证危机事件能够顺利、有效地处理是十分必要的。

2. 深入现场，了解事实

出现危机事件组织的领导人必须亲自赶赴第一线场，给人们带来组织敢于负责、有能力、有诚意解决危机的形象。同时，领导人在现场能更细致地了解危机事件的发生情况，从而做出正确的判断，提出有效的措施控制危机事件的进一步发展。

3. 分析情况，确立对策

对危机事件的处理必须提出切实可行的处理方案，指导工作人员如何对待投诉公众、如何对待媒介、如何联络有关公众、如何开展具体行动等。要解开和化解公众的疑惑甚至是敌对情绪。首先要对组织面临的状况进行分析，注意媒体、政府、消费者等重要公众的态度倾向，明确主攻方向和突破口，选择并实施合适的危机处理方案。

4. 安抚公众，缓和对抗

这一程序在危机事件处理中很关键，如果在处理过程中，只是一味地进行自我表白，费力地为组织做辩解工作，那么就犯了危机处理中的大忌。危机事件处理好坏的评价标准就是公众对解决措施的接受程度，因此在处理过程中，首要考虑公众的感受，安抚受害公众，真心诚意地取得他们的谅解，这样危机才有可能顺利化解。

5. 联络媒介，主导舆论

组织应当委派"发言人"，积极主动地与电视、报纸网站等媒介的工作人员联络，特别是首先报道事件的记者，以填补信息空白，掌握舆论主导权，对各种传闻、猜测一一做出回应，使社会舆论朝着有利于组织的方向发展。

6. 多方沟通，加速化解

积极与政府相关部门、行业协会、第三方检测机构、消费者保护委员会、有关权威人士等沟通,利用这些机构或人士在社会公众中的影响力来帮助企业化解危机。

7. 有效行动,转危为机

及时采取补救措施,并主动地、有意识地以该事件为契机,因势利导,借题发挥,变坏事为好事。这样不但可以恢复企业的信誉,而且可以扩大企业的知名度和美誉度。一个优秀的企业越是在危机的时刻,越能显示出它的综合实力和整体素质。

### 危机解决需要创新思维

美国新墨西哥州有个名叫杨格的果园主,一次突降冰雹,将苹果个个打得伤痕累累,就在大家都唉声叹气时,杨格突然来了灵感,他马上按合同原价将苹果输往全国各地,与往日不同的是每个苹果箱里都多放了一张小纸片,上面写了一段既幽默又亲切的文字:亲爱的买主们,这些苹果不幸受伤,但请看好,它们是冰雹留下的杰作,这正是高原地区苹果特有的标志,品尝后你们就会知道其特别的味道。买主将信将疑地品尝后,真切地感受到了高原地区苹果特有的风味。结果,杨格这年的苹果比以往任何一年都卖得好。

危机来临时,有的组织主动出击,积极应对,化被动为主动。有的组织消极应对,被动挨打。以下两个案例就是公关史上两种态度的典型代表。

### 泰诺中毒事件

约翰逊联营公司是美国最大的医药公司,在1982年曾经成功处理了危及公司生存命运的泰诺药物中毒事件,成为危机公关史上的一个经典案例。

1. 危机降临

泰诺是约翰逊联营公司生产的治疗头痛的止痛胶囊,在美国销路很广,每年销售额达4.5亿美元,占约翰逊联营公司总利润的15%。

有消息报道,1982年9月29日至30日,芝加哥地区有人因服用泰诺止痛胶囊而死于氰中毒。开始报道3人,后增至7人。随着新闻媒介的传播,据说有25人因氰中毒而死亡或致病。后来,这一数字增至2000人(实际死亡人数为6人)。这引起了约1亿服用泰诺胶囊的消费者的极大恐慌,94%的服药者表示今后不再服用此药。这使约翰逊联营公司面临生死存亡的巨大危机。

2. 危机处理决策

约翰逊联营公司获知这一不幸消息后,立即做出了一个关键性的决策:向新闻界敞开大门,公布事实真相。该公司向新闻界宣布:本公司是坦诚的、无愧的、富有同情心的,决心解决中毒事件并保护公众。同时,公司立即采取了以下措施:

(1) 以高达 1 亿美元的代价，撤回市场上所有的泰诺胶囊药品。同时，还花费 50 万美元通知医生、医院、经销商停止使用。

(2) 对 800 万瓶泰诺胶囊药品进行检验，查看其是否还受过其他污染。

(3) 药物中毒事件发生后的数天里，圆满地答复了从新闻界打来的 2 000 多个询问电话。

(4) 停止报刊广告，尽可能地撤掉广播电视中所出现的泰诺药品广告。

后来发现只在芝加哥地区有 75 粒胶囊受氰化物污染（事后查明是人为破坏）。

3．重返市场

泰诺事件后，美国政府和芝加哥地方当局发布了新的药品安全包装规定。约翰逊联营公司进行了重返市场的公关策划。

(1) 为泰诺止痛药设计了防污染的新式包装。

(2) 举行了大规模通过卫星转播的记者招待会，介绍公司率先实施"药品安全包装新规定"，并现场播放了新包装药品生产过程录像。

美国各大电视台、电台和报纸都做了报道。一年以后，泰诺止痛药又占据了大部分市场，恢复了以前的领先地位。

## 埃克森公司原油泄漏事件

美国埃克森公司是一家大型石油公司。1989 年 3 月 24 日，一艘埃克森公司的巨型油轮"瓦尔代兹号"在阿拉斯加州威廉太子湾附近触礁，800 多万加仑[①]原油泄出，形成一条宽约 1 千米、长约 8 千米的飘油带。这里是美国和加拿大的交界处，以前很少有船只通过，从未受到污染。这里海水湛蓝，沿岸山青林密，风景如画；这里盛产鱼类、海豚、海豹成群。事故发生以后，大批鱼类死亡，岸边沾满油污，礁石上也沾满黑乎乎的油污。纯净的生态环境遭到严重破坏，附近海域的水产业受到很大的损失。

事故发生以后，埃克森公司方面却无动于衷。它既不彻底调查事故原因，也不采取及时有效的措施清理泄漏的原油，更不向加拿大和美国当地政府道歉，致使事故进一步恶化，污染区域越来越大。美国和加拿大地方政府、环保组织以及新闻界对埃克森公司这种不负责任、企图蒙混过关的恶劣态度极为不满，发起了一场"反埃克森运动"。各国新闻记者从世界各地纷至沓来。电视台、电台、报纸、杂志、新闻电影制片厂动用了所有的媒介手段，像发动一场战争似的，向埃克森发起总攻。

各国新闻媒体的群起而攻之和国际环境保护组织的批评，惊动了布什总统。3 月 28 日，布什总统派遣运输部部长、环境保护局局长和海岸警卫部队总指挥组成特别工作组，前往阿拉斯加州进行调查。此时，埃克森公司油轮泄出的原油已达 1000 多万加仑，成为美国有史以来最大的一起原油泄漏事故。

---

① 1 加仑＝0.00379 立方米。

> 经过调查得知,这起恶性事故的原因是船长饮酒过量,擅离职守,让缺乏经验的三副代为指挥造成的。调查结果一经传出,舆论为之哗然。埃克森公司陷入极为被动的境地之中,公共关系危机不可避免地出现了。结果,埃克森公司被迫以重金请工人使用高压水龙、蒸气冲洗海滩,甚至用双手刷洗岩石。埃克森公司仅此一项就付出了几百万美元。加上其他的索赔、罚款,埃克森公司的损失高达几亿美元。更为严重的是,埃克森公司的形象遭受严重的破坏,西欧和美国的一些老客户纷纷抵制其产品,埃克森公司顿感狼狈不堪。
>
> 资料来源:《全球一流商学院EMBA课程精华丛书》编委会,《商务人员的沟通》,北京工业大学出版社,2003。

以上两个案例代表两种危机处理政策:"雄鹰"政策和"鸵鸟"政策。这两种政策最大的区别就在于对危机的沟通处理方式不同,其结果也大相径庭。约翰逊联营公司采取的是"雄鹰"政策,埃克森石油公司采取的是"鸵鸟"政策。"雄鹰"政策的主要特征是:主动迅速出击,果断承担责任。"鸵鸟"政策则是消极逃避,不愿正视现实。据说鸵鸟在遭到敌人追赶不能逃脱时,就将头埋在沙堆里,以为自己什么都看不见,就会太平无事。后来人们用其表示遇到麻烦时,不是解决麻烦,而是极力躲避的行为。从案例中可知,埃克森公司在面临危机时不是主动采取措施防范,而是消极逃避,企图蒙混过关。埃克森公司的悲剧表面上看来是它信息失灵,低估了事故的严重性,存有侥幸心理,而根本原因则是它傲慢以待,不把社会和公众的利益放在眼里,结果成为众矢之的,落了个"赔了夫人又折兵"的下场。如果埃克森公司采取正确的危机公关决策,就不致使事态如此恶化。

通过以上的案例对比,我们可以得到如下危机处理的启示:

(1) 以最快的速度启动危机处理计划,如果初期反应滞后,将会造成危机的蔓延和扩大。

(2) 应把公众的利益放在首位。要想取得长远利益,企业应更多地关注消费者的利益而不仅是企业的短期利益,拿出实际行动表明公司解决危机的诚意,尽量为受到危机影响的公众弥补损失,这样有利于维护企业的形象。

(3) 开辟高效的信息传播渠道。危机发生后,应尽快调查事情原因,弄清真相,尽可能地把完整情况告诉新闻媒体,避免公众的各种无端猜疑。

通过召开新闻发布会,使用互联网、电话、传真等形式向公众告知危机发生的具体情况,公司目前和未来的应对措施,信息应具体、准确。随时接受媒体和有关公众的访问,表达歉意、表明立场。

(4) 选择适当的危机处理策略,如危机中止策略、危机隔离策略、危机消除策略。

中止策略就是要根据危机发展趋势,主动承担危机造成的损失,如停止销售、收回产品,关闭有关工厂、部门等。隔离策略是在发生危机时,应设法把危机的负面影响隔离在最小范围内,避免殃及其他非相关生产经营部门。消除策略是指要善于利用正面材料,冲淡危机的负面影响,如通过新闻界传达企业对危机后果的关切、采取的措施等,并随时接受媒体的访问并回答记者的提问。

### 13.2.3 危机总结

危机事件的妥善处理并不等于危机处理的结束,在对危机事件进行处理后,还应当对危机管理进行认真而系统的总结。

(1) 调查分析。对引发危机的成因、预防和处理措施的执行情况调查分析。

(2) 评价。对危机管理工作进行全面的评价,包括对预警系统的组织和工作程序、危机处理计划、危机决策等各方面的评价,要详尽地列出危机管理工作中存在的各种问题。

(3) 修正。对危机涉及的各种问题综合归类,分别提出修正措施,改进企业的经营管理工作,并责成有关部门逐项落实,完善危机管理内容,并以此教育员工,警示同行。改善业务流程,提高产品质量,寻求新的技术解决方法,以危机为契机使企业各方面达到更高标准。

(4) 前瞻。危机并不等同于企业失败,危机之中往往孕育着转机。将危机事件的起因、经过、解决进行备案,用以完善企业将来的危机预防和管理,驱使自己不断谋求技术、市场、管理和组织制度等系列创新,最终实现企业的腾飞与发展。

## 13.3 与利益相关者的危机沟通

危机沟通是指企业在面临危机时,为了影响利益相关者的认知、态度与行为,加速危机化解,在危机管理的每一阶段所进行的各种形式的信息交换行为和过程。在危机管理中,危机沟通作为危机处理的基本手段和工具,可以降低对组织的冲击,甚至化危机为转机。

在危机处理过程中,对于员工、股东等组织内部公众而言,应学会如何通过有效的沟通安抚他们的情绪,以免后院起火,使组织雪上加霜;对于媒体、顾客、政府部门或社会中介组织、供应商、经销商、社区居民等外部公众而言,危机沟通的重点在于改变组织在他们心目中的不良形象。组织应针对不同的对象,确定不同的危机沟通重点和危机沟通策略。

1. 员工

对于企业员工而言,危机沟通应注重以下事项:

(1) 坦诚而及时地通知内部员工,以稳定阵脚,使全体员工齐心协力地对付危机事件。及时通报情况,让所有员工了解危机真相,稳定军心,以免不必要的猜疑,避免谣言从内向外传。

(2) 设身处地地为员工着想,向员工说明,企业会尽一切努力确保他们的切身利益不受危机的影响,或尽量减少危机对他们的切身利益的影响程度,使员工能够与企业一起同舟共济,共渡难关。

(3) 如果员工有伤亡损失,应全力做好救治和抚恤工作。

(4) 明确员工对外发表相关言论的统一口径。

(5) 采用员工大会、企业简报、内部网论坛、电子邮件等诸多方式加强与员工的沟通,并为员工提供表达个人意见的机会。

2. 股东

对于股东而言,危机沟通应注重以下事项:

(1) 尽快向股东详细报告危机发生的原因、处理过程、处理结果。

(2) 向股东说明危机所带来的负面影响是暂时的、可以克服的,树立股东对企业长远发展的信心,确保股东对企业的长期投资。

(3) 对于主要的股东,在危机发生后,可以邀请他们亲临企业视察,让他们看到企业处理危机的决心和员工的士气,使他们能够给予企业危机处理必要的支持。

3. 媒体

对于媒体而言,危机沟通应注重以下事项:

(1) 主动向媒体提供危机信息,积极配合记者的采访,正确地引导记者。

(2) 在向媒体公布危机信息之前,应在企业内部统一认识,以免引起不必要的麻烦。

(3) 指定专门的发言人负责对媒体发布信息,接受媒体的采访。

(4) 为了避免媒体的报道不准确,重要事项一定要以书面材料的形式发给记者。

4. 顾客

对于顾客而言,危机沟通应注重以下事项:

(1) 通过在大众媒体刊登致歉广告或登门拜访等方式向受到伤害的顾客表示诚挚的道歉,并尽快赔偿有关损失。

(2) 通过经销商或在各种媒体上刊登公告,及时告知顾客产品存在的潜在缺陷,并尽快回收有缺陷的产品。

(3) 认真听取顾客对有关事故进行处理的意见和愿望。

(4) 邀请顾客代表参与危机处理过程,强化与顾客的双向沟通。

(5) 通过多种渠道将危机的发生经过、处理过程和处理结果告知顾客。

5. 政府部门或社会中介组织

对于政府部门或社会中介组织而言,危机沟通应注重以下事项:

(1) 危机发生之后,尽快向相关的政府部门或社会中介组织报告,争取它们的帮助与支持,在危机处理过程中形成定期报告制度。

(2) 主动配合政府部门或社会中介组织的调查,如实向它们反映情况。

### 冠生园的悲剧

2001年9月,南京知名食品企业冠生园被中央电视台揭露用陈馅儿做月饼,事件曝光后,南京冠生园接连受到当地媒体与公众的批评。面对即将掀起的产品危机,作为一向有着良好品牌形象的老字号企业,南京冠生园做出了让人不可思议的反应:既没有坦率承认错误、承认陈馅儿月饼的事实,也没有主动与媒体和公众进行善意沟通、赢得主动,反而公开指责央视报道蓄意歪曲事实、别有用心,并振振有词地宣称"使用陈馅儿做月饼是行业普遍的做法"。这种背离事实、推卸责任的言辞，激起一片哗然。一时间，媒体公众的猛烈谴责、同行企业的严厉批评、消费者的投诉控告、经销商的退货浪潮……事态开始严重恶化，也导致冠生园最终葬身商海。

南京冠生园在危机事件中的应对，可谓败笔横出、毫无章法。南京冠生园的企业领导者在整个事件过程中的表现，也令人看到他们对于危机管理的无知到了可悲的地步。在铁的事实面前，南京冠生园竟然还坚决否认，甚至公开谴责威胁将其曝光的中央电视台。事件曝光后，南京冠生园9月18日在媒体上发表声明，声明央视报道蓄意歪曲事实，公司绝没有使用发霉或退回的馅料生产月饼；又声明指责记者报道别有用心，其意图就是破坏冠生园名誉；声明同时表示"对毁损公司声誉的部门和个人，公司将依法保留诉讼的权利"。

一口否认其产品质量问题的同时，南京冠生园自作聪明地企图将事件焦点转移到同行和消费者身上，最终惹来更大的麻烦。在接受记者采访时，南京冠生园老总声称陈年馅儿月饼是普遍现象，是全行业公开的秘密，甚至指名道姓地提起厂家名称。这种说法激起了月饼生产企业的强烈不满，一些企业和经销商表示要起诉南京冠生园，而全国名为冠生园的企业有很多家，南京冠生园的话也殃及了与其同名的企业，招致了仇视，他们纷纷采取各种手段与其划清界限。

南京冠生园还一再表现出无视消费者的态度。面对消费者，他们非但没有做任何解释和道歉，反而开脱说陈馅儿月饼的做法并不违反有关规定，并自欺欺人地表示"生产日期对老百姓来说只是看看而已"。如此言论，既降低了南京冠生园这个知名品牌的标准，又愚弄了广大消费者。

在空前的危机面前，冠生园这个具有88年悠久历史的著名食品品牌毫无抵抗地被击倒。2002年3月6日，南京冠生园食品公司以经营不善、长期亏本等理由申请宣告破产。2004年1月30日被拍卖，低至818万元的成交价说明了它在人们心目中的价值。

资料来源：马志强，《现代公共关系概论》，上海交通大学出版社，2012。

## 13.4 危机沟通的原则

英国危机公关专家迈克尔·里杰斯特（Michael Regester）提出了著名的危机沟通"3T原则"，即以我为主提供情况（tell your own tale）、提供全部情况（tell it all）、尽快提供情况（tell it fast）。

### 1. 以我为主提供情况

以我为主提供情况主要是指企业应该主动、及时地为媒体提供信息，成为信息的主要提供者和信息来源。在危机发生时，媒体十分关注事态的发展，需要了解可靠真实的信息。如果企业不能为其提供信息，媒体就会从另外的信息渠道去获取信息。来自其他渠道的信息，有可能会因为一点小小的错误，哪怕是用词上的微妙差异而给读者（听众、观众）带来许多误解和猜疑，甚至对企业造成极大的伤害，或使企业陷入非常被动的境地。

更可怕的是企业如果保持沉默，不马上站出来讲话，对事件不及时做出反应，任凭其他渠道的信息满天飞，就会引发更多的猜疑和推测，企业的形象会受到严重的影响。因此，以我为主提供情况，一方面是指主动提供信息，减少或杜绝其他渠道的信息干扰，保证信息的权威性、真实性和可靠性；另一方面是指主动控制信息内容，针对事件的具体情况，提供有利于企业的关键信息。企业内部信息沟通渠道只能保留一个，即指定的新闻发言人或 CEO。

2. 提供全部情况

提供全部情况主要是指企业应该提供与事件有关的所能了解到的全部情况。在危机初发阶段，企业在沟通方面遇到的难题之一就是信息的不完整性和事态发展的不确定性。企业一方面要收集信息、甄别事实，另一方面又要为媒体提供信息。如果企业所掌握的信息或事实真相还不如媒体掌握得多，将会陷入非常被动的局面，而且与媒体沟通将会更加困难。因此，企业在危机发生时需要尽快掌握事件真相，争取尽早提供可靠信息。另外，在信息掌握有限的情况下，企业对待事件的态度和立场、处理事件的信心、所采取的行动措施等都应该属于可以提供的信息，而且这些信息比事件本身的信息更加重要。

3. 尽快提供情况

尽快提供情况主要是指企业在危机发生后应该遵循"黄金 24 小时"原则，迅速做出反应。事件一旦发生，将立即成为新闻和公众关注的焦点。人们不仅想知道发生了什么，而且想知道事件是怎么发生的，下一步将会如何发展，企业将会如何处理等一系列的问题。不能尽快提供情况，将会给企业带来沉重的代价。如埃克森石油公司，1989 年邮轮泄漏后，董事长一周没向媒体解释，结果这个危机用了 7 年才解决，代价是 25 亿美元。危机公关的第一定理就是：动手越早，危机越小。特别是在当今信息时代，互联网发展迅速，信息的传播速度和广度是人们难以想象的。

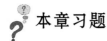
## 本章习题

### 一、判断题

1. 危机的爆发是偶然的，事先完全无法预料，也无法进行管理上的准备。
2. 频繁的中高级职业经理人集体叛逃，会让企业陷入人力资源危机，给企业带来重大影响。
3. 危机结束后，随之的危机管理工作也就结束了，不需要再注意相关的管理沟通。
4. 危机决策选择与成本有密切的关系，解决问题的时间越长，可供选择的机会越多，付出的成本就越低。
5. 公众和媒体是危机沟通的两大重点对象。
6. 在危机爆发后，如果出现了新闻报道与事实不符的情况，不用理会它，身正不怕影子斜，过一段时间就会真相大白的。

### 二、选择题

1. 肯德基公司在 2005 年春天面临有史以来最大的一次危机，因其产品中含有致癌色素"苏丹红一号"。这属于企业的哪一种危机？（     ）

A. 人力资源危机　　B. 财务危机　　　　C. 领导危机　　　　D. 产品危机

2. 下列不属于危机基本特征的是（　　）。

A. 危害性　　　　B. 公众性　　　　C. 突发性　　　　D. 不可转化性

3. 下列关于危机决策的表述，不正确的是（　　）。

A. 危机决策往往是在条件充分的情境下做出的
B. 危机决策往往是在信息不对称的情境下做出的
C. 危机决策往往是在时间不充裕的情境下做出的
D. 危机决策往往是在后果不确定的情境下做出的

4. 在公共危机管理沟通机制建设中应避免出现的情况是（　　）。

A. 保持沉默、少说为佳　　　　　B. 保持正规渠道畅通
C. 保持信息口径一致　　　　　　D. 保持公众的知情权

5. 下列关于危机发言人应具备的相应技能中，不应有的是（　　）。

A. 质疑不准确的信息　　　　　　B. 解释有些问题不能回答的原因
C. 尽量使用专业术语　　　　　　D. 压力下保持冷静

6. 关于危机事件新闻发布，下列说法不正确的是（　　）。

A. 一定要准确、及时
B. 把严重的危机事件轻描淡写
C. 不能因为没有弄清楚情况而对相关信息不予披露
D. 可以通过新闻发布会、新闻通稿、记者采访等多种方式进行

7. 以下哪一项违背了危机沟通的原则？（　　）

A. 公众和顾客的利益第一　　　　B. 平时与社会各界建立良好的关系
C. 领导幕后指挥　　　　　　　　D. 尽快提供情况

### 三、思考题

1. 危机的特点是什么？危机发生有哪几个阶段，每个阶段的沟通策略是什么？
2. 组织应如何建立和健全危机沟通机制？
3. 如何与利益相关者进行危机沟通？
4. 查找近年来我国企业遭遇的经营危机或信誉危机的典型事件，如三鹿奶粉事件、双汇瘦肉精事件等，分析这些企业在面对危机时的应对措施及与公众沟通的过程，总结有哪些可取之处，有哪些不足需要改进。

### 四、案例分析

#### 一次成功的危机处理

H公司的主营业务是建材出口贸易，通过采取国外设立办事处、自主品牌经营的策略，经过几年的发展，已经在国外市场取得了一定的知名度和市场份额，市场前景较好。

该公司的拳头产品——内墙砖一直委托福建的工厂OEM生产，双方自2008年1月合作以来，一直都较为顺利，累计的订单超过300万美元，H公司属于工厂的VIP客户之一。但是进入2009年下半年以后，由于金融危机的影响开始逐渐消退，市场回暖，因此，工厂出现了产能不足的情况。

2009年7月16日,H公司的国内总部接到从国外办事处反馈回来的信息:最近一个批次的内墙砖遭遇客户大面积退货,原因是客户在使用时普遍发现破损较多。其中包括在当地最大的两个客户,要求全部退货。当时很多客户都是出于对公司的信任,将货拉回自己的仓库之后,遇到终端客户的反馈时才发现此问题。因此,如果全部召回问题产品,将产生昂贵的物流运输费用。另外,此次涉及的产品是公司的主营产品之一,对公司在当地市场上的信用造成了严重的负面影响,直接导致客户选择其他公司的同类替代产品,并且之后每次提货都要求工人逐一开箱检验,大大降低了工作效率。

在收到反馈之后,H公司的经理Tiger马上召开紧急会议,在会议上,制定了以下危机处理方案,并且提出在24小时之后再召开碰头会议:

(1)要求国外办事处即时暂停该产品的销售,并逐一与客户沟通,统计要求退货的数量。

(2)要求国外办事处清点仓库所有该类产品的库存,逐一开箱统计破损率。

(3)对于客户的反馈,不表示否定,并每天向客户更新事情处理进展。

(4)核查当时的质量检验报告记录,追溯事件的原因。

(5)向工厂提出信息反馈,要求工厂配合进行调查。

经过了忙碌的24小时之后,来自各方的信息再次汇集如下:

(1)总计9个客户购买过此类产品,客户要求的退货数量总计达到2 800箱,并且有部分客户提出物流费用索赔以及声誉索赔共计3 900美元。

(2)经过通宵清点,仓库现有库存18 370箱,发现有破损的总计高达2 580箱,破损率远远超过正常破损1%的临界值。

(3)根据当时的QC检验报告单,当天负责检验的QC小组,在流程上并无问题,监控了从生产到装柜的整个过程,按照规定执行了抽检工作,结果显示合格。

(4)在过往和工厂合作的过程中,总共有超过16万箱产品发往国外,这是第一次出现产品大面积破损的状况。因此,工厂据此认为没有责任,不承担任何赔偿。

根据各方汇总回来的信息,H公司陷入了一种紧张焦灼的状态。产品的破损是不争的事实,对于客户的要求,H公司必须在合理的范围内予以满足,但是问题出在什么地方呢?在经过了几个小时的思考,仍然找不到头绪的时候,H公司决定重新审视一遍这起事件的几个关键点:

首先,必须确认出现破损的关键因素,才能明确责任,制定赔偿方案。出现破损的问题无外乎三个:一是在生产过程当中引起的;二是在装卸过程中引发的;三是由于强度不够,在海运和内陆运输过程中引起的。

思路清晰之后,H公司开始对每一个因素进行流程梳理和分析:

(1)对于生产过程中的破损,根据QC记录,显示装箱时是完好的,证明产品在装箱前是没有问题的。

(2)对于装卸过程中的破损,这是难以发现的,因为产品包装好之后,从生产线转移到集装箱内时,QC已经不会开箱查验了,在这个过程中由于装卸不慎产生的破损是有可能的。

(3)强度问题引发的破损,这是与工厂的生产配方有关系的,在工厂生产之前,QC已经审核了该批次产品的配方。并且海运和内陆运输过程相对来说每一次都是固定的路线,不可能突然导致破损。

综合分析之后,H 公司把问题的焦点放在了装卸过程的破损上,于是就派人前往工厂进行谈判。与此同时,距离国外客户的投诉已经只剩 48 小时了,他们果断决定,先行赔付:

(1) 对于客户提出的赔偿,按照 1.5 倍的标准赔偿。例如,客户反映一箱当中破损有 4 片(一箱包装 25 片),提高赔偿标准,按照 6 片/箱进行折算。

(2) 对于现金赔偿要求,全部折算成产品,并且对于破损的产品不进行回收,减少了物流赔偿。

(3) 将所有仓库内剩余的库存进行清理,替换破损的产品,确保之后的每一箱都完好无损。

(4) 寻找备用供应商。

赔付方案向客户公布以后,获得了所有客户的理解和认同。同时,在和工厂的沟通过程当中,采取了以退为进的方法,H 公司将初步的分析结果向他们提出,并且表达了继续友好合作的意愿。

最终发现,由于工厂刚刚更新了一批装卸胶轮车,和之前淘汰的老一批相比,各方面功能都有改进,但是那几天还没有来得及在车厢内加上缓冲橡胶垫。于是,在装卸过程当中,最下层的墙砖失去了缓冲,造成的破损非常大。工厂最终承担了总计 3 000 箱的赔偿。事件得到圆满解决。而 H 公司在这起危机事件处理当中,所表现出来的负责任的态度赢得了客户的一致赞赏,并成功利用该事件提高了客户诚信度。同时,H 公司在与工厂的索赔过程当中,注重理性分析,查找事实依据,并且站在双方合作长远共赢的角度进行沟通。因此,工厂在事实面前,也不再推脱责任,而是非常乐意地承担了赔偿责任。这样,工厂也进一步加强了对于今后质量的控制,优化了和供应商的合作关系,可谓"转危为机"的成功案例。

资料来源:杜慕群,《管理沟通案例》,清华大学出版社,2013。

问题:

1. 在本案例的危机管理中,H 公司在与客户的沟通中采用了什么策略?
2. 结合"亡羊补牢"这个成语,说明本案例危机管理过程带来的启示。
3. 你认为 H 公司做得最出色的危机沟通步骤是什么?

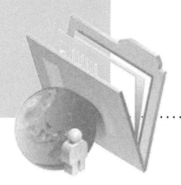

第 14 章

# 网 络 沟 通

# 第 14 章 网络沟通

**【本章学习目标】**

1. 了解网络沟通的含义；
2. 掌握网络沟通的优缺点；
3. 了解网络沟通的主要工具；
4. 掌握网络沟通的策略。

开篇案例

### 红气球挑战

美国国防部的国防高等研究计划署曾组织过一个名为"红气球挑战"的竞赛。他们将十只红色气球放置在美国本土的某十个地方,任何团队或个人不论用什么办法,只要最先发现这十只红气球的准确位置,就能获得 40 000 美元的奖金。在这个挑战赛中取胜的是麻省理工学院的一个团队,他们的指导思想来自社会物理学的概念,而方法其实极为简单——通过互联网向他们所能联系到的人发出信息:直接帮他们找到一只红气球的人,可得到 2000 美元报酬;如果乙发送信息给甲,使甲参与搜寻并导致甲找到一只红气球,乙可得到 1000 美元报酬、甲得 2000 美元;如果丙发送信息给乙,乙又发送信息给甲使甲参与搜寻并导致甲找到一只红气球,则丙得 500 美元、乙得 1000 美元、甲得 2000 美元;以此类推。结果仅用了不到 9 小时,这 10 只红气球就全部被找到了！据估算,大约有 200 万人参与了帮助麻省理工学院团队搜寻红气球的活动,这是他们能在 9 小时之内完成这项看似不可能完成的任务的根本原因。在如此短的时间里形成如此庞大的一个社会网络,是一件非常不可思议的事。国防高等研究计划署举办这个比赛的目的,其实就是想通过评估各个团队所采用的高招,从中发现将信息在最短时间内传递给社会大众的行之有效的方法,未来一旦发生紧急情况,这些方法就可能派上用场。

资料来源:汤双,《红气球挑战》,《读书》,2014 年第 6 期。

## 14.1 网络沟通概述

美国未来学家阿尔文·托夫勒(Aloin Toffler)说:"谁掌握了信息,控制了网络,谁就能拥有整个世界。信息几乎无处不在,而且唾手可得。"如何更快、更有效地获取信息并加以充分利用,已经越来越受到各级政府部门和各种商业机构的重视。以互联网和手机为代表的行动电子装置的高度普及,已经将人们空前紧密地联系在了一起。地球上任何一个角落发生的重大事件,用不了多少时间就会传遍全世界。

### 14.1.1 网络沟通的概念

网络沟通是伴随计算机和互联网技术的发展应运而生的。网络所涵盖的领域已经从信息咨询逐渐辐射到科学技术、大众传播、生活方式等相关领域,它作为人类信息沟通的一种新工具,对人与人之间的沟通行为产生了巨大而深远的影响。网络沟通方式逐步取代了传统的信函、电话等沟通方式的地位,成为人们沟通的主要方式。正如一名知名学者所说,当代网络传播技术的进步,不但会改变人类社会互动与沟通的环境,也会影响人类日常生活的结构与生活行为的内涵,从而成为人们生活方式的组成部分。

对个人而言,网络为人们提供了各式各样的沟通新手段,如网上聊天、博客、网络电话等。对企业而言,网络为人们提供了多种多样的沟通新服务,包括建立企业网站、电子邮件传递,设立领导信箱、讨论区,建立信息管理系统,搭建即时通信工具平台、网络视频会议等。

网络拉近了人们之间的距离,突破了时间与空间的界限,真正实现了"天涯若比邻"的预言。在现实生活中,只要拥有一台计算机,就能足不出户,知晓天下事,使相互之间的沟通无所不在,人们步入了一种新型的沟通环境之中。

由于不同学者对研究对象的界定范围和认识角度不同,造成网络沟通在表述上的差异,例如国外学者在描述网络沟通时多使用"internet communication""internet-based communication""online communication""computer-mediated communication"等。国内学者多将其直译为"网络沟通""以计算机为媒介的人际交往"或是"计算机辅助传播",而且也没有形成统一标准的定义。

比较有代表性的是 Warschauer(2001)的定义,他认为网络沟通是人们通过互联网的计算机阅读、写作和通信。它包括以计算机为媒介的同步通信(即人们同时用聊天软件进行实时沟通)、异步通信(即人们通过计算机使用电子邮件等程序进行延迟通信)和通过万维网的在线阅读和写作。

总之,网络沟通就是指以互联网为工具,以文字、声音、图像及其他多媒体为媒介,实现信息传递和交流的沟通方式。

### 14.1.2 网络沟通的特征

网络作为继报纸、广播、电视之后出现的第四种具有超强影响力的传播媒介,具有其他媒介无法代替的功能,在信息沟通方面发挥着越来越独特的作用。在网络沟通中,沟通主体包括个体、群体、企业、政府等各种组织和个人。

网络沟通与传统沟通方式相比较,具有以下特点:

1. 信息资源的丰富性

由于网络信息技术的不断进步,加之人们对网络的日益青睐,各种信息通过大型门户网站和搜索引擎等被加入互联网,使得互联网成为一个信息和知识的宝库。人们可以轻松地通过搜索引擎查到自己需要的文字、图像、视听资料。在以往传统的沟通方式中,无论是人际沟通还是大众沟通都会不同程度地受到时间、空间等各种因素的干扰和影响,而网络沟通空间巨大、容量无限,它不仅可以跨越地域、文化和时空进行沟通,而且可以通过

"超链接"功能把信息接到其他相关信息上,使互动式信息容量远远超过现实世界中的静态信息。

2. 沟通的多维性、即时性与互动性

网络沟通不仅能向用户显示文字资料,还能同时显示图形、活动图像和声音,人们可以通过留言、直接通话或直接视频沟通,实现即时交流。同时,网络沟通不仅是媒体作用于用户,更多的是用户作用于媒体,用户可以对网络信息进行阅读、评论或下载,进行加工和处理。互动式媒体使用户有控制权和前所未有的影响力,不仅影响企业或组织提供给他们的服务,也影响这些服务提供的时间和地点。网络沟通节省了编辑加工环节,可以立即发布信息,不用再像以往一样,需要通过一定的环节,经过层层审查才能与公众见面。企业也可直接面向消费者发布新闻或者通过查询相关的新闻组、网络论坛来发现新的顾客群,研究市场态势,直接得到大量真实的信息反馈等。

---

### 移动办公室

业内最大的企业即时通信平台 imo,推出了基于云平台之上的 imo 云办公室,实现了真正意义上的"移动办公室"。

imo 云办公室是专门为企业服务的"移动办公室",搭建在互联网基础之上。它的工作原理是将总公司、分公司及合作伙伴都容纳在一个"办公室"里。依靠于日益成熟强大的 PC 端及移动端,使得 imo 云办公室可以随身携带,不再受地域、时间的限制,保证了同事间的沟通协作顺畅进行,为公司减少了时间、财力和物力成本。

在 imo 云办公室里,实现了方便流畅的沟通办公。比如,通过 imo 电子公告和企业短信等功能可以及时了解到公司发生的重大事情,随时随地掌控公司运营情况;通过 imo 与企业行政层级一致的组织结构树,无论何时何地,员工的上班情况可以一览无余,帮助实现组织内部方便有效的沟通;imo 的远程协助功能,突破时间和空间限制,可以为远在千里之外的同事解决问题;而通过 imo 的会议大厅和群组/多人会话等功能就能随时进行低成本会议。

资料来源:张昊民、李倩倩,《管理沟通》,上海人民出版社,2015。

---

3. 空间的开放性、虚拟性和平等性

在原有的沟通方式中,人们交往或沟通的对象往往受到自己生活圈子、所处阶层的局限。而网络空间面向每一个人,人人都可以利用网络发表自己的观点、见解,既可以利用网络展示自己的技能,也可以利用网络发表自己的"作品"(如博文)等。空间的开放性、虚拟性,决定了沟通的平等性。人们可以匿名运用网络进行相对自由的沟通,摆脱外界的眼光与舆论压力,不受外界干扰,自由发言。人们可以仅仅借助网络符号,来向别人展示自己,同时也根据这些符号,塑造想象中的他人。网络拓展了人们的交际范围,使人们可以超越时间和地域的限制与他人进行沟通。

### 4. 沟通形式与工具的多样性

人们既可以在网上浏览信息、阅读电子图书、进行外语对话交流、观看电视和电影，也可以玩游戏、作画和健身；既可以一对一交流，也可以群体交流。近年来，即时通信工具的种类越来越多、功能越来越强大、使用越来越方便，而且还十分经济，很多功能可以免费使用。

### 5. 成本的低廉性

与传统的沟通方式相比，网络沟通只要一台电脑或智能手机连接上网就可以与世界各地的人们进行交流，这样的沟通方式节约了成本，具有较高的性价比。

总之，网络沟通使人们跨越了时间和空间的局限，以更加容易、便利、快速、低廉的方式，更直接、准确地与他人进行沟通。网络影响和改变着人们沟通的行为，大大地提高了沟通的效率。

当然，任何事物都具有两面性。网络在给人类的沟通交流带来极大便利的同时，也暴露出一些缺陷：

### 1. 减少面对面交流的机会

网络可以使人们在沟通中自由挥洒，充分发挥自主性，特别是对那些与人沟通有障碍的人来说，网络沟通更具有吸引力。但方便之余，网络沟通减少了人与人之间的面对面的沟通概率，减少了通过肢体语言强化情感纽带的机会。依赖网络沟通媒介，也有可能导致人际交往出现诸如害羞、闭锁、社交恐惧等障碍。

### 2. 无法准确传递出非语言信息

传统沟通方式中的目光、身体接触、神态等都是网络沟通所不能替代的。在使用网络沟通时，信息接受者无法根据表情、神态、语气等来判断信息的准确含义，同时也为虚假消息在网络上传递提供了便利。例如，在面对面沟通时，可以通过对方发红的脸颊、颤抖的声音等特征来质疑其话语的真实性，而网络沟通则难以保证真实性。

### 3. 信息安全受到挑战

在人们体验网络带来的"沟通无极限"时，我们也面临前所未有的信息安全威胁。作为人类基本权利的隐私权也受到了巨大的挑战，难以得到完全的保障。网络黑客不仅对个人，也对国家的信息安全造成了威胁。这种现象无疑给人们的生活带来了极大的负面影响。

### 4. 传统道德观念受到挑战

网络沟通方式的主体是真实性和虚拟性的矛盾统一。网络沟通的虚拟现实性给我们的日常生活带来了新的社会问题，原有的社会道德法则已经不能约束现有的行为。这为我们的道德建设提出了新的课题，也给我国的政治、法律、公共政策等都带来了不少难题，从而也容易引发社会政治和舆论上的失控。

网络技术作为高科技重要成果，为人类信息沟通带来便捷的同时，也暴露出诸多弊端。所以人们在进行沟通时不应该完全依赖于网络，应该注意与传统的面对面等沟通方式相结合。

## 14.2 网络沟通的主要方式

《数字化生存》(*Being Digital*)的作者尼古拉·尼葛洛庞帝(Nicholas Negroponte)曾说过:"最极端的预测都落后于现实。环球网的网址数量每 15 天就增加一倍。"而我们平时网上聊天、收发邮件、搜索网页等几乎是每时每刻都在发生,网络沟通的形式日趋丰富多样,世界终将被这张无形的网打尽。通过 QQ、微信,你可以跟你的好友随时问候、互相交流;通过邮箱,你可以跟他人随时随地发送邮件、传递信息;通过博客,你可以了解一个陌生人的形象、个性、喜好、生活圈子。以下主要介绍日常生活中常用的四种网络沟通方式。

1. 即时通信

即时通信(IM)已不再是一个单纯的聊天工具,它已经发展成为集交流、资讯、娱乐、搜索、电子商务、办公协作和企业客户服务等为一体的综合化信息平台。特别是近几年的迅速发展,功能日益丰富,不仅能够即时发送和接收互联网消息,而且逐渐集成了电子邮件、博客、音乐、电视、游戏和搜索等多种功能。例如,为大家所熟知的即时通信工具有 QQ、微信等,即时通信工具改变了互联网的交流方式,充分发挥了网络在沟通方面的优势。

(1) 腾讯 QQ。这一最早的国产即时通信工具,集图文消息实时发送和接收功能于一体,为用户提供游戏社区、开放型聊天室的服务。在商用领域,由于员工使用 QQ 交流的不可控性会影响工作效率,QQ 分支 RTX 和 TM 相继出现,较早走上了即时通信的商用化道路,但起初效果不太理想,现在正在不断地改进和发展,客户数量在不断增加。

(2) 微信。微信(WeChat)是腾讯公司于 2011 年 1 月 21 日推出的一款基于终端设备的通信软件,能快速发送文字、视频、图片、音频等数字格式的信息。经过不断的发展,微信从最初的社交通信工具发展成为影响人与人、人与社会、人与商业关系的多元化应用平台。企业微信帮助企业收集相关数据和信息,运营与管理更高效。微信群帮助企业更好进行信息沟通,减少了沟通障碍,提高了办公效率。微信公众号成为品牌用户沟通的新渠道之一,主要有服务号、订阅号、企业号等,成为人们网络沟通的重要工具。

(3) Skype。Skype 是网络即时语音沟通工具,具备 IM 所需的其他功能,如视频聊天、多人语音会议、多人聊天、传送文件、文字聊天等功能。它采用 P2P(点对点技术)的技术与其他用户连接,目前不仅可以进行语音聊天,也可进行视频交流。Skype 是一家全球性互联网电话公司,它通过在全世界范围内向客户提供免费的高质量通话服务,正在逐渐改变电信业。美国前联邦通信委员会主席迈克尔·鲍威尔(Michael Powell)曾说,当我下载完 Skype,我意识到传统通信时代结束了。

2. 电子邮件

电子邮件(E-mail)是互联网上的重要信息服务方式。通过网络的电子邮件系统,用户可以用非常低廉的价格或免费把信息发送到世界上任何你指定的、同样拥有邮件地址的另一个或多个用户。电子邮件内容可以是文字、图表、视听材料等。E-mail 具有使用简易、投递迅速、收费低廉、易于保存、全球畅通无阻等特点,已经成为利用率最高的沟通形式。

在使用电子邮件这种方式进行沟通时,需要注意以下一些事项:① 邮件主题。主题应简练、概括地反映与接收者直接相关的内容。② 邮件正文。注意使用适当的称呼和敬语,避免冒昧,要注意语气的礼貌、谦虚及随和。邮件内容切勿太长,把你想要表达的主要信息放在前三行,以免对方没有时间阅读完毕而错过重要内容。③ 收发细节。在发送邮件之前仔细核对邮件,检查是否有错误、疏漏等;如果不是工作需要,应该尽量避免群发、抄送邮件,免得收件人的地址相互泄漏;在正文中可以清晰、方便表达的内容,应避免使用附件的形式;如果确实需要使用附件的形式发送邮件时,应在正文中对附件的内容加以解释;要养成收到他人邮件之后及时回复的习惯;如果无法做到随时、方便地使用电脑,可把邮件设置成自动回复,以使对方知晓你已收到邮件;不要对他人回复邮件的时效性做过分期许。

3. 电子论坛

电子论坛(bulletin broad system,BBS)即电子公告系统,又名电子公告板、留言簿、布告板。它是网络内容的提供者如商业网站和个人主页,为上网者提供的自由讨论、交流信息的地方。它提供一块公共电子白板,每个用户都可以在上面书写,可发布信息或提出看法。电子公告牌按不同的主题、分主题分成很多个布告栏,布告栏的设立依据大多数 BBS 使用者的要求和喜好,使用者可以阅读他人关于某个主题的最新看法(如几秒钟前别人刚发布过的观点),也可以将自己的想法毫无保留地贴到公告栏中。在与别人进行交往时,无须考虑自身的年龄、学历、知识、社会地位、财富、外貌、健康状况,而这些条件往往是人们在其他交流形式中无可回避的。同样,人们也无从知道交谈对方的真实社会身份。这样,参与 BBS 的人可以处于一个平等的位置与其他人进行任何问题的探讨。

4. 博客

"博客"一词是从英文单词 Blog 音译而来。Blog 是 Weblog 的简称,而 Weblog 则是由 Web 和 Log 两个英文单词组合而成,通常称为"网络日志"。Blog 是一个网页,通常由简短且经常更新的帖子(张贴的文章)构成,这些帖子一般是按照年份和日期倒序排列的。Blog 的内容涵盖广泛,有的纯粹是个人的想法和心得,包括新闻、日记、照片、诗歌、散文,甚至科幻小说;有的是对其他网站的超级链接和评论;有的是关于公司事务的公告、管理心得、述评;也有的是在基于某一主题的情况下或是在某一共同领域内由一群人集体创作的内容。

Blog 是私人性和公共性的有效结合,它不是纯粹个人思想的表达和日常琐事的记录,它所提供的内容可以用来进行交流和为他人提供帮助,具有极高的共享精神和价值。撰写 Blog 的人叫 Blogger 或 Blog Writer。简言之,Blog 就是以网络作为载体,简易、迅速、便捷地发布自己的心得,及时、有效、轻松地与他人进行交流,再集丰富多彩的个性化展示于一体的综合性平台。Blog 的发展历史并不长,2000 年博客开始进入中国,2005 年开始盛行。国内主要门户网站相继开设博客网,并免费提供博客网络管理服务。博客类型主要包括个人博客、小组博客、家庭博客、商业博客(企业博客、产品博客)、知识库博客等。

### 小测试：你是网络沟通的高手吗？

（1）你在回复朋友的邮件时，会在主题栏里（　　）。
A. 根据具体内容重新拟定一个标题
B. 习惯使用英文标题
C. 总是用 Re、Re…代替

（2）你认为电子邮件内容的篇幅应该是（　　）。
A. 越短越好　　　B. 越长越好　　　C. 不计长短

（3）有一封你认为很重要的邮件，于是你会（　　）。
A. 给客户发送一份，然后打电话通知对方你已经向他发送了邮件
B. 等待两天，如果没有得到回复，再发送一次
C. 为了让对方及时收到，一连将相同内容的邮件发送几次

（4）你对自己的电子信箱会做出如下处理吗？（　　）
A. 每天打开信箱查看一次，及时处理所有邮件
B. 每周打开信箱查看一次，对全部邮件进行处理
C. 想起来就查看一次，有些邮件不必回复

（5）你在发送电子邮件前保持的习惯是（　　）。
A. 发送前再认真检查一遍，确认无误后再发出
B. 为了节省时间、提高效率，写完后立即发送出去
C. 把收件人地址核对准确，信件内容不必检查

（6）你是否喜欢在邮件里和好朋友开玩笑？（　　）
A. 是的，因为我们关系很好
B. 是的，但在每次开玩笑时都标明"开玩笑"
C. 不是，开玩笑容易被误解

（7）你用 QQ 聊天时，对方夸大事实，并且撒谎，你会（　　）
A. 讨厌撒谎的人，立即拆穿他的谎言
B. 只要不是恶意的欺骗，没必要拆穿谎言，继续正常聊天
C. 不必拆穿谎言，但从此不再与他聊天

（8）你与普通网友的 QQ 聊天方式是（　　）。
A. 对方问一句，你答一句，很少主动开口
B. 主动发问，不放过任何问题，包括对方的年龄、收入等
C. 保持主动，但有些个人隐私问题必须回避

(9) 遇到想深入交往的网友时,你会(　　)。
A. 礼貌地请求加其为好友,如被拒绝就不再打扰对方
B. 加其为好友,并索要对方照片
C. 请求加其为好友,没有得到回复就再三提醒
(10) 你与普通网友聊天时,对"真诚相待"的理解是(　　)。
A. 网络是一个虚拟世界,不可向任何人实话实说
B. 反正谁都不认识谁,说实话也无所谓
C. 以真诚为主,但不能什么个人信息都公布于众

**各题不同选项对应的分数**

|   | 1 | 2 | 3 | 4 | 5 | 6 | 7 | 8 | 9 | 10 |
|---|---|---|---|---|---|---|---|---|---|----|
| A | 3 | 3 | 3 | 3 | 3 | 1 | 1 | 2 | 3 | 1  |
| B | 2 | 1 | 2 | 2 | 1 | 2 | 3 | 1 | 1 | 1  |
| C | 1 | 2 | 1 | 1 | 2 | 3 | 2 | 3 | 1 | 3  |

测试结果:

(1) 将军级交流者(30 分)。你完全是一个网络交流的高手,你在网络世界里会左右逢源,游刃有余。

(2) 尉官级交流者(16—29 分)。你在网络交流艺术方面还存在一定欠缺,尚需要进一步努力,才能成为一个真正的网络交流高手。

(3) 列兵级交流者(10—15 分)。你对网络交流艺术掌握甚微,甚至还不清楚最起码的交流知识,在网络空间里不会受他人欢迎。你应该认真研究一下相关学问了,否则怎么能成为一个"将军"呢?

## 14.3　网络沟通的策略

在信息化背景下,网络沟通的应用已经普及化,可是如何在新的数字化时代之下真正提高沟通的效率呢?我们应该在网络沟通方面注重以下常用策略:

### 1. 保留沟通传统性

有时我们只是相隔一墙,推开门就可以畅快地聊天,然而我们的谈话却更多地通过QQ、微信并配合着各类表情符号进行着。有时我们住在同一城市,提起电话就可以畅快地聊天,然而我们更倾向于关注他人的微博、朋友圈,心情好的时候给他们留言,工作空闲的时候跟他们在微信调侃。网络沟通似乎耗费着同样的时间成本,却难以起到真实人际沟通中的卓越成效。

因此,在信息技术普及的今天,人们在越来越依赖这些新技术传递信息的同时,仍然应重视面对面的传统交流方式,把传统沟通方式与网络沟通方式相结合,以确保沟通的有

效性与反馈的及时性。

2. 注重信息适用性

人们经常会收到各种并不适用的信息。在日常的网络沟通过程中,信息发送者应对其信息进行认真的考虑和筛选,并且有针对性地选择接收者进行发送。在信息传递前,应深思熟虑,切勿盲目群发,既造成接收者个人信息的外泄,又造成信息发送的无效性。

3. 分辨信息真伪性

通过面对面交谈,人们可以得到除语言之外更多真实的信息,如语气、肢体语言等非语言信息,这些是网络沟通所无法取代的。在使用网络沟通时,人们无法根据表情、神态、语气等来判断信息的准确含义,文字可以掩盖人们的真实情感,人们无法仅凭文字来判断信息的隐性含义,这需要人们注意分辨信息的真伪性。

4. 控制通信成本性

在公司中,有效控制通信管理费用可以节省公司较大的费用开支。网络沟通不仅需要电子技术设备的应用,还涉及大规模数据库技术、网络技术、多媒体信息处理技术等的使用,公司管理者应合理设计管理沟通系统和通信程序,这样既能控制成本,又能做到事半功倍。

5. 重视网络安全性

我们在体验网络带来的沟通便捷的同时,也给我们的信息安全造成了很大的安全威胁。人们的隐私在互联网上一览无余,网络犯罪率日趋上升,给人们的生活带来了极大的负面影响。因此对于银行存款账号、社会保障号等的安全防范应该特别重视。

## 本章习题

### 一、判断题

1. 网络技术的发展,带来沟通形式的丰富,但它也存在一定的弊端。
2. 微博和微信作为新型的信息传播方式将取代传统的管理沟通方式。
3. 网络沟通应注意安全性。
4. 网络沟通会存在信息反馈不及时的缺点。
5. 网络沟通能掩盖人们的真实情感。

### 二、选择题

1. 随着互联网技术的发展,许多组织采用了网上发布信息的方式进行内部沟通。这种沟通方式最容易在哪个环节发生沟通障碍?(　　)

　　A. 编码环节　　　　　　　　　　B. 信息传递环节
　　C. 译码环节　　　　　　　　　　D. 信息发布环节

2. 从传统沟通转为网络沟通要求管理者(　　)。

　　A. 具有高度的责任心　　　　　　B. 重新审视企业的管理沟通系统
　　C. 充分认识投资者的地位　　　　D. 重新设计公司的通信程序

3. 网络沟通的主要形式有(　　)。

　　A. 电子邮件、网络传真和新闻发布会

B. 网络电话、传真和网络新闻发布

C. 电子邮件、网络电话、传真文件

D. 电子邮件、网络电话、网络传真和网络新闻发布

4. 传统沟通对情感和直接的表达要求多,而网络沟通则更加(　　)。

A. 注重效率和人机控制中的有效性

B. 注重成本支出和人机控制的有效性

C. 注重效率和团队成员控制的有效性

D. 注重控制过程的有效性

5. 在微博和微信中使用的各种表情符号、动画等属于(　　)。

A. 语言沟通　　　　　　　　B. 非语言沟通

C. 不在沟通范畴　　　　　　D. 专属年轻人的沟通方式

6. 下列哪项不属于网络沟通的优势?(　　)

A. 大大降低了沟通成本　　　B. 使工作便利化

C. 安全性差　　　　　　　　D. 跨平台,容易集成

### 三、思考题

1. 结合自身感受谈谈网络沟通的特点。

2. 网络沟通的优势有哪些?如何制定有效的网络沟通策略?

3. 使用电子邮件发送信息。在收件人一栏打上自己的电子信箱地址,给自己发一封公务的信件。然后作为信件接受方,感受一下信件格式、所用文字、预期是否恰当。

4. 网络沟通有哪些主要形式?

5. 搜集几个企业网站,从沟通的角度分析哪些企业网站办得好,哪些有待提高,并与同学讨论。

### 四、实训项目

制定网络沟通行为规范

实训目标:明确网络沟通的基本规则和礼仪。

实训学时:2学时。

实训地点:教室。

实训方法:将全班学生分组,4—6人为一组,要求其结合所学网络沟通的知识和自身使用网络的体会,制定一份网络沟通行为准则。在课堂上分组进行交流,师生共同评价。

# 参 考 文 献

[1] Charles Margerison & Ralph Lewis. Mapping Managerial Styles[J]. International Journal of Manpower. 1981,2(1):1-24
[2] 丁宁.管理沟通[M].北京:北京交通大学出版社,2011
[3] 刘福成,徐红.管理沟通[M].大连:东北财经出版社,2013
[4] 杨剑,周天生.管理沟通[M].北京:中央广播电视大学出版社,2014
[5] 孙健敏,徐世勇.管理沟通[M].北京:清华大学出版社,2011
[6] 康青.管理沟通(第4版)[M].北京:中国人民大学出版社,2015
[7] 魏江,严进.管理沟通——成功管理的基石(第3版)[M].北京:机械工业出版社,2014
[8] 赵慧军.管理沟通——理论·技能·实务[M].北京:首都经济贸易大学出版社,2003
[9] 张凯丽,唐宁玉.组织中的换位思考:回顾与未来展望[J].中国人力资源开发.2017,(1):42-50
[10] 陈晓萍.跨文化管理(第2版)[M].北京:清华大学出版社,2009
[11]《全球一流商学院EMBA课程精华丛书》编委会.商务人员的沟通[M].北京:北京工业大学出版社,2003
[12] 张昊民,马君.管理沟通[M].上海:上海财经大学出版社,2014
[13] 张昊民,李倩倩.管理沟通[M].上海:上海人民出版社,2015
[14] 王佩玮.管理沟通[M].上海:华东理工大学出版社,2013
[15] 黄嘉涛,高虹园.管理沟通[M].广州:中山大学出版社,2014
[16] 张岩松,刘志敏.现代管理沟通实务[M].北京:清华大学出版社,2015
[17] 张美云,吴海娟.人际沟通与交流[M].北京:清华大学出版社,2017
[18] 潘久政,田君,张杰.演讲口才训练[M].重庆:西南师范大学出版社,2016
[19] 周爱荣.商务写作与实训[M].重庆:重庆大学出版社,2010
[20] 康青.管理沟通(第二版)[M].北京:中国人民大学出版社,2009
[21] 赵振宇.管理沟通:理论与实践[M].杭州:浙江大学出版社,2014
[22] 杜慕群.管理沟通案例[M].北京:清华大学出版社,2013
[23] 杜慕群,朱仁宏.管理沟通(第二版)[M].北京:清华大学出版社,2014
[24] 芭芭拉·明托.汪洱,高瑜译.金字塔原理:思考、表达和解决问题的逻辑[M].海口:南海出版公司,2010
[25] 杨安华等.跨边界传播:现代危机的本质特征[J].浙江大学学报(人文社会科学版).2012,42(6):5-15
[26] 谢玉华,李亚伯.管理沟通:理念·技能·案例(第3版)[M].大连:东北财经大学出版社,2017
[27] 谢玉华.管理沟通[M].大连:东北财经大学出版社,2010
[28] 玛丽·蒙特(Mary Munter).钱小军,张洁译.管理沟通指南:有效商务写作与演讲(第7版)[M].北京:清华大学出版社,2007
[29] 叶龙,吕海军.管理沟通:理念与技能[M].北京:清华大学出版社,2006
[30] 玛丽·蒙特,钱小军,张洁译.管理沟通指南:有效商务写作与交谈(第4版)[M].北京:清华大学出版社,1999

[31] 王雁飞.管理心理学[M].广州:华南理工大学出版社,2005

[32] 裴玲.人生随时都可以开始[M].北京:中国长安出版社,2007

[33] 王欣欣,杨静.管理学原理[M].北京:北京交通大学出版社,2012

[34] 杨密.中西文化对比研究[M].北京:新华出版社,2016

[35] 一个有趣的故事.招商周刊,2004(15):52

[36] 林清玄散文集.www.365essay.com/linqingxuan/135.htm

[37] 金环,李专.管理沟通[M].上海:上海交通大学出版社,2017

[38] 李元授,李军华.演讲与口才[M].武汉:华中科技大学出版社,2004

[39] 顾嘉.马云的魔力演讲与非凡口才[M].北京:中国法制出版社,2015

[40] 于立.我经历的六种考试.研究生教育续编.东北财经大学 MBA 学院产业组织与企业组织研究中心资料,2007

[41] 徐天坤.一次绩效反馈面谈诊断[J].人力资源管理,2008(12):14-15

[42] 张小平.向上的力量无穷大——100 个传递正能量的励志故事[M].北京:中国经济出版社,2013

[43] 三个小金人的故事.https://www.sohu.com/a/140565319_237213 2017-05-14

[44] 管理的哲学——管理先从自己开始.https://wenku.baidu.com/view/7820a19a02020740be1e9b9b.html 2015-10-16

[45] 吕书梅.管理沟通技能[M].大连:东北财经大学出版社,2008

[46] 葛红岩,施剑南.会议组织与服务[M].上海:上海财经大学出版社,2007

[47] 韦桂华.三株为何枯萎——由三株官司看品牌的危机管理[J].管理科学文摘,2001(2):60-63

[48] 朱玉,万一,刘红灿.一个灾区农村中学校长的避险意识[J].中国应急管理,2008(5):57-58

[49] 马志强.现代公共关系概论[M].上海:上海交通大学出版社,2012

[50] 汤双.红气球挑战[J].读书,2014(6):12-16

# 教辅申请说明

北京大学出版社本着"教材优先、学术为本"的出版宗旨，竭诚为广大高等院校师生服务。为更有针对性地提供服务，请您按照以下步骤通过**微信**提交教辅申请，我们会在 1~2 个工作日内将配套教辅资料发送到您的邮箱。

◎ 扫描下方二维码，或直接微信搜索公众号"北京大学经管书苑"，进行关注；

◎ 点击菜单栏"在线申请"—"教辅申请"，出现如右下界面：

◎ 将表格上的信息填写准确、完整后，点击提交；

◎ 信息核对无误后，教辅资源会及时发送给您；
如果填写有问题，工作人员会同您联系。

**温馨提示**：如果您不使用微信，则可以通过以下联系方式（任选其一），将您的姓名、院校、邮箱及教材使用信息反馈给我们，工作人员会同您进一步联系。

## 联系方式：

北京大学出版社经济与管理图书事业部

通信地址：北京市海淀区成府路 205 号，100871

电子邮箱： em@pup.cn

电　　话：010-62767312 /62757146

微　　信：北京大学经管书苑（pupembook）

网　　址：www.pup.cn